DE
L'INSPIRATION
des
LIVRES SACRÉS:

Avec une
RÉPONSE

au Livre intitulé, *Defense des Sentimens de quelques Theologiens de Hollande sur l'Histoire Critique du Vieux Testament*,

PAR
LE PRIEUR DE BOLLEVILLE.

A ROTTERDAM,
Chez REINIER LEERS,
M DC LXXXVII.

AVERTISSEMENT.

LEs deux Ouvrages qu'on donne au public ont un si grand rapport l'un à l'autre, qu'on a jugé à propos de ne les point separer. Ils contiennent des réponses à plusieurs objections qu'on a faites contre l'Histoire Critique du Vieux Testament. Comme cette matiere est difficile, on ne la sçauroit trop éclaircir. Dans le premier on a traité de l'inspiration des Livres Sacrés, & l'on s'est principalement appliqué à satisfaire quelques Theologiens de Paris, qui ne peuvent concilier l'inspiration de l'Ecriture avec ce qu'on a dit des Ecrivains publics chez les Ebreux. Comme l'on avoit affaire à des Theologiens, il a esté necessaire d'apporter des preuves Theologiques, & de leur monstrer que ce qu'on a avancé là-dessus dans l'Histoire Critique est conforme au sentiment des plus savans Auteurs Ecclesiastiques. Le second Ouvrage est la Réponse qu'on avoit promise aux nouveaux Sociniens de Hollande, s'ils faisoient de nouvelles objections. On les a suivis pas à pas dans les endroits mêmes où ils se sont jettés dans les Controverses de Theologie. Et quoy qu'il n'y ait rien de si ennuyeux que ces sortes de disputes, parce qu'on y est souvent obligé de repeter ce qui a esté déja dit une infinité de fois, je suis persuadé qu'on trouvera icy de grands éclaircissemens sur les principes de la Theologie. On y verra que les pretendus Theologiens de Hollande en ignorent les veritables principes. Ce sont de purs Metaphysiciens, qui n'ayant presque aucune Literature, veulent regler les faits qui appartiennent à la Religion par des raisonnemens de Metaphysique. Je ne diray rien de leurs erreurs grossieres sur les faits qui regardent la Critique. Chacun en peut juger en jettant seulement les yeux sur cette Réponse.

LETTRE

à Monsieur l'Abbé P.

D. & P. en Th.

touchant

L'INSPIRATION

DES

LIVRES SACRÉS,

Par R. S. P. D. B.

A ROTTERDAM,
Chez REINIER LEERS,
M DC LXXXVII.

LETTRE

à Monsieur l'Abbé P.

D. & P. en Th.

touchant

L'INSPIRATION

DES

LIVRES SACRÉS.

MONSIEUR,

J'Attribuë au respect que vous avez pour les Livres Sacrés, l'idée que vous vous estes formée de ces Livres. On ne peut à la verité douter du témoignage que St. Paul leur a rendu dans son Epistre à Timothée, où il assure que (1) *toute l'Ecriture a esté inspirée de Dieu.* C'est aussi le sentiment commun des Juifs & des Chrestiens. Mais il ne faut pas sous pretexte de cette inspiration, combattre la raison & l'experience. Ce sont des hommes qui ont esté les instrumens de Dieu, & qui pour estre Prophetes n'ont pas cessé d'estre hommes. Le St. Esprit les a conduits d'une maniere qu'ils ne se sont jamais trompés dans ce qu'ils ont escrit; mais on ne doit pas croire pour cela qu'il n'y ait rien dans leurs expressions que de divin & de surnaturel. Au moins n'est-ce pas la pensée des Peres, ni de nos plus savans Theologiens, qui sont bien éloignés de l'imagination de quelques Docteurs Mahommetans, qui veulent que leur Alcoran ait été composé dans le ciel, & que Dieu l'ait envoyé à leur faux Prophete par le ministere de l'Ange Gabriel.

C'est sur ce pied-là qu'on a pris la liberté de donner au public une Histoire Critique du Vieux Testament, de la même maniere qu'on l'auroit fait d'un autre Livre; & il n'y a eu que des personnes peu savantes dans ces matieres qui ayent trouvé à redire qu'on se soit servi du mot de Critique en parlant de la Bible. Car outre qu'on a dit dans la Preface de cet Ouvrage, que ce mot étoit un terme d'art qui avoit été déja employé par d'autres Ecrivains, vous trouverez dans l'ancienne Bibliotheque des Manuscrits de vôtre Maison un Livre intitulé, (2) *La Correction de la Bible selon l'Ebreu, le Grec, & le Latin.* Quoi qu'il ait été escrit dans des temps d'ignorance on y voit avec quelle

1 Πᾶσα γραφὴ θεόπνευσ⊙, 2 *Tim.* 3: 16.

On doit accorder l'inspiration des Livres Sacrés avec la raison.

2 *Correctiorum Bibliæ secundum Hebræos, Græcos & Latinos MS.*

A 2

quelle exactitude on s'est appliqué dès ces temps-là à la Critique des Livres Sacrés, où l'on ne faisoit aucune difficulté de se servir du mot de *Correctorium Bibliæ*, personne n'estoit scandalisé de cette expression, parce qu'en effet la Bible n'a pas été plus exempte de fautes que les autres Livres ; & il a été toûjours necessaire qu'il y eust des Critiques pour la corriger. Vous remarquerez que c'est ce même Livre dont Robert Etienne s'est servi dans l'Edition de sa grande Bible Latine, & qu'il nomme *Correctorium Sorbonicum*. Si vos Confreres qui ont eu tant de disputes avec cet Imprimeur, avoient examiné les diverses leçons qu'il pretend avoir tirées de ce *Correctorium*, ils l'auroient trouvé faussaire dans une citation tres-importante. Car il assure que dans le *Correctorium* de Sorbonne on lit *ipse conteret*, & non pas *ipsa conteret*. Cependant il n'y a aucune remarque là-dessus dans ce Livre, ni dans un autre qui est dans le même volume, & qui sert comme de supplément au premier.

Quoi qu'il en soit, il paroit par ces sortes d'Ouvrages, qui étoient en assez grand nombre dans des temps où la barbarie regnoit en Europe, qu'on a fait la Critique des Livres Divins, aussi bien que des Livres profanes. (1) Luc de Bruges en cite quelques-uns dans ses Remarques Critiques sur la Bible ; & je ne doute point que les Docteurs de Louvain & les Censeurs de Rome n'ayent consulté ces *Correctoria*, quand ils ont travaillé à la reformation de la Vulgate. On a ajouté à la fin de l'Exemplaire de Sorbonne un Catalogue des fautes de la Bible Latine avec ce titre : (2) *Il y a un grand nombre de fautes dans les Bibles Latines tant par le defaut de l'Interprete, que par celui du Copiste & par l'ignorance du lecteur, quand on met un mot pour l'autre à cause de leur ressemblance, ou lors qu'on ne sçait pas quelle est la veritable leçon.* Ce Catalogue est assez exact ; & dans un autre qui suit celui-cy, on y examine jusqu'aux mots Grecs & Ebreux qui ont besoin d'être corrigés dans les Editions Latines de la Bible. *In Hebraicis quoque atque Græcis dictionibus consimiliter errant ponentes unam pro alia.* La plus-part de vos Confreres seroient aujourd'huy scandalisés, s'ils entendoient dire que dans la Vulgate il y a des fautes qu'on doit attribuer au Traducteur ; & ce seroit un crime, selon vous, de marquer ces fautes, puis que le Concile de Trente qui a declaré la Vulgate authentique, n'y a point touché. Cependant ces bonnes gens du temps passé n'étoient pas tout-à-fait persuadés que St. Jerôme eust esté infaillible dans sa Version ; & bien qu'ils ne sçussent ni Grec ni Ebreu, ils croyoient qu'on la pouvoit redresser quelquefois sur le Grec & sur l'Ebreu. Ils decident même assez souvent de la veritable leçon du texte. En un mot ces Livres nommés *Correctoria Bibliæ* contiennent une Critique de la Bible dans toutes les formes. Et afin que vous puissiez mieux juger de leur exactitude, je rapporterai icy quelques exemples de leurs corrections.

Sur le Pseaume 5: 9. où nous lisons, *Dirige in conspectu tuo viam meam,*

meam, ils obfervent les deux leçons differentes, & approuvent celle-cy, *Dirige in confpectu meo viam tuam*, s'appuyant fur l'autorité de St. Jerôme. Ils avoüent neanmoins que le Texte Grec autorife la premiere leçon; mais ils ajoutent en mefme temps, qu'il faut s'en tenir à la feconde (1) pour ce qui regarde le texte du Pfeaume, bien qu'on doive garder la premiere dans le chant. Ces gens qui ne favoient ni Ebreu ni Grec, ne laiffent pas de marquer judicieufement la veritable leçon, fe reglant fur l'Original après St. Jerôme; & neanmoins pour ne rien innover ils font d'avis qu'on retienne l'ancienne leçon dans les Livres dediés aux ufages des Eglifes pour le chant. C'eft auffi pour cette raifon que les Cenfeurs de Rome dans la Preface qui eft imprimée au commencement de l'Edition Vulgate, ont remarqué (2) qu'on y avoit laiffé exprès plufieurs chofes qui fembloient devoir être reformées dans ce même *Correctorium* de Sorbonne. On trouve une critique affez exacte fur le Pfeaume 12. où il y a trois verfets qui ne font point dans l'Ebreu, & qui commencent par ces mots, *Sepulcrum patens*, &c. (3) Ils reconnoiffent que ces trois verfets font dans les anciens Exemplaires Latins, mais qu'ils ne font ni dans l'Ebreu ni dans le Grec; puis ils ajoutent, qu'on doit fuivre St. Jerôme, qui a marqué dans fes Commentaires fur Ifaïe d'où ils avoient été pris; & enfin ils rapportent la penfée de Caffiodore, qui a crû qu'on devoit les expliquer à caufe du long ufage qui les avoit autorifés, bien qu'ils ne fuffent pas veritablement du texte de ce Pfeaume. Cette critique me paroit plus exacte & plus judicieufe que celle qui a été faite depuis peu par un Auteur, qui fait à la verité de l'Ebreu & du Grec; mais fous pretexte de defendre l'ancienne Verfion de l'Eglife, il a appuyé des erreurs manifeftes & qui fautent aux yeux. C'eft une delicateffe qui n'a aucun fondement, bien qu'elle ait été approuvée par plufieurs de vos Confreres, qui aiment mieux dire avec cet Auteur, que l'Ebreu a été corrompu en ces endroits-là, que de redreffer le Latin fur l'original avec les plus favans Peres de l'Eglife.

Je fai, Mr. que vous m'avez objecté, qu'il étoit dangereux d'exercer fa critique fur des Livres infpirés. Vous m'avez même apporté l'exemple d'un Proteftant qui a efcrit une (4) Lettre contre l'Hiftoire Critique du Vieux Teftament, où il pretend que c'eft expofer ces Livres à la même deftinée que les Ouvrages profanes, en ne reconnoiffant aucun effet de la providence divine dans leur confervation; qu'on les fait dependre des regles de la Critique, de la même maniere que les Livres d'Homere & d'Ariftote, & qu'ainfi on les reduit à ne pouvoir faire de preuves folides en matiere de Religion. Ce raifonnement n'a que des apparences, & combat Origene, St. Jerôme, & plufieurs autres Peres Grecs & Latins qui fe font appliqués à la Critique des Livres Sacrés de la même maniere qu'on a fait dans l'Hiftoire Critique du Vieux Teftament. Je fuis perfuadé auffi bien que vous, que ces Livres font divins

& inspirés : mais leur inspiration ne vient pas des Copistes Juifs , Grecs & Latins. Mr. Spanheim pourra-t-il nous faire voir que depuis que les Originaux de l'Ecriture ont été perdus , il y a eu une providence singuliere pour empescher que ces Copistes ne soient tombés dans aucunes fautes en copiant leurs Livres ? Il est bien plus juste de se former une idée de l'inspiration de l'Ecriture sur les témoignages des Peres , que sur les raisons de quelques nouveaux Escrivains. Vous ne pouvez pas douter que les Peres n'ayent crû aussi bien qu'eux , que toute la Bible a été divinement inspirée ; & cependant ils ont parlé avec une grande liberté des changemens qui y sont survenus.

Les Protestans même les mieux sensés n'ont point reconnu cette providence speciale de Dieu pour la conservation des Oracles Sacrés. C'est une opinion que quelques-uns de leurs Docteurs ont prise des Juifs superstitieux , qui nous ont debité quantité de rêveries sur je ne sai quelle Massore qui a conservé selon eux le Texte Original de la Bible dans son ancienne pureté. Peut-être n'avez-vous jamais pris garde que ces adorateurs de la Massore sous pretexte de respecter les Livres du Vieux Testament , ruinent de toute leur force les Escrits du Nouveau Testament & les anciennes Versions de l'Eglise. Je veux vous en convaincre par les paroles mêmes du Docteur Spanheim autrefois Professeur en Theologie à Geneve , & pere de celui qui a escrit contre l'Histoire Critique du Vieux Testament.

Ce Docteur examinant la question celebre du Caïnan qui ne se trouve que dans les Septante & dans l'Evangile de St. Luc , a soutenu dans ses *Doutes Evangeliques* , que le mot de Caïnan étoit une leçon fausse, qui ne devoit pas être attribuée à une simple erreur de Copiste , mais à une corruption faite à plaisir , *per fraudem potius quàm per incuriam.* Et pour donner quelque vrai-semblance à son opinion , il dit que comme les Eglises étoient alors fort partagées entre elles sur les differens Exemplaires des Septante , & que les unes approuvoient ceux d'Origene , les autres ceux d'Hesychius , & quelques-unes ceux de Lucien Martyr ; chacun n'oublia rien pour faire valoir l'Exemplaire de son Eglise , & pour decrediter en même temps les Exemplaires des autres Eglises. Ce qui donna lieu , selon luy , à une corruption generale de tous les Exemplaires Grecs de la Bible. Et de ce principe il conclut , qu'on doit aussi retrancher du texte de St. Luc le mot de Caïnan qui y a été mis par un faussaire , *non à Luca, sed à corruptore Lucæ.* Il pousse son raisonnement encore plus loin. Il juge que l'auteur de cette corruption a été un Helleniste qui n'estoit pas encore bien persuadé de l'autorité de l'Evangile de St. Luc. Enfin il ajoute que dans les premiers siecles du Christianisme les persecuteurs ostant aux Chrétiens les Livres Sacrés qu'on jettoit au feu, il a été facile d'introduire des faussetés dans le peu d'Exemplaires qui restoient ; & que c'est la raison pourquoy le faux Caïnan a passé generalement dans tous les Exemplaires

Grecs

Grecs de St. Luc. Ce font là les doutes du Profeffeur de Geneve qui deftruifent manifeftement cette providence fpeciale de Dieu à l'égard des Livres de l'Ecriture. Car c'eft une rêverie des Juifs de ne l'établir que pour le Vieux Teftament. Je ne touche point icy au Caïnan qui ne fe trouve point dans l'Ebreu, mais dans le Grec feulement; ce n'eft point dequoy il s'agit prefentement: n'ayant eu autre deffein que de vous faire voir, qu'il y a plus de fuperfti-tion que de veritable Religion dans l'efprit des Proteftans, qui veulent qu'on reconnoiffe une providence particuliere de Dieu pour la confer-vation des Livres du Vieux Tefta-ment.

S'il y avoit une providence parti-culiere pour conferver l'Ecriture Sainte dans fa premiere pureté, elle s'eftendroit auffi bien aux Livres du Nouveau Teftament, qu'à ceux de l'Ancien. Je vous prie de jetter les yeux fur ce (1) nombre prodigieux de diverfes leçons qui ont été recueillies fur le feul Evangile de St. Matthieu par un Proteftant d'Allemagne, qui fongeoit alors à publier une nouvel-le Verfion de la Bible par l'ordre d'un Prince Alleman. Il faut rendre cette juftice à cet Ecrivain du Nord, qu'il parle de bon fens & en Critique judicieux dans la Preface qui eft à la tefte de fon Recueil de Varietés. Il y fait connoitre évidemment qu'on ne doit pas attribuer plus d'infaillibilité aux Copiftes des Livres Sacrés, qu'aux Copiftes d'Homere & d'Ari-ftote. En effet ces Livres font divins parce qu'ils ont été infpirés; mais dès lors que les Originaux en ont été

1 Joannis Sauberti Variæ Lectiones Textus Græci Evangelii S. Matthæi, ex plurimis impreffis ac MSS. Codicibus collecta, Helmftadii ann. 1672.

Critique de Mr. Saubert fur l'E-vangile de St. Matthieu.

perdus, ils ont été fujets aux mêmes changemens que les autres Livres. Ceux qui ont été confervés dans les plus grandes Eglifes femblent avoir été les plus corrects. Origene parle de quelques Exemplaires Grecs du Nouveau Teftament qui avoient été reveus par des Critiques & corrigés fur de bons Exemplaires. On trouve même dans les Commentaires de ce Pere fur le Nouveau Teftament, la methode dont il fe fervoit pour re-former les Exemplaires Grecs tant du Vieux que du Nouveau Tefta-ment. Quand St. Jerôme retoucha par ordre du Pape Damafe l'ancien-ne Verfion Latine des Evangiles, il confulta, comme (2) il le témoig-ne lui-même, les meilleurs Exem-plaires Grecs & Latins qu'il put trouver, & il jugea des meilleures leçons felon les regles ordinaires de la Critique. Il faut donc que Mr. Spanheim nous dife, que ces deux favans Peres ont reduit *la parole di-vine à ne pouvoir faire preuve folide & non conteftée en matiere de Religion.* Il ne prend pas garde que s'il y a quelque defaut, il ne vient pas de l'Ecriture, qu'on reconnoit auffi bien que luy infpirée; mais de la part des Reformateurs, qui refufent d'affo-cier à cette Ecriture les traditions reçuës dans toutes les Eglifes du monde. Ils fe font érigés eux-mêmes en de nouveaux Efdras & reftaura-teurs de la parole de Dieu, lors que fous pretexte de recourir à l'Ebreu & au Grec qu'ils n'entendoient gueres, ils nous ont donné de me-chantes Verfions, qu'ils veulent faire paffer pour la pure parole de Dieu.

2 Præf. in Evang. ad Damafum.

Critique de St. Jerôme fur les Evan-giles.

Pour

Pour peu de reflexion que vous fassiez sur les loüanges excessives que les Protestans donnent aux Livres Sacrés, vous trouverez qu'ils n'ont en cela d'autre veüe que d'abaisser l'autorité des veritables traditions de l'Eglise, afin de mieux appuyer leurs reformations. Ils se sont entestés de l'Ebreu & du Grec pour declamer plus facilement contre l'ancien Interprete Latin. Quand ils veulent qu'il n'y ait que cet Ebreu & ce Grec traduits à leur maniere qui soient la pure parole de Dieu, ils se declarent ouvertement contre toutes les Eglises du monde. Vous ne pouvez cependant souffrir que j'aye dit qu'il ne falloit s'entester ni d'Ebreu, ni de Grec, ni même de Latin.

A quoy donc, dites-vous, nous en tiendrons-nous? Où trouverons-nous cette parole divine & inspirée? N'est-il pas plus à propos de s'en tenir à l'ancien Interprete Latin qui a été autorisé par un Concile general, que de n'avoir aucune regle fixe & certaine? D'autre part les Protestans veulent qu'on s'en tienne à l'Ebreu & au Grec, qui sont les Originaux des Livres inspirés.

Je croy avec vous que dans l'Eglise Latine nous devons nous arrester à l'Edition ancienne qu'on appelle Vulgate, parce qu'elle y est reçuë depuis tant de siecles: mais cette preference se doit faire sans entestement; & c'est ce qu'on a pretendu dans l'Histoire Critique. En effet, si les Protestans n'estoient pas plus entestés de leur Ebreu & de leur Grec, que les plus savans de nos Theologiens sont entestés du Latin, ils rentreroient dans l'Eglise d'où ils sont sortis. Quelque Eglise que ce soit, Grecque, Latine, Syrienne, Cophte, Ethiopienne, Armenienne, est la veritable Eglise, en quelque langue qu'elle lise l'Ecriture. C'est sur ce pied-là qu'on reçoit à Rome les Versions de la Bible escrites dans les langues Grecque, Syriaque, Cophte, Arabe, Ethiopienne & Armenienne. Il n'y a que les Apostres Grammairiens de ces derniers temps qui se soient entestés de l'Ebreu Juif & du Grec de leurs Exemplaires.

Les Eglises d'Orient lisent l'Ecriture Sainte dans les langues qui sont autorisées parmi eux, & personne n'y trouve à redire. Il en est de même des Eglises d'Occident, qui lisent la Bible dans la langue reçuë depuis un tres-long temps dans tout l'Occident. C'est pourquoy les Protestans n'ont eu aucune raison de rejetter l'ancienne Version Latine qui est en usage depuis tant de siecles. S'ils vouloient faire des Versions en langue vulgaire pour leur instruction particuliere, au moins ne devoient-ils rien innover dans la pratique de leur Eglise. Ils n'ont qu'à consulter là-dessus toutes les Eglises du monde, & ils trouveront par tout une grande conformité de sentimens. Les Eglises Syriennes, par exemple, bien qu'elles soient divisées en plusieurs sectes, lisent toutes la même Bible en Syriaque; ou s'il y a quelque difference, elle n'est pas considerable. Et ce qui merite le plus d'estre remarqué, c'est que la langue Syriaque n'est pas plus en usage parmi eux, que le Latin l'est dans l'Occident. Ils celebrent aussi leurs offices dans cette langue. Il en est

eſt de même des autres nations du Levant. Eſt-il poſſible que de tous les peuples du monde il n'y ait qu'un petit nombre de Prophetes Grammairiens qui ayent l'Eſprit de Dieu?

Au-reſte, Mr. je veux vous faire voir par un exemple authentique, que bien que nous devions ſuivre dans l'uſage public l'ancienne Verſion Latine, nous ne devons pourtant pas en être ſi fort entêtés, que nous la croyions ſeule la veritable parole de Dieu. J'ay ſceu de tres-bonne part, que dans la conference que le Cardinal de Richelieu devoit autrefois tenir à Paris pour la reünion des Proteſtans de France avec l'Egliſe Romaine, on ne devoit s'y ſervir d'autre Bible que de l'ancienne Verſion de Geneve. Cela vous paroitra ſurprenant: mais je ne vous avance rien que je n'aye appris de celuy qui avoit été chargé par le Cardinal de mettre par ordre tout ce qui regardoit cette conference. La diſpute devoit rouler ſur ſix des principaux articles de ceux qui étoient en controverſe. Il eſt vrai que d'abord Mr. de Richelieu fut d'avis qu'on ſuiviſt la methode qui a toûjours été ſuivie dans l'Egliſe, c'eſt-à-dire, que les traditions des Peres jointes à l'Ecriture Sainte fuſſent la regle des deciſions. Mais Mr. du Laurens qu'il conſultoit dans cette grande affaire, luy repreſenta que pour avoir plutoſt fait, & pour convaincre même les Heretiques par leur propre principe, il falloit ne ſe ſervir que de l'Ecriture. Il fut après cela queſtion de ſavoir quelle feroit cette Ecriture. Le même du Laurens repreſenta au Cardinal une ſeconde fois, que ſi

l'on preferoit l'Edition Latine aux autres, les Miniſtres ne manqueroient pas de recourir ſouvent dans la diſpute à l'Ebreu & au Grec, & qu'ils feroient ſonner bien haut le nom des Sacrés Originaux. C'eſt pourquoy il fut conclu, que pour leur oſter tout ſujet de chicaner, on n'employeroit point d'autre Bible dans la conference que la Verſion Françoiſe de Geneve, qu'ils avoient faite ſur l'Ebreu au commencement de leur pretenduë Reformation. Je vous demande ſi en ce cas-là la Bible de Geneve n'euſt pas été auſſi bien la parole de Dieu que noſtre Edition Vulgate, & ſi le Cardinal de Richelieu, qui n'étoit pas moins Theologien que Politique, n'avoit pas raiſon de ne s'eſtre point entêté de l'ancien Interprete Latin? Il eſtoit perſuadé que toute l'Ecriture en general eſtoit inſpirée, & qu'il ne falloit pas plutoſt attacher l'inſpiration à une Verſion qu'à une autre, bien qu'il y euſt des Verſions qui approchaſſent plus de l'Original que les autres; & ſans prendre parti, je puis vous aſſurer que noſtre Vulgate eſt une de celles qui expriment le mieux cet Original. Ce qui me fait conclure, qu'il y a bien eu de l'ignorance dans ces premiers Reformateurs qui ont voulu donner à l'Egliſe de nouvelles Traductions de la Bible. Vous en avez veu quelques preuves dans l'Hiſtoire Critique du Vieux Teſtament. J'en ajouterai icy quelques autres, afin que vous ſoyez encore plus perſuadé de l'entêtement où ſont les Proteſtans à l'égard de leurs Verſions de l'Ecriture. Je commencerai par l'Allemande de Luther,

qui

qui a été l'origine de toutes les autres du Nord.

Ce Patriarche des Protestans n'étant pas content de sa premiere Version, la retoucha ; & il veut même qu'on ne lise point d'autre Bible que sa seconde Edition, qu'il assure être beaucoup plus exacte que la premiere. Mais il ne faut que jetter les yeux sur cette derniere Traduction, que les Lutheriens lisent encore aujourd'huy avec beaucoup de respect, pour être convaincu du peu de capacité du Traducteur. On y trouve par tout des marques évidentes de son ignorance, tant dans le corps de la Version, que dans les notes qui y sont jointes. Il a traduit, par exemple, ces paroles de la Genese, *Mortua est in civitate Arbée*, qui répondent très-bien au Texte Ebreu, par celles-cy, *Elle mourut dans la ville capitale* ; & pour justifier sa plaisante traduction, il ajoute cette remarque, que toutes les villes capitales étoient autrefois divisées en quatre parties, comme Rome, Jerusalem, & Babylon. Ne faut-il pas avoir renoncé au sens commun pour faire des versions de cette nature ? N'y a-t-il pas de l'illusion à vouloir mettre en la place de l'ancienne Vulgate la Traduction d'un homme qui n'avoit ni le jugement qui est necessaire pour faire une bonne Version de la Bible, ni une veritable connoissance des langues qu'il traduisoit ? Cependant la plus-part des Docteurs Lutheriens defendent avec chaleur cette Traduction. (1) Jean Tarnovius a été obligé de respondre à quelques Lutheriens opiniastres, qui l'avoient chargé d'in-

jures pour avoir traduit quelques passages de l'Ecriture autrement que Luther.

Les Protestans des Pays-bas n'ont appuyé leur Reformation que sur une Version Flamande qui avoit esté faite sur cette méchante Bible de Luther. Mais enfin ayant eu honte eux-mêmes de produire comme la pure parole de Dieu tant d'impertinences, ils resolurent de travailler à une nouvelle Traduction. Sixtinas Amama composa pour ce sujet en Flaman un Livre intitulé, (2) *Bybelsche Conferentie*, où il fait voir fort au long les raisons qu'on avoit de publier une nouvelle Bible pour les Eglises Flamandes. Il assure que la Version Flamande qu'ils lisoient dans leur Eglise, & qui avoit esté prise de celle de Luther, contenoit en de certains Livres plus de fautes que de versets, & il en donne dans cet Ouvrage un grand nombre d'exemples. Ces premiers Reformateurs ont été neanmoins fort entestés de leurs Versions. Ils ont crû que l'Eglise Romaine n'avoit point de veritable Bible, parce que selon eux l'ancien Interprete Latin s'étoit trop éloigné des Originaux. Les Lutheriens sur tout ont une très-grande veneration pour la Version Allemande de leur Docteur Martin. Jean Bugenhagius de Pomeranie celebroit tous les ans comme une grande feste le jour auquel Luther avoit mis la derniere main à sa Traduction.

Je vous rapporte ces faits, Monsieur, pour vous monstrer que les Protestans ont souvent attribué au St. Esprit leurs imaginations. Ces Alle-

imaginations au St. Esprit.

1 *En* 1588.

2 *En* 1595.

Bibles Allemandes des Calvinistes.

3 *Imprimée en* 1594.

Bibles Flamandes des Mennonites.

Allemans qui se sont emportés avec tant de chaleur contre Rome n'ont fait la plus-part que copier la Bible de Luther. Les Calvinistes de (1) Neostad firent imprimer sa Version pour leur usage. (2) Ceux de Herborne firent aussi la même chose, l'accommodant & la reformant à leur maniere. Piscator voulut à la verité être auteur d'une (3) nouvelle Traduction Allemande : mais il fut attaqué par quelques Docteurs Allemans, qui lui reprochoient que sa Version étoit remplie d'impietés, & qu'il parloit le langage des Vandales. Ces mêmes Lutheriens ne purent aussi souffrir les nouvelles Bibles des Calvinistes de Neostad & de Herborne, bien qu'ils eussent fait imprimer celle de Luther. Ils les accusoient d'en avoir osté les Prefaces & les Sommaires pour y en mettre d'autres de leur façon, qu'ils avoient empoisonnés de leur fausse doctrine. Ces gens-là cependant pretendent tous faire parler le Saint Esprit.

Les Anabaptistes ou Mennonites ont aussi une Version Flamande faite sur celle de Luther. Il y en a deux Exemplaires, dont l'un porte le nom de Jacob Liefvelt qui l'a imprimé. Cette Edition Flamande s'éloigne quelquefois de Luther, & suit d'autres Versions. Mais celui qui a entrepris cette correction n'ayant aucune connoissance de l'Ebreu, a encheri pardessus les fautes de la Version qu'il a voulu reformer. Il y a même des endroits où il met deux traductions pour une. L'autre Exemplaire de la Bible Flamande des Mennonites s'appelle la Bible de Biestkens, qui

est le nom de l'Imprimeur. Il corrige aussi Luther en plusieurs endroits, mais il suit pour l'ordinaire les corrections de Liefvelt.

Nouvelle Bible Flamande des Pays-bas.

Il est vrai que les Calvinistes des Pays-bas après avoir lû pendant un long-temps leur ancienne Version faite sur celle de Luther, la rejetterent & en composerent une nouvelle. Mais s'ils ont suivi dans leur nouvelle Traduction la methode que Sixtinus Amama propose dans sa *Bybelsche Conferentie*, elle ne peut pas être exacte. Car pour faire sa reformation il ne suit que Pagnin, Junius & Tremellius, la Bible de Zurich, la Françoise de Geneve, l'Allemande de Piscator, l'Espagnole de Cyprien de Valere, l'Italienne de Diodati, l'Angloise de Geneve, & d'autres nouvelles Traductions, qui étant toutes defectueuses ne pouvoient produire rien que d'imparfait. Ajoutez à cela, que les principaux Auteurs de cet Ouvrage étant entestés des sentimens de Calvin, ont fait quelquefois parler le St. Esprit en Calviniste. C'est de quoy se sont plaint les Arminiens ou Remonstrans, qui les accusent d'avoir alteré la parole de Dieu, & de l'avoir même corrompuë par de fausses gloses.

Je voudrois donc bien sçavoir où les Protestans trouveront cette parole de Dieu dans sa pureté ? Quand ils ont abandonné l'Eglise Romaine, ils ont pretendu que l'ancien Interprete Latin en étoit fort éloigné, & sous ce pretexte ils ont eu recours aux Originaux. Mais les reproches qu'ils se font tous les uns aux autres d'avoir mal traduit ces Originaux,

B 2

sont

Les Protestans n'ont point entendu les Originaux qu'ils ont traduit.

font des preuves évidentes qu'ils ne les entendent point, ou qu'ils les ont accommodés à leurs prejugés. De plus, je suis persuadé que de cent Ministres qui expliquent au peuple l'Ecriture, il n'y en a pas quatre qui sachent assez d'Ebreu & de Grec pour juger si un passage est bien traduit ou non. Drusius, qui connoissoit parfaitement la capacité de ceux de sa Secte, dit librement dans une de ses Lettres, qu'elle ne s'estendoit gueres au delà de leur Catechisme, étant tout-à-fait ignorans dans ce qui regardoit le sens literal de l'Ecriture.

Ignorance des Theologiens Protestans touchant le texte des langues. Drusius.

Tales Theologi vix quidquam ultra Catechesin sapiunt, in ipso textu planè hospites & linguarum imperiti. La Bible Françoise de Geneve, qu'on croit être une des meilleures Versions des Protestans, a aussi de très-grands defauts; & c'est ce qui les a fait penser depuis plusieurs années à en donner une nouvelle. Mais il ne s'est trouvé jusqu'à present personne chez eux qui osast l'entreprendre. M. Colomiés ayant appris que Mr. Claude avoit quelque dessein de s'employer à ce travail, luy escrivit une Lettre là-dessus, où il l'avertit que *leurs Bibles ont été tournées & retouchées de temps en temps avec peu de soin.* Il compare agreablement tous les nouveaux Traducteurs à ceux qui éleverent la tour de Babel. Dieu, dit-il, *par un effet de sa sage providence a confondu en quelque sorte le langage des Interpretes, & ne leur a pas même permis bien souvent de s'entendre eux-mêmes.*

La Bible Françoise de Geneve n'est point exacte.

Lettre de Mr. Colomiés écrite à la Rochelle 1677.

A propos de la Version de Geneve, il est bon que vous remarquiez que les Anglois Puritains qui se retirerent en ce lieu-là au temps de la Reyne Marie, publierent aussi une Version en Anglois, qu'ils prirent pour la plus grande partie sur celle qu'on lisoit alors à Geneve, bien qu'ils témoignent dans le titre de leur Bible avoir traduit sur les Originaux. En effet on l'a nommée la Bible de Geneve, parce qu'elle a été composée par des Anglois refugiés en ce pays-là. Ils y joignirent des notes de leur façon qui sentent le fanatisme qui regnoit à Geneve. Les Anglois du parti que nous appellons ordinairement Episcopal ont bien dit du mal de cette Bible & l'ont condamnée hautement. Mais nonobstant leur condamnation elle a eu cours dans l'Angleterre, & ceux qui se vantent de ne s'attacher qu'à la pure parole de Dieu, la prefererent à toutes les autres Angloises qui sont en assez grand nombre.

La Bible Angloise faite au temps...

Je ne crois pas que les Remonstrans ou Arminiens des Pays-bas ayent fait aucune Version de la Bible pour leur usage. Ils se sont contentés de reprendre quelques fautes dans la nouvelle Traduction Flamande, & d'avertir en general qu'elle favorisoit les sentimens des Calvinistes. Peut-être n'ont-ils eu personne chez eux qui fust capable d'executer une si grande entreprise. Simon Episcopius, qui est un de leurs Heros, a condamné l'emportement des Docteurs de Geneve contre Sebastien Castalio, qu'il loue comme un homme savant en Grec & en Ebreu. En effet je croy qu'il merite ces louanges. Mais ceux de Geneve ne s'en rapporteront pas tout-à-fait à Episcopius, qui ne paroit pas avoir eu

Jugement que les Arminiens ont fait de la nouvelle Version Flamande de la Bible.

Castalio.

une connoissance fort étenduë de ces deux langues : outre qu'ils diront que les Arminiens, & même les Sociniens, estiment la Version de Castalio par rapport à leurs sentimens. Je vous avoüe que ces Arminiens sont gens de meilleur sens que les Calvinistes. Ils voudroient bien qu'on n'eust point d'autre Traduction de la Bible que la Version du texte pur ; ou que si l'on y joint quelques remarques, elles fussent tout-à-fait literales. C'est pour cette raison qu'Episcopius a preferé la Traduction d'Arias Montanus à toutes les autres, parce que selon luy elle exprime plus à la lettre le sens du St. Esprit. Mais il n'a pas pris garde que cet Interprete sous pretexte de rendre mot pour mot son texte, le corrompt très-souvent. Ce n'est pas qu'il ait eu dessein de favoriser ses prejugés ; mais voulant donner une interpretation trop grammaticale, il n'a fait aucune reflexion sur le sens des paroles. Et ainsi je ne voi pas que le St. Esprit s'exprime mieux dans la Bible d'Arias Montanus que dans les autres Bibles.

Episcopius a trop estimé la Version d'Arias Montanus.

Vous savez que ces Arminiens regardent les Calvinistes comme des Fanatiques qui croyent être inspirés de Dieu pour expliquer ce qu'il y a de plus obscur dans l'Ecriture. Les Calvinistes au contraire accusent les Arminiens de s'entendre avec les Sociniens, & de ne considerer les Livres Sacrés que comme d'autres Ouvrages, si ce n'est qu'ils ont été escrits avec toute la fidelité & l'exactitude possible. Je ne pretends pas examiner icy si ces plaintes sont justes de part & d'autre. Vous n'igno-

Querelles des Calvinistes & des Arminiens.

rez pas de quoy sont capables les Theologiens qui se sont declarés pour un parti. Il est rare qu'ils soient sinceres dans leurs reproches. Quoi qu'il en soit, on ne peut nier que Grotius, qui a été un des plus savans & des plus judicieux Interpretes de l'Ecriture, n'ait soutenu que de tous les Livres de la Bible il n'y avoit que les Prophetiques qui eussent été inspirés. Il assure qu'il n'est point necessaire que des histoires soient dictées par le St. Esprit. Spinosa a aussi suivi ce sentiment, & depuis peu l'Auteur de deux Lettres qui sont imprimées dans le Livre intitulé, *Sentimens de quelques Theologiens de Hollande sur l'Histoire Critique du V. T.* Mais comme on a déjà répondu à ces deux Lettres, il n'est point besoin que je m'y arreste davantage. Je vous prie seulement de faire reflexion sur tout ce qui a été dit cy-dessus des différentes Bibles des Protestans qui pretendent tous avoir la pure parole de Dieu. En effet on ne peut nier qu'elle ne soit renfermée dans les Livres Sacrés : mais je voudrois savoir ce qu'ils répondront à une personne qui leur demandera, s'il est possible que le St. Esprit ait parlé aussi différemment qu'il fait dans leurs Bibles, qui sont toutes des Copies tirées des Originaux. De plus, quand même on seroit certain du sens grammatical de leurs Traductions, chaque Secte explique à sa maniere & selon ses prejugés ce sens grammatical dans les endroits qui sont obscurs.

Sentiment de Grotius & de quelques autres sur l'inspiration de l'Ecriture. *Grot. in Voto pro Pace Ecclesiast. ca. tit. de Canon. Scriptur.*

Mais, si cela est, me direz-vous, où trouvera-t-on la pure parole de Dieu ? On ne sera jamais assuré de

Objections.

ce qui eſt inſpiré & de ce qui ne l'eſt point. Les Proteſtans n'ont pas meilleure opinion de nôtre Vulgate, que nous avons de leurs Verſions. Nous ne croyons pas que St. Jerôme ait été Prophete & infaillible dans ſa Traduction de l'Ecriture ; & par conſequent il a pû ſe tromper auſſi bien que les autres Interpretes. Je vous avoüe qu'on ne peut nier que St. Jerôme ne ſe ſoit trompé quelquefois. Mais on ne doit pas inferer de voſtre raiſonnement, qu'il n'y ait aucune Ecriture inſpirée. La verité eſt que toute l'Ecriture en elle-même a été divinement inſpirée, ſelon le témoignage de St. Paul. Mais cette inſpiration ne peut appartenir à aucune Verſion de la Bible en particulier, étant toutes des Copies des Livres inſpirés. Ces Copies ont chacune leurs defauts ; les unes plus, les autres moins. C'eſt pourquoy on a donné dans l'Hiſtoire Critique l'idée d'une nouvelle Traduction qui ſeroit plus exacte que toutes les autres qui ont paru juſqu'à preſent. Il n'eſt pas beſoin que je vous repete icy les moyens dont on doit ſe ſervir pour cela ; vous les avez lûs, & vous m'avez même communiqué vos reflexions là-deſſus. Ce qui vous choque le plus dans ce nouveau projet, c'eſt qu'on pretend donner une Verſion qui exprime mieux l'Original que la Vulgate. Cela, dites-vous, eſt contraire à la definition du Concile de Trente, qui ne reconnoit point d'autre Bible authentique que cette Vulgate. Je ſai que pluſieurs de vos Confreres qui n'ont pas examiné avec aſſez d'application le projet d'une nouvelle Verſion tel qu'il

eſt repreſenté dans l'Hiſtoire Critique, n'ont pu le ſouffrir. Mais ils devoient remarquer, qu'on n'a pas voulu donner l'idée d'une Verſion de l'Ecriture qui deuſt être en uſage dans l'Egliſe. On a eu ſeulement deſſein de compoſer un Ouvrage pour l'inſtruction des particuliers, afin qu'ils le conſultaſſent dans leurs doutes, de la même maniere que dans les premiers ſiecles du Chriſtianiſme on conſultoit un certain corps de pluſieurs Verſions de l'Ecriture jointes enſemble pour ſervir d'eclairciſſement à la Traduction des Septante, qui eſtoit dans ces temps-là la Bible de l'Egliſe. On a approuvé dans l'Hiſtoire Critique la conduite très-ſage des Egliſes d'Occident, qui ne reçoivent point d'autre Ecriture pour l'uſage public que l'ancien Interprete Latin, qui y eſt reçu depuis tant de temps.

Il me reſte de ſatisfaire à quelques difficultés que vous m'avez propoſées touchant la Vulgate. Vous ſuppoſez toûjours qu'on ne doit point recevoir d'autre Bible que celle-là, & vous croyez qu'on n'a pas bien entendu le Cardinal Palavicin, qui a été le Theologien & l'Hiſtorien de Rome, quand on luy a fait dire dans l'Hiſtoire Critique, qu'il pouvoit abſolument y avoir une Verſion plus exacte & qui répondiſt mieux à l'Original que la Vulgate. Le Cardinal, dites-vous, n'a rien marqué en particulier de la Vulgate, ne s'étant expliqué qu'en general. Il a ſeulement voulu dire, que la traduction d'un acte pouvoit être authentique & ſervir de preuve à la place de l'Original, bien qu'on puſt

faire

faire une verſion plus authentique que celle-là. Mais il me ſemble que cette propoſition generale n'ayant été avancée par Palavicin contre le P. Paul qu'au ſujet de la Vulgate, elle doit auſſi tomber ſur elle en particulier. Il eſt vray qu'un ſavant Jeſuïte a rapporté depuis peu dans un Livre contre Mr. Arnauld la penſée du C. Palavicin d'une maniere qui confirme voſtre ſentiment. Ce qui m'oblige d'examiner les raiſons de ce Jeſuïte que vous avez trouvées fortes, ſans qu'il ſoit neanmoins beſoin que j'entre dans la diſpute qu'il a avec les Traducteurs du Nouveau Teſtament de Mons. Auſſi cela n'eſt-il pas neceſſaire : car de quelque maniere qu'on explique le decret du Concile, les Traducteurs de Mons n'ont point eu raiſon d'inſerer dans leur Verſion Françoiſe quoi que ce ſoit du Texte Grec, parce qu'un Traducteur de la Bible doit ſe propoſer ſeulement de donner au peuple l'Ecriture qui eſt reçrë & autoriſée dans ſon Egliſe.

Il ne s'agit donc icy que de connoiſtre quelle a été la veritable penſée du Cardinal Palavicin, lors qu'il a expliqué le decret du Concile de Trente, puis que ces deux Auteurs s'en remettent à ſon jugement. Comme il traite cette queſtion en Hiſtorien, il témoigne que les Theologiens ſont partagés là-deſſus en deux opinions, ſans vouloir prendre parti. Cependant attaquant au même endroit de ſon Hiſtoire l'explication que le P. Paul donne avec quelques Proteſtans aux paroles du Concile, il montre clairement qu'ils ont tort d'attribuer aux Evêques aſſemblés à Trente un ſentiment oppoſé à celui des plus habiles Theologiens Catholiques, y ayant même quelques-uns d'eux qui ont aſſiſté au Concile. Il ne rapporte l'autre opinion qu'en qualité d'Hiſtorien, & pour ne pas choquer ouvertement quelques Theologiens de Rome, qui croyoient, comme croyent encore aujourd'huy pluſieurs de vos Confreres, qu'il n'y avoit pas la moindre faute dans la Vulgate. Auſſi Mr. Arnauld & le P. Telier rejettent-ils tous deux cette ſeconde opinion, qui n'eſt plus appuyée que par des Theologiens du ſecond ordre.

Mais cet habile Jeſuïte pretend, que ſelon le Cardinal Palavicin la Vulgate ne peut être *en aucun endroit manifeſtement éloignée du veritable Texte Original quant à la ſubſtance des choſes & des penſées*, & être en même temps authentique. Mr. Arnauld veut au contraire, qu'il y ait des endroits dans la Vulgate où elle differe évidemment de l'Original en ce qui regarde le ſens : & c'eſt ce qu'il eſt aiſé de prouver par pluſieurs exemples. Mais parce que toute la difficulté ne roule que ſur Palavicin, il aſſure que ce Cardinal a crû que la Vulgate peut être appellée authentique, pourvu qu'elle ſoit exempte de fautes dans ce qui appartient à la Religion.

En effet Palavicin dit qu'il eſt neceſſaire que l'Egliſe Latine euſt une Traduction de la Bible écrite en ſa langue, (1) *laquelle Traduction fuſt exempte de toutes les fautes qui regardent les choſes que les fidéles doivent croire comme de foy.* Cependant

le

le P. Telier pretend que ce Cardinal a reconnu deux conditions necessai-res pour rendre une Version authen-tique. *L'une, qu'elle ne soit point falsifiée à dessein, non pas même dans les choses qui sont accidentelles à la pensée principale de l'Auteur Sacré; l'autre, qu'elle ne le soit pas même par inadvertence quant à la substance, c'est-à-dire, quant au fond de la pen-sée.* Mais le Cardinal par ces mots, *quant à la substance,* n'a pas voulu dire qu'il n'y eust aucun passage dans la Vulgate qui fust éloigné de l'Ori-ginal, *quant à la substance des choses & des pensées,* comme le P. le Te-lier l'explique : car outre qu'il ne faut avoir qu'une connoissance me-diocre de l'Ebreu & du Latin pour en juger, Palavicin fait assez enten-dre sa pensée, quand il ajoute au même endroit par forme de conclu-sion, (1) *Qu'il n'est pas necessaire que cette Version exempte de toute er-reur substantielle soit unique.* C'est pour cette raison, ajoute-t-il, que le Concile n'a pas voulu rejetter tou-tes les autres Versions qui different de la Vulgate. *Onde il Concilio non volle riprovar tutte l'altre distincte dal-la Volgata.* Ce qu'il appelle même un sage conseil des Evêques assemblés à Trente : *e ciò con savio consiglio.*

Cela étant, je prie le P. Telier de conferer avec nostre Vulgate la Version des Septante, ou l'ancienne Vulgate avec celle d'aujourd'huy; il trouvera qu'elles sont très-diffe-rentes en plusieurs endroits, même *quant à la substance des choses ou des pensées :* d'où je conclus qu'il y a necessairement une de ces deux Ver-sions Vulgates éloignée du Texte

Original *quant à la substance ;* & neanmoins le Cardinal Palavicin les reconnoit toutes deux authentiques. Il avoüe que l'ancienne Traduction dont on s'est servi dans l'Eglise avant St. Gregoire le Grand, étoit bien moins parfaite que nostre Vulgate ; (2) mais que pour être authentique c'étoit assez qu'elle n'eust pas de fau-tes essentielles. Il a donc supposé qu'une Version de la Bible peut être authentique, bien qu'il y ait des fau-tes, & que c'est assez qu'elle soit exempte de fautes dans ce qui appar-tient à la Religion. Car c'est ce qu'il entend par ces mots *da' sopra detti falli essenziali,* ayant parlé au-paravant des matieres qui regardent la creance. Enfin il ajoute, (3) que si cette ancienne Vulgate qui étoit moins exacte que celle d'aujour-d'huy, se trouvoit encore presente-ment, elle ne laisseroit pas d'être authentique.

Mais si la Vulgate, dit le P. Telier, *se trouvoit manifestement fausse en quelques endroits, on pourroit alors, & on devroit même la rejetter ;* & ce-pendant le Concile dit anatheme à ceux qui oseront la rejetter sous quelque pretexte que ce soit, QUOVIS PRÆ-TEXTU. Ces paroles du Concile ne regardent precisément que les Pro-testans, qui ont voulu introduire dans l'usage public de l'Eglise d'au-tres Versions que la Vulgate. Ce qui n'a pas empêché les plus habiles Theologiens Catholiques de remar-quer dans leurs Commentaires quel-ques defauts de l'ancien Interprete. En un mot, il n'est pas libre aux particuliers soit Catholiques, ou Protestans, d'introduire dans l'usage
de

Notes marginales (colonne de gauche) :

1 *Non però è necessario che questa esposizione esente da ogni error sustanziale sia una sola.* Palav. ibid.

Eclair-cissement de la pensée de Palavi-cin tou-chant la Vulgate.

Notes marginales (colonne de droite) :

2 *Convenne che quella traslazione onde valeva si aver la chiesa fosse incontaminata da' sopra detti falli essenziali, benche nel resto imperfetta.*

3 *Onde s'ella era si ritrovasse, medieritrebbe pur mente d'autentica, benche per altro men buona della Vulgata.*

Objec-tion du P. Telier.

Réponse.

de l'Eglise Latine d'autre Bible que la Vulgate, sous quelque pretexte que ce soit. On ne peut pas inferer de là qu'elle ne s'éloigne jamais du sens de son Original. De plus, quand les Peres du Concile ont defendu de rejetter cette Version *sous quelque pretexte que ce soit*, ils n'ont pas pretendu que les Grecs, les Syriens, les Ethiopiens & les autres Chrestiens d'Orient la dussent recevoir, puis qu'on approuve à Rome les Versions de tous ces peuples, bien qu'il soit constant qu'elles different fort entre elles *quant au fond des choses & des pensées* en une infinité d'endroits.

On peut resoudre facilement par ce seul exemple les consequences que le P. Telier tire du principe de Mr. Arnauld, & qu'il assure être injurieuses au Concile de Trente & à la Version de l'Eglise. Il s'ensui-vroit, dit-il, qu'on n'attribueroit rien à la Vulgate que *ce qu'on attribueroit à un Commentaire, à une Paraphrase, ou bien à tout autre Livre d'un Theologien en luy donnant son approbation, c'est-à-dire, en declarant qu'il n'y auroit rien contre la foy ni contre les bonnes mœurs.* Mais il ne s'agit pas icy de Commentaire ni de Paraphrase sur l'Ecriture, ni d'aucun autre Livre de Theologie. Il s'agit d'une Version de la Bible, qu'on pretend être une piece authentique dans ce qu'elle contient. Palavicin la compare avec d'autres Actes traduits par des personnes capables & non suspectes d'avoir falsifié ces Actes. Il assure que la traduction de quelque Acte que ce soit où ces conditions se rencontrent est authenti-

que, & qu'on peut s'en servir pour faire foy : & la raison qu'il en donne est, parce qu'on suppose que ce qui appartient à la substance de cet Acte a été bien traduit. Il en est de même de la Vulgate, que le Concile suppose être un Acte qui peut faire foy en matiere de Religion ; & c'est ce qu'on dit avec Palavicin n'avoir point de fautes essentielles, l'Ecriture nous ayant été donnée principalement pour nous instruire de ce qui regarde la creance & les mœurs : & ainsi la substance de cette Ecriture demeure toûjours la même chez toutes les nations du monde, bien que leurs Bibles soient très-differentes les unes des autres. On ne doit pas neanmoins conclure de là, que la Vulgate soit defectueuse dans les endroits où il ne s'agit ni de la creance ni des mœurs. Il n'y a point au contraire de Version dans toutes les Eglises du monde qui approche plus de l'Original que cet ancien Interprete Latin ; les Bibles qui sont à l'usage des Eglises d'Orient estant toutes remplies de fautes.

Cela peut aussi servir de réponse à la seconde consequence que le P. Telier tire du principe de Mr. Arnauld, qu'il croit être injurieux au Concile de Trente & à la Version de l'Eglise. On pourra dire, selon ce Pere, *Qu'on ait supprimé dans une Nouvelle Traduction non seulement plusieurs paroles, mais aussi plusieurs pensées de l'Original ; qu'on y ait inseré des propositions, & même des histoires entieres qui ne soient pas de l'Ecriture ; qu'on y ait changé les mots, les liaisons, & les pensées même de l'Auteur Sacré.*

C

Tout

Réponse. Tout cela peut être dans une Version de l'Ecriture, qui ne laissera pas d'être authentique, parce que c'est le sort commun de tous les Livres, qu'il y arrive ces sortes de changemens par le malheur des temps, ou par la negligence & l'ignorance des Copistes. Supposons que nostre Vulgate ait en effet cette exactitude que le P. Telier luy attribuë. Il n'en est pas de même de l'ancienne Vulgate qui avoit été prise des Septante. Cependant le Cardinal Palavicin veut qu'avec toutes ses imperfections elle ait été authentique. Il est constant qu'elle ne representoit point plusieurs paroles de l'Original; qu'il y avoit aussi quelques propositions, & même des histoires entieres qui y avoient été inserées. Il y avoit de plus des mots changés & des liaisons ajoutées. Si le raisonnement de ce savant Jesuite conclut quelque chose, Palavicin a eu grand tort de dire que cette ancienne Version de l'Eglise étoit aussi bien authentique que la Vulgate d'aujourd'huy.

Le P. Telier pousse ses consequences trop loin, quand il ajoute au même endroit, qu'on peut tirer du principe de Mr. Arnauld cette [*Nouvelle objection.*] consequence generale, *Qu'il seroit impossible que l'Ecriture servist de regle infaillible pour établir un dogme de la foy, avant que d'être assuré si un passage seroit le vrai texte de la parole de* [*Réponse.*] *Dieu.* Ce raisonnement combat également toutes les Eglises du monde qui ont des Versions defectueuses de l'Ecriture. On est toûjours en droit d'établir des preuves sur un Acte qu'on ne croit point vitié dans les choses essentielles; & si par hazard il est vitié en quelque endroit, on le confere avec les autres Copies & avec l'Original. C'est ce qui arrive tous les jours aux plus habiles Theologiens, qui ne s'appuyent pas tellement sur la Vulgate, qu'ils n'ayent souvent recours aux Originaux. Outre que les Catholiques ne considerent pas la seule Ecriture comme la regle entiere de leur Religion, ils font venir à son secours l'analogie de la foy & la tradition.

L'autorité de St. Augustin qu'on [margin: *1 Si enim ad Sacras Scripturas admissa fuerint velut officiosa mendacia, quid in eis remanebit autoritatis? August.*] produit aussi icy ne me paroit pas venir fort à propos. Ce Saint dit, (1) que s'il y avoit dans l'Ecriture un seul mensonge de ceux qu'on appelle officieux, elle n'auroit plus d'autorité pour nous obliger à croire. Ce Pere parle en ce lieu-là de mensonges ou de faussetés qui viendroient des Auteurs mêmes de l'Ecriture; & c'est de quoy il n'est point icy question, s'agissant seulement des fautes communes à toutes les Traductions qui ne representent pas [margin: *Réponse à l'autorité de St. Augustin.*] toûjours avec exactitude leurs Originaux. Au reste, si les Theologiens se donnoient la peine d'examiner avec soin ces choses-là dans leur principe, ils n'argumenteroient pas comme ils font la plus-part par des consequences que chacun tire à sa maniere. Personne ne doute que toute l'Ecriture ne soit inspirée: mais on ne doit pas inferer de là qu'il n'y ait rien dans les Versions qui ne soit aussi inspiré; car ces Versions ont des defauts qu'on ne peut pas attribuer au Saint Esprit. Le P. Morin, le P. Amelote, &

plu-

plusieurs autres qui ont justifié l'ancienne Version Latine sur de vieux Exemplaires Grecs, ont bien fait voir aux Protestans qu'ils n'ont pas eu raison de s'éloigner de cette Version sous pretexte de suivre le Texte Grec. Mais je ne voudrois pas conclure de là, que l'ancien Interprete Latin represente toûjours la veritable leçon, & qu'en tous les endroits où il est different des autres Exemplaires il contienne la pure parole de Dieu : car en ces endroits-là mêmes il ne convient pas quelquefois avec les anciens Peres ; outre que les Lutheriens ont aussi voulu justifier par la même methode la méchante Version de Luther. Il ne faut donc pas nous entester si fort de nostre Vulgate, que nous la regardions comme la seule Ecriture inspirée. On peut dire à la verité qu'elle est une des Copies les plus exactes des Livres Sacrés ; mais on ne la doit jamais separer des Originaux, ni même des autres Copies. Tout cela joint ensemble compose la Bible : & c'est sur ce pied-là qu'on s'est proposé de recueillir les diverses leçons des Originaux, & les differences des anciennes Versions ; n'y ayant que ce seul moyen d'avoir un corps d'Ecriture complet.

Je vous avoüe que ce seroit le plûtost fait de s'en tenir à la seule Vulgate declarée authentique par le Concile de Trente. Je sai que la plus-part de vos Confreres s'arrestent là, & qu'ils ne veulent entendre parler ni d'Ebreu, ni de Grec, ni d'autre Version que de la Latine. Mais outre qu'on ne peut assurer que la Vulgate represente parfaitement

l'Original, les Censeurs de Rome qui l'ont corrigée n'ont pas pretendu être infaillibles. Ils ont avoüé au contraire qu'on y a laissé exprès quelques fautes. Aussi-tost que le decret du Concile fut publié, plusieurs savans hommes travaillerent à la reformation de l'ancien Interprete Latin. Ils n'étoient ni Prophetes ni inspirés de Dieu, mais de purs Critiques. Je ne vous parlerai icy que de Zegerus, qui s'appliqua à la correction du Nouveau Testament, où il trouva tant de differentes leçons, qu'il luy paroissoit impossible de restablir les anciens & veritables Exemplaires Apostoliques. *Tanta est* *passim*, dit ce Critique, *in Novi Testamenti Codicibus tum Latinis tum Græcis varietas, discrepantia & corruptela, præsertim in iis qui ante annos hos 30. vel 40. vel calamo exarati, vel typis sunt expressi, ut nonnisi* *perplexæ fuerit difficultatis comprobare ac demonstrare quæ in ipsis haberi ac censeri debeant pro germanis, immemoratis & Apostolicis. Græca Exemplaria dissident à Latinis, Græca pariter & Latina moderna à veteribus, vetera à veteribus, vetera à modernis,* &c. Cet Auteur neanmoins, qui est convaincu des grandes difficultés qu'il y avoit à restablir l'ancien Interprete Latin, ne laisse pas de demander avec instance au Pape Jule d'autoriser sa nouvelle Edition, afin qu'elle fust reçuë seule comme authentique dans l'Eglise Latine, & que toutes les autres Editions fussent supprimées & rejettées. Il n'y a pas d'apparence que Zegerus crust ne s'être trompé en aucun endroit de ses corrections. Au contraire il supplie sa

                    Sain-

Sainteté de les faire revoir par d'habiles Critiques avant que de les autoriser. Mais on n'eut pas beaucoup d'égard à la demande de Zegerus. Les Papes étoient trop sages pour s'en rapporter à la capacité d'un seul homme. Ils employerent à ce grand travail plusieurs savans Critiques, qui ne l'ont pas même achevé. Et ainsi on ne peut pas dire qu'en matiere de Bible on s'en doit tenir à la seule Vulgate, puis que les Censeurs de Rome même n'ont jamais eu cette pensée.

Je viens maintenant, Mr. aux autres difficultés que vous m'avez proposées sur l'inspiration des Livres Sacrés, & que vous jugez être d'une grande importance. Vous ne pouvez concilier l'inspiration de ces Livres avec ce qu'on a dit dans la Critique du Vieux Testament touchant les Scribes publics. Cette nation, selon vous, n'auroit eu rien de singulier, & qui ne luy fust commun avec les autres peuples, qui ont aussi eu leurs Scribes publics. Aussi n'est-il pas necessaire que les Juifs ayent été distingués de leurs voisins pour avoir eu ces sortes d'Ecrivains. Leur privilege consiste, en ce que les Ecrivains des autres nations n'ont été que de simples hommes, & que ceux des Juifs ont été des hommes inspirés de Dieu. Etre Scribe & Prophete ne sont pas deux choses opposées. Le mot de Prophete ne se prend pas icy pour des hommes qui predisent l'avenir, mais pour des Escrivains dirigés par l'Esprit de Dieu. Ils avoient cela de commun avec les autres Escrivains, qu'ils étoient pour l'ordinaire témoins de ce qu'ils mettoient par écrit : mais Dieu leur avoit accordé ce privilege, qu'ils ne pouvoient pas errer. Ce qui trompe quelques Theologiens, c'est qu'ils ne conçoivent dans cette affaire rien que de divin & de surnaturel ; au lieu qu'il y faut aussi reconnoitre quelque chose d'humain. Les Juifs ont été des hommes, & ont eu un Etat à gouverner comme toutes les autres nations, & en cela ils se sont conduits par des voyes humaines. Ils ont eu l'usage des Archives & des Ecrivains publics de la même maniere que leurs voisins : mais Dieu qui s'étoit declaré le Chef de ce peuple, l'a conduit par des voyes particulieres & propres à leur Etat, qui estoit une Republique divine.

Pour vous marquer encore plus en particulier qu'il n'y a aucune opposition entre l'inspiration de l'Ecriture & l'usage des Ecrivains publics, je vous apporterai l'exemple des Livres de Moïse. Nos Theologiens demeurent d'accord, que tout le Pentateuque a été inspiré, cependant les plus savans d'entre eux ne font aucune difficulté de reconnoitre que ce que Moïse a écrit de la creation du monde, des genealogies des premiers Patriarches, & des autres choses qui l'ont precedé, a pû être tiré des Memoires que ces Patriarches avoient laissés. Dira-t-on pour cela que cette premiere partie du Pentateuque n'a pas été inspirée, parce qu'elle a été prise de ces anciens Memoires ? De plus, il n'étoit pas necessaire que Dieu dictast à Moïse ce qui se passoit devant ses yeux. Il l'a recueilli luy-même, ou il
l'a

l'a fait recueillir par ses Scribes. C'est aussi de cette maniere que les Evangelistes & les Apôtres ont écrit les faits dont ils ont été témoins, ou qu'ils ont appris de témoins fideles. Cela étant supposé, je ne vois pas comment vous pouvez dire que ce qu'on a avancé des Scribes publics dans l'Histoire Critique destruit la creance commune que les Chrétiens ont de l'inspiration des Livres Sacrés. Car vous serez obligé par la même raison d'avoüer que la premiere Epistre de Saint Jean n'est pas divine & inspirée, (1) parce qu'il declare dès le commencement, qu'il annonce de Jesus-Christ ce qu'il a entendu, & ce qu'il a veu de ses propres yeux. Saint Luc nous assure aussi dès l'entrée de son Evangile, qu'il écrit (2) ce qu'il a appris de ceux qui ont veu Jesus-Christ, & qui ont été les Ministres de la parole. Il en est de même des Ecrivains publics chez les Ebreux. Ils ont recueilli fidelement les Actes de ce qu'ils ont veu ou appris, & leurs Livres n'en font pas moins pour cela inspirés, parce qu'ils ont été dirigés par l'Esprit de Dieu pour les écrire. Je n'ai pas besoin de preuves pour vous convaincre de l'inspiration de ces Livres, puis que tous les Chrétiens la doivent supposer après le témoignage de St. Paul, & que les Juifs s'accordent tous en cela avec les Chrétiens. Il me restoit seulement de vous faire voir, que le systeme des Ecrivains publics ne combattoit point cette inspiration.

J'ajouterai ici d'autres preuves plus sensibles fondées sur les témoignages des Auteurs Juifs, & des Peres, qui ont reconnu l'usage de ces Scribes chez les Juifs, & qui n'ont cependant jamais douté de l'inspiration des Livres Sacrés. A l'égard des Juifs, Joseph dans l'endroit même où il distingue les Ecrivains de sa nation d'avec ceux des autres peuples, parce que les premiers ont été Prophetes & inspirés de Dieu, establit ces Ecrivains publics dès le temps de Moïse. Il attribuë le peu de certitude qui se trouvoit dans les Ecrits des Historiens Grecs, à ce qu'ils n'avoient point eu dès le commencement de leurs Republiques l'usage des Annales, comme il avoit esté chez les Egyptiens, chez les Babyloniens & les Pheniciens, & sur tout chez les Ebreux, qui avoient chargé de ce soin-là leurs Sacrificateurs & leurs Prophetes. Il n'est pas besoin, Monsieur, que je vous rapporte icy tout ce que cet Historien a écrit dans son Apologie contre Apion touchant ces Prophetes ou Scribes publics. Vous pouvez consulter cet Ouvrage qui est entre les mains de tout le monde. (3) Le Livre des Justes, qui est cité dans l'Histoire de Josué, faisoit une partie de ces anciennes Annales qui ne sont point venuës à nôtre connoissance, & qui se conservoient dans le Temple des Juifs. Aussi Joseph ne cite-t-il point sous d'autre nom ce Livre des Justes que par (4) celuy des Ecritures qui estoient dans le Temple: Samuel, selon le même Joseph, a été un de ces Prophetes Scribes qui registroient les choses qui se passoient de leur temps. C'est pourquoy il remarque que ce Prophete

Marginalia:

1 *Quod audivimus, quod vidimus oculis nostris, quod perspeximus, & manus nostræ contrectaverunt de Verbo vitæ,* 1 Joann. 1: 1.

2 *Sicut tradiderunt nobis qui ab initio ipsi viderunt, & ministri fuerunt sermonis,* Luc. 1: 2.

Preuves de ces Scribes publics tirées des Docteurs Juifs.

3 *Nonne scriptum est hoc in libro Justorum,* Jos. 10: 13.

4 Διὰ τῶν ἀνακειμθύων ἐν τῷ ἱερῷ γραμμάτων. *Joseph. lib. 5. Antiq. cap. 1.*

(4) mit

(a) mit par escrit les maux qui devoient arriver aux Juifs sous la domination des Rois ; qu'il le lut en presence du Roi ; & qu'il mit ce Livre dans le Tabernacle de Dieu pour servir de memoire à la posterité. Quand cet Historien parle des Lettres de Salomon, & de Hiram Roy de Tyr, il monstre évidemment que l'usage des Annales publiques étoit également chez les Ebreux & chez les Tyriens. Car après avoir produit les Lettres de ces deux Princes tirées des Annales de sa nation, il ajoute, (b) que si l'on consulte les Registres publics des Tyriens, on les y trouvera de la mesme maniere que dans ses Annales. Vous voyez qu'il compare les Annales des Juifs avec celles des Tyriens ; & il ne laisse pas pour cela de reconnoitre, qu'il n'y a que les seuls Livres des Juifs qui ayent été écrits par des hommes inspirés. Cependant vous ne pouvez souffrir qu'on ait fait cette même comparaison dans l'Histoire Critique du Vieux Testament.

Il n'est pas besoin de vous marquer ici les noms de Nathan, de Gad, & de quelques autres Prophetes, qui ont écrit les Annales de leur temps, d'où on a pris une partie des Livres de la Bible qui nous restent. Cela se voit manifestement dans l'Histoire des Rois & dans les Paralipomenes, où l'on renvoye souvent à d'autres Actes plus estendus ; les Auteurs de ces Livres s'étant proposé seulement de publier ce qu'ils jugeoient le plus necessaire. Il est fait mention dans le II. Livre des Paralipomenes d'une Histoire des Rois differente de celle que nous avons, & où nous lisons dans l'Ebreu, על מדרש ספר *al midras sepher*, les Septante ont traduit, ἐπὶ τῇ γραφῇ, *dans l'Ecriture*, c'est-à-dire, dans les anciens Actes qui contenoient l'Histoire des Rois avec plus d'étenduë, ou comme il y a dans la Version de St. Jerôme, *scripta sunt diligentiùs in libro Regum* : ce qui a fait dire à Sixte de Sienne, que le Livre des Rois dont il est parlé dans les Paralipomenes, (1) expliquoit plus au long les actions des Rois de Juda & d'Israël, qui ont été reduites en abregé dans l'Histoire que nous en avons, soit par Jeremie, soit par Esdras, ou par quelque autre Ecrivain qui nous est inconnu.

Quoy que les Rabbins soutiennent avec opiniastreté, qu'il n'y a pas un mot dans les Livres de Moïse que Dieu ne luy ait dicté, ils ne laissent pas d'avouer qu'il y a eu chez eux des Scribes dès le temps du même Moïse. Aaron Juif Caraïte a fait cette remarque sur le passage des Nombres où il est parlé des guerres du Seigneur.

2 Paral.
24. 27.

1 *In quo latiori narratione luculentius universa ac singula Regum Juda & Israel gesta digesta fuerant à diligentissimis autore,* &c. Sixt. Senens. Bibl. Sanct. lib. 2. p. 120.

(a) Τὰ μέλλοντα συμβήσεσθαι κακὰ γράψας αὐτοῖς ὁ Προφήτης, ἀνέγνω τοῦ βασιλέως ἀκροωμένου, καὶ τὸ βιβλίον τίθησιν ἐν τῇ τοῦ Θεοῦ σκηνῇ ταῖς μετέπειτα γενεαῖς καρπὸν ὧν προείρηκε. *Joseph. lib. 6. Antiq. cap. 6.*

(b) Διαμένει γὰρ ἄχρι τῆς τήμερον τὰ τῶν ἐπιστολῶν τούτων ἀντίγραφα, οὐκ ἐν ταῖς ἡμετέροις μόνον σωζόμενα βιβλίοις, ἀλλὰ καὶ παρὰ Τυρίοις ὥστ' εἴ τις ἐθέλει τὸ ἀκριβὲς μαθεῖν, δεηθεὶς τῶν ὑπὸ Τυρίων γραμματοφυλακίων ἐπιμελουμένων εὑρήσει συμφωνοῦντα τοῖς ὑφ' ἡμῶν τὰ παρ' ἐκείνοις. *Joseph. lib. 5. Antiq. cap. 2.*

Seigneur. (1) *C'a été un Livre qui étoit chez les Israëlites, & on y écrivoit les guerres du Seigneur. Nous ne l'avons plus présentement, aussi bien que le Livre des Chroniques.* R. Levi dit sur ce même passage : (2) *Je croy que ce Livre étoit celuy où l'on écrivoit tout ce qui regardoit les guerres.* R. Moïse fils de Nahman fait aussi cette remarque sur le Livre des Guerres du Seigneur : (3) *Il y avoit en ces temps-là des hommes sages qui écrivoient ce qui se passoit dans les plus grandes guerres, parce que cela a été toûjours en usage : & les Auteurs de ces Livres se nommoient Moscelim.* R. Mardochai fils d'Eliezer Comtino de Constantinople s'explique aussi de la même maniere touchant (4) *ce Livre où l'on écrivoit les guerres que les Israëlites faisoient par l'ordre de Dieu.* R. Aben Esra, qui a été suivi par R. Bechai, semble avoir crû que ce Livre des Guerres du Seigneur ait été dès le temps d'Abraham. (5) *C'étoit,* dit ce Rabbin, & après luy Bechai, *un Livre particulier où l'on écrivoit les guerres du Seigneur, à cause de ceux qui croyoient en luy. Il y a même de l'apparence qu'il a été dès le temps d'Abraham ; étant certain que plusieurs de nos Livres ont été perdus pendant la captivi-* té, *& qu'ils ne se trouvent plus parmy nous, comme sont les Livres de Nathan & d'Ado, les Chroniques des Rois d'Israël, les Cantiques & les Proverbes de Salomon.* Tous ces témoignages des Rabbins prouvent évidemment que les Ebreux ont eu des Ecrivains dès le temps de Moïse, & même avant luy, & qu'il les a suivis dans son Histoire. C'est pourquoy il ne faut pas prendre si fort à la lettre ce que les mêmes Rabbins disent, quand ils assurent que Dieu a dicté le Pentateuque mot pour mot à Moïse. Ces sortes d'exaggerations leur sont ordinaires. Ils ont seulement voulu marquer par là, qu'on étoit obligé de croire tout ce qui étoit renfermé dans les cinq Livres de Moïse, comme la pure parole de Dieu. Il n'a pas été necessaire pour cela que ces Livres ayent été dictés à Moïse mot pour mot. Les autres histoires de l'Ecriture sont aussi bien divines & inspirées que le Pentateuque. Elles ont neanmoins la plus-part été écrites par des Prophetes qui ont été témoins de ce qu'ils ont écrit, ou par d'autres qui ont recueilli ces anciens Actes. Venons maintenant aux Peres de l'Eglise.

L'Auteur de la Synopse des Livres du Vieux & du Nouveau Testament

(1) ספר היה ליש' ושם כת' מלחמות יוי ואיננו אצלנו כמ' דברי הימים· *Aaron ben Joseph, Comm. MS. in Num. cap.* 21. *vers.* 14.

(2) אחשוב שהיה זה הספר נכתבו בו כל ספורי מלחמות· *R. Levi, ibid.*

(3) בדורות ההם אנשים הכמים כותבים סיפור המלחמות הגדולות כי כן בכל הדורות ובעלי הספרים היו נקראים מושלים· *Ramban, ibid.*

(4) יהוא ספר שהיו כותבים בו מלחמות שהיו עשים ישראל עלפי השם· *R. Mard. ben Eliezer Comtino, Comm. MS. ibid.*

(5) ספר היה בפני עצמו וכתוב שם מלחמות ה' בעבור יראיו ויתכן שהיה מימות אברהם כי ספרים רבים אבדו ממנו בגלות ואינם נמצאים אצלנו כדברי נתן ועדו ודברי הימים למלכי ישראל ושירות שלמה ומשליו *R. Aben Esra & R. Bechai, ibid.*

ment qui eſt attribuée à S. Athanaſe, après avoir parlé des Livres de Moïſe, ajoute (1) *que les autres Livres qui ſuivent juſqu'à Eſdras n'ont pas été tous écrits par ceux dont ils portent les noms, ou dont ils font l'hiſtoire : mais qu'on croit ordinairement qu'ils ont été compoſés par les Prophetes qui ont veſcu en chaque temps.* Ce qu'il monſtre enſuite en particulier par les Livres des Paralipomenes, d'où il paroit, ſelon luy, (2) que les Prophetes Samuel, Nathan & Gad ont écrit l'Hiſtoire de David ; que Nathan & Achia ont écrit celle de Salomon, Samajas & Ado celle de Roboam, Ado celle d'Abia, & ainſi des autres, que vous pouvez voir dans cette Synopſe où ils font tous marqués en détail.

Theodoret qui a examiné ce fait avec application dit, (3) *Qu'il y a eu pluſieurs Prophetes dont on n'a point trouvé les Livres, ayant ſeulement appris leurs noms de l'Hiſtoire des Paralipomenes ; que chacun de ces Prophetes avoit accouſtumé d'écrire ce qui* arrivoit de ſon temps, *& que c'eſt la raiſon pourquoy le premier Livre des Rois eſt appellé chez les Ebreux & chez les Syriens, La Prophetie de Samuel.* Ces mêmes paroles ſe trouvent dans la Preface des Scholies de Procope ſur le premier Livre des Rois : d'où l'on peut inferer, que les Livres Hiſtoriques de l'Ecriture qui ont été appelés נביאים *Prophetes*, ont pris leur nom de ces Ecrivains publics qui étoient inſpirés de Dieu. Theodoret ajoute de plus au même endroit, (4) *Que ceux qui ont écrit le Livre des Rois ne l'ont écrit que beaucoup de temps après, prenant occaſion des Livres dont nous venons de parler.* Car comment ſe pourroit-il faire que celuy qui a veſcu du temps de Saül, ou de David, écriviſt ce qui eſt arrivé ſous Ezechias & Joſias, la guerre de Nabuchodonoſor, le ſiege de Jeruſalem, l'enlevement des Juifs à Babylone, leur captivité, & la mort de Nabuchodonoſor ? D'où enfin il conclut, (5) *Qu'il eſt évident que chaque Prophete a écrit ce qui s'eſt paſſé de ſon temps ; & d'autres*

---

(1) Τὰ δὲ ἀπ' αὐτοῦ βιβλία μέχρι τοῦ Ἔσδρα οὐ πάντα ἐκείνων εἰσὶ συγγραφαὶ ὧν καὶ τὰς ἐπιγραφὰς φέρουσι, καὶ περὶ ὧν διαλαμβάνουσι· λόγος δὲ φέρεται παρὰ τῶν κατὰ τοὺς ἑκάστους καιροὺς Προφητῶν συγγεγράφθαι αὐτά. *Synopſ. Vet. & Nov. Teſt. lib.* 11.

(2) Τὰ περὶ τοῦ Δαυὶδ ἔγραψε Σαμουὴλ καὶ Νάθαν καὶ Γὰδ οἱ Προφῆται· τὰ περὶ Σολομῶντος Νάθαν καὶ Ἀχία οἱ Προφῆται· τὰ περὶ Ῥοβοὰμ Σαμαίας καὶ Ἀδὼ οἱ Προφῆται. *Synopſ. ibid.*

(3) Πλεῖστοι Προφῆται γεγόνασιν, ὧν τὰς μὲν βίβλους οὐκ εὕρομεν, τὰς δὲ περιγραφὰς ἐκ τῶν Παραλειπομένων μεμαθήκαμεν ἱστορίας. Τούτων ἕκαστος εἰώθει συγγράφειν ὅτι συνέστη κατὰ τὸν οἰκεῖον καιρόν· αὐτίκα γοῦν καὶ ἡ πρώτη τῶν Βασιλειῶν καὶ παρ' Ἑβραίοις καὶ παρὰ Σύροις Προφητεία Σαμουὴλ ὀνομάζεται. *Theodor. Praef. in lib. Reg.*

(4) Οἱ τοίνυν τῶν Βασιλειῶν τὴν βίβλον συγγράψαντες ἐξ ἐκείνων τῶν βιβλίων τὰς ἀφορμὰς εἰληφότες μετὰ πλεῖστον συνέγραψαν χρόνον. Πῶς γὰρ οἷόν τε ἦν τὸν Σαοὺλ ἢ τὸν Δαυὶδ συγκεκμακότα τὰ ἐπὶ Ἐζεκίου καὶ Ἰωσίου γεγονότα συγγράψαι, καὶ τὴν τοῦ Ναβουχοδονόσορ στρατείαν, καὶ τοῦ Ἱερουσαλὴμ τὴν πολιορκίαν, κὶ τοῦ λαοῦ τὸν ἀνδραποδισμόν, κὶ τὴν εἰς Βαβυλῶνα μετάστασιν, καὶ τοῦ Ναβουχοδονόσορ τὴν τελευτήν;

(5) Δῆλον τοίνυν ὡς τῶν Προφητῶν ἕκαστος συνέγραψε τὰ ἐν τοῖς οἰκείοις πεπραγμένα καιροῖς· ἄλλοι δέ τινες ἐκεῖνα συναγαγόντες τὴν τῶν Βασιλειῶν συμπλήκασι βίβλον. *Theod. ibid.*

tres après eux ayant recueilli ce qu'ils avoient ignoré, ont composé le Livre des Rois. On lit presque la même chose dans la Preface de Procope & dans quelques autres Peres Grecs. Theodoret explique encore plus nettement sa pensée touchant ces anciens Scribes ou Prophetes des Ebreux dans ses Questions sur les Livres des Rois, où il montre par quelques exemples, que ces Livres ont été écrits plus au long par des Auteurs contemporains, & que ce que nous en avons presentement a été recueilli de ces anciens Actes, où l'on a même quelquefois ajouté des éclaircissemens.

Diodore de Tarse met au nombre de ces éclaircissemens le vers. 9. du Chap. 9. du premier Livre des Rois, où nous lisons, *Qu'on appelle aujourd'huy Prophete celuy qu'on appelloit autrefois Voyant.* (1) Il paroit de là, dit cet Auteur, que ceux qui ont fait dans la suite le recueil des Actes que chaque Prophete avoit écrit de son temps, ont ajouté ces paroles. Il semble que vous n'ayez pas fait reflexion sur ce passage de Diodore, quand vous avez donné vôtre approbation à la Demonstration Evangelique de Mr. Huët qui l'a rapporté dans les mêmes termes. Car pourquoy trouveriez-vous mauvais qu'on eust dit dans la Critique du Vieux Testament, que les Scribes publics des Ebreux ont donné les anciens Actes en y ajoutant & diminuant quelquefois ? N'est-ce pas le sentiment des Peres Grecs qu'on

vient de citer, & dont on a apporté les passages, afin que vous n'ayez pas la peine de les chercher dans leurs Livres ? Mais si on oste, dites-vous, les dates de ces Actes, ou qu'on suppose qu'il y ait des additions dans les Livres Sacrés, il sera difficile de défendre l'antiquité des Propheties, & Porphyre auroit pû se servir de ce principe pour diminuer leur autorité. Je ne voy pourtant pas que les Peres qui ont reconnu ces sortes d'additions, & qui avoient lû les Ouvrages de Porphyre, se soient formé ces sortes d'objections. En effet, il n'est pas vrai qu'on oste les dates ou la premiere inspiration des Livres Sacrés, puis qu'on a supposé que les Ecrivains publics ont recueilli les anciens Actes, qui par consequent retiennent toûjours leur premiere inspiration. Ce qu'on ajoute ne consiste le plus souvent qu'en des éclaircissemens. On ne peut pas donner le nom d'Additions à des Actes qui ont été écrits par differentes personnes en differens temps, & qui ont été ensuite recueillis avec quelques petits éclaircissemens par d'autres Auteurs. C'est de cette maniere qu'une partie de la Bible a été composée ; & l'on a même quelquefois abregé ces Actes, qui pour estre abregés ne perdent ni leur date ni leur ancienne inspiration. Il me semble que les Peres n'ont jamais eu cette delicatesse que vous faites paroître à l'égard des Livres Sacrés. Car vous voulez qu'ils ayent tous été écrits de

D

la

---

(1) Ἐκ τούτων δείκνυται ὅτι ἅπερ τῶν Προφητῶν ἕκαστος τὰ ἐν ταῖς καθ' αὑτὸν χρόνοις ἔγραψαν, ταῦτα οἱ μετὰ ταῦτα συναγαγόντες προσέθηκαν τὸ, ἔτι ἐμφανισμὸν ἐκάλει τὸν Προφήτην ἐκάλει. *Diod. Tarf.*

la maniere qu'ils font aujourd'huy par des Auteurs contemporains. Cependant les Peres reconnoiſſent qu'ils ont été rétablis par Eſdras, & qu'ainſi ils n'ont plus qu'une ſeconde inſpiration. Je n'examine pas icy ſi cette opinion commune des Peres eſt veritable ou non. Je veux ſeulement prouver de leur principe, qu'ils ont ignoré cette diſtinction que vous faites d'une premiere & d'une ſeconde inſpiration. Il eſt même bon que vous remarquiez, que ces anciens Docteurs de l'Egliſe n'avoient point d'Ecriture plus authentique & plus divine que la Verſion des Septante, où ils ont trouvé pluſieurs additions en les comparant avec l'Original Ebreu. Ont-ils pour cela rejetté cette Verſion pour ne ſuivre que l'Ebreu ? Ils l'ont au contraire ſuivie, & ont laiſſé l'Ebreu aux Synagogues. Ils ont dit que les Septante étant auſſi bien Prophetes qu'Interpretes, ont eu le pouvoir d'introduire ces additions dans l'Ecriture : & c'eſt ce que St. Auguſtin a appellé une diſpenſation divine.

Comme je ſai que vous êtes fort occupé, & que vous n'avez pas tout le temps qui eſt neceſſaire pour conſulter les Livres en eux-mêmes, j'ajouteray encore icy ce que j'ay lû dans la Chronique d'Alexandrie touchant les Scribes publics des E-breux. Vous ſavez que cet Ouvrage eſt aſſez ancien, & qu'il y a de bons recueils de pieces plus anciennes. L'Auteur de cette Chronique parlant des Prophetes, dit que quelques-uns d'eux ont écrit leurs Propheties. Il donne pour exemple David, Daniel & quelques autres. Puis il ajoute, (1) *Que les autres n'ont point écrit eux-mêmes leurs Livres ; mais qu'il y avoit des Scribes dans le Temple qui écrivoient comme dans un Journal les paroles de chaque Prophete. Et lors que Dieu envoyoit un Prophete pour annoncer quelque choſe, ces Scribes marquoient dans le diſcours même du Prophete la date & ce qu'il preſchoit. Dans un autre temps quand il preſchoit une autre choſe, ils l'écrivoient dans le même diſcours, faiſant neanmoins comme le commencement d'un nouveau chapitre de ſa predication. Et ils écrivoient de cette maniere tout le volume de ſa Prophetie.* Cet Auteur attribuë à ces Scribes qui étoient dans le Temple le peu d'ordre qui ſe trouve dans les Prophetics. (2) *Si vous ne les liſez pas, dit-il, avec negligence, vous y trouverez par tout de la confuſion.* Je ne ſai ſi vous approuverez ces Scribes qu'on donne aux Prophetes, n'ayant pû ſouffrir qu'on en ait donné à Moïſe, ou plutôt à la Republique des Ebreux dès le temps de Moïſe. Il eſt vray qu'on lit dans cette Chronique,

Nouvelle preuve des Scribes publics chez les Ebreux.

Les Peres n'ont point au de diſtinction entre la premiere & la ſeconde inſpiration des Livres Sacrés.

---

(1) Οἱ δὲ λοιποὶ οὐχ ἑαυτῆς συνέγραφον, ἀλλὰ γραμματεῖς ἦσαν ἐν τῷ ἱερῷ οἱ ἔγραφον ἑκάστου Προφήτου ὡς ἐπὶ ἡμερολογίου λόγον. Καὶ ἡνίκα ἀπεστέλλετο ὑπὸ τοῦ Θεοῦ Προφήτης κηρύξαι... καθ' ἣν ἡμέραν προεφήτευον ἔγραφον ἐν τῷ λόγῳ τοῦ Προφήτου ἐκείνου ὁ ἐκήρυττεν περὶ ἑνὸς πράγματος, καὶ πάλιν μετὰ καιρὸν εἰ ἐκήρυξεν περὶ ἑτέρου πράγματος, πάλιν ἔγραφον ὑποτάσσοντες εἰς τὸν αὐτοῦ λόγον, ὡς ἀρχὴν κεφαλαίου ποιούμενοι ἐκήρυττον καὶ οὕτω πᾶσαν τὴν βίβλον αὐτοῦ συνετίθεσαν. *Chron. Alex. edit. Monachii, ann. 1615. pag. 358. & ſeqq.*

(2) Ἐὰν μὴ διηρτημένως ἀναγνῶς συγκεχυμένα τὰ πάντα εὑρήσεις. *Ibid.*

nique, que Moïse & Josué ont chacun écrit leurs Livres. Mais elle remarque en même temps, qu'il y
avoit des Scribes dans le Temple,
ou si vous voulez, dans le Tabernacle, qui ont mis par écrit les actions
de chaque Roy en particulier; &
chacun en son temps a décrit ces
Actes aussi bien que l'Histoire des
Juges. Il ne se peut rien apporter
de plus clair pour établir l'usage des
Scribes & des Archives chez les E-
breux, que tout ce discours, qui ne
ruine pas pour cela l'inspiration des
Livres Sacrés. On ne doit pas juger
des faits par rapport aux idées que
nous nous en formons, & que nous
croyons être les plus parfaites. Il
faut former nos idées sur les choses
mêmes.

*Il est in-
diffe-
rent que
Moïse
ait écrit
de sa
main le
Penta-
teuque,
ou qu'il
l'ait écrit
par ses
Scribes.*

Au reste il importe fort peu que
Moïse ait écrit de sa main les Actes
de ce qui s'est passé de son temps,
ou qu'il les ait fait écrire aux Scribes
de l'Estat. Saint Paul n'avoit-il pas
Tertius pour son Scribe? Baruc a
été le Scribe du Prophete Jeremie.
Les Proverbes ou Sentences de Salomon ont été recueillies sous le
Roy Ezechias, qui donna cette com-
mission à ses Scribes, dont le Prophete Isaïe étoit le premier. Il n'y a
rien de plus ordinaire dans l'Ecriture, que d'attribuer à une personne
ce qui se fait par son autorité. C'est
sur ce principe que St. Augustin explique un passage de l'Exode, où
il est parlé de Moïse, comme s'il
avoit frappé le fleuve. (1) *Ce que
fit Aaron*, dit Saint Augustin, *doit
être plûtôt attribué à Moïse, parce
que Dieu commandoit par Moïse tout
ce que faisoit Aaron.* L'autorité a été

*1 Quod
Aaron
fecit
Moysi po-
tius tri-
buendum
est, quia
per Moy-
sem Deus
jubebat
quæ face-
ret Aa-
ron; & in
Moyse
audientis,*

dans Moïse, & le ministere dans Aaron.

C'est en ce sens qu'on doit expliquer ce qui est rapporté au dernier
Chapitre de Josué, où il est dit qu'a-
près avoir renouvellé l'alliance de
Dieu avec les Israëlites, & leur avoir
exposé les commandemens auxquels
ils étoient obligés d'obeïr, il écrivit toutes ces choses dans le Volume
de la Loy, afin qu'elles fussent observées. *Scripsit quoque omnia verba
hæc in volumine Legis.* Ce Volume
de la Loy étoit le Regître public où
étoient écrits les Actes qui regardoient la Loy: & c'est aussi de cette
maniere que Josué a ajouté aux Livres de Moïse ce qui est rapporté
touchant sa mort & sa sepulture.
Bien que les Juifs assurent qu'il n'y a
pas un mot dans le Pentateuque que
Dieu n'ait dicté à Moïse, il y a
neanmoins des Docteurs dans le
Talmud, qui reconnoissent librement que les derniers versets du
Pentateuque où il est parlé de Moïse, sont de Josué. Ce qu'on ne
pourra nier, si l'on fait reflexion sur
la maniere de recueillir les Actes de
tout ce qui se passoit. Josué étant le
successeur de Moïse, étoit chargé
de regîtrer dans le Livre où la Loy
étoit écrite ce qui arriva de son
temps, & principalement la mort
& la sepulture de Moïse. Cette addition de Josué a été jointe avec le
Pentateuque, lors qu'on a séparé en
differens Livres ces anciens Actes
qui étoient écrits dans les commencemens tout d'une suite. La disposition que nous voyons encore aujourd'huy dans ces Actes en est une
preuve. Car l'Histoire de Josué est

*in illa au-
tem mi-
nisterium
fuit.
Aug.
Quæst.
in Exod.*

Jos. 24.

*Senti-
ment des
Talmu-
distes sur
les der-
niers
versets
du Pen-
tateuque.*

*De quel-
le ma-
niere on
a recueil-
li les an-
ciens
Actes.*

liée avec la fin du Pentateuque par la particule conjonctive &. Il en est de même des Juges, de Samuel, & des Rois. Quoy qu'une partie de ces Histoires ne contienne que de simples Abregés des anciens Actes, on n'a pas laissé de garder dans ces anciens Abregés qu'on a donnés au peuple, la même disposition qui étoit dans ces anciens Actes.

Les Syriens, qui ont mis au commencement de l'Histoire des Juges une remarque touchant l'Auteur de ce Livre, étoient persuadés de ce que nous avons observé touchant les Ecrivains publics des Juifs. Comme cette Histoire ne porte le nom d'aucun Prophete à qui on la puisse attribuer, voicy ce qu'ils en disent. *Quoy que le nom de celui qui a écrit l'Histoire des Juges ne soit point marqué, il est neanmoins évident qu'il a été écrit par quelqu'un des Sacrificateurs qui vivoient en même temps que ces Juges... C'est pourquoy ce Livre est reçu dans le Vieux & dans le Nouveau Testament comme Prophetique.* Cela s'accorde parfaitement avec ce que nous avons rapporté cy-dessus de la Chronique d'Alexandrie. Les Syriens n'auroient pas conclu que ce Livre étoit inspiré, parce qu'il avoit été composé par un Sacrificateur de ce temps-là, s'ils n'avoient été persuadés qu'il y a eu toûjours parmi les Hebreux une succession de Scribes ou Prophetes qui étoient chargés de mettre par écrit les Actes de ce qui se passoit dans leur Republique. Mr. Huët en parlant de l'Auteur de ce même Livre approuve l'opinion de Dorothée, qui a crû que les Actes de cette Histoire avoient été re-

cüeillis par les Scribes de ce temps-là, & que Samuel l'avoit ensuite composée sur leurs Recueils. C'est aussi à ces mêmes Scribes que Dorothée attribuë le Volume de Ruth.

Je pourrois, Monsieur, vous rapporter icy les témoignages de Masius, de Pererius, de Sanctius, & de plusieurs autres Theologiens savans dans le style de l'Ecriture, qui n'ont aussi fait aucune difficulté de recevoir ces mêmes Ecrivains, qui peuvent être d'une grande utilité pour monstrer la verité des Livres Sacrés. Si l'on prouve que ces Actes ont été écrits par des Auteurs contemporains & chargés de ce soin-là par la Republique, on ne pourra pas douter raisonnablement de la certitude de ces Actes. De plus, ces Recueils auront pû être faits pour le peuple dans le temps même qu'on a mis les Actes entiers dans les Archives. S'il y en a quelques-uns posterieurs, comme plusieurs Peres l'ont crû, cela ne diminuë point leur autorité; puis que ce ne sont que des Compilations de pieces anciennes recueillies par des Auteurs contemporains; & que les additions qui y peuvent être meritent plûtost le nom d'éclaircissemens que de veritables additions.

Il semble qu'après tant de témoignages on ne peut pas douter qu'il n'y ait eu chez les Ebreux des Ecrivains pour recueillir les Actes de ce qui se passoit dans leur Republique. Toute la difficulté consiste à savoir si ces Ecrivains ont été de veritables Prophetes inspirés de Dieu. St. Augustin avoüe qu'ils ont été en effet Prophetes, parce que l'Ecriture leur donne

On dou-
te si les
Scribes
publics
ont été
inspirés
de Dieu.

donne ce nom. Mais il n'aſſure pas que leurs Livres ayent été divins & inſpirés, n'accordant ce privilege qu'aux ſeuls Livres Canoniques. Il eſt neanmoins plus croyable que ces anciens Livres ont été inſpirés, puis que les ſeuls Prophetes prenoiënt le ſoin de les compoſer. St. Jean Chryſoſtome, Diodore, Theodoret & pluſieurs autres Peres Grecs n'ont jamais douté de l'inſpiration de ces anciens Actes. Il ſemble même que St. Auguſtin ne leur a oſté cette inſpiration, que parce qu'ils n'ont point été compris dans le Canon qui avoit été reçu par le peuple de Dieu :

*Aug. lib.
18. de
Civit.
Dei,
c. 38.*

Nec tamen inveniuntur in Canone quem populus Dei recepit. Il ne paroit pas que ce Saint Docteur ait fait aſſez de reflexion ſur la nature des anciennes Annales des Ebreux, où les hiſtoires qui ſont dans les Livres Canoniques étoient contenuës plus au long. On ne trouva pas à propos de communiquer au peuple tous les Actes renfermés dans les Archives. En effet c'étoit aſſez de luy en donner une partie ſeulement, & ce qui pouvoit le plus ſervir à ſon inſtruction. Il n'y a eu que cette derniere partie qui ait été appellée Canonique ; l'autre partie étant demeurée dans les Archives.

En quel
ſens les
Livres de
l'Ecritu-
re ne
ſont que
des A-
breges.

On doit donc prendre garde, que quand on a dit dans l'Hiſtoire Critique du Vieux Teſtament, que les Livres de l'Ecriture ne ſont la pluſpart que des Abregés des anciens Actes, on n'a pas pretendu pour cela que les Livres Canoniques de l'Ecriture fuſſent des Livres imparfaits & auxquels il manquaſt quelque choſe, puis qu'on reconnoit qu'il n'y

en a jamais eu d'autres Canoniques que ceux que nous avons preſentement. On s'eſt même oppoſé fortement dans cette Critique à l'opinion de ceux qui croyent que l'Ecriture a été corrompuë par les Juiſs. On a appellé ces Livres Abregés, par rapport aux anciens Actes qui ſont demeurés dans les Archives : & comme ces Actes n'ont jamais été rendus publics, ils n'ont auſſi jamais été Canoniques. On ne peut rejetter ce principe, qu'on ne s'oppoſe en même temps à l'autorité de l'Ecriture Sainte, & aux témoignages des plus ſavans Peres, qui l'ont établi dans leurs Scholies ou Remarques ſur la Bible.

Objec-
tion
contre
les Scri-
bes pu-
blics,
avec la
Réponſe,

C'eſt pourquoy je n'ay jamais pû comprendre les raiſons d'un de vos Confreres, qui s'eſt emporté avec excès contre ces Ecrivains publics, qu'on a crû probablement avoir été établis dans la Republique des Ebreux dès le temps de Moïſe. (1) Ce principe, ſelon luy, nous jette dans un abiſme d'erreurs, & ne peut être appuyé que par des perſonnes qui ayant une fois rejetté la ſimplicité de la foy, & mépriſé la doctrine des Peres, ne gardent aucune moderation dans leurs ſentimens. Je pourrois répondre à ce Docteur ce qu'Eraſme a répondu autrefois à quelques Docteurs de la Faculté de Theologie de Paris : (2) *Diſplicet quibuſdam quidquid non intelligunt, & carpunt quod perperàm intelligunt.* Je le ferois ſans doute avec bien plus de raiſon, puis que l'Auteur dans l'endroit même qu'il critique, donne des preuves évidentes qu'il n'entend point le fait dont il s'agit. Il y parle du

1 *Vides,
Catholice
Lector,
in quam
horrendas
errorum
vorogines
miſeré
praecipites
ruunt,
qui abje-
cla ſemel
fidei ſim-
plicitate,
foreteſque
majorum
documen-
tis, volunt
ſapere
pluſquam
oportet
ſapere.*
Fraſſen,
Diſquiſ.
Bibl.
p. 132.
2 *Eraſm.
Declarat.
ad Cenſ.
Facult.
Theol.
Pariſ.*

du mot de *Sopherim* ou *Scribes* d'une maniere pitoyable & tout-à-fait hors de propos, bien qu'il appelle à son secours Saint Augustin & Vossius. Mais ce n'est pas icy le lieu de refuter ce Livre qui est rempli de fautes. Je demanderai seulement à l'Auteur qu'il s'accorde avec luy-même. Il suppose qu'il y a des Livres Sacrés qui ont été récueillis d'Annales plus étenduës, & qui ne sont par consequent que des Abregés des anciens Actes. Cela étant, comment peut-il appeller une opinion impie, *impia commenta*, le sentiment de ceux qui croyent que le Pentateuque que nous avons presentement a été composé de cette maniere ; que Moïse ou ses Scribes l'ont recueilli sur des Actes plus étendus que ceux qu'on a donnés au public ? Si cela est faux, ce ne peut être qu'une erreur de fait, & nullement une impieté. Le P. Frassen n'a pas pris garde, que sous pretexte de défendre l'autorité des Livres de Moïse & des Prophetes contre Spinosa, il a refuté les plus anciens Peres & les plus savans Theologiens de nostre siecle. Mr. l'Evêque de Meaux & Mr. Huët, selon luy, sont des Spinosistes qui ruinent l'Ecriture Sainte. Si c'est une impieté d'admettre quelques additions dans le Pentateuque, & des Annales publiques dès les anciens temps de la Republique des Juifs, il faut qu'il condamne comme un impie le Pere de la Haye son Confrere, qui a jugé qu'on ne devoit pas rejetter facilement une opinion qui se trouvoit si bien appuyée. *Plures existimarunt*, dit cet Auteur, *Pentateuchum longo post Mosem tempore*

interjectis multifariàm verborum & sententiarum clausulis veluti sarcitum & explicatius redditum, & ad continuandam historiæ seriem melius esse dispositum. Illud quoque simillimum vero est fuisse in Synagoga priscis illis temporibus Diaria & Annales in quibus res sacræ memorabiles, & ad sacræ doctrinæ propagationem valde utiles scribebantur continuata serie ab iis qui omni ætate eruditionis ac pietatis laude florebant, è quorum scriptis sumpta esse multa eorum quæ nunc sunt in sacris literis breviùs & distinctiùs tradita & in meliorem ordinem adducta, magno argumento est, quòd sæpe in divinis literis citantur alii libri in quibus eædem res uberiùs narrabantur, qui libri interciderunt.

On ne peut pas établir plus clairement les anciens Scribes publics dans la Republique des Ebreux, que le P. de la Haye l'a fait en cet endroit après une infinité de savans hommes. Il y a même des Auteurs qui ont crû qu'il y avoit de ces sortes d'Ecrivains avant Moïse, comme si ce Legislateur avoit pris d'eux ce qu'il a rapporté dans le Pentateuque, & qui étoit arrivé long-temps avant luy. Le Jesuïte Sanctius suppose comme une chose qui luy paroit certaine, que ces Ecrivains ont été dès le temps de Moïse. Mais il juge qu'il est plus probable que Moïse a sceu par revelation les genealogies de ces premiers Patriarches. *Sentio*, dit-il, *fuisse in superioribus etiam seculis verba dierum, Commentarios, Ephemerides & curam diligentem & sedulam, ne obscuraretur temporum oblivione, quos quisque natales & posteros haberet ; quòd à tempore Moysis mihi videtur*

detur omnino certum. Nam ante illud tempus quo quisque natus ordine ac genere divina potiùs revelatione quàm privatis familiarum commentariis credo fuisse Moysi cognitum. Je ne dirai rien icy du Jesuïte Pererius, qui est dans le même sentiment touchant ces Ecrivains publics, parce que le P. de la Haye l'a copié mot pour mot, & Pererius n'a fait qu'étendre plus au long les paroles de Masius.

Perer. Præf. in Gen.

Après tous ces témoignages il seroit inutile de vous parler davantage des Ecrivains publics qui ont été chez les Ebreux, si vous ne m'aviez demandé ce que je pense de la nouvelle Bibliotheque des Auteurs Ecclesiastiques faite par un de vos Confreres, qui a mis au commencement de ce Livre une Dissertation preliminaire, où il refute Hobbes, la Pereyre, Spinosa, & même quelques endroits de l'Histoire Critique du Vieux Testament. Je vous avouë ingenuëment que j'eus une très-mauvaise opinion de cet Ouvrage, quand je vis à la teste le nom de *Maistre L. Ellies du Pin Docteur de la Faculté de Theologie de Paris.* Un jeune Docteur qui n'a point d'autres lumieres de la Theologie, que celle qu'il a prise dans les Auteurs qu'il a lûs pendant qu'il étoit sur les bancs de Sorbonne, n'est gueres propre à écrire sur des matieres de Critique. Aussi n'a-t-il fait autre chose dans tout son Livre que copier d'autres Auteurs sans jugement; & il est quelquefois si bon Copiste, qu'il copie jusqu'aux fautes d'impression. Je n'examinerai icy que sa Dissertation sur les Livres Sacrés, parce qu'il n'y a que cela qui soit de mon sujet.

Maf. Præf. Comm. in Jof.

Juge-ment de la Differ-tation de Mr. du Pin sur les Auteurs des Livres Sacrés.

Mr. du Pin commence cette Dissertation par ces grands mots. *De tous les paradoxes qu'on a avancés en nostre siecle, il n'y en a point de plus temeraire ni de plus dangereux que celui de ceux qui ont osé nier que Moïse fust l'Auteur du Pentateuque.* Je ne pretends pas icy défendre la cause de ceux qui ont osé oster à Moïse le Pentateuque. Mais je veux faire voir que c'est une temerité à Mr. du Pin, d'attaquer si foiblement ceux qu'il nomme Spinosistes, parce qu'il est à craindre que ces gens-là voyant un Livre composé par un Docteur de Paris, & approuvé par quatre de ses Confreres, ne s'en servent contre les Catholiques, sur tout y ayant dans cet Ouvrage tant de marques de foiblesse. Je viens au fait.

Mr. du Pin atta-que très-foible-ment les Spino-fiftes.

Les raisons de Mr. du Pin consistent, en ce qu'il n'y a rien de plus temeraire que de nier une chose qui est établie sur des passages formels de l'Ecriture, sur le consentement de toutes les nations, & sur des témoignages authentiques des plus anciens Auteurs. *Il n'y a rien de plus dangereux,* dit-il, *que de combattre l'antiquité, & de ruiner par consequent l'autorité des Livres qui sont comme le fondement de nostre Religion.* Cette pensée est juste & digne d'un bon Chrétien. Mais que peut-on juger d'un homme qui donne au même endroit des regles favorables aux Spinosistes sans les limiter? Ils n'auront qu'à appliquer aux Livres de Moïse les regles qu'il produit dans sa Preface & dans le corps de son Ouvrage, pour en conclure que le Pentateuque n'est point absolument de Moïse. Voicy ce qu'il avance dans la

Mr. du Pin ruine l'autorité des Li-vres de Moïfe fous pre-texte de les dé-fendre.

la premiere partie de sa Preface. *Il arrive ordinairement aux imposteurs de rapporter des histoires de choses arrivées depuis leur mort, de parler de villes & de peuples qui n'étoient point encore connus du temps que ces Auteurs écrivoient.* Or dans les notes qu'il a jointes à sa Dissertation, il avoüe qu'on peut dire que dans les Livres de la Loy il y a des noms de villes & de peuples qui n'étoient point encore du temps de Moïse. Je laisse la consequence à tirer à un Spinosiste, qui ne manquera pas de dire, que selon cette regle de Mr. du Pin, le Pentateuque est un Livre supposé, & qu'il en tombe luy-même d'accord par l'application qu'il a faite de sa regle. Il reconnoit de plus dans le même lieu, qu'on peut dire qu'il y a dans le Pentateuque des histoires de choses arrivées après la mort de Moïse.

Je voudrois aussi savoir ce que Mr. du Pin répondra à un Spinosiste, qui pour prouver que les cinq Livres de Moïse ne sont point de luy, employera les mêmes raisons dont il se sert pour faire voir que la Liturgie que les Orientaux lisent sous le nom de St. Jacques n'est point en effet de ce Saint. Ses raisons consistent principalement, en ce qu'on y trouve des additions dont on ne peut douter. La Vierge, par exemple, y est appellée la Mere de Dieu; on y lit le *Trisagion* & la *Doxologie*; en un mot elle parle de plusieurs autres choses qui n'étoient point du temps des Apôtres. Les Spinosistes luy diront, que ces mêmes objections se peuvent faire contre les Livres de Moïse, puis que tout ce qu'il y a d'habiles

gens dans l'Eglise conviennent qu'il y a plusieurs choses dans le Pentateuque qui n'étoient point manifestement au temps de Moïse. Si les preuves de Mr. du Pin, diront-ils, concluent que la Liturgie de St. Jacques n'est point veritablement de ce Saint; celles qu'on vient d'apporter conclueront aussi que le Pentateuque n'est point de Moïse, puis qu'elles sont les mêmes. Elles paroissent de plus moins fortes à l'égard de la Liturgie qu'à l'égard des Livres de la Loy, parce que c'est l'ordinaire d'ajouter de temps en temps quelque chose aux Offices Ecclesiastiques. Il est donc dangereux d'établir des regles de Critique si vagues & sans aucune restriction: & il n'y a personne qui ne s'imagine en les lisant dans le Livre de Mr. du Pin, qu'il a voulu destruire les Livres de Moïse, sous pretexte de les défendre contre les Spinosistes.

On aura encore plus de raison de le croire, si on fait un tant soit peu de reflexion sur ce qu'il dit dans cette même Dissertation preliminaire touchant l'Histoire de Josué, dont il parle en ces termes. *Il n'est pas certain que le Livre de Josué soit de celui dont il porte le nom. Car comme remarque l'Auteur de l'Abregé de l'Ecriture attribué à St. Athanase, ce titre n'est pas mis à la teste de ce Livre pour en designer l'Auteur, mais pour en faire connoistre le sujet, parce qu'il traite des guerres & des choses qui se sont passées sous la conduite de Josué; comme on appelle les Livres des Juges des Rois, de Tobie, de Judith, & les Ouvrages qui traitent de la vie & des actions de ceux dont ils portent le nom.* Ainsi

Ainsi quoy qu'on croye communément que ce Livre est de Josué, & que cette opinion semble même être établie sur les paroles du dernier Chapitre, où il est dit que Josué écrivit toutes ces choses dans le Livre de la Loy; il faut toutefois avoüer qu'elle est fort incertaine.

Il n'y a qu'à appliquer ce raisonnement aux Livres de la Loy, & on en conclura de la même maniere, qu'ils ne font pas plus de Moïse, que celuy que nous avons sous le nom de Josué est de Josué. Il y a même quelque chose de plus fort pour Josué que pour Moïse, puis que le Pentateuque ne porte point le nom de Moïse, comme l'Histoire de Josué porte le nom de Josué. Pourquoy ne peut-on pas dire aussi bien des Livres de la Loy que de l'Histoire de Josué, qu'on les a cités tant dans le Vieux que dans le Nouveau Testament sous le nom de Moïse, parce qu'ils contiennent la Loy & les Ordonnances que Dieu a données aux Ifraëlites par le ministere de Moïse? Comme donc le Theologien de Paris nous aſſure que le nom de Josué n'est à la teste de son Livre que parce qu'il traite des choses paſſées sous sa conduite; Spinoſa & Hobbes ne pourront-ils pas dire auſſi avec la même raifon, que les cinq Livres du Pentateuque ont été nommés la Loy de Moïse, parce qu'ils contiennent la Loy qu'il a donnée & tout ce qui s'est paſſé sous sa conduite? Que deviendront après cela ces preuves que l'Auteur de la nouvelle Bibliotheque a recueillies avec tant de foin des Livres du Vieux & du Nouveau Testament où

la Loy est citée sous le nom de Moïse? Spinoſa ne répondra-t-il pas, que le Livre de Josué porte auſſi le nom de Josué, & que cependant il n'en est pas l'Auteur? Il dira avec Mr. du Pin, que le titre d'un Livre n'en deſigne pas l'Auteur, mais qu'il en fait ſeulement connoiſtre le ſujet; & que bien qu'on croye communément que les Livres de la Loy font de Moïse, & qu'on appuye cette opinion fur ce qu'il est dit dans pluſieurs endroits du Pentateuque, que Moïse a écrit la Loy, ces paſſages ne prouvent cependant rien, parce qu'il n'y est pas fait mention de toute la Loy en general, mais ſeulement de quelques petites parties dont il est parlé dans ces lieux-là. Ce ne font donc point les raifons que le Theologien de Paris a produites qui prouvent efficacement que le Pentateuque est de Moïse; mais la tradition qui est conſtante fur ce ſujet chez les Juifs & chez les Chrétiens.

Je vous prie, Mr. de faire reflexion fur ce dernier raifonnement, qui est pris mot pour mot de la Diſſertation preliminaire, parce qu'il détruit entierement toutes les raifons qu'on y apporte pour prouver que Moïse a écrit les cinq Livres de la Loy. On dit dans cette Diſſertation, qu'il n'y a rien *de plus temeraire, que de nier un fait qui est établi par des paſſages formels de l'Ecriture Sainte:* & tous ces paſſages formels qu'on produit, ſe reduiſent à ce qu'il est marqué dans le Pentateuque, que Moïse *a écrit cette Loy.* Mais il est dit avec la même évidence dans le Livre de Josué, que Josué a écrit toutes les choses compriſes

E

dans

dans son Histoire qu'il ajouta aux Livres de la Loy. *Scripsit quoque* [Jof. 24: 28.] *omnia verba hæc in volumine Legis.* A quoy le Theologien de Paris répond, que ces paroles ne prouvent point que le Livre soit entierement de Josué, parce qu'elles *peuvent se rapporter seulement à ce qui est écrit dans ce Chapitre.* Si cela est, comment satisfera-t-il aux objections de Spinosa & de Hobbes, qui luy diront que les passages du Pentateuque où il est marqué que Moïse a écrit la Loy, ne s'entendent pas generalement de toute la Loy, mais seulement de ce qui est écrit dans ces lieux-là? C'est ce que quelques Auteurs ont pretendu monstrer avec évidence. Et il y a de savans Theologiens qui ont donné d'excellens Commentaires sur le Pentateuque, qui ont crû qu'il n'y avoit aucunes preuves évidentes dans les Livres de Moïse, d'où on pust conclure efficacement, que ces Livres ont été écrits par luy. En effet, la meilleure raison qu'on en ait est fondée sur la tradition. Il faut donc que l'Auteur de la Bibliotheque n'entende point la matiere qu'il traite, s'il a crû qu'il y eust des raisons qui ôtassent à Josué l'Histoire qui porte son nom, & que ces mêmes raisons ne prouvassent rien à l'égard des Livres de Moïse. Les passages qu'il nomme des passages formels de l'Ecriture pour prouver que Moïse a écrit les Livres de la Loy, ne sont pas plus formels, que ceux dont on se sert pour monstrer que Josué est Auteur de son Histoire.

Je veux bien croire avec luy, qu'on peut dire des changemens arrivés aux Livres de la Loy, que c'est le sort commun de tous les Livres, où l'on *a ajouté & changé quelques mots & quelques termes pour rendre la narration plus intelligible à ceux qui vivroient dans les siecles posterieurs.* Il dit de plus, *qu'on a inseré dans des Ouvrages anciens quelques explications courtes, pour éclaircir ce qui y étoit dit par l'Auteur: qu'enfin l'on supplée des faits necessaires pour achever une suite.* Ces choses, ajoute-t-il, sont si ordinaires, qu'on en trouve des exemples dans les Livres d'Homere & d'Herodote, & de presque tous les anciens Historiens, sans que personne se soit avisé pour cela de rejetter leurs Livres, comme n'étant point de ceux dont ils portent le nom. On ne peut pas rejetter cette regle generale de Critique, pour peu qu'on ait lû d'Exemplaires manuscrits d'un même Livre. Mais si Mr. du Pin a crû qu'on la devoit appliquer aux Livres de Moïse, pourquoy ne l'a-t-il pas aussi appliquée à l'Histoire de Josué? S'il y a de la temerité à assurer que le Pentateuque n'est point de Moïse, il n'y en a pas moins à dire que Josué n'est point l'Auteur du Livre qui porte son nom. Je n'examine point icy la comparaison qu'on a faite des Livres d'Herodote & d'Homere avec ceux de Moïse, & qu'on auroit peut-être de la peine à justifier dans toutes ses parties. J'insisterai seulement sur les regles [Les regles generales de Mr. du Pin sont favorables aux Spinosistes.] generales qu'on a exposées dans la Preface de la nouvelle Bibliotheque, & qu'on a appliquées à plusieurs Livres dans le corps de l'Ouvrage qu'on pretend être supposés. Un Spinosiste qui les appliquera aux Livres de la Loy, en tirera de très-fâcheu-

fâcheuses conséquences. Il sera inutile de répondre, que c'est le sort commun de tous les Livres du monde, qu'il y arrive des changemens, parce qu'on pretendra que les changemens arrivés au Pentateuque sont les mêmes que ceux qui ont été designés par le Theologien de Paris, quand il a voulu donner des marques d'un Livre supposé. De quelque costé qu'il se tourne pour resoudre ces difficultés, il ne pourra jamais donner de veritables raisons pourquoy il veut que le Pentateuque soit de Moïse, & que le Livre de Josué ne soit point de Josué.

Outre les faux raisonnemens dont cette Dissertation preliminaire sur les Auteurs des Livres Sacrés est remplie, on y voit par tout des marques d'ignorance en matiere de Critique. Il met Aben Esra au nombre de ceux qui nient que les cinq Livres de la Loy soient de Moïse. Cependant ce Rabbin n'a jamais pensé à cela. Il a seulement indiqué dans ses Commentaires quelques endroits qui ne luy paroisoient pas être de Moïse. Ce qui est fort different de la pensée qu'on luy attribuë dans les preuves de cette Dissertation, où l'on veut que le Juif Aben Esra soit le premier Auteur du paradoxe qui oste à Moïse les cinq Livres de la Loy, comme si Hobbes, la Pereyre & Spinosa n'avoient fait que renouveller son opinion. Il eust été bien plus à propos de prouver qu'Aben Esra n'a jamais été dans ce sentiment, & que ceux qui l'ont cité pour autoriser leur paradoxe, ne l'ont point entendu, puis qu'en effet il n'a rien avan-

cé là-dessus qui ne soit conforme aux plus anciens Peres & aux plus habiles Theologiens de nostre temps.

Le Theologien de Paris ne paroit pas aussi entendre parfaitement la remarque qu'il fait après quelques autres Auteurs sur les paroles du Chap. 21. des Nombres. Il n'y a point, dit-il, dans le Texte Ebreu, *il a été écrit* ; mais, *il sera dit* : d'où il conclut que ce passage qu'on cite ordinairement pour prouver que dès le temps de Moïse il y avoit un Livre où l'on mettoit par écrit les guerres des Israëlites, peut avoir ce sens, *comme il sera dit quand les Israëlites raconteront les guerres du Seigneur.* Un écolier qui traduiroit les mots Ebreux à la lettre, pourroit les traduire comme fait icy le Docteur de Paris : mais outre qu'il pecheroit contre le bon sens, pour peu de connoissance qu'on ait de la langue Ebraïque, on voit aussi-tost que le futur denote en ce lieu-là le present, parce que les Ebreux qui n'ont point de present le marquent souvent par le futur. Il faut donc traduire *il est dit* avec les Septante & avec St. Jerôme. C'est aussi une subtilité puerile, d'opposer qu'il n'est point constant qu'en cet endroit il soit parlé d'un Livre, parce que *le mot Ebreu peut signifier toute sorte de narration.* Mais que ce soit un Livre, ou une narration, cela ne fait rien à la question dont il s'agit. On prouve toûjours par là, qu'on écrivoit dès le temps de Moïse les guerres des Israëlites. Il seroit à souhaitter qu'on ne fist point de si méchantes réponses au Livre de Spinosa, & que ceux qui entreprennent ces sortes d'Ouvra-

ges

ges entendiſſent au moins la matiere dont ils traitent.

Quelle opinion peut-on avoir de Mr. du Pin , qui attaque avec tant de hauteur les Spinoſiſtes , & qui tombe en même temps dans des erreurs qui ſautent aux yeux. J'en toucherai ſeulement quelques-unes en paſſant , pour vous faire voir que vous ne me deviez pas citer ſa Diſſertation ſur les Livres Sacrés comme un Ouvrage qui merite d'être lû. Il obſerve dans cette Diſſertation , que les Textes Ebraïques de St. Matthieu *qui ont été donnés de noſtre temps ne ſont point l'Original de St. Matthieu, non plus que la Verſion Syriaque donnée au public par Widmanſtadius.* Sur ces mots, *non plus que la Verſion Syriaque,*il a remarqué dans ſes preuves , *que les mots Ebreux ou Syriaques rapportés dans le Grec de l'Evangile de St. Matthieu ſont differens de ce Syriaque*; & pour exemple il produit *Golgoutha* dans le Syriaque pour *Golgotha* dans le Grec, *Jaacoub* pour *Jacob, Joouſeph* pour *Joſeph.* Si le Docteur avoit ſçu lire le Grec & le Syriaque , il n'auroit trouvé aucune difference dans ces noms , même pour la maniere de les écrire. Il n'y a gueres d'apparence qu'il ait compris ce qu'il dit , comme quand il ajoute au même endroit, *qu'on y trouve auſſi quantité d'autres mots Grecs Syriaques* ; & cependant les mots qu'il rapporte ſont Syriaques : d'où enfin il conclut, *que c'eſt un Grec qui a traduit le Grec de St. Matthieu en Syriaque , & non pas l'Original même de St. Matthieu.* Plaiſante concluſion , & qui ſuit bien des principes qu'il a établis ! Il a voulu

dire qu'il y a dans le Syriaque d'aujourd'huy pluſieurs mots Grecs du Nouveau Teſtament *Syriaciſés* ; ce qui eſt vrai. Mais on doit plutoſt conclure de là , que l'Auteur de cette Verſion a été un Syrien qui ſavoit le Grec & le Syriaque.

J'ay honte , Monſieur , de vous entretenir des fautes groſſieres de voſtre Confrere, pour qui vous n'auriez pas aſſurément tant d'eſtime , ſi vous aviez lû ſon Ouvrage avec un peu de reflexion. Car il ſeroit aiſé de vous faire voir , que non ſeulement il ne ſait ni Ebreu , ni Syriaque , ni Grec ; mais qu'il n'a pas même trop bien entendu les Auteurs Latins qu'il tâche de copier mot pour mot. Il eſt ſi peu ſavant dans la Critique , qu'il confond ſouvent les faits qu'il rapporte. Comme je ne veux pas vous être ennuyeux par une longue Lettre , je ne produirai icy que ce qu'il dit du ſentiment de quelques Critiques qui ont rejetté comme fabuleuſe l'opinion des anciens Peres touchant l'inſpiration des Septante. Voicy ſes paroles. *Ils diſent premierement , que cette narration n'eſt fondée que ſur l'autorité d'Ariſtée & d'Ariſtobule , de qui Joſeph & Philon ont tiré ce qu'ils en ont dit ; & qu'ainſi ces deux Auteurs étant ſuppoſés, comme la plus-part des Critiques en conviennent , il n'y a aucun témoin digne de foy de la verité de ce fait.* Je voudrois ſavoir où Mr. du Pin a appris que Joſeph a tiré d'Ariſtée & d'Ariſtobule ce qu'il a dit des Septante. S'il n'avoit fait mention que du ſeul Ariſtée , il auroit eu raiſon : mais de joindre Ariſtobule avec Ariſtée , c'eſt ce qui ne

ſe

se peut faire, puis que Joseph n'a point parlé de cet Auteur. La meilleure preuve même qu'on ait, que l'Ouvrage d'Aristobule est supposé, est fondée sur ce que Joseph qui n'a oublié aucun des Auteurs qui ont écrit en faveur de sa nation, n'a rien dit de celui-là. Mais le Theologien de Paris n'y a pas regardé de si près.

Mr. Arnauld, Lecture de l'Ecriture Sainte, liv. 1. chap. 8.

Il a copié avec un peu plus d'exactitude ce que Mr. Arnauld a écrit dans son Livre de la Lecture de l'Ecriture Sainte touchant les Langues Ebraïque & Caldaïque, que ce Docteur pretend avoir été communes en Judée après la captivité & le retour des Juifs à Jerusalem. Mais si je ne craignois de faire une trop longue digreffion, je vous montrerois par des raisons invincibles, que toutes les preuves de ce long difcours n'ont aucune folidité. Je ne doute point que si Mr. Arnauld y fait quelque reflexion, il ne s'en retracte. Car il ofte par là à l'Eglife une des plus fortes preuves qu'elle ait contre les Proteftans pour juftifier fa conduite dans l'ufage de la lecture des Livres Sacrés en une langue qui n'eft point entenduë du peuple. Les Juifs de Jerusalem au temps de Jefus-Chrift lifoient dans le Temple & dans leurs Synagogues la Bible en Ebreu, bien qu'ils n'entendiffent plus cette langue: & ainfi ceux qui veulent reformer l'Eglife Romaine, parce qu'elle a gardé dans fon Office la langue Latine qui n'eft plus connuë que d'un petit nombre de perfonnes, reforment non feulement toutes les autres Eglifes du monde qui ont un ufage femblable,

Mr. du Pin a copié exactement les fautes de Mr. Arnauld.

mais même Jefus-Chrift & fes Apôtres, qui n'ont trouvé rien à redire à la coutume qui étoit de leur temps dans Jerufalem, de lire la Bible en Ebreu, quoy qu'il y euft alors très-peu de Juifs qui entendiffent cette langue. Je paffe tout cela pour venir aux objections que vôtre Confrere a faites contre l'Hiftoire Critique du Vieux Teftament dans fa Differtation preliminaire. J'ajouterai feulement, qu'il a copié le difcours de Mr. Arnauld avec tant d'exactitude, qu'il n'a même rien changé dans les citations qui font mal marquées dans l'Edition de Hollande qu'il a fuivie.

Il s'emporte avec beaucoup de chaleur contre les Ecrivains publics, qu'on fuppofe avoir été chez les Ebreux auffi bien que chez les Egyptiens, les Babyloniens & les Pheniciens. Le docte Mr. du Pin ne peut fouffrir auffi bien que vous cette comparaifon. *Les Egyptiens,* dit-il, *avoient des Scribes ou des Ecrivains des chofes facrées: donc les Juifs en avoient auffi. Quelle confequence!* Il eft vrai que la confequence eft ridicule. Auffi ne la trouvera-t-on pas dans l'Hiftoire Critique, où l'on a feulement rapporté avec Jofeph l'exemple des Egyptiens & des Babyloniens pour éclaircir le fait de ces anciens Scribes chez les Ebreux, que Jofeph reconnoît manifeftement, & il les fuppofe même comme un principe indubitable. Mais Jofeph, dit-on, n'a point entendu par ces Scribes ou Prophetes d'autres perfonnes que Moïfe, & ceux qui depuis luy ont écrit les Livres de l'Ancien Teftament jufqu'au regne d'Artaxerxes.

Objections de Mr. du Pin contre les Scribes publics, avec les réponfes.

taxerxes. Les raiſons que Joſeph oppoſe aux Grecs dans ſon Apologie pour ceux de ſa nation ſont trop vaſtes pour être expliquées avec cette reſtriction. Il eſt bien vray qu'il ne nomme point dans cet endroit d'autres Livres Prophetiques ou inſpirés que ceux qui ſont dans le Canon Juif, parce qu'il ne s'agiſſoit que de ceux-là, & qu'il n'y en avoit pas d'autres qui fuſſent publics. Ce qui n'empeſche pas que le principe qu'il ſuppoſe ne s'étende à tous les autres Actes qui ont été écrits par ces mêmes Scribes; & il en fait même quelquefois mention dans ſes Ouvrages.

Mr. du Pin parle des Peres ſans les avoir lûs.

Ce Docteur fait bien voir qu'il n'a jamais lû les Peres Grecs qu'on a citez dans la **Critique**, quand il ajoute au même endroit : *Il faut dire la même choſe de Theodoret & de tous les autres Peres ; & c'eſt leur faire dire une choſe à laquelle ils n'ont jamais penſé, que d'entendre leurs témoignages autrement.* Il n'y a cependant rien de plus clair que les témoignages de Theodoret & des autres Peres Grecs, qu'on a rapportés cy-deſſus, où ils diſent en termes formels, que les Livres de Joſué, des Juges, des Rois & des Paralipomenes ont été compoſés ſur des Actes plus anciens & qui étoient plus étendus, auxquels neanmoins ces derniers Compilateurs ont quelquefois ajouté des éclairciſſemens. Il ſe trompe encore manifeſtement, quand il aſſure que de ce qu'on cite *dans les Livres des Rois pluſieurs autres Memoires*, on a conclu que tous les Livres de la Bible ne ſont que des Abregés, & comme des Sommai-

res des anciens Actes. On n'a point étendu ce principe aux autres Livres de la Bible, qu'on n'y ait trouvé auſſi de ſemblables citations. C'eſt ainſi que le Livre des Guerres du Seigneur eſt cité dans le Pentateuque, & le Livre des Juſtes dans l'Hiſtoire de Joſué. Mr. du Pin demande encore, s'il s'enſuit de là qu'on ait ajouté ou diminué à ces Livres depuis qu'ils ont été faits. On s'eſt déja aſſez expliqué cy-deſſus, quand on a remarqué que les Livres Canoniques ſont differens de ces premiers Actes qui demeuroient dans les Archives, & leſquels on a abregé lors qu'on a publié de ces Actes ce qu'on a jugé être neceſſaire pour l'inſtruction du peuple. Quoy que ce ne ſoit que des Abregés, on ne peut pas dire qu'ils ſoient imparfaits, comme vous me l'avez objecté, puis qu'ils ont toute la perfection que les Prophetes leur ont donnée. Direz-vous que l'Evangile de St. Marc eſt imparfait, parce qu'il ne contient aſſez ſouvent qu'en abregé ce qui eſt rapporté par Saint Matthieu ? Pour être parfait il ſuffit qu'il ait été compoſé de cette maniere par St. Marc.

On a attribué dans l'Hiſtoire Critique la difference qui ſe trouve dans un même Acte rapporté en divers endroits de l'Ecriture, aux raiſons differentes que chaque Ecrivain a eües de faire ſa Compilation. Eſdras, par exemple, qui n'a ſongé le plus ſouvent qu'à abreger ce qui avoit été rapporté par les autres Hiſtoriens, ne convient pas toûjours avec les autres Hiſtoires de l'Ecriture. Le Theologien de Paris juge que ces

con-

conjectures font fausses, & *qu'elles ruinent l'autorité de la Bible, dautant qu'il n'est pas impossible d'accorder ces contrarietés apparentes.* Mais je ne vois pas quelle raison il a de crier si fort, puis qu'il avoüe luy-même qu'on a dit dans la Critique que ces contrarietés ne font qu'en apparence. Et par confequent l'on fuppofe qu'il n'eft pas impoffible de les concilier. On a même monftré les voyes qu'il falloit tenir pour faire cette conciliation. On ne comprend pas auffi pourquoy Mr. du Pin condamne fi hautement ce qu'on a dit dans la Critique touchant les repetitions frequentes qui font dans le Pentateuque. Car on y reconnoit qu'une partie des repetitions & même des tranfpofitions vient de ce que les Ebreux ne font pas des Ecrivains fort polis, & que les redites d'une même chofe leur font ordinaires. On en a auffi attribué une partie à ceux qui ont recueilli les Memoires, & qui ont joint quelquefois plufieurs termes fynonymes d'une même chofe. Mais il n'eft pas croyable, dit-on, *qu'un Auteur qui fait l'Abregé d'une Hiftoire repete fouvent les mêmes chofes, & qu'il ne garde aucun ordre.* Je répons à cela, qu'un Auteur peu poli, & tel qu'on le fuppofe, peut abreger une longue Hiftoire, en gardant neanmoins des redites & des termes fynonymes felon la maniere d'écrire de ceux de fa nation. La raifon en eft évidente, parce que fon Abregé confifte principalement à rapporter moins de faits qu'il n'en trouve dans fes Memoires, & non pas à les abreger tous. C'eft la maniere dont une partie de

l'Ecriture a été recueillie fur de plus anciens Actes où il y avoit un plus grand nombre de chofes rapportées. On a feulement recueilli celles qu'on a crû devoir être communiquées au peuple, & dans ces faits-là on a fuivi affez exactement les termes fynonymes qu'on a trouvés dans les anciens Memoires, & même les redites d'une même chofe fur un même fait que l'on compiloit. A quoy l'on ajoutera, qu'il eft auffi arrivé dans la fuite plufieurs repetitions dans ces Exemplaires, parce qu'on a retenu les diverfes leçons d'un même mot, quand on a douté qui étoit la veritable. C'eft ce qu'on voit dans la plus-part des Livres, fur tout dans les Livres MSS. des Juifs, où l'on trouve fouvent plufieurs mots qui expriment une même chofe. Ceux qui ont fait imprimer ces fortes d'Ouvrages, n'ont le plus fouvent retenu que la leçon qui leur paroiffoit la meilleure. Mais il y a bien de l'apparence qu'une partie des termes fynonymes qui fe rencontrent dans la Bible vient de cette grande exactitude qu'on a euë de conferver les diverfes leçons d'un même mot; & même quelquefois l'explication d'un mot a paffé dans le texte. Tout cela peut auffi bien convenir à un Abregé qu'à un autre Livre.

Enfin Mr. du Pin ne paroit pas avoir compris ce qu'on a dit touchant les anciens Rouleaux dans la Critique. Il appelle ces Rouleaux *une conjecture agreable par fa nouveauté*, & même une chimere qui ne fait rien au fujet. *Quelques brouillées*, dit-il, *qu'euffent été ces feuil-*

les,

les, *les Abbreviateurs les eussent pû ranger & mettre par ordre.* Ce qu'il nomme icy une nouveauté & une chimere, est très-ancien, & a même été remarqué par les plus habiles Critiques. Il est fort inutile de parler des Abbreviateurs qui les auroient pû ranger, puis que ces fueilles ont pû être brouillées long-temps après le Recueil des Abbreviateurs. On ne peut nier que les Livres Sacrés n'ayent été sujets aux mêmes accidens que tous les autres Livres. Or il est constant que la differente disposition des Rouleaux ou feuilles a apporté quelque changement pour l'ordre aux anciens Livres. Cela arrive tous les jours non seulement dans les MSS. qu'on donne à relier, mais même dans les Livres imprimés; on y transpose des fueilles, qu'on a de la peine à remettre dans leur premier ordre, si les chiffres n'y sont pas marqués. Quoy qu'il en soit, nous voyons qu'en plusieurs endroits de l'Ecriture, même dans le Pentateuque, les Exemplaires Grecs qui ont été pris du Texte Ebreu, ne conviennent point avec ce Texte dans la disposition des Chapitres. Ce qui peut venir de la disposition des Rouleaux ou feuilles, soit que ce changement ait été fait dans l'Ebreu, ou dans le Grec.

Je croyois finir icy mes remarques sur la Dissertation preliminaire de Mr. du Pin : mais je ne puis me dispenser d'ajouter quelques reflexions sur la seconde Section de cette Dissertation, où il traite du Canon des Livres de l'Ancien Testament. Il y copie les Ouvrages des Pro-

testans, dont il favorise ouvertement les sentimens. Il establit d'abord avec eux cette maxime, qu'il *n'y a jamais eu qu'un Canon, ou qu'une seule Collection des Livres Sacrés de l'Ancien Testament faite par Esdras après le restablissement de Jerusalem, laquelle a été depuis approuvée & receuë par toute la nation des Juifs, comme contenant tous les Livres Sacrés.* Cela ne peut pas être absolument vray, puis que les Juifs ont mis dans ce Canon des Histoires écrites après Esdras. Il ajoute dans les preuves jointes à sa Dissertation, que les Juifs & les anciens Chrétiens n'ont point reconnu d'autre Canon que celuy qu'on vient de marquer. Ce qui n'est pas vray : car les Apôtres & leurs disciples n'ont eu aucun égard à ce Canon Juif lors qu'ils ont annoncé l'Evangile. Ils se sont servis de la Bible Grecque des Septante, & non pas de l'Ebraïque. C'est pourquoy Saint Barnabé dans son Epistre, que le Theologien de Paris reconnoit être veritable, cite indifferemment les Livres écrits en Ebreu, & ceux que les Protestans nomment Apocryphes.

Il n'a pas aussi raison de dire absolument, qu'il n'y a point d'autres Livres cités dans le Nouveau Testament, que ceux qui étoient dans le Canon des Juifs, comme les Protestans l'objectent ordinairement aux Catholiques : car il se trouve même des Protestans qui sont d'assez bonne foy pour ne pas contester cela aux Catholiques, & qui leur accordent librement, que les Apôtres ont au moins fait allusion à ces Livres qu'on appelle

appelle Apocryphes, & ils en donnent même des exemples. Il ne paroit pas qu'il ait entendu St. Jerôme, quand il se sert de l'autorité de ce Pere pour appuyer son opinion. Si nous nous en rapportons à son jugement, toutes les fois que Saint Jerôme traite exprès des Livres Canoniques dans ses Prologues & dans son Commentaire sur Ezechiel, *il rejetté toûjours les Livres qui ne sont point dans le Canon des Ebreux, comme Apocryphes, & comme devant estre considerés comme tels. Mais quand il parle sans faire reflexion, il cite souvent ces mêmes Livres comme de l'Ecriture, & attribuë même le Livre de la Sagesse à Salomon, quoy qu'il soit certain qu'il a crû le contraire.* C'est là le langage des Protestans ; & si quelques Auteurs Catholiques ont aussi parlé de la même maniere avant le Concile de Trente, au moins le Theologien de Paris ne devoit-il pas presentement suivre des sentimens qui ne sont fondés que sur une fausse explication de la pensée de St. Jerôme. Si l'on examine avec un peu d'application son Commentaire sur Ezechiel & ses Prologues, on y trouvera qu'il ne parle dans tous ces endroits là que selon l'opinion des Juifs, & qu'il y fait profession de suivre leur Canon. Il n'y qu'à lire, pour en être convaincu, son grand Prologue qu'il appelle *Galeatus*. Comme son dessein étoit de traduire l'Ecriture Sainte d'Ebreu en Latin, il ne pouvoit suivre d'autre Canon que celuy qui étoit autorisé dans les Synagogues, où l'on ne lisoit que les Livres qui avoient été écrits en

Explication de la pensée de St Jerôme sur le Canon de l'Ecriture.

Ebreu. C'est ce qui luy fait dire, qu'il a mis ce grand Prologue à la tête de tous les Livres qu'il a traduits de l'Ebreu, afin qu'on sache que ce qui n'y est point compris doit être rangé au nombre des Livres Apocryphes. *Hic prologus Scripturarum quasi galeatum principium omnibus Libris quos de Hebræo vertimus in Latinum convenire potest, ut scire valeamus quidquid extra hos est inter apocrypha ponendum esse.* Il n'a eu égard qu'à ce Canon des Juifs qui étoit la regle des Livres de l'Ecriture qu'il s'étoit proposé d'interpreter, quand il ajoute au même endroit, (1) que les Livres de la Sagesse, de Jesus fils de Syrach, de Judith, de Tobie, & du Pasteur, n'étoient point dans le Canon. En effet, lors que ses ennemis luy ont reproché qu'il judaïsoit, ostant du Canon plusieurs Livres qu'on lisoit dans toutes les Eglises : il a répondu qu'il avoit suivi le Canon des Juifs, & qu'il parloit plûtost selon leurs sentimens, que selon le sien, parce qu'il s'agissoit en ce lieu là de traduire d'Ebreu en Latin les Livres de leur Canon.

Peut-on raisonnablement inferer de là, comme a fait le Theologien de Paris, que St. Jerôme exclut du nombre des Livres Canoniques la Sagesse, Judith, Tobie, & les autres, quand *il traite exprès des Livres Canoniques*, puis qu'il ne parle pas en ces lieux-là absolument des Livres Canoniques, mais seulement de ceux qui étoient renfermés dans le Canon des Juifs ? Et après cela on nous vient dire, que lors que St. Jerôme met au nombre

(1) *Igitur Sapientia quæ vulgo Salomonis inscribitur, & Jesu filii Syrach liber, & Judith, & Tobias, & Pastor, non sunt in Canone* Hier. in Prol. Gal.

Mr. du Pin n'a jamais lû les Livres de St Jerôme avec reflexion.

des Livres Canoniques la Sageffe de Salomon , Judith , Tobie , & le refte , *il parle fans faire reflexion.* On aura bien plus de raifon de dire , que Mr. du Pin , qui traite ce Saint Docteur d'une maniere fi injurieufe, n'a jamais lû fes Livres avec reflexion. Et il imite le ftyle des Proteftans, quand il ajoute au même endroit, que ce Pere *dans fes Prefaces fur Judith & Tobie , comme il vouloit relever ces Livres , parle avantageufement d'eux.* S'il avoit lû avec foin les Ouvrages de Saint Jerôme , il auroit veu que quand il ne parle point avec les Juifs , dont il traduifoit les Livres , il fuit toûjours le fentiment commun des Peres, ou au moins celuy qu'il croyoit être le plus approuvé dans l'Eglife.

Mr. du Pin ne peut fouffrir que St. Jerôme , après avoir rejetté plufieurs fois le Livre de Judith comme un Livre Apocryphe , témoigne que le Concile de Nicée l'a mis au nombre des Saintes Ecritures. *Il faut croire* , dit-il , *que St. Jerôme rapporte ce fait fur la foy d'autruy; n'y ayant point d'apparence qu'il foit veritable. Car outre qu'on ne trouve rien de femblable dans le Symbole , dans les Canons & dans les Lettres du Concile de Nicée , & qu'il eft très-probable qu'il n'y a point d'autres Actes de ce Concile ; eft-il croyable que s'il eût fait un Canon des Livres Sacrés , pas un de ceux qui y ont affifté n'en euffent fait aucune mention ?* C'eft ainfi qu'on copie fans jugement les raifons des Proteftans contre la creance generale de l'Eglife. On oppofe des preuves negatives à une preuve pofitive de St. Jerôme , qui

affure qu'on lit la chofe dont il s'agit. *Hunc librum Synodus Nicæna in numero Sanctarum Scripturarum legitur computaffe.* Le Theologien de Paris n'en demeure pas là. Il ajoute *que ce Pere a fait cette remarque fur la foy d'autruy* , parce que St. Jerôme , *s'il eût été luy-même affuré de ce fait , ne l'eût pas rejetté tant de fois , & qu'il eût allegué en parlant des Livres Canoniques ce Catalogue du Concile de Nicée , qui eût dû être la regle infaillible qu'on devoit fuivre.*

Les Theologiens qui ne lifent pas les Auteurs dans leurs fources , & qui ne meditent pas affez fur les Ouvrages des anciens Peres , tombent dans des paralogifmes évidens. On a déjà remarqué , que dans les endroits qu'on a cités de St. Jerôme fur le Canon des Livres Sacrés , ce Pere parloit felon le fentiment des Juifs. A quel propos eût-il cité en ces lieux-là le Concile de Nicée ? ce qu'il fait judicieufement dans la Preface fur le Livre de Judith , où il rapporte ce que la Synagogue & l'Eglife en croyent. Il ne peut pas être l'auteur de cette opinion , puifque St. Cyprien qui vivoit avant le Concile , a reconnu pour des Livres Canoniques & infpirés , ceux que Mr. du Pin pretend avec les Proteftans n'avoir point paffé dans ces anciens temps pour Canoniques. Saint Auguftin a confirmé l'opinion de Saint Cyprien , qui a été appuyée , felon le témoignage de St. Jerôme , par les Peres du Concile de Nicée.

En verité il ne paroit gueres de folidité ni de jugement dans tout ce difcours du Theologien de Paris

fur

fur le Canon des Livres de l'Ancien Teftament. Il femble qu'il ait voulu faire revivre en France les fentimens d'un parti qui y a été fagement deftruit. On y dit avec toute la liberté poffible, que les premiers Catalogues des Livres de l'Ecriture font conformes avec le Canon des Juifs, qui a été embraffé par les Proteftans. Un Theologien qui auroit eu quelque connoiffance de cette matiere, & un tant foit peu de zele pour l'Eglife, n'auroit pas rapporté fi cruement ces anciens Catalogues fans les accompagner de quelques reflexions. J'ay remarqué plufieurs autres chofes fur cette Differtation : mais je m'apperçois que ma Lettre n'eft déjà que trop longue. Il me refte de vous parler des objections de Spinofa qui femblent détruire l'infpiration des Livres Sacrés ; & vous vous eftes même imaginé qu'on pouvoit fortifier ces objections par quelques endroits de l'Hiftoire Critique du Vieux Teftament. Je fai que le P. Fraffen voftre Confrere a fait le même reproche à Mr. Huët ; & cependant vous avez donné une approbation authentique à la Demonftration Evangelique, qui eft l'Ouvrage qu'on pretend favorifer les fentimens de Spinofa. Il feroit à fouhaitter que les Theologiens qui font des Réponfes à Spinofa fuffent un peu plus favans dans la matiere qu'ils traitent, & que fous pretexte de refuter cet Auteur, ils n'attaquaffent pas des principes reçus & approuvés par les plus habiles gens de noftre Communion. Spinofa a pû avancer dans fon Livre plufieurs chofes veritables, & qu'il aura même prifes de nos Auteurs :

On a mal répondu à Spinofa.

mais il en aura tiré des confequences fauffes & impies ; & c'eft ce qu'il falloit principalement examiner. Pour fatisfaire à ce que vous me demandez, je répondrai icy à tout ce qu'il a objecté contre l'autorité des Livres de Moïfe.

Spinofa s'eft appuyé fur le témoignage de R. Aben Efra, pour prouver que le Pentateuque n'eft point de Moïfe, mais d'un autre qui a vécu long-temps après luy ; & que le Livre qui a été écrit par Moïfe étoit different de celui que nous lifons fous fon nom. Il n'y a cependant rien dans les Commentaires d'Aben Efra fur l'Ecriture, d'où l'on puiffe tirer une confequence fi oppofée au fentiment commun de tous les Juifs. Il y fait feulement paroitre une plus grande exactitude que tous les autres Rabbins dans ce qui regarde la Critique, marquant fes doutes fur quelques paffages qu'il conjecture n'être point de Moïfe. On ne peut pas inferer de là, que le Pentateuque ne foit point de luy, & que le Livre qu'il a écrit foit un autre Ouvrage que celui qui nous eft refté. Plufieurs favans hommes ont eu les mêmes penfées qu'Aben Efra fur les paffages qu'il produit, fans en tirer de fi fâcheufes confequences. En effet, quelques éclairciffemens ajoutés à un Acte ne deftruifent ni la verité ni l'antiquité de cet Acte.

Examen des objections de Spinofa.

La premiere objection tombe fur le mot de בעבר *trans*, qui eft au commencement du Deuteronome. Il eft conftant, dit on, que Moïfe n'a point paffé le Jourdain : & par confequent les paroles du Deutero-

I. Objection de Spinofa.

nome

nome n'ont pû être écrites que par des Israëlites qui étoient au delà de cette riviere. On peut répondre à cela, que le mot Ebreu ne signifie à la lettre ni deçà ni delà, mais simplement *au passage.* C'est ainsi qu'il faut traduire ces premiers mots du Deuteronome: *Voicy les paroles que Moïse a dites à tous les Israëlites au passage du Jourdain.* Il n'y a que le fait dont il s'agit qui puisse nous determiner à l'entendre plutost d'un costé de la riviere que de l'autre; & quand nous supposerons même avec Aben Esra, qu'on le doit expliquer en ce lieu-là du costé de delà, que peut-on en conclure autre chose, sinon qu'on a changé *deçà* en *delà*, pour rendre le sens plus net par rapport à la situation des Israëlites quand ils eurent passé le Jourdain: ce qui est très-éloigné de la pensée de Spinosa, qui en conclut que Moïse n'a point écrit le Pentateuque.

II. Objection de Spinosa.

Mais Aben Esra a remarqué, continuë Spinosa, que tout le Livre de Moïse fut écrit dans ces temps-là autour d'un seul autel, qui ne contenoit, selon les Rabbins, que douze pierres, & qui étoit par conséquent plus petit que le Pentateuque. Il

Réponse.

n'est pas vrai qu'Aben Esra ait été dans ce sentiment, ni que par le Livre de la Loy dont il est parlé au Chap. 27. du Deuteronome, il ait entendu le Livre de Moïse. Il a seulement voulu marquer quelques commandemens qu'on écrivit sur des pierres pour servir d'avertissement aux Israëlites. Ce passage se trouve expliqué plus au long dans l'Histoire Critique du Vieux Testament.

Hist. Crit. 1. Partie chap. 6.

Le même Spinosa n'a pas aussi compris le sens d'Aben Esra, quand il a pretendu, que par *le secret des douze* ce Rabbin a voulu marquer les douze pierres. Car il est évident que dans tous ces endroits il cite de veritables passages de l'Ecriture. R. Tsartsa dans son Livre d'Eclaircissemens sur Aben Esra, explique avec netteté l'opinion de ce Rabbin touchant *le secret des douze,* qu'il pretend être les douze derniers versets du Pentateuque. Il rapporte le sentiment de ces Docteurs qui ont *dit dans le Talmud au Chapitre baba batra, que Moïse avoit écrit son Livre, le Livre de Job, & la Section Bileam; que Josué avoit écrit son Livre & les huit derniers versets du Pentateuque, depuis ces mots, Et Moïse mourut, jusqu'à la fin de la Loy.* C'étoit la pensée de R. Juda. *Mais celle d'Aben Esra est, que Josué a écrit depuis ces mots, Et Moïse monta:* c'est-à-dire, qu'il a crû que tout le dernier Chapitre du Deuteronome n'est point de Moïse, mais de Josué. Ce Chapitre contient en effet douze versets; au lieu que R. Juda ne fait Josué auteur que de huit versets. La decision du Talmud, ajoute R. Samuel Tsartsa, n'est pas selon R. Juda, mais selon R. Simeon, qui a pretendu qu'il n'y avoit rien dans le Pentateuque que Dieu n'eût dicté à Moïse. Supposons donc avec Aben Esra, que le dernier Chapitre du Pentateuque n'est point en effet de Moïse, mais qu'il est de Josué: suit-il de là que Moïse n'est point le veritable Auteur des cinq Livres de la Loy, comme Spinosa l'a assuré hardiment? Tout ce qu'on en peut conclure, c'est que ce der-

dernier Chapitre dans son origine appartenoit plutost au Livre de Josué qu'au Pentateuque. Mais on a trouvé à propos de le joindre à la Loy de Moïse comme un supplement à son Histoire.

III. Objection de Spinosa.

La troisiéme raison de Spinosa pour prouver que Moïse n'est point l'Auteur du Pentateuque, consiste dans la reflexion d'Aben Esra sur ces mots, *Et Moïse a écrit la Loy.* Ces paroles, dit Spinosa, *ne peuvent pas être de Moïse ; mais elles sont d'un autre Ecrivain qui parle des actions & des écrits de Moïse :* comme si Joseph & Cesar ne parloient pas aussi d'eux-mêmes en troisiéme personne dans leurs Ouvrages.

Réponse. Ces sortes d'expressions paroissent même plus modestes, & ont été approuvées par les nations qui ont eu le plus de politesse. Je veux bien neanmoins que Moïse ne soit pas toûjours l'auteur de ces façons de parler qui sont si frequentes dans ses Livres : peut-on en conclure que le Pentateuque a été écrit long-temps après luy, & que les Actes qui y sont contenus sont posterieurs ? Si quelque autre que Moïse en étoit l'Auteur, ne seroit-il pas plus à propos de recourir aux Scribes, qui mettoient par écrit tout ce qui se passoit de considerable dans la Republique des Ebreux ? On pourra leur attribuer plusieurs expressions où il est parlé de Moïse & de ses actions en troisiéme personne. Ce principe bien loin de destruire l'antiquité & l'inspiration des premiers Actes, l'établit entierement, puis qu'ils auroient été écrits de son temps & par son ordre.

IV. Objection

La quatriéme objection de Spino-

sa est prise de la remarque d'Aben Esra sur ces paroles de la Genese, *Les Cananéens étoient alors dans le pays :* ce que Moïse, dit-on, n'a pû écrire, puis que de son temps les Cananéens habitoient ce pays-là. Mais Aben Esra observe luy-même, que le mot Ebreu אז qu'on a traduit *alors,* est équivoque, & qu'il se peut expliquer en cet endroit-là de deux manieres. Ce que R. Samuel Tsartsa expose aussi fort nettement dans son Livre d'Eclaircissemens sur les Commentaires d'Aben Esra. En effet, le sens qui paroit le plus simple est, que les Cananéens habitoient ce pays-là lors qu'Abraham y vint. Quand on preferera même avec Spinosa la seconde explication d'Aben Esra à la premiere ; que peut-on en conclure, sinon qu'on a ajouté ces mots pour une plus grande explication du texte, sans que cela diminuë en rien l'antiquité des Actes qui y sont rapportés ?

de Spinosa.

Réponse.

On appliquera la même réponse à ce que Spinosa ajoute ensuite contre l'autorité des Livres de Moïse. Car plusieurs Auteurs Catholiques ont crû aussi bien que Spinosa, que ce qui est rapporté au Chapitre 3. du Deuteronome touchant le lit de fer d'Og Roy de Basan, y a été inseré pour un plus grand éclaircissement. Ils n'en concluent pas, comme a fait Spinosa, que le Pentateuque a été écrit long-temps après Moïse. Mais après tout, il n'y a rien dans cette expression, ni dans celle qui suit au verset 14. du même Chapitre, *jusqu'à aujourd'huy,* d'où l'on puisse prouver que cela ait été ajouté long-temps après Moïse. Il

V. Objection de Spinosa, avec la Réponse.

suffit

suffit qu'il se soit passé peu d'années, comme on pourroit le justifier par plusieurs exemples.

Outre ces objections que Spinosa a tirées des Livres d'Aben Esra, il en ajoute d'autres qui sont de luy: mais elles sont la plus-part si foibles, qu'à grand' peine meritent-elles qu'on y réponde. *VI. Objection de Spinosa.* C'est de cette maniere qu'il suppose que l'Auteur du Pentateuque ne parle pas seulement de Moïse en troisiéme personne, mais que ces sortes d'expressions y sont frequentes; de plus, que l'histoire de sa mort & de sa sepulture y est aussi rapportée. On a établi des principes solides pour resoudre ces sortes de difficultés, & plusieurs autres semblables, qui ne sont fondées *Réponse.* que sur de faux prejugés. C'est de cette maniere qu'il insiste aussi sur quelques noms de villes qui ont été changés. Il est dit, par exemple, qu'Abraham poursuivit ses ennemis jusqu'à Dan; & cependant cette ville ne fut appellée Dan que long-temps après la mort de Josué. Mais il n'y a rien de si ordinaire que ces sortes de changemens dans la plus-part des Livres, sans qu'on en puisse conclure, que les Actes ont été alterés. Il se peut faire qu'on ait mis par forme de remarque le nouveau mot Dan en la place de l'ancien nom, & que ce nouveau nom soit demeuré seul dans le texte.

Spinosa pousse encore plus loin ses objections. Il oppose ces paroles *VII. Objection de Spinosa.* de la Genese: *Voicy les Rois qui ont regné dans l'Idumée avant que les Israëlites eussent des Rois.* Puis il ajoute. *Il n'y a point de doute, que,* *l'Historien ne rapporte en ce lieu-là les Rois que les Iduméens ont eu avant que David les eust assujettis.* Mais cela *Réponse.* n'est pas si hors de doute qu'il s'imagine, puis qu'Aben Esra son grand Auteur a pris à tâche de faire voir le contraire sur ce passage, où il prouve qu'il n'y a rien dans cette histoire qui ne soit arrivé avant Moïse, & qu'il n'est point besoin de recourir à la Prophetie, comme quelques-uns y ont eu recours. Quelques-uns neanmoins de nos Auteurs croyent que cela a été ajouté aux Livres de Moïse. Le Jesuite Bonfrerius, qui a fait un docte Commentaire sur le Pentateuque, après avoir rapporté plusieurs explications sur cet endroit, finit par ces mots: *J'aime pourtant mieux dire que quelque Ecrivain Hagiographe a ajouté dans la suite quelque chose, que de faire passer toûjours Moïse pour un Prophete.* Ces Auteurs n'ont pas conclu pour cela, que tout le Pentateuque fust d'un Ecrivain posterieur à Moïse. Une addition faite à un Livre ne destruit pas l'autorité de ce Livre: autrement il n'en resteroit plus aucun dans le monde qu'on pust assurer être veritablement de celuy dont il porte le nom; car il s'en trouve peu où il n'y ait de semblables additions.

On pourra aussi appliquer à ce *VIII. Objection de Spinosa, avec la Réponse. Deut. 3: 14.* passage & à quelques autres de la même nature, la réponse que Mr. Huët a faite à l'objection tirée de ces paroles du Deuteronome: *Jair fils de Manassé posseda toute la terre du païs d'Argob.* Spinosa pretend avec Aben Esra, qu'elles ont été écrites par une autre personne que Moïse: & voicy ce que Mr. Huët luy répond.

(1) Ja-

(1) *J'avoüe qu'Esdras en restablissant les Livres Sacrés ajoute quelques éclaircissemens aux endroits les plus difficiles; outre que ces Livres ayant été décrits tant de fois, & plus qu'aucuns Livres du monde, doit-on s'étonner que ce qui arrive souvent se rencontre aussi icy, & que quelques remarques que quelques personnes pieuses & doctes auront mises à la marge, ayent peut-être passé dans le texte?* En effet, c'est là le fort de tous les Livres dont les hommes sont les depositaires; & il n'y a rien de plus opposé au bon sens, que d'en tirer des consequences pour destruire l'autorité de ces Livres. Aussi Spinosa donne-t-il des marques évidentes dans tout son Ouvrage, qu'il ne raisonne gueres en Critique: comme lors qu'il (2) pretend que ce qu'on dit d'Og Roy de Basan au Chap. 3. du Deuteronome, vers. 11. doit être renfermé dans une parenthese; & il conclut que l'Auteur du Pentateuque a vescu long-temps après Moïse. Un habile Critique au contraire conclura, que ce qui est contenu dans la parenthese est comme hors d'œuvre, & qu'il a été ajouté en forme de remarque ou éclaircissement, puis que sans cela le texte demeure entier.

Après ces objections Spinosa vient aux Livres particuliers de Moïse dont il est parlé dans le Pentateuque; d'où il infere qu'ils sont differens de ce même Pentateuque. Le premier est le Livre que Moïse écrivit par le commandement de Dieu touchant la guerre des Amalecites. Le second est intitulé, *Le Livre des Guerres du Seigneur*, où étoit, selon luy, la guerre des Israëlites contre les Amalecites. Il rapporte en troisiéme lieu le Livre de l'Alliance que Moïse lut en presence des Ebreux. Il produit enfin pour dernier exemple le Livre qui est appellé au Chap. 31. du Deuteronome, *Le Livre de la Loy de Dieu*, & auquel Josué ajouta l'histoire de la nouvelle alliance du peuple avec Dieu. Comme nous n'avons plus ce Livre, dit Spinosa, on ne peut douter qu'il ne soit perdu.

Mais il n'y a rien de plus mal-fondé que tout ce raisonnement. On a monstré cy-dessus, que le Livre intitulé *Les Guerres du Seigneur*, étoit chez les Ebreux du temps de Moïse, & qu'ils avoient des Scribes pour mettre par écrit les guerres & les autres choses qui se passoient dans leur Republique. C'est de quoy les plus savans Juifs demeurent d'accord, sans conclure de là que Moïse n'a pas écrit les Livres de la Loy. On convient que Moïse & les Scribes de son temps ont recueilli plusieurs Actes qui ne sont point dans le Pentateuque. St. Augustin a observé judicieusement, que le Livre de la

IX. Objection de Spinosa, avec la Réponse.

X. Objection de Spinosa.

Réponse.

August. Quæst. in Gen.

(1) *Fatemur Scriptura reparatorem Esdram, sicubi se darent obscuriores aut difficiliores loci, huc & illuc de suo nonnulla in Libros Sanctos explicationis causa infarsisse. Præterea cùm tot descriptionibus propagati sint Codices Sacri, ut nullius unquam libri tot extiterint exemplaria: quid mirum si quod alias sæpe evenit, factum hic quoque sit, & adjecta ad oram à viris piis ac doctis nota in ipsam fortè contextum irrepserint?* Dan. Huet in Dem. Evang.

(2) *Quæ parenthesis clarissimè indicat horum librorum scriptorem longè vixisse post Mosem.* Tract. Theol. polit. cap. 8.

la Genese ne comprend pas toutes les generations qui ont été dès le commencement du monde. Affricanus a aussi reconnu d'autres genealogies que celles qui ont été rapportées par Moïse. Ces genealogies, selon luy, étoient conservées dans les Archives des Ebreux, dont on n'a publié qu'une partie pour l'instruction du peuple.

Pour ce qui regarde le Livre de l'Alliance, & celuy qui est appellé dans le Deuteronome le Livre de la Loy, on en a parlé à fonds dans la premiere Partie de l'Histoire Critique Chap. 6. Il est constant que ces deux Livres, ou plutost ces deux Discours font une partie du Pentateuque. Spinosa paroit ridicule, quand il pretend qu'ils sont differens du Pentateuque, sans en apporter d'autre preuve, si ce n'est qu'ils sont plus courts : comme si une Section d'un Livre n'étoit pas plus courte que le Livre entier. La verité est, que Moïse a écrit plusieurs Discours qu'il a même lûs au peuple, & qui sont contenus dans les cinq Livres de la Loy. Mais nous n'avons point, continuë Spinosa, aucun Livre qui comprenne l'Alliance de Moïse & l'Alliance de Josué desquelles il est parlé dans ces deux Auteurs. Aussi n'est-il pas necessaire que nous ayons un Volume separé pour cela. Elles sont marquées chacune en leur place : & c'est en vain que Spinosa reprend la Paraphrase de Jonathan, qui a traduit ces mots, *Josué écrivit ces paroles dans la Loy de Dieu,* par ceux-cy, *Josué écrivit ces paroles, & les garda avec le Livre de la Loy.* Cet Interprete, qui étoit instruit des an-

Jos. 24: 26.

ciens usages de ceux de sa nation, a voulu monstrer par là, que Josué les écrivit dans les mêmes Registres où la Loy de Moïse étoit écrite, afin que ces Actes fussent conservés ensemble.

Enfin Spinosa paroit encore moins raisonnable, quand il ajoute au même lieu, que Moïse n'a rien écrit que ces petits Livres ou Discours dont il est fait mention dans le Pentateuque. Peut-on decider un fait de cette importance par un argument qui est purement negatif? Il est certain que Moïse a donné au peuple toutes les Loix qui sont comprises dans les cinq Livres. Spinosa a-t-il raison de dire, qu'il ne les a point écrites, parce que cela n'est point exprimé dans ces Livres? C'est en quoy même il se trompe : car on marque souvent dans le Pentateuque par le simple mot de Loy plusieurs ordonnances & commandemens que Moïse écrivit luy-même pour les communiquer au peuple. S'il avoit lû avec application les Livres d'Aben Esra, d'où il a seulement pris ce qui favorisoit ses préjugés, il n'auroit pas parlé avec tant de temerité des Livres de Moïse. Il ne paroit pas même qu'il ait fait beaucoup de reflexion sur la matiere qu'il traitoit, s'étant contenté souvent de suivre le Systeme mal digeré de la Pereyre Auteur des Préadamites.

Vous pouvez juger, Monsieur, par ces réponses aux objections de Spinosa contre les Livres de Moïse, qu'il convient souvent de principe avec nos plus savans Theologiens, & qu'il est seulement blasmable dans les

XI. Objection de Spinosa.

Réponse.

Spinosa convient dans plusieurs faits avec les Catholiques.

mais les confequences qu'il en tire font fauffes.

les fauffes confequences qu'il en tire. C'eft pourquoy quelques Auteurs qui luy ont contefté de certains principes qui luy font communs avec les plus habiles gens de noftre Communion, l'ont fait peu judicieufement ; car ils donnent par là occafion aux Spinofiftes d'établir leurs fentimens avec plus de force. Je vous prie de faire reflexion là-deffus, & de confiderer que fous pretexte de combattre Spinofa, on ne doit pas s'oppofer aux plus anciens & aux plus favans Peres, & même à la raifon & à l'experience. Je ne vois pas, par exemple, pourquoy vous ne pouvez fouffrir qu'on ait remarqué dans la Critique, que le ftile de chaque Ecrivain de la Bible eft particulier, & qu'Ifaïe étant homme de qualité, a écrit d'un ftile pur ; au lieu qu'il y a des defauts pour la langue dans Jeremie.

Les Ecrivains Sacrés ont chacun leur ftile qui leur eft particulier.

Vous croyez que ce n'eft pas refpecter affez des Livres infpirés qui doivent être exempts de ces fortes de defauts. Mais on s'eft contenté de rapporter en peu de mots dans la Critique ce que St. Jerôme expofe plus au long dans fes Livres, quand il parle du ftile de Jeremie, d'Amos & de quelques autres Prophetes. Comme je ne veux pas être long, je ne vous dirai rien icy des defauts que les plus favans Peres Grecs ont reconnu dans le ftile du Nouveau Teftament. Ont-ils pour cela fait tort à l'infpiration des Ecrits de St. Paul, qui a luy-même avoué qu'il n'entendoit pas affez la langue Grecque pour bien écrire dans cette langue? Si vous aviez pû juger vous-même par vos yeux du ftile de Jeremie, vous auriez vu que Mr. du Pin parle d'un fait qu'il n'entend nullement, quand il dit dans fa Differtation preliminaire: *Le ftile de Jeremie, fi nous nous en rapportons au témoignage de St. Jerôme, eft fimple dans fes paroles, & majeftueux dans le fens.* Cependant cette fimplicité de paroles ne nous paroit point à prefent ; au contraire il nous paroit très-élevé dans le fens, dans le tour, & dans les manieres.

Mr. du Pin critique mal-à-propos St. Jerôme.

Il eft étonnant qu'un Docteur qui ne fait rien en Ebreu, ofe critiquer avec tant de liberté St. Jerôme fur un fait de literature Juive. Le ftile de Jeremie eft fi fimple, qu'il s'y trouve quelquefois des folecifmes.

Je paffe fous filence, Monfieur, quelques autres endroits de l'Hiftoire Critique du Vieux Teftament, que vous avez notés comme peu refpectueux à des Livres infpirés. Je croy m'être affez expliqué là-deffus avec vous, pour vous ofter les prejugés où vous étiez la premiere fois que vous avez lû cette Critique. Quand il vous plaira de me communiquer vos remarques, je tâcherai d'y fatisfaire. Ce n'eft pas affez de dire en general, qu'il eft dangereux de marquer en particulier les changemens qui font furvenus au texte de la Bible.

Defenfe generale de l'Hiftoire Critique du Vieux Teftament.

Car s'il y a quelque danger en cela, il n'eft que pour les Proteftans, qui ne reconnoiffent point d'autre principe de leur creance que l'Ecriture ; & les Catholiques même leur objectent ces changemens, pour les obliger à recourir à la Tradition. Le Livre de Cappel intitulé *Critica Sacra*, qui ne contient que des diverfes leçons de la

G

B.ble,

Bible, a été imprimé à Paris avec privilege à la follicitation du P. Petau Jefuite, du P. Morin de l'Oratoire, & du P. Merfenne Religieux Minime. Ces trois Theologiens étoient favans dans cette matiere; & cependant ils n'ont pas preveu que le Livre de Cappel duft être prejudicieux à la Religion. D'où peut donc vous venir aujourd'huy cette delicateffe? Vous ne voudriez pas juftifier la conduite de quelques Proteftans à l'égard de Cappel, qu'ils accuferent d'être *Papifte*, & de s'entendre avec le P. Morin pour ruiner leur Religion. Je vous feray voir quand il vous plaira, qu'on n'a rien avancé dans l'Hiftoire Critique, qui ne fe trouve conforme à la doctrine des plus anciens Peres de l'Eglife. Ce qui fuffit pour la mettre à couvert des reproches mal-fondés de quelques Theologiens de nos jours, qui n'ont pas examiné avec affez d'application ces fortes de faits qui demandent une grande érudition. En voilà affez, Monfieur, pour une Lettre. Je fuis, &c.

15. *Novembre* 1686.

F I N.

REPON-

RÉPONSE

au Livre intitulé,

DEFENSE

DES

SENTIMENS

de quelques Theologiens de Hollande
fur l'Hiftoire Critique du Vieux
Teftament.

Par

LE PRIEUR DE BOLLEVILLE,

RÉPONSE

au Livre intitulé,

DEFENSE

des Sentimens de quelques Theologiens de Hollande fur l'Hiſtoire Critique du Vieux Teſtament.

CHAPITRE PREMIER.

Critique de la premiere Lettre.

IL paroit depuis peu de jours un nouvel Ouvrage de Mr. le Clerc contre l'Hiſtoire Critique de Mr. Simon; & comme l'Auteur a employé dix mois entiers à la compoſition de ſon Livre, on croyoit y trouver quelque choſe de curieux & qui fuſt digne d'un homme qui ſe meſle d'écrire ſur des matieres de Critique. Mais au lieu de cela il ne nous a donné qu'une pure declamation. Il s'eſt auſſi érigé en Controverſiſte, voulant paroître Theologien ſans avoir aucun principe de Theologie. S'il parle quelquefois de Critique, il le fait d'une maniere ſi pitoyable, qu'il auroit été à ſouhaitter pour luy qu'il fuſt demeuré dans le ſilence, comme il promet de le faire à l'avenir. C'eſt ce qu'on va prouver, afin de luy monſtrer encore une fois qu'il a plus de vanité que de veritable capacité.

Je ne m'arreſteray point aux minuties qui ſont au commencement de ſa premiere Lettre. Car il importe peu au public de ſavoir, ſi Mr. Simon a un veritable Prieuré, depuis qu'il ne prend plus *le venerable titre de Pere, & qu'il n'eſt plus que Mr. Simon.* Ces deux qualités ne ſont point incompatibles, & il y avoit même près de deux ans qu'il jouïſſoit du Benefice de Bolleville, quand il publia ſon Hiſtoire Critique du Vieux Teſtament. La remarque que cet Auteur fait au même endroit touchant les differens noms que Mr. Simon a pris en differens Ouvrages eſt très-rare. Sans cela on n'auroit pas ſçeu que Jerôme le Camus, Jerôme de Sainte Foy, le Sieur de Moni, le Sieur de Simonville, &

quelques

quelques autres Auteurs se trouvent renfermés dans un seul homme.

Il étoit aussi d'une extréme conséquence qu'il nous dist, qu'il sçait de bonne part qu'avant que son Ouvrage parût, Mr. Simon *faisoit des preparatifs contre celuy qu'il en croyoit l'Auteur.* Mr. le Clerc a eu apparemment du chagrin de voir une Réponse si prompte à son Livre, & il veut persuader le monde qu'on y répondoit avant qu'on sceust ce qu'il avoit écrit. Il ne peut de plus souffrir qu'on ait parlé de luy en des termes méprisans & injurieux, & qu'on luy ait reproché contre les loix de l'honnesteté qu'il étoit un faiseur de galimatias, un ignorant & un extravagant. Si on luy a fait ces sortes de reproches, on l'a averti dès l'entrée de l'Ouvrage qu'il se les étoit attirés. On a suivi en cela le conseil de Salomon, qui veut qu'on réponde au fou selon sa folie, de peur qu'il ne s'imagine être sage. Il y a des gens à qui il est bon de faire sentir ce qu'ils font, & auxquels on fait charité, lors qu'on leur rend justice. Cependant on ne voit pas que Mr. le Clerc ait profité des leçons qu'on luy a faites. Il continuë toûjours son galimatias ordinaire; & bien loin qu'il ait reconnu ses fautes, il les a multipliées. Il s'est seulement precautionné sur les faits de pure Critique, qu'il a évités le plus qu'il luy a été possible, s'étant apperçu qu'il n'y avoit pas reüssi.

Au reste on ne croit pas l'avoir traité d'extravagant. On avoit seulement dit, qu'au lieu de faire une Réponse juste à la Lettre d'Origene, qui demandoit qu'on luy donnast quelques bonnes pieces pour perfectionner sa Polyglotte, il luy avoit envoyé une Lettre pleine *de grands mots & de pensées extravagantes.* On ne songeoit pas alors à le couvrir d'injures. On luy marquoit seulement, qu'il avoit écrit bien des choses hors de propos. C'est ce qu'on a entendu par le mot de *pensées extravagantes*; comme on a nommé dans le Droit Canon *extravagantes*, les Constitutions de quelques Papes qu'on a ajoutées au corps de ce Droit Canon. Mais on l'a appellé, dit-il, phrenetique, & il est surprenant *qu'on ait fait un Livre de 256. pages contre un autre qu'on dit avoir des accès de phrenesie.* Il n'a pas pris garde qu'on a remarqué en même temps, qu'il avoit de bons momens quand il étoit hors de son accès. Après tout, quel tort luy a-t-on fait? Dira-t-on qu'un homme qui appelle faux Prophetes un grand nombre de savans Critiques, qui reconnoissent quelques additions dans les Livres des Prophetes, est dans son bon sens? C'est sur cela qu'on luy a reproché ses accès de phrenesie, sans être neanmoins en colere contre luy. Si on ne l'avoit satisfait que de paroles, il pourroit dire qu'on n'avoit pas de bonnes raisons à luy apporter.

Après ce preambule, il accuse Mr. Simon d'avoir mal commencé son Ouvrage, en debitant d'abord comme une histoire une imagination dont on peut monstrer la fausseté par la déposition des personnes mêmes qu'il croit avoir travaillé ensemble à la refutation de l'Histoire Critique. Quand il plaira à ces Messieurs de témoig-

témoigner par écrit le contraire, on publiera les raisons qu'on a eües de le croire, & l'on prouvera en même temps, que le Triumvirat de Sociniens n'est point un Triumvirat imaginaire. Il luy est permis après cela de feindre des histoires à son tour. Il demande à Mr. Simon, s'il ne connoit point un certain Ecclesiastique, qui étant à Paris en 1684. sur la fin de Juin, luy parla des *Sentimens de quelques Theologiens de Hollande*, qui devoient bientost paroitre. Il est vray que vers ce temps-là en 1685. & non pas en 1684. Mr. Simon étant accompagné d'un honneste Ecclesiastique, rencontra dans la ruë un homme qu'il ne reconnut point d'abord, pour ne l'avoir veu qu'une fois au Palais dans la boutique d'un Libraire. Cet homme après l'avoir salué luy dit assez brusquement, qu'on imprimoit à Amsterdam un furieux Livre contre luy; qu'il y en avoit déjà trois fueilles d'imprimées quand il en étoit parti; qu'au reste il ne seroit pas facile d'y répondre, parce que l'Auteur n'étoit point dans les sentimens des Protestans. C'est donc un Socinien, répondit Mr. Simon. *Bon Socinien*, *bon Socinien*, repliqua cet homme, & nous verrons comment vous vous en tirerez. Vous n'avez plus, continuat-il, affaire aux gens de Geneve, ni aux Huguenots de France, & encore moins à des Allemans. Je le sçay, luy dit Mr. Simon: mais il me semble que les Sociniens ne sont gueres habiles en fait de Critique, sur tout celuy dont vous me parlez. Je juge de sa capacité par un certain Livre intitulé, *Libertii de Sancto A-*

more Epistolæ Theologicæ, que j'ay emprunté de Mr. Allix, qui m'a asuré que Mr. le Clerc du parti des Arminiens d'Amsterdam en étoit l'Auteur.

Mr. Simon prit en même temps congé de cet homme, à qui il ne voulut point dire sa demeure, bien qu'il l'en pressast. Mais il ne laissa pas de le suivre, & de l'entretenir du Livre qu'on imprimoit. Il luy dit entre autres choses, qu'on y attaquoit la Tradition. A quoy Mr. Simon répondit, qu'apparemment Mr. le Clerc feroit la même chose que la plus-part des Protestans, qui ont écrit là-dessus contre les Catholiques sans les entendre; qu'au reste le principe des Sociniens qui nient la Tradition, va droit à restablir le Judaïsme, & même le Saduceïsme. Nous sommes par la grace de Dieu, repliqua cet homme parlant de soy & de Mr. le Clerc, bons Sociniens: mais nous ne voulons point être Saducéens. Voilà ce qui a donné lieu à nôtre Arminien de debiter tant de fables. A l'égard de ce qu'il ajoute touchant le Messie, on en parla à l'occasion d'un de ses bons amis, qui avoit soutenu depuis peu, que les anciens Juifs & les Peres après eux avoient pris des allegories pour des verités réelles: ce qui obligea Mr. Simon de faire reflexion sur le principe des Sociniens, qui avoit jetté cet ami de Mr. le Clerc dans d'étranges sentimens, dont on rapporta quelques-uns, & entre autres ce qui s'étoit passé dans une conference qu'il avoit eüe avec un Juif. Mais il n'est pas à propos que je m'explique davantage là-dessus, puis que nôtre

nôtre Auteur peut apprendre le reste, de cet homme qui est retourné en Hollande. Il est neanmoins bon de l'avertir, que quand il voudra feindre des histoires, il les rende un peu plus probables, & qu'il ne fasse pas tomber les gens qu'il fait parler dans des absurdités manifestes. Il avoit ouy dire que Theodore de Mopsueste a composé un Commentaire sur les Pseaumes, qu'il expliquoit historiquement sans y trouver aucune Prophetie qui eust rapport au Messie. Sur cela il fait dire à son Ecclesiastique, que ce Theodore avoit crû, que *les Prophetes n'étoient que des Orateurs publics pour tenir le peuple dans l'obeïssance, & que leurs predictions n'avoient aucun rapport au Messie.* Mais cet Ecclesiastique n'est pas si peu instruit des faits qui appartiennent à l'Histoire Ecclesiastique, qu'il ne sache que Theodore bien loin d'avoir renoncé au Christianisme en niant le Messie, a été un des plus habiles Interpretes de l'Ecriture Sainte, qui ait été de ce temps-là. Les Syriens, principalement ceux qu'on nomme Nestoriens, l'appellent à cause de cela *Theodore le Commentateur.* Ebed Jesu dans sa Bibliotheque des Livres Chaldéens parle des Commentaires de cet Auteur sur la Bible, & en marque plusieurs sur les Prophetes. Mr. le Clerc, qui n'est pas plus savant dans l'Histoire Ecclesiastique que ses chers Freres Polonois, n'y regarde pas de si près. Il n'étoit pas aussi obligé de savoir que Mr. Simon n'étoit point à Paris en 1671. dans le temps qu'il marque, étant alors dans une maison de campagne, où il passa presque tou-

te cette année-là avec le Prince Cesar d'Este de la maison des Ducs de Modene. Mais qu'importe, il a voulu paroitre exact dans son Histoire en mettant la date. Laissons là les contes de Mr. le Clerc. Venons enfin aux faits dont il est question.

Le premier est un passage de Saint Jerôme dans son Epistre à Sunia & à Fretela. Il seroit inutile de repeter icy l'explication qu'on a donnée à ce passage dans la Réponse aux Sentimens. C'est assez de remarquer icy, qu'on n'a pas supprimé, comme l'assure Mr. le Clerc, ces mots *majoris invidiæ,* qui determinent, selon luy, le sens de ce passage ; puis qu'on l'a rapporté entier & avec ces mots à la page 7. de la Réponse. On a seulement pretendu, que ne s'agissant dans toute cette Epistre que de diverses leçons, & de marquer les meilleures, St. Jerôme y parle de sa réponse comme d'un Ouvrage penible, parce qu'il falloit consulter plusieurs Livres à la fois, & le plus souvent sur des minuties, afin de juger de celles qu'on devoit preferer aux autres. Ce choix pouvoit attirer de la haine à St. Jerôme, parce que la plus-part des gens ne veulent point reformer les vieilles erreurs, sur tout dans les Livres qui servent aux usages de l'Eglise. On a beau dire, qu'il y a encore des fautes dans nôtre Edition Vulgate, & que les Censeurs même de Rome qui l'ont corrigée en demeurent d'accord : il suffit qu'une leçon soit ancienne pour être estimée veritable ; & dès lors qu'on la veut corriger, on s'attire la haine de ceux qui ont plus de zele

que

que de science. C'est ce que St. Jerôme declare dans sa Lettre à Sunia & à Fretela.

Mr. le Clerc n'a point entendu les paroles de Saint Jerôme dans son Epître à Sunia & à Fretela.

Mais Mr. le Clerc voulant éclaircir ce passage dans sa *Defense*, tombe dans des fautes si grossieres, qu'il y a sujet de douter s'il a entendu les expressions Latines de ce St. Docteur. Ce qui n'est pas surprenant, puis que dans *la Bibliotheque Universelle* qu'il donne depuis peu au public, il fait dire de grandes impertinences aux Auteurs Latins dont il fait l'Analyse. On en donnera des exemples manifestes dans la suite de ce Livre. La Lettre de St. Jerôme à Sunia & à Fretela étant une des plus curieuses que ce Pere ait écrite, il est bon que nous en expliquions le veritable sens. *Ce savant Pere*, dit Mr. le Clerc, *examine en cette Lettre divers passages de la Version des Septante, & il fait voir comme il les faut traduire selon l'Ebreu.* Cepen-

Dessein de Saint Jerôme dans cette Epître.

dant St. Jerôme ne parle nullement en ce lieu là de traduire sur l'Ebreu; mais seulement des diverses leçons qui se trouvoient dans les Exemplaires Grecs des Septante & de l'ancienne Vulgate. Il juge quelles sont les meilleures, en les conferant avec des Exemplaires Grecs qui étoient plus corrects, & même avec l'Ebreu & avec les anciens Interpretes Grecs. Il satisfait par là à Sunia & à Fretela qui luy avoient envoyé un assez grand nombre de ces varietés. Il en ôte l'incertitude, non pas en traduisant sur l'Ebreu les passages qu'on luy avoit proposés, comme l'assure Mr. le Clerc; mais en jugeant par l'Original Ebreu, & par les autres secours qu'on vient de mar-

quer, quelle devoit être la veritable maniere de lire les Septante dans ces endroits-là. Si l'on vouloit, par exemple, savoir quelle est la meilleure leçon dans nôtre Vulgate, de *sacculi* ou de *seculi*, de *malitia* ou de *militia*, de *fortem* ou de *fontem*, & d'autres diversites semblables; il suffit d'avoir recours à l'Original: & on n'appellera pas cela traduire de nouveau sur l'Original; mais arrester sur cet Original une leçon qui est incertaine dans les Exemplaires Latins.

Exemples qui font connoitre le dessein de Saint Jerôme dans cette Epître.

Le dessein de St. Jerôme dans cette Epître paroitra encore mieux, si l'on produit quelques exemples de ses corrections. Dans le Pseaume 5: 9. on lisoit dans l'Exemplaire Latin de Sunia & de Fretela, *Dirige in conspectu meo viam tuam*; & dans le Grec, Κατεύθυνον ἐνώπιόν σε τ̄ ὁδόν μ8, *Dirige in conspectu tuo viam meam*. Saint Jerôme prefere la premiere leçon, & dit que la seconde ne se trouve que dans l'Edition κοινῇ ou *commune* des Septante, qui étoit moins exacte que celle qui étoit dans les Hexaples. Et pour appuyer davantage sa pensée, il a recours au Texte Ebreu & aux Versions d'Aquila, de Symmaque & de Theodotion. Il fait la même chose sur le verset 10. du Pseaume 6. où Sunia & Fretela avoient remarqué qu'on ne lisoit point *vehementer* dans le Grec. (1) *Je le scay*, dit-il; *mais cela ne se doit entendre que de l'Edition Vulgate. Au reste il y a dans l'Ebreu, meod, c'est à dire, vehementer; & tous les anciens Interpretes ont aussi traduit σφόδρα.* Dans le Pseaume 7: 9. on lisoit

(1) Scio; sed hoc in Editione Vulgata. Cæterum in hebræo habet meod, id est, vehementer, & omnes ... σφόδρα transtulerunt. Hier. in Epist. ad Sun.

dans

dans l'Exemplaire Latin comme on y lit encore aujourd'huy, *Judica me, Domine, secundùm justitiam meam* ; & dans le Grec, *κατὰ τὴν δικαιοσύνην σȣ*, *secundùm justitiam tuam*. Cette derniere leçon, dit St. Jerôme, est mauvaise, parce qu'il y a dans l'Ebreu, *tsdeki*, qui signifie *justitia mea* ; & il ajoute, que tous les anciens Interpretes s'accordent avec l'Ebreu : d'où il infere qu'il faut lire *μȣ* dans les Septante, & non pas *σȣ*. Il suit la même methode dans un grand nombre d'autres exemples qu'il rapporte dans cette Lettre, lesquels prouvent évidemment que St. Jerôme n'a eu autre dessein dans sa Réponse à Sunia & à Fretela, que de determiner les meilleures leçons des Septante & de l'ancienne Vulgate, & non pas de traduire sur l'Ebreu, comme Mr. le Clerc se l'est imaginé ; qui a aussi crû faussement, que ce saint homme s'étoit attiré à cause de cela la haine de ceux qui regardoient les Septante comme des Prophetes. *Ils croyoient*, dit-il, *qu'on ne pouvoit entreprendre de corriger leurs fautes sans une extréme temerité, comme St. Jerôme le témoigne luy-même dans une de ses Prefaces sur les Paralipomenes.*

Mais ce n'est point de quoy il s'agit dans toute cette Epistre. Quél rapport peut-il y avoir entre la Lettre de St. Jerôme à Sunia & à Fretela, & sa Preface sur le Livre des Paralipomenes, pour vouloir éclaircir l'une par l'autre ? Il ne s'agit dans la premiere que d'oster l'incertitude de quelques diverses leçons des Septante & de la Vulgate ; au lieu que dans la seconde ce savant Pere entreprend de faire une nouvelle Traduction de la Bible sur l'Ebreu. Domnion & Rogation, à qui il adresse cette Preface, l'avoient prié de traduire en Latin le Livre des Paralipomenes. Pour satisfaire à leur demande, il fit venir de Tiberiade un savant Rabbin, dont il se servit pour sa nouvelle Traduction. Il n'y a donc aucune ressemblance entre ces deux pieces de St. Jerôme. Mais quand on veut écrire sur des matieres qu'on n'a point étudiées, on est sujet à faire souvent de faux pas.

C'est aussi sur ce même pied que Mr. le Clerc produit ici une Lettre de St. Augustin à St. Jerôme, pour monstrer qu'on ne comprenoit point comment ce savant Pere *osoit entreprendre de traduire la Bible, après que tant de savans hommes l'avoient déjà fait.* Mais pourquoy nous cite-t-on icy les paroles de l'Epistre de St. Augustin pour servir d'explication à la Lettre de St. Jerôme à Sunia & à Fretela, puis qu'il s'agit en ces deux Lettres de deux choses entierement differentes ? Le dessein de St. Augustin est de detourner St. Jerôme d'une nouvelle Traduction de l'Ecriture sur l'Ebreu, étant persuadé qu'il n'y reüssiroit pas mieux que les Septante. Est-il question de cela dans la Réponse de ce Saint à Sunia & à Fretela, qui l'avoient seulement prié de leur indiquer les meilleures leçons des differens Exemplaires Grecs & Latins de la Bible ? Mais laissons faire Mr. le Clerc ; il a trouvé la methode de faire de gros Livres sans dire rien à propos.

Si nostre Auteur s'est trompé si grossierement dès le commencement

ment de sa *Defense*, quel jugement peut-on faire de la suite de son Ouvrage ? On luy avoit representé, qu'il ne devoit pas faire le procès aux anciens Peres sans les avoir lûs auparavant. Il répond à cela, qu'il n'est pas homme à prendre conseil de Mr. Simon touchant la maniere dont il doit étudier, & qu'il n'est pas obligé à luy en rendre compte. Aussi n'a-t-on pas pretendu luy donner aucun conseil là-dessus. On l'a seulement averti, qu'il y avoit de la temerité à juger comme il a fait des Ouvrages des Peres qu'il n'a jamais lûs. Il devoit profiter de cet avertissement & de plusieurs autres avis qu'on luy a donnés. Mais il n'est pas homme à se corriger si-tost. C'est pourquoy il soutient de nouveau plusieurs fautes où il étoit tombé. Il croit avoir eu raison de dire, que la Critique de Mr. Simon *devoit renfermer l'histoire des occasions & des veües que se sont proposées les Ecrivains Sacrés.* On luy soutient au contraire encore une fois, qu'il ne sait ce que c'est que de garder l'unité de sujet dans un Ouvrage. Un Auteur execute parfaitement son dessein, quand il répond à ce qu'il a promis de donner. Mais Mr. le Clerc est si fort accoûtumé aux digressions, qu'il juge qu'un Livre n'est pas parfait, s'il n'est rempli de discours hors de propos. Mr. Simon a compris tout son dessein dès sa Preface dans trois choses, qui font l'Histoire Critique du Texte de la Bible, l'Histoire Critique des Versions, & l'Histoire Critique des Commentateurs.

Mais cela n'est pas, dit nostre judicieux Auteur, faire l'Histoire des Livres de la Bible : *ce n'est faire que l'Histoire des Copistes, des Interpretes & des Commentateurs ; à moins qu'on n'appellast l'Histoire d'un Prince une petite narration où l'on diroit de quels habits il est ordinairement vestu, quels Peintres ont fait des portraits de luy, & quels Auteurs ont raisonné sur ses actions.* La comparaison est tout-à-fait juste, & un homme qui raisonne de cette maniere monstre bien qu'il est peu exercé dans la Critique. A-t-on promis & dans le titre du Livre, & dans la Preface, de donner une Histoire des Livres de la Bible ? N'a-t-on pas au contraire limité ce qu'on entendoit par ces mots Histoire Critique du Vieux Testament ? Il est même bon de remarquer, que le titre general qui est au commencement a été mis par Elzevir, & que dans l'Edition de Paris il devoit être conçu en ces termes, *Histoire Critique du Vieux Testament, où il est traité du Texte Ebreu, des Versions & des Commentateurs.* On n'a donc pû s'estendre au delà de ces trois chefs sans tomber dans des digressions & sans sortir de son sujet. C'est inutilement qu'on objecte l'exemple de Denis d'Halicarnasse, qui en donnant une Critique des Ouvrages d'Isocrate, dit en abregé ce que la plus-part contiennent. Ce savant Critique ne pouvoit pas faire autrement, puis qu'il s'estoit proposé de faire connoitre ce qui est contenu dans ces Livres. L'on veut icy que Mr. Simon donne des Sommaires des Livres Sacrés, & qu'il explique les raisons que leurs Auteurs ont eu de les écrire, après qu'il a declaré expressément, que ce n'étoit point là

son

fon deffein, mais feulement de donner une Hiftoire du Texte, des Verfions & des Commentateurs. Son
premier Livre eft intitulé, *Du Texte
Ebreu de la Bible depuis Moife jufqu'à
noftre temps.* Il n'a donc dû parler
que des differentes revolutions de ce
Texte. C'eft ainfi qu'en ont ufé les
premiers Critiques à l'égard des anciens Livres. Ils ont recherché avec
foin les meilleurs Exemplaires, ils
en ont marqué exactement les diverfes leçons pour retenir les meilleures; & lors qu'il ne s'eft agi que de
retablir un Texte, ils ne fe font pas
arreftés à faire de longs difcours pour
expliquer l'hiftoire des occafions &
des veües de leurs Auteurs.

On a donc raifon de dire encore
une fois à Mr. le Clerc, qu'il ignore
entierement ce qu'on appelle *unité de
fujet,* quand il objecte que *c'eft une
plaifante imagination, que de croire
qu'on doit garder l'unité de fon fujet
dans un Livre de Critique comme dans
une piece de Theatre.* Il eft fâcheux
d'avoir affaire à des gens qui n'entendent point affez fouvent les termes de ce qui eft en queftion. Il veut
qu'un Poëte garde l'unité de fon fujet dans un Poëme, & qu'un Critique ne la garde point dans un Ouvrage de Critique. Où eft le jugement de cet homme? Ce mot
d'Horace, *Sit fimplex denique & u-
num,* ne doit-il pas s'appliquer également à toutes fortes d'Ouvrages?
On auroit auffi bien gardé, ajoute nôtre Auteur judicieux, *l'unité de fon
fujet en parlant de ce qu'on luy reproche d'avoir omis,* qu'en parlant des
Commentateurs de l'Ecriture. Il re-
tombe toûjours dans fon erreur. La

troifiéme Partie de l'Hiftoire Critique eft deftinée à l'Hiftoire des
Commentateurs, & non pas à faire
des Commentaires fur l'Ecriture.

En verité ce feroit une chofe plaifante de voir dans la Critique de Mr.
Simon, qui ne s'eft propofé autre
chofe que de parler du Texte de la
Bible, des Verfions, & des Commentateurs, ce que Mr. le Clerc
pretend icy qu'on y a dû inferer;
favoir une Hiftoire de la creation,
où l'on euft prouvé que le deffein de
Moife a été de monftrer que le monde n'eft point éternel. Sur ce principe
il auroit fallu le fuivre dans les longues digreffions qu'il fait icy touchant la parole de Dieu & le Meffie,
où il nous apprend des chofes bien
rares en refutant les fubtilités Plato-
niciennes de Philon & de Jofeph.
Il y attaque auffi quelques-uns des
Peres, qui dans leurs explications
de l'Evangile de St. Jean luy ont attribué tout ce qu'ils avoient lû dans
Platon touchant *la Raifon divine.* Son
érudition paroit encore mieux dans
la critique qu'il ajoute en ce même
endroit de la maniere dont Philon &
Jofeph ont expofé ces paroles de la
Genefe, *Et ainfi fe pafferent le foir
& le matin qui firent un jour.* Il les
reprend d'avoir cherché de grands
myfteres dans cette expreffion, où
l'Auteur Sacré auroit dû dire felon
l'ufage de la langue, *le premier jour.*
Il eft aifé de voir, dit-il, *qu'il s'eft
fervi d'un nombre cardinal, comme
parlent les Grammairiens, pour un or-
dinal.* Et afin qu'on n'en doute pas,
il le prouve par l'exemple de Thales,
qui s'eft fervi de la même expreffion
fans y entendre finefle. En effet il
n'y

Defenſe
de Jo-
ſeph &
de Phi-
lon.

n'y a pas grande fineſſe à faire une remarque qui ſe trouve dans toutes les Grammaires : & cependant on accuſe hautement Philon & Joſeph, d'avoir ignoré une choſe que des écoliers qui ont un tant ſoit peu lû leur Grammaire ne peuvent ignorer. Cet homme ne ſait pas qu'il eſt permis de chercher des myſteres, même où il n'y en a point, lors qu'on n'a pour but que de donner des allegories ou de la *myſtiquerie.* Un homme qui explique allegoriquement un paſſage de l'Ecriture deſtruit-il pour cela le ſens literal de ce paſſage ? Philon & Joſeph parlent en ce lieu-là ſelon le ſtile des Docteurs Myſtiques. Auſſi Joſeph ne debite-t-il pas cette imagination Cabbaliſtique dans ſon Hiſtoire. Il ſe contente de la renvoyer à un Livre compoſé exprès pour y donner les raiſons de pluſieurs autres choſes ſemblables.

Conti-
nuation
de l'eru-
dition de
Mr. le
Clerc
hors de
propos.

Mr. le Clerc, dont l'eſprit eſt penetrant, refute en ce même endroit les ſubtilités de certains Auteurs touchant la terre d'où on dit qu'Adam a été formé. Il ne veut point qu'on ſubtiliſe ſi fort *ſur l'ima-ge de Dieu à laquelle Adam a été creé, ſur l'empire qu'il eut ſur les animaux, ſur le Paradis terreſtre, ſur le temps qu'il y demeura, ſur ſes diſpoſitions avant le peché,* & ſur un grand nombre d'autres faits qu'il rapporte, & dont la plus-part regardent la Theologie. Il monſtre que c'eſt là l'origine des controverſes qui ſont entre les Chrétiens, & des malheurs qui en ſont arrivés. Tant de penſées chimeriques, ſelon noſtre Auteur, ſur la Religion Chrétienne viennent *de ce qu'on a crû que l'Auteur de la*

Geneſe nous a voulu inſtruire d'un grand nombre de choſes, dont il n'a pas dit un mot. Mr. Simon a grand tort de n'avoir pas traité toutes ces queſtions dans ſa Critique ; & ce qui eſt encore plus admirable, on luy fait ſon procès pour n'y avoir rien dit *de l'origine de tous les peuples de l'U-nivers,* & pour n'y avoir pas fait pluſieurs reflexions qui ſont abſolument neceſſaires pour detromper les hommes de certaines erreurs populaires *qui ont été premierement parmi les Juifs, & qui ſe ſont enſuite gliſ-ſées parmi quelques-uns des Chrétiens.*

Conti-
nuation
de ſon
galima-
tias.

Auroit-on jamais crû que Mr. le Clerc ſur ce principe duſt reprocher à Mr. Simon de n'avoir point touché dans ſa Critique les raiſons qui ont porté le Pape Alexandre VI. à partager l'Amerique & les Indes Orientales aux Eſpagnols & aux Portugais? Il ajoute pluſieurs autres obſervations dignes de ſon érudition & de ſon grand jugement. Mais on ne croit pas qu'elles puiſſent jamais trouver leur place dans l'Hiſtoire Critique du Vieux Teſtament, à moins qu'on n'y ajoute une quatriéme Partie ſous le titre de *Penſées extravagantes de Mr. le Clerc, pour ſervir de premier Volume à l'Hiſtoire Critique du Vieux Teſtament.*

Noſtre Auteur au reſte n'a pas oublié tout-à-fait ſes lieux communs, dont il ſait faire un ſi bon uſage. Pour faire une Critique des Livres de la Bible telle qu'il la ſouhaitte, *il faudroit les avoir lus & relus plu-ſieurs fois avec tous les ſoins imagina-bles ; il faudroit entendre la langue Hebraïque à fonds, & n'avoir pas ap-pris tout ce qu'on en ſçait dans quelque Critique moderne.* Mais où trouve-rons-

Il eſt ac-
coutumé
à débiter
des lieux
com-
muns au
lieu de
preuves.

rons-nous cet habile Critique que dans la personne de Mr. le Clerc? Tous ces lieux communs qu'il debite dans ses Ouvrages sont autant de preuves évidentes de sa grande application à l'estude de la Bible. Les petites observations de Grammaire qu'il fait de temps en temps si judicieusement le mettent au nombre des grands Critiques. Sa Réponse à Origene sur les differentes leçons de l'Ecriture le feront passer pour un homme qui a lû une infinité de Livres manuscrits. Si j'osois comparer Mr. Simon avec ce Heros, je pourrois dire que dès l'âge de vingt ans, lors qu'il étudioit sa Theologie en Sorbonne, il avoit lû plusieurs fois la Bible dans les trois langues; que dès ce temps-là il en fit des leçons à quelques particuliers; que peu d'années après ayant été appellé dans une maison où il y avoit un grand nombre de Livres MSS. qui avoient été apporté du Levant, il en lut une bonne partie, & qu'il écrivit aux marges d'un Exemplaire de la Bible de Menasseh ben Israël les diverses leçons de plusieurs Bibles MSS. Il observa la même chose à l'égard des diverses leçons qu'on peut tirer des Versions anciennes, qu'il a aussi marquées avec soin aux marges de plusieurs Bibles. Je ne parle point de la grande Massore qu'il a traduite pour son usage. En un mot, il y a peu de Protestans qui ait eu plus de secours pour travailler sur la Bible, que le Prieur de Bolleville, qui a fait dans son village le recueil d'un très-grand nombre de fautes qui sont dans les Exemplaires Ebreux, Grecs, Syriaques & Arabes des Bibles Poly-

glottes imprimées à Paris & à Londres. On a tous ces recueils de Critique en bon ordre, qu'on pourra donner un jour au public pour servir de supplément à ces Polyglottes, qui sont si defectueuses,& où il y a même des Livres entiers de la façon de Gabriel Sionita, & d'autres qu'il a retouchés selon son caprice.

CHAPITRE II.

Critique de la II. *Lettre.*

NOstre Docteur Arminien commence sa seconde Lettre par une leçon de Morale, où il prend la défense des Sociniens ses chers Freres, dont il loüe la moderation dans leurs controverses avec les autres Chrêtiens. Aussi n'est-ce pas en quoy ils sont blâmables, & l'on n'a pas repris Mr. le Clerc de ses avoir imité en cela; mais de ce que reprochant à Mr. Simon d'avoir maltraité les Protestans, il s'est emporté luy-même contre eux en les accusant d'ignorance. On luy a representé que sa Morale ne paroissoit pas fort Chrêtienne, puis que luy qui prêche aux autres la moderation, a chargé d'injures les plus anciens Peres de l'Eglise. Après cela il nous vient dire, que *pour peu qu'on ait lû l'Evangile dans le dessein d'en profiter, on sait que la charité & la moderation sont les caracteres des veritables disciples de Jesus-Christ; & qu'au contraire la colere & l'emportement, lors que l'on en a formé des habitudes, sont des marques assurées que l'on ne sait ce que c'est que l'esprit de l'Evangile.* Mr. le Clerc n'a donc seu, selon luy-même,

ce

ce que c'étoit que l'esprit de l'Evangile, quand il s'est emporté avec tant de passion contre les personnes les plus saintes du Christianisme qui ne l'ont jamais offensé. Qu'il vante tant qu'il luy plaira *sa doctrine Socinienne fondée sur les plus saints preceptes de Jesus-Christ & de ses Apostres*, il ne persuadera jamais ceux qui le connoissent dans la Hollande, qu'il soit d'un esprit moderé. Comme il n'a pû satisfaire à plusieurs objections qu'on luy a faites, il croit que c'est assez de dire en general qu'elles sont foibles, & qu'il seroit inutile d'y répondre. Il ajoute aussi qu'il a évité les repetitions dont son adversaire ne s'est pas mis en peine. Mais s'il y a des repetitions dans la Réponse *aux Sentimens*, elles viennent de luy, puis qu'on l'a suivi pas à pas, & non pas de Mr. Simon.

Enfin après avoir bien couru de costé & d'autre, il examine les prejugés en matiere de Religion. L'on avoit avancé contre les Protestans qui se plaignent qu'on les condamne dans l'Eglise Romaine sur de simples prejugés, *qu'il a été permis de tout temps* Des prejugés en matiere de Religion. *de se servir de prejugés legitimes, & que les premiers Peres les ont mis en usage contre les anciens Heretiques.* Mr. le Clerc, qui ne songe qu'à faire une longue Réponse, dit premierement, qu'on auroit bien fait de definir ce qu'on entend icy par prejugé legitime, & qu'on ne devoit pas se renfermer dans des generalités qui ne signifient rien ; qu'on ne l'a Long discours de Mr. le Clerc hors de propos. pas fait, parce qu'il y a trop de peine à descendre dans un detail exact, où il faut beaucoup de meditation & beaucoup de lecture : puis il explique

en particulier ce que c'est que prejugé ; & pour cela il ne manque pas de faire venir tous ses lieux communs & ce qu'il a lû touchant les prejugés. Il veut paroitre Philosophe, Theologien & Geometre dans l'explication d'un mot qui n'avoit besoin d'aucun éclaircissement, puis qu'on avoit marqué qu'on le prenoit en ce lieu dans le même sens que les Peres, qui s'étoient servis de ces sortes de prejugés contre les Heretiques de leur temps. Mais le Docteur Arminien qui n'a aucune connoissance des Peres, appelle à son secours les Philosophes & les Geometres, pour expliquer un mot sur lequel on ne pouvoit raisonnablement former aucune difficulté. Aussi est-il obligé de battre la campagne sans savoir le plus souvent où il va. S'il avoit consideré la methode que St. Irenée, Tertullien & plusieurs autres des anciens Peres employent lors qu'ils refutent ceux qui apportoient des nouveautés dans l'Eglise, il se seroit épargné la peine de dire tant de choses hors de son sujet. Aussi allons-nous voir que tout son raisonnement aboutit à rien.

Mr. Simon, dit-il, qui n'est pas seulement Critique & Theologien, Selon les loix, une chose qui a été jugée après un examen rigoureux, ne doit plus être jugée. mais aussi Jurisconsulte, pretend qu'une chose qui a été déjà jugée ne doit plus être sujette à être jugée de nouveau, selon la regle, *Ne bis in idem.* Et en effet que peut-on trouver à redire à cela, puis qu'on suppose en cet endroit-là, que la chose *a été suffisamment examinée*, & que l'Eglise n'a prononcé son jugement qu'après un examen rigoureux. Quoy ! il sera permis à des brouillons

lons & à des Freres illuminés d'introduire tous les jours des nouveautés dans l'Eglise ; & cette Eglise n'aura pas droit d'examiner ces nouveautés & de les condamner ? Mais Mr. le Clerc, qui ne sçait ce que c'est que répondre directement, veut qu'avant qu'on soit assuré si ce prejugé est legitime ou non, il soit *necessaire de savoir, si ceux qui se confient en l'autorité de l'Eglise ont examiné avec soin les fondemens de cette autorité. Car s'ils s'y confient sans savoir pourquoy, c'est visiblement un prejugé aussi bien fondé que celuy que les Mahometans ont en faveur de leur Alcoran, qu'ils regardent comme un Livre divin sans en avoir aucune preuve.*

Mr. le Clerc traite de toute autre chose que de ce qui est en question.

Ce n'est pas de quoy il s'agit. On n'a point besoin d'examiner icy l'autorité de l'Eglise, si elle est infaillible ou non, car cela ne fait rien à la question. Mr. Simon n'a point appuyé là-dessus son raisonnement ; ayant mis seulement en avant les prejugés legitimes dont on s'est servi de tout temps contre les Novateurs. Aussi-tost qu'il s'est élevé des difficultés sur la Religion, même dès le temps des Apostres, on a eu recours aux Assemblées pour y examiner ces difficultés. L'Eglise a suivi cette pratique, & les fideles se sont soumis à ses decisions. C'est un fait qu'on ne peut revoquer en doute. Il n'a pas même été toûjours necessaire que l'Eglise ait prononcé sur les matieres dont on a disputé. Il n'est pas plûtost arrivé des nouveautés, qu'on a jetté les yeux sur la creance des principales Eglises du monde, sans qu'il fust besoin d'assembler aucun Conci-

De quelle maniere on s'est opposé aux nouveautés dans l'Eglise.

le pour condamner les Novateurs. On declaroit d'un commun consentement, qu'on croiroit ce qui avoit été crû jusqu'alors. Voilà en un mot le prejugé sur lequel les Peres se sont fondés contre les anciens Heretiques. Ils n'ont pas crû qu'il fut necessaire de parler de l'autorité & de l'infaillibilité de l'Eglise. Mais Mr. le Clerc qui n'a rien à répondre que ce qu'il trouve dans ses lieux communs de controverses, se jette tout d'un coup sur la question de l'infaillibilité. Il pretend qu'avant toutes choses on doit vuider cette controverse.

Pour ce qui est de l'exemple qu'il tire de l'Alcoran, il ne vient aussi nullement à propos, & on ne doit pas répondre à un homme qui change de principe dans la dispute. Il s'agit icy de deux Chrêtiens qui supposent les principes de la Religion Chrêtienne. C'est pourquoy il faut seulement savoir sur quels principes les Chrêtiens se sont toûjours appuyés pour refuter les heresies. C'est attaquer directement le Christianisme, que d'apporter, comme a fait Mr. le Clerc, la comparaison des Mahommetans & de leur Alcoran. S'il renonce à la Religion Chrêtienne, continuant de se servir de cette sorte de preuves qui changent l'état de la question, alors on luy répondra par d'autres voyes. Mais pendant qu'on le croira Chrétien, il ne doit pas trouver mauvais qu'on n'employe point d'autres raisons que celles qui supposent le Christianisme établi.

Mr. le Clerc change de principe quand il a recours à l'Alcoran.

Je conte donc pour rien ces longs discours que fait icy nostre Auteur
sur

[marginal note: Il s'embarrasse de difficultés qui sont hors de propos.]

sur les preuves qu'on peut avoir de l'autorité & de l'infaillibilité de l'E-glise. Il exaggere fort les difficultés qui se trouvent dans cette discussion, & il demande *par quel moyen on pour-ra se tirer de cet embarras, & qui nous apprendra ce que c'est que cette Eglise qui ne se trompe point.* Mais comme il s'est embarrassé luy-même en se for-mant des difficultés imaginaires, il s'en tirera comme il luy plaira. Pour répondre directement aux difficultés qu'on luy a faites, il n'étoit pas be-soin de se jetter sur tant de questions qu'il ramasse peu judicieusement en cet endroit touchant l'infaillibilité de l'Eglise, puis qu'on ne luy avoit op-posé que les préjugés employés par les Peres dans leurs disputes contre les Heretiques. A quel propos donc nous vient-il dire, *qu'il faut savoir d'où cette Eglise Chrêtienne, quelle qu'elle puisse être, tire son infaillibi-lité.* En verité c'est un pauvre hom-me que ce Mr. le Clerc quand il s'é-rige en Controversiste. Ne pouvant satisfaire aux raisons qu'on luy a op-posées, il traite toute autre chose que ce qui est en question. Je vou-drois bien savoir si Tertullien a agité ces sortes de questions dans son Li-vre de la Prescription ou des Preju-gés legitimes contre les Heretiques. Il appuye sa doctrine sur l'autorité des Apostres, qui n'ont rien annon-cé aux nations que ce qu'ils avoient appris de Jesus-Christ leur maistre : & pour trouver cette veritable doc-trine des Apostres, il ne veut pas qu'on la cherche chez les Heretiques, qui n'avoient rien que d'estranger &

[marginal note: Apostolos Domini habemus autores, qui nec ipsi quicquam ex suo arbi-trio quod induce-rent ele-gerunt, sed acce-ptam à Christo discipli-nam fide-liter na-tionibus assigna-verunt. Tertull. de Præ-sc.]

de contraire à la verité; mais dans les Eglises fondées par ces mêmes Apô-tres. Il se mocque de Marcion, de Valentin, d'Apelles & d'Ebion, qui faisoient aux Catholiques les mêmes objections que nostre Armi-nien leur fait aujourd'huy avec les Sociniens, & qui croyoient aussi bien que luy, qu'on devoit exami-ner tout de nouveau la creance de l'Eglise. Si cela est, dit ce Pere, *nous chercherons toûjours, & nous ne croirons jamais entierement. Quand cessera-t-on de chercher ? & quand aura-t-on une foy arrestée ?* Ceux qui suivent ce principe seront pendant toute leur vie de la Religion des *Chercheurs.* Les Calvinistes même des Pays-bas, tout Novateurs qu'ils sont, ont reproché aux Arminiens qu'ils introduisoient le Pyrrhonisme dans la Religion, ne voulant pas se soûmettre aux Confessions de Foy qui avoient été arrestées. A quoy les Arminiens ont répondu, qu'ils ne le pouvoient faire sans renoncer aux principes de la Reformation; & qu'il y avoit de l'insolence & de la teme-rité dans les Reformés qui leur fai-soient ces objections, après avoir eux-mêmes renoncé à l'autorité des Peres & des Conciles, & en un mot à toute l'Antiquité.

Il est aisé de juger par tout ce qu'on vient de rapporter, si Mr. le Clerc a eu raison de conclure, *Que les Catholiques-Romains condamnent les Protestans sur de simples prejugés très-illegitimes & très-temeraires, puis que la plus-part sont dans une impossibilité absoluë de savoir si l'Eglise Romaine,*

I

qui

[marginal note: Les an-ciens Hereti-ques fai-soient les mêmes objec-tions aux Catholi-ques, que Mr. le Clerc leur fait avec les Soci-niens.]

[marginal note: Semper quæremus, nunquam inveni-emus. credemus. Ubi enim erit finis quærendi? Ubi statio credendi? Tertull. ibid.]

[marginal note: Objec-tions que les Cal-vinistes font aux Armi-niens, & la Réponse des Ar-miniens.]

[marginal note: Mira hæc professò insolentia ac teme-ritas in Decisore Reforma-to, qui non ita nuper omnium]

Conciliorum, omnium Patrum, totiusque adeò antiquitatis autoritatem ejuravit. Apol. pro Confess. Rem.

Les Catholiques ne font point obligés à toutes ces discussions que Mr. le Clerc exige d'eux.

qui a declaré que les sentimens des Reformés sont contraires à ceux qu'on a toûjours crû dans l'Eglise Chrétienne, a raison ou non. Les Catholiques n'étant point de la Religion des Chercheurs, n'ont pas besoin de ces sortes de recherches. C'est assez qu'ils sachent en general, que de tout temps il s'est élevé des Novateurs dans l'Eglise, qui y ont été condamnés sur des prejugés legitimes. Le peuple n'est point obligé à entrer dans une nouvelle discussion des matieres qui ont été jugées, connoissant qu'il y a dans l'Eglise des juges des faits qui peuvent être en controverse. C'est en vain qu'on demande, *si les prejugés que la plus-part des Catholiques Romains ont contre les Protestans sont fondés sur un examen de la creance de toutes les Eglises du monde.*

Regles de Vincent de Lerins pour juger si une doctrine est Catholique.

Il suffit pour faire voir aux Protestans qu'ils ont tort de s'être separés de l'Eglise, de leur monstrer que la creance de cette Eglise est Catholique & fondée sur le commun consentement de toutes les Eglises du monde, sans qu'il soit necessaire pour cela que chacun en particulier soit capable de faire cet examen. Quand le judicieux Vincent de Lerins a voulu distinguer la doctrine orthodoxe & Catholique de celle des Heretiques, (1) il a établi pour maxime, que cela étoit Catholique, qui avoit été toûjours crû, & en tous lieux, & par tous. Cette seule foy, dit-il, est la veritable, que l'Eglise répanduë dans tout le monde confesse: *quam tota per orbem terrarum confitetur Ecclesia.* Il veut que son antiquité soit appuyée sur les sentimens des anciens

1 *Quod ubique, quod semper, quod ab omnibus creditum est. Hæc est enim verè propriéque Catholicum.* Vinc. Lirin. adverf. Hær. cap. 3.

Peres. On appelle, selon luy, le consentement de toutes les Eglises du monde, ce qui a été arrêté ou enseigné par la plus grande partie des Evêques & des Docteurs. Ce savant Auteur ne recherche pas si chaque particulier est capable de faire ces sortes de discussions. Il demande seulement ce que doit faire un Chrétien Catholique, s'il arrive que quelque Eglise particuliere se separe de la foy commune de l'Eglise Universelle. A quoy il répond, qu'il faut preferer tout le corps qui est sain, à ce membre qui est corrompu. Et s'il arrivoit que non seulement une partie, mais même toute l'Eglise fust infectée; il veut qu'alors on ait recours à l'Antiquité. Il ajoute de plus, que si dans cette Antiquité il se trouvoit quelques Eglises qui fussent dans l'erreur, on doit preferer le consentement de l'Eglise Universelle à ces Eglises particulieres. Il dit enfin, que s'il naissoit quelque cas où l'on ne trouvast rien de semblable, il seroit necessaire de consulter ce que les Anciens ont crû là-dessus: & par ces Anciens il entend seulement ceux qui ont vécu avec estime & approbation dans l'Eglise Catholique.

Tout ce qu'on oppose icy à Mr. Simon se peut opposer également à Vincent de Lerins: & cependant Mr. le Clerc a cité cet Auteur dans ses *Sentimens,* comme s'il luy avoit été favorable. Il n'est donc pas necessaire que ceux qu'il accuse de prejugés ayent tous examiné en particulier la creance de toutes les Eglises du monde. Il ajoute, que *les Protestans n'auront pas beaucoup de peine à dire*

de

Omnium, vel certè penè omnium Sacerdotum pariter & Magistrorum definitiones sententiasque. Ibid.

Idem, cap. 4.

Eorum duntaxat qui diversis licet temporibus & locis, in unius tamen Ecclesiæ Catholicæ communione permanentes Magistri probabiles extiterunt. Ibid.

de leur costé, que toutes les Eglises du monde, excepté la Romaine, sont dans leurs sentimens à l'égard des Controverses capitales qu'ils ont avec elle. En effet, ils l'ont dêja dit : mais on leur a fait voir manifestement le contraire, & on les a convaincus en même temps de leur ignorance sur tout ce qui regarde la creance des Eglises d'Orient. Si Mr. le Clerc avoit quelque connoissance de la Theologie des peuples du Levant, il en parleroit autrement qu'il ne fait, & il ne defieroit pas Mr. Simon, *de monstrer ce consentement de son Eglise avec toutes celles de l'Univers,* puis qu'il l'a dêja fait dans quelques-uns de ses Ouvrages, & que le temps luy pourra faire naistre de nouvelles occasions d'éclaircir encore davantage cette matiere, qui a été si peu entenduë des Protestans.

La remarque que nôtre Arminien ajoute au même endroit pour combattre ce consentement de toutes les Eglises du monde est digne de sa rare literature & de son grand jugement. Il veut qu'on luy fasse voir que toute l'Antiquité depuis les Apôtres jusqu'à nous a crû qu'il manque quelque chose aux Sacremens, en sorte qu'ils ne sont plus de veritables Sacremens, si celuy qui les administre n'a au moins l'intention de faire ce que l'Eglise fait; & que c'est une erreur digne d'anatheme, que de nier cette doctrine. C'est, dit-il, *un Canon du Concile de Trente.* Mais qu'y a-t-il dans cette definition qui soit opposé à l'Antiquité ? S'il avoit entendu ce que ce Concile a defini touchant l'intention generale du Mi-

nistre, il ne proposeroit pas une si foible objection, pour monstrer que toutes les Eglises du monde ne conviennent point là-dessus avec l'Eglise Romaine. Il s'est contenté de lire les difficultés que le Pere Paul propose contre ce Canon. Quand il luy plaira de consulter la réponse du Cardinal Palavicin au Pere Paul, il verra que les Evêques assemblés à Trente n'ont rien arresté sur ce sujet qui ne fust conforme à la creance des anciens Peres. Il est vray que dans les disputes qui s'éleverent dans l'Eglise au temps de St. Cyprien & du Pape Estienne touchant la reiteration du Baptême, on n'eut point recours au defaut de l'intention des Ministres. St. Athanase n'a aussi jamais dit que le Baptême des Ariens fust nul faute de cette intention. St. Chrysostome de plus nous assure que le Prestre dans l'administration des Sacremens n'est qu'un pur instrument qui preste sa langue & sa main. Mais toutes ces autorités ne combattent point le sentiment de Saint Thomas, de Catarin & des plus savans Scholastiques, qui ne demandent dans l'administration des Sacremens qu'une intention exterieure. C'est à Mr. le Clerc à prouver que l'opinion de Catarin, qui a assisté au Concile de Trente, y a été condamnée.

Après toutes ces objections il accorde enfin, qu'il peut être vray en un certain sens que la creance de l'Eglise étant Catholique, est fondée sur le consentement de toutes les Eglises du monde : ce qu'il explique *du fonds des creances positives de tous les Chrétiens. Il est vrai,* dit-il,

il,

Mr. le Clerc se fait des articles essentiels de la Religion Chrétienne selon son caprice.

il, *que tous les Chrétiens conviennent de l'essence du Christianisme, & qu'ils ne different que dans des additions ou des changemens que l'on y a fait de part ou d'autre. S'ils vouloient ensevelir dans un oubli éternel toutes les Controverses qu'ils ont les uns avec les autres, & retenir uniquement ce en quoy ils conviennent, ils n'en seroient pas moins bons Chrétiens, & l'on verroit finir ces divisions deplorables qui scandalisent les gens-de-bien, & qui empêchent la conversion des Infideles.* En verité voilà une belle Morale, & qui a été déja proposée par les Sociniens. Mais le malheur est, que bien des gens ne l'approuveront point; parce qu'il n'est pas permis à un Chrétien, qui ne peut être Catholique qu'en recevant la Religion de ses Ancêtres de la maniere qu'on l'a expliqué cy-dessus avec Vincent de Lerins, de se faire des articles de Religion, & de les fixer selon son caprice; & dire ensuite que sa creance convient dans le fonds avec celle de tous les autres Chrétiens; que toute leur difference ne consiste que dans des additions ou des changemens que l'on y a fait de part & d'autre. C'est sur ce pied-là que toutes les Sectes ont forgé des articles qu'elles nomment essentiels, & elles n'ont encore pû convenir entre elles du nombre de ces articles. Chacun raisonne là-dessus à sa maniere; & *ce fonds des creances positives est plus ou moins grand selon qu'ils y ont plus ou moins pensé.* Les Calvinistes des Pays-bas, qui ont un plus grand fonds de *creances positives* que les Arminiens, ont reproché à ceux-cy, que leur Theologie changeoit

Les nouveaux Sectaires ont fait chacun des articles de creance à leur maniere.

tous les ans, tous les mois, & même chaque jour, & à chaque heure. Les Arminiens, qui se contentent d'un plus petit fonds de *creances positives*, s'embarrassent fort peu de cette objection. Ils leur répondent nettement, qu'une Theologie pour être ancienne n'en est pas meilleure; qu'il se peut faire qu'une Theologie de mille ans soit la pire de toutes. *Non Theologia vera est Theologia, quia constanter retinetur aut diu durat ... millenaria Theologia potest esse omnium pessima.*

Les Freres Polonois, qui ont encore un plus petit fonds de *creances positives* que les Remonstrans, croyent neanmoins en avoir fait une assez bonne provision. Ils sont persuadés qu'il est libre à chacun de faire son choix. *Cuique liberum esto suæ mentis in Religione judicium.* Et c'est ce qu'ils appellent *une liberté de Prophetiser qui est toute d'or, & qui est fort recommandée dans les Livres du Nouveau Testament.* Ils témoignent hautement, que le Catechisme qu'ils publient ne tend point à donner la loy à personne dans ce qui regarde la creance. *Dum Catechesim scribimus, nemini quicquam prascribimus. Dum sententias nostras exprimimus, neminem opprimimus.* Et pour faire voir qu'ils ont raison, ils apportent l'exemple des Arminiens, qu'ils nomment des hommes doctes & pieux, qui se sont plaint avec justice, & qui se plaignent encore tous les jours des Confessions de Foy & des Catechismes de plusieurs Eglises, qui n'ont apporté par là que de la discorde & des haines irreconciliables entre les differens partis. *Non*

imme-

immeritò , difent ces Freres Polonois , *& hodie conqueruntur complures viri pii & docti , Confeffiones ac Catecheses quæ hifce temporibus eduntur editæque funt à variis Chriftianorum Ecclefiis , nihil ferè aliud effe quàm poma eridos , quàm tubas litium , & vexilla immortalium inter mortales odiorum atque factionum.*

Les Calvinistes des Paysbas n'approuvent pas cette liberté de Prophetiser que les Sociniens & les Arminiens s'attribuent.

Mais les Calviftes des Pays-bas, qui n'avoient pas moins gousté au commencement de leur pretenduë Reformation cette liberté *dorée de Prophetiser* , que les Sociniens & les Arminiens , établiffent prefentement des maximes qui la deftruifent. Ils viennent d'en donner un exemple bien confiderable dans un Synode tenu à Rotterdam , où ils ont obligé les Miniftres chaffés de France de foufcrire à la Confeffion de Foy qu'ils leur ont prefentée, afin de s'affurer par là *de l'uniformité & de la pureté de doctrine des Miniftres réfugiés.* Ils témoignent dans l'Article 6. *qu'ils ont fouverainement à cœur de maintenir l'orthodoxie . . . pour fermer la porte à des innovations dangereufes.* Sans cette fignature ils n'auroient pû , difent-ils , *embraffer leurs très-chers Freres qui leur font venus de la grande tribulation , avec toute la tendreffe de cœur que l'on doit avoir pour de fideles & de conftans Confeffeurs de la verité de l'Evangile , avec qui ils ont meflé leurs larmes en les voyant arriver , portant chacun fa livrée des fletriffures du Seigneur Jefus.* On fait pourtant de bonne part, qu'il y a plufieurs de ces Freres *venus de la grande tribulation* , qui ont les mêmes fentimens que les Arminiens , & qui condamnent dans leur

Copie de quelques Actes touchant l'uniformité de la doctrine des Miniftres refugiés.

cœur ce qu'on a exigé d'eux , comme étant contraire à cette aimable liberté de Prophetifer qui les met au deffus de toute fignature.

Mr. le Clerc pourra joindre ce Synode des Eglifes Walones des Provinces Unies à celuy des Theologiens de Suiffe & de Geneve , fur lequel il a eu deffein de nous donner des remarques de fa façon , pour defendre cette liberté de confcience qui ne doit point être foùmife à des Catechifmes & à des Confeffions de Foy. Il y reüffira mieux qu'à nous parler de Peres , de Conciles , d'Eglife , & de Tradition. Il eft admirable quand il revient fi fouvent à l'infaillibilité de l'Eglife. Il veut qu'on luy apporte des paffages formels de l'Ecriture où cette infaillibilité foit établie , & qu'on luy monftre de plus, *que c'eft ainfi que tous les Difciples des Apôtres les ont entendus dans le premier fiecle ; qu'on les a univerfellement expliqués de même dans le fecond , & ainfi des autres jufqu'à celuy-cy.* Mais on luy a déja répondu, que pour prouver la tradition d'une doctrine, il n'eft point neceffaire de monftrer en particulier l'infaillibilité de l'Eglife. C'eft pourquoy nous ne répondrons pas à fes imaginations. Ce n'eft pas qu'il ne fe foit bien apperçu que tous fes coups portoient en l'air, & qu'au lieu d'attaquer directement le principe de Mr. Simon, il s'étoit jetté fur des lieux communs de Controverfe. Auffi revient-il une feconde fois à l'attaque. Mais voyant fon adverfaire à couvert , il l'accufe d'être d'un fentiment contraire à fon Eglife fur le fujet de l'infaillibilité.

Mr. le Clerc eft un grand defenfeur de la liberté de confcience.

Il parle hors de propos de l'infaillibilité de l'Eglife.

 Vous.

Vous seriez, dit-il, encore plus surpris, si je vous disois que l'infaillibilité que Mr. Simon a tribué à l'Eglise a été rejettée publiquement par les plus habiles Theologiens de France comme une chose insoutenable; & pour dire encore plus, qu'elle est contraire à l'opinion de toute l'Eglise Romaine.

Cet homme s'imagine qu'en parlant beaucoup & en ne prouvant rien, on le croira sur sa simple parole. J'ose luy dire que tant dans l'Histoire Critique du Vieux Testament, que dans la Réponse *aux Sentimens*, on n'a rien avancé sur l'infaillibilité de l'Eglise, qui ne se trouve dans des Livres approuvés par d'habiles Theologiens de France. Il peut consulter là-dessus *l'Analyse de la Foy*, composée par Holden Docteur en Theologie de la Faculté de Paris, & imprimée au même lieu en 1672. avec l'approbation de quelques-uns de ses Confreres. On en a même publié depuis peu une nouvelle Edition avec une nouvelle approbation & un nouveau privilege. Mais Mr. le Clerc, qui a autant de connoissance des Theologiens de France que de ceux d'Espagne, assure hardiment que Mr. Simon s'est éloigné icy de tous les Theologiens de l'Eglise Romaine.

Après être sorti comme il a pû de cet embarras de Controverses, il examine la pensée de Mr. Simon, qui luy a soustenu qu'il n'étoit pas vray qu'il eust tiré plus de lumieres des Protestans pour composer son Histoire Critique, que des Auteurs Catholiques. En effet, c'est ce qu'il a prouvé clairement dans sa Réponse aux Sentimens, où il a monstré que tout ce qu'il y avoit de plus grand & de plus considerable sur l'Ecriture & sur les langues Orientales venoit des Docteurs Catholiques, & non pas des Protestans. Mais on avoüe, dit-on, que ces derniers ont excellé dans la Grammaire: d'où on croit pouvoir tirer cette consequence, *qu'ils ont aussi excellé dans l'intelligence du Texte Hebreu;* puis que *la Grammaire consiste non seulement dans la signification qu'on donne aux mots ... mais encore dans la connoissance du genie d'une langue & de toutes les finesses du genie du langage.*

Mais que peut-on prouver de là? A-t-on dit que les Protestans ont excellé seuls dans la Grammaire? S'ils s'agit de la signification propre des mots, on la doit tirer des Dictionnaires. Or si l'on compare les Dictionnaires des Protestans avec ceux qui ont été composés par les Catholiques, on trouvera que les premiers ont plus nui par leurs Dictionnaires à la connoissance de la langue Ebraïque, qu'ils n'y ont servi. Cela se reconnoit manifestement dans la methode que Buxtorf le Patriarche des *Ebraïsans* du Nord a observée dans la composition de son Dictionnaire Ebreu. Il a limité une partie des mots Ebreux sur les idées des nouveaux Rabbins. Il semble même qu'il se soit entierement reglé sur la Version de Tremellius & de Junius qui est purement Rabbinique. Pour faire un bon Dictionnaire de la langue Ebraïque, il falloit imiter celuy qu'on a imprimé avec la Bible de Complute

plute ou Alcala, où l'on cite quelquefois les anciens Interpretes. C'est sur ce pied-là que Mr. Simon a formé dans son Histoire Critique une idée plus étenduë de cette langue tant pour la Grammaire que pour la signification des mots, que tout ce qui se voit dans les nouveaux Dictionnaires. Pagnin Religieux Dominicain qui a travaillé sur cette matiere long-temps avant Buxtorf, y a bien mieux reüssi que luy. A l'égard des Notes purement literales sur la Bible, celles qu'on a recueillies des Notes du docte Vatable ne cedent à aucunes des Protestans: outre que nous avons un grand nombre de Commentaires & de Remarques sur l'Ecriture, où le sens literal est très-bien expliqué. S'il y a dans ces Commentaires moins de minuties que dans ceux des Protestans, ils n'en sont pas moins exacts pour cela. On peut aussi compter parmy les Livres qui servent à connoitre la signification des mots Ebreux, les Concordances de la Bible. Je demande à Mr. le Clerc, si les Protestans ont fait quelque chose là-dessus qui approche de cette belle Concordance de Calasio Religieux Francifcain, imprimée à Rome.

Les Catholiques ont aussi excellé sur le sens literal de l'Ecriture.

Excellente Concordance de Calasio.

Il oppose, *que les Docteurs Protestans ont seuls traité à fonds deux chofes, sur quoy Mr. Simon s'est étendu fort au long en divers endroits de sa Critique.* Ces deux chofes consistent dans la Massore, & dans les varietés de lecture du Texte Ebreu. *L'on sait,* dit-on, *que Buxtorf & Cappel ont été les premiers qui ont approfondi ces matieres.* Mais on peut voir dans l'Histoire Critique le juge-

Histoire Critique, liv. 3. chap. 20.

ment qu'on a fait des deux Buxtorfs sur la Massore, qui n'ont servi qu'à gaster l'esprit de la plus-part des Protestans, sur tout dans le Nord, où ils sont encore aujourd'huy entestez des rêveries des Rabbins sur cette matiere. Ceux qui ne savent pas plus d'Ebreu que Mr. le Clerc sont assurément obligés à Buxtorf le Pere, d'avoir traduit dans sa Tiberiade quelques termes dont les Massoretes se sont servis. Mais ceux qui peuvent lire le Traité d'Elias Levita, intitulé *Massoreth Hammassoreth,* n'ont point besoin des Livres de Buxtorf. Il n'est pas vray de plus, qu'on ne puisse acquerir une connoissance exacte des points des Ebreux & de leurs lettres, sans se servir des Ouvrages des Protestans. Car outre que le Pere Morin a parlé à fonds de ces choses-là dans quelques-uns de ses Ouvrages, les Protestans qui ont la plus-part suivi les sentimens des deux Buxtorfs, ont embrassé des opinions insoutenables: parce que ces deux Auteurs n'ont fait presque autre chose que de mettre en Latin ce qu'ils lisoient dans les Rabbins, sans même en juger selon les loix de la Critique.

Jugement des Livres des deux Buxtorfs sur la Massore.

On est à la verité obligé à Louïs Cappel d'avoir éclairci cette matiere dans son excellent Livre intitulé, *Arcanum Punctationis revelatum,* où il a mis dans un plus grand jour les sentimens des Auteurs Catholiques. Et c'est en quoy il a fait paroître son bon sens, s'opposant avec vigueur à ses Confreres, qui debitoient les rêveries des Rabbins comme des verités de la Religion Chrétienne. Il est étrange que la plus-part d'eux,

Jugement des Livres Critiques de Louïs Cappel.

sur

lur tout ces gens du Nord, au lieu de luy favoir bon gré de fon travail, l'ayent couvert d'injures, & luy ayent reproché avec beaucoup de chaleur, qu'il s'entendoit avec les Catholiques-Romains pour deftruire *la fainte Reformation.* C'eft ainfi qu'ils nomment les fottifes des Rabbins, dont ils ont rempli leur Religion. Mais Cappel leur fit bien voir, que fi quelques-uns d'eux avoient plus lû de Rabbins que luy, il avoit au moins plus de bon fens & plus de jugement qu'eux. Auffi Mr. Simon a-t-il rendu juftice à ce Proteftant quand il a parlé de fa Critique, qui renferme un recueil confiderable des diverfes leçons de la Bible. Ce n'eft pas qu'on ait crû que cet Ouvrage foit dans toute fa perfection. Car on a remarqué qu'il a quelquefois trop multiplié ces differentes manieres de lire, & qu'il n'a pas même toûjours bien entendu la Maffore & les autres obfervations critiques des Juifs. A quoy l'on peut ajouter, que s'il a mis des diverfes leçons en des endroits où il n'y en avoit point, il en a auffi oublié plufieurs confiderables, foit pour ne s'y être pas affez appliqué, ou pour n'avoir pas eu tous les fecours neceffaires pour cela.

Au refte, Mr. le Clerc ne peut diffimuler le chagrin qu'il a de voir qu'on n'ait pas donné à l'incomparable Bochart *les loüanges que tous les Savans de l'Europe luy ont données* Juge-ment des Ouvrages de Bochart. *jufqu'à prefent.* Il faut, dit-on, n'avoir pas lû les Livres de ce grandhomme, ou *n'avoir aucun goût de la fine Critique,* pour dire de luy, que *c'eft un pur Grammairien, un grand*

faifeur d'étymologies, & dont l'érudition confifte à fe fervir de quelques Dictionnaires. Les Proteftans feront tant d'éloges qu'il leur plaira de leur illuftre Bochart; cela n'empêchera point Mr. Simon de juger des Livres de cet homme de la maniere qu'il l'a fait. Et en effet, fi l'on excepte la premiere partie de fon Phaleg, qu'y a-t-il dans le refte de ce Livre & dans fon grand Ouvrage des Animaux de la Bible, que des étymologies & un amas confus de literature, qui n'eft le plus fouvent gueres à propos? Ce n'eft pas avoir le gouft delicat, que d'appeller ces fortes de Recueils une fine Critique. Sous pretexte que les anciennes origines doivent être tirées des Pheniciens, un Grammairien viendra nous debiter une infinité d'étymologies peu apparentes, & l'on y voudra trouver une fine Critique. Pour moy je fuis perfuadé, que fi un bas Breton entreprenoit le même travail, il monftreroit facilement par la voye des étymologies, que les Pheniciens mêmes tirent leur origine de ceux de fa nation. Il fera aifé par ce moyen de faire croire les plus grandes abfurdités. Ne pourroit-on pas dire, par exemple, que l'animal nommé *Borac,* que Mahommet monta, & qui eft fi fameux Fauffes étymologies. dans fon Hiftoire, étoit une bourique? De plus, que le mot de bourique eft un ancien nom Phenicien dont fe fervoient les Arabes? Et afin de rendre cette étymologie plus probable, on rapportera les témoignages de quelques Auteurs, qui ont obfervé que les bouriques de ces pays-là font fort legeres à la courfe.

Il

Il y a autant de vraiſemblance dans cette plaiſante étymologie & dans une infinité d'autres qu'on pourroit apporter, que dans une bonne partie de celles de Bochart.

On ne rejette pas pour cela ſon principe ; mais on auroit ſouhaitté qu'il ne ſe fuſt pas tant étendu ſur de pures ſubtilités de mots & ſur des rencontres de lettres. Guillaume Poſtel qui étoit ſavant dans ces rêveries, a auſſi traité cette matiere dans quelques-uns de ſes Livres. Il dit dans ſon Traité des Origines, qu'il faut s'appliquer exactement à l'origine des choſes & des lettres. Sur ce principe il nous découvre que Noé le Pere des Gaulois eſt appellé Og dans les Commentaires Sacrés, & en d'autres endroits Ogys & Ogyges, parce qu'il offroit à Dieu en qualité de Sacrificateur de l'Univers des gaſteaux ou pains qui ſont appellés Og dans l'Ecriture. *Noé Gallorum parens . . . ideo vocatus eſt Og in ſacris Commentariis, alibi Ogys & Ogyges, quia erat Placentarius ſeu Univerſi Sacerdos, offerens placentas ſeu panes propoſitionis Deo, qui Og & Ogoth in Sacris dicuntur.* C'eſt auſſi par cet admirable ſecret des étymologies, qu'il fait Abraham le Pere des Brahmanes ; & il nous aſſure que les Indiens tirent leur origine des Juifs. Ce qu'il prouve par les mots de *Hudi* ou *Hundi* & *Indi*, qui ſe reſſemblent fort, parce que les Juifs *Judæi* ſont appellés dans l'Alcoran *Hud* en oſtant la lettre *Jod* : d'où il conclut, que la Hundie ou Indie eſt comme qui diroit la Judée Orientale ; & il pretend même le prouver par l'autorité de Joſephe. Il donne

au même endroit l'origine du nom *Chalanni.* Les Anciens, dit-il, ont nommé l'Aſtrologie *Chalon,* qui ſignifie en Ebreu *fenêtre,* parce qu'on regarde les choſes divines comme par une fenêtre. On ſait que ces peuples étoient fort attachés à l'Aſtrologie. Si on compare ces étymologies de Poſtel avec celles de Bochart, on trouvera que ce dernier en apporte un grand nombre qui ne paroiſſent pas mieux fondées. On ne pretend pas neanmoins les rejetter toutes ni dans Poſtel, ni dans Bochart. On veut ſeulement faire voir, que l'un & l'autre ſont dans de grandes extrémités ſur cette matiere. C'eſt auſſi pour cette raiſon que bien des gens n'ont pû gouſter de ſemblables Origines dans un Ouvrage compoſé exprès pour monſtrer la verité de la Religion Chrêtienne. A grand' peine les peut-on ſouffrir dans un nouveau Commentateur de l'Apocalypſe, qui a remarqué comme une choſe fort importante, que le nom de *Harpies* vient du mot Ebreu *arbim* ou *harpim,* qui ſignifie ſauterelles ; & que *Serapis* eſt la même choſe que *Sararpis* ou *Sararpi,* c'eſt-à-dire, *Prince des ſauterelles* en la langue Phenicienne.

Pour revenir à l'illuſtre Bochart, il n'y a qu'à jetter les yeux ſur ſon gros Livre des Animaux de la Bible, pour juger que c'eſt un Ouvrage où il ne paroît gueres de jugement. Bien loin d'y trouver une fine Critique, on n'y remarque qu'un recueil peu judicieux d'une infinité de choſes qui n'apportent aucun éclairciſſement aux ſujets qu'il traite : ce qui ſe voit dès les premieres pages de ſon Livre.

K   Il

Attendendum eſt diligentiſſimè origini rerum ; ſed maximè ſacrarum ſicut & literarum. Poſtell. de Orig. cap. 14. Ibid.

Hundia itaque ſeu India eſt tanquam Judæa Orientalis. Poſt. ibid.

Patres antiqui vocarunt aſtronomicam diſciplinam Chalon, quaſi feneſtram per quam divina poſſis intueri. Poſtell. ibid.

Jugement du Livre de Bochart intitulé, *Des Animaux de la Bible.*

Il commence par l'explication du mot *d'animal*, qui signifie *vivre* tant en Grec qu'en Ebreu. Sur quoy il s'arreste à monstrer, que selon l'opinion des Juifs la vie n'est pas propre aux animaux, comme les Doctes le croyent; mais qu'elle convient aussi aux plantes. Et pour le prouver, il cite Aben Esra, Rambam, Kimhi, & des passages de l'Ecriture, où la mort & la vie sont attribuées aux plantes. Ce qu'il confirme même par des temoignages d'Horace, de Seneque & de Martial. Un homme judicieux se seroit bien donné de garde de produire toute cette érudition inutile, & qui prouve seulement, que la vie & la mort peuvent être attribuées aux plantes metaphoriquement. Cependant il ne s'en tient pas là. Il debite ensuite ce qu'il a lû en differens Auteurs touchant le sentiment de Pythagore, qui defendoit de manger rien qui eust vie. Et comme si cela avoit besoin de confirmation, il le prouve par plusieurs Auteurs Grecs. A quoy sert toute cette confusion de literature dans un endroit où il s'agit simplement de savoir, que le mot Ebreu *haja, animal,* signifie *vie* ?

On ne trouve pas de plus cette fine Critique, dont parle Mr. le Clerc, dans un passage qu'il cite d'Osée, où on lit selon les Septante, ὃ σὺν τοῖς ἑρπετοῖς τ̃ γῆς, *& avec les reptiles de la terre.* Il observe que ces mêmes mots sont aussi dans la Version Arabe, & il les rapporte; puis il dit qu'ils ne sont point dans l'Ebreu, dans le Chaldée, dans le Syriaque, ni même dans l'Edition Grecque de Complute. Toutes ces citations sont inutiles, pouvant être reduites à l'Ebreu & au Grec. Car la Version Arabe sur les Prophetes n'est autre chose que les Septante traduits en Arabe; la Paraphrase Chaldaïque, la Traduction Syriaque & la Vulgate ont été prises de l'Ebreu; & de plus l'Edition Grecque de Complute a été souvent reformée sur l'Ebreu, ou sur la Vulgate. Un veritable Critique qui ne veut rien citer d'inutile se seroit contenté de remarquer en ce lieu-là, que ces paroles ne se trouvent que dans les Septante. Mais si on retranchoit de ce gros Livre tout ce qui n'y sert de rien, on le reduiroit à fort peu de choses.

Il est même bon de remarquer, que Bochart voulant quelquefois s'éloigner des sentimens communs, tombe dans des absurdités: comme quand il pretend que le mot de *behemoth*, Job 40: 10. n'est point un pluriel Ebreu, mais un singulier selon la langue Egyptienne, de la même maniere que *Thoth, Phaoth,* & *Phamenoth,* qui sont les noms de quelques mois Egyptiens. Il falloit qu'il fist voir que *behema* est aussi un nom Egyptien. Que ne cite-t-il point dans ce même Livre, pour monstrer que le Leviathan de Job se doit entendre du crocodile. Cependant ceux qui se sont informés de la maniere de pêcher les baleines, reconnoissent sans aucune difficulté qu'il est parlé de la baleine en ce lieu-là. Mais ce fin Critique ayant voulu suivre Beze & Diodati qui l'ont expliqué du crocodile, a ramassé tout ce qu'il avoit lû de Grec, d'Arabe & de Latin sur cet animal, pour l'accommoder aux paroles de Job.

Au

Of. 4: 3.

Neque enim behemoth plurale est, ut volunt, sed singulare Ægyptium. Boch. Hieroz. part. post. lib 5. c. 15.

Hiſt. Crit. liv. 3. ch. 20.

Au reſte on a rendu à Bochart dans l'Hiſtoire Critique toute la juſtice qu'on luy devoit, lors qu'on a dit de luy, qu'il a plutoſt affecté de paroitre ſavant que judicieux; & qu'il ſeroit à deſirer qu'on abregeaſt ſes Ouvrages, n'en retenant que ce qui peut ſervir à l'intelligence de l'Ecriture.

On n'a point copié Bochart dans l'Hiſtoi-re Criti-que du Vieux Teſta-ment.

Mais le Prieur de Bolleville, dit-on, n'eſt pas toûjours ſi en colere contre Bochart, qu'il ne le copie aux endroits qui l'accommodent: comme lors qu'il reprend pluſieurs Traducteurs François qui ont mis, Matth. 12: 40. que *Jonas fut trois jours dans le ventre de la baleine*; au lieu que *cete* ne ſignifie en cet endroit-là qu'un poiſſon. En effet, on a eu beſoin de l'érudition de Bochart pour ſavoir que le mot Grec κήτη, & le Latin *cete*, ſignifie en general de *grands poiſſons*; & que le Prophete Jonas, d'où St. Matthieu a tiré ce paſſage, dit expreſſément, *dag gadol, un grand poiſſon*. Je veux bien croire que Mr. le Clerc ſeroit tombé dans la même faute que ceux de Geneve en cet endroit, ſans le ſecours de Bochart. Mais on avoit déja remarqué dans l'Hiſtoire Critique en parlant de Caſtalio, que *cet Interprete étoit beaucoup plus ſavant dans les langues & dans la ſignification propre des mots Latins, que les Docteurs de Geneve*; & que c'étoit la raiſon pourquoy il n'avoit pas traduit avec eux ces mots de la Vulgate, *cete grandia*, par ceux-cy, *grandes baleines*: mais qu'en inventant un mot nouveau pour exprimer mieux la grandeur des poiſſons, il avoit traduit *grands poiſſonnars*. Caſtalio aura pris

Hiſt. Crit. liv. 2. ch. 25.

Geneſ. 1: 21.

apparemment de Bochart ſa traduction par un eſprit de Prophetie. Je ne dirai rien icy du mot Ebreu *jemim*, parce que noſtre Auteur en parle encore en un autre endroit, où il y aura lieu de s'expliquer plus particulierement là-deſſus.

Jugement de Maſius & de Luc de Bruges.

Pour faire voir qu'il y a de très-ſavans Critiques parmi les Catholiques, on avoit oppoſé à Cappel & à Bochart Maſius & Luc de Bruges. Mr. le Clerc répond à cela, qu'il laiſſe au public à juger ſi ces deux derniers ſont de la force des deux premiers. Et c'eſt à quoy je conſens volontiers. J'avoüe qu'on ne trouve pas tant d'Arabe & de literature inutile dans les Livres de Maſius & de Luc de Bruges, que dans ceux de Bochart: mais il s'agit icy ſeulement de ſavoir, s'ils ont été plus habiles que luy dans la Critique des Livres Sacrés, & s'ils n'y ont pas fait paroitre plus de jugement. On ne nie point que les Ouvrages des Proteſtans ne ſoient utiles pour entendre le ſens literal de l'Ecriture: mais on oſe aſſurer que les Catholiques ont plus contribué à cette explication literale que les Proteſtans. On pourroit même ſe paſſer entierement des Livres des derniers; ce qu'on ne peut point faire des Ouvrages des Catholiques, qui ſont les Auteurs de tout ce qu'il y a de plus conſiderable ſur cette matiere.

Refuta-tion des preuves dont Mr. le Clerc ſe ſert pour monſtrer que Mr. Simon

Mr. le Clerc, qui ne paroit pas ſatisfait des raiſons qu'on luy a apportées pour monſtrer que Mr. Simon n'a eu aucune part à la Preface qui eſt au commencement de la Critique de l'Edition de Hollande, vient encore une fois à la charge.

eu part à la derniere Edition de sa Critique en Hollande.

On sait, dit-il, *que c'est luy qui a fait tenir au Libraire la copie de Paris; & le Libraire ne s'en est point caché.* On sait au contraire, que le Libraire l'a achetée à Paris où il s'en trouve plusieurs Copies. Mais dans le demeslé, dit-on, qu'il a eu avec les Libraires d'Amsterdam qui l'ont aussi fait imprimer, il a pretendu qu'il en avoit reçu la Copie de l'Auteur. Comme si l'on ne savoit pas que les Libraires alleguent dans les demeslés qu'ils ont ensemble tout ce qu'il leur plaist pour rendre leur cause meilleure. Si nostre Faiseur d'Entretiens veut être crû, il faut qu'il prouve que le Libraire de Rotterdam dans le procès qu'il a eu avec ses Confreres d'Amsterdam sur le sujet de l'Histoire Critique, a produit quelque piece venant de la part de Mr. Simon, par laquelle il autorisast ce qu'il avançoit. Ceux qui ont acheté le fonds d'Elzevir ont aussi dit, qu'il avoit eu de l'Auteur la Copie de la Critique qu'il avoit imprimée : & cependant tout le monde sçait presentement, qu'Elzevir a fait son Edition sur une méchante Copie écrite à la main.

Elzevir a fait imprimer l'Histoire Critique sur une méchante Copie qu'il n'a pas cüe de Mr. Simon.

Le savant Mr. Bigot de Roüen écrivit pour luy à Mr. Simon pour avoir seulement le titre general de l'Histoire Critique; & il ne voulut point le donner : tant il étoit éloigné d'avoir part à une nouvelle Edition de sa Critique.

Pour ce qui est du cartel de deffi envoyé à Mr. Spanheim Professeur en Theologie à Leyde, il ne fait rien à ce qui est en question. Ce Professeur après s'être fort emporté contre la Critique, & même contre l'Auteur, promit à quelques-uns de

Emportemens de Mr. Spanheim contre l'Histoire Criti-

Messieurs des Etats de donner un Memoire contre l'Histoire Critique. Ce que Mr. Simon ayant appris, il envoya une Lettre à Mr. Bayle pour la mettre dans son Journal; & l'on representoit à Mr. Spanheim dans cette Lettre ou *Cartel de deffi*, qu'étant Theologien il étoit bien plus à propos qu'il refutast par écrit cet Ouvrage qui étoit public, que de l'attaquer par des Memoires secrets, & de medire de l'Auteur. C'est à quoy on l'exhorte encore presentement, & on ne manquera pas de satisfaire à ses objections.

que du Vieux Testament.

Réponse de l'Auteur de la Critique à ces emportemens.

Peut-on prouver de là, que Mr. Simon ait eu part à la nouvelle Edition de sa Critique? Nostre Professeur *Ebraïsant* auroit bien mieux fait de répondre à tout ce qu'on luy a objecté, qu'à s'amuser à ces bagatelles. Cette matiere luy plaist si fort, qu'il n'en peut sortir. Le Prieur de Bolleville, selon luy, se contredit manifestement, quand il veut monstrer que l'Auteur de la Preface qui est à la tête de la derniere Edition est un Protestant, qu'il traite tantost de Calviniste, & tantost d'Arminien. Mais il n'y a point là de contradiction : parce que celuy que Mr. Simon a crû être l'Auteur de cette Preface, & à qui même il en écrivit aussi-tost qu'il l'eust lûe, fait en effet une profession publique du Calvinisme, & ne dissimule pourtant point qu'il ne soit en plusieurs choses du sentiment des Arminiens.

Il n'y a point de contradiction dans le jugement qu'on a fait de celuy qu'on a crû être l'Auteur de la Preface.

Comme il est des amis de Mr. le Clerc, il pourra apprendre de luy-même ce qui s'est passé là-dessus. C'est aussi une badinerie digne de nostre Auteur, qui ne songe qu'à grossir son Livre de faits inutiles,

les, que de vouloir prouver que Mr. Simon a eu part à la nouvelle Edition de fa Critique en Hollande, par un Avertiffement qui eft au devant de celle de Rotterdam. Comme s'il n'étoit pas à la liberté des Libraires de mettre au commencement des Livres qu'ils impriment tels Avertiffemens qu'il leur plaift, pour en faci-liter la vente.

Mr. Simon n'a eu aucune part à l'Avertiffement qui eft au devant de la derniere Edition de la Critique.

Voicy une autre hiftoire qui paroit mieux circonftanciée. Auffi nous affure-t-il qu'il l'a apprife depuis peu d'un honnefte homme, & qu'elle fervira à defcouvrir les raifons que Mr. Simon a eües de s'emporter contre les Proteftans, & même contre Meffieurs de Charenton. Cet honnefte homme dont on parle eft un honnefte impofteur, qui a crû rendre un grand fervice à fon parti en publiant des Libelles contre les Catholiques, bien qu'il n'ait jamais fçû luy-même de quelle Religion il étoit. On veut que le chagrin du Prieur de Bolleville contre les Proteftans vienne de ce qu'il n'a pas eu toute la fatisfaction qu'il efperoit de Meffieurs de Charenton, qui luy avoient promis douze mille livres pour travailler à une nouvelle Traduction de la Bible. Je me contenteray de rapporter la chofe comme elle s'eft paffée, en nommant ceux qui y ont eu part & qui vivent encore, afin que chacun puiffe juger fi l'on doit ajouter foy au conte de Mr. le Clerc. Il y a dix ans que ces Meffieurs de Charenton refolurent de faire une nouvelle Traduction de l'Ecriture. Mr. Juftel en parla à Mr. Simon plufieurs fois, & il luy marqua même fort ingenuëment,

Impofture d'un des amis de Mr. le Clerc.

En 1676.

La verité du fait que l'ami de Mr. le Clerc a

que fes gens, parlant de Meffieurs de Charenton, n'étoient pas capables de cette entreprife. Mr. Simon luy répondit qu'il y penferoit, & qu'il avoit beaucoup travaillé fur cette matiere. En effet, peu de jours après il luy donna le plan qui eft imprimé dans fa Critique touchant la methode qu'on devoit fuivre pour faire une bonne Verfion de la Bible. Mr. Juftel ne manqua pas de le communiquer à ces Meffieurs, qui demeurerent d'accord qu'il falloit donner au public une Bible Françoife qui ne favorifaft aucun parti, & qui puft être utile également aux Catholiques & aux Proteftans. On pria Mr. Simon de traduire quelques Chapitres felon le plan qu'il avoit propofé, afin de fervir de regle à ceux qui entreprendroient ce travail. Ayant trouvé même quelque temps après chez Mr. Juftel Mr. Claude & Mr. de Fremont, il s'entretint avec eux fur ce nouveau deffein, & ils luy témoignerent qu'ils avoient refolu de partager entre eux toute la Bible, & que chacun en traduiroit une partie. Si je m'en fouviens, le Pentateuque efchut à Mr. Claude.

deguifé pour rendre fervice à fon party.

Vers ce temps-là il arriva que Meffieurs de Geneve, qui fongeoient auffi de leur cofté à publier une nouvelle Bible Françoife, en envoyerent à leurs *Freres* de Paris le projet avec une fueille imprimée, qui contenoit le commencement de la Genefe, & des Notes de leur façon. Mr. de Fremont apporta cette fueille à Mr. Simon pour en faire la Critique. Ce qu'il fit à l'heure même; & on envoya cette Critique, en y changeant peu de chofes, à ces

Hiftoire du projet d'une nouvelle Bible de Meffieurs de Geneve.

Mef-

Meſſieurs de Geneve , en les avertiſſant de la methode qu'on devoit garder pour faire une bonne Verſion. Et c'eſt ce qui leur donna occaſion de dire que les Miniſtres de Paris adoptoient les ſentimens des Papiſtes. Mais le plus fort de leur diſpute ne rouloit pas tant ſur la maniere qu'on devoit traduire l'Ecriture, que ſur un fonds de ſoixante mille livres qu'un bon Suiſſe avoit deſtiné à cet Ouvrage. Et il ſe peut bien faire que ſi Meſſieurs de Charenton en étoient devenus les maiſtres, ils auroient reconnu les bons ſervices que le Prieur de Bolleville leur auroit rendu pour attirer ce fonds à Paris. Cependant on ne parla jamais des douze mille livres, qui ſont le denoüement de toute la piece de Mr. le Clerc. Et bien loin que Mr. Simon rompît dans ce temps-là avec ces Meſſieurs, ou plutoſt avec Mr. Juſtel & Mr. de Fremont, qui étoient les ſeuls qu'il voyoit pour cette affaire ; il a toûjours continué de les voir & d'être leur ami. Il continua même de leur rendre ſervice autant qu'il le put pour perfectionner cette Verſion , étant perſuadé qu'il ne pouvoit rien faire de plus utile à l'Egliſe, que d'empêcher que les Proteſtans de France ne donnaſſent au public une Traduction de la Bible remplie de fauſſes Notes. Ceux de Geneve même ſe ſervirent de cette raiſon pour empêcher que le fonds des ſoixante mille livres ne vinſt juſqu'à Paris, decriant hautement la nouvelle Traduction qu'on y meditoit , parce qu'on y ſuivoit trop les anciens Interpretes de l'Egliſe.

Preuve de la fauſſeté de l'hiſtoire produite par Mr. le Clerc.

Il eſt de plus aiſé de convaincre de fauſſeté Mr. le Clerc, ſur ce qu'il dit que cette affaire fut rompuë après trois mois d'eſſay qu'on employa à traduire un Chapitre de Job & un autre des Proverbes, en y joignant des remarques. Y a-t-il de l'apparence qu'on ait employé trois mois à un Ouvrage qui ne demandoit que deux ou trois jours ? Et ce qui monſtre encore davantage la fauſſeté de cette hiſtoire , c'eſt que Mr. Simon qui avoit beaucoup travaillé ſur cette matiere, donna à Mr. de Fremont ſa Verſion & ſes Notes ſur la meilleure partie du Pentateuque, pour le remettre à celuy qui traduiſoit ces Livres. Il luy donna même quelques années après ce qu'il avoit ſur les Prophetes. Comment cela peut-il s'accorder avec ce qu'on a ſuppoſé , qu'après trois mois d'eſſay toute l'affaire fut rompuë , & que depuis ce temps-là on s'eſt dechaîné contre Meſſieurs de Charenton ? Mr. le Clerc pourra même ſavoir d'un de ces Meſſieurs qui eſt de ſes amis, que quatre mois avant qu'il ſortiſt de France , il pria Mr. Simon de revoir ſa Verſion ſur les Livres de Job, des Proverbes & des Prophetes. On ſuppoſe cependant qu'il y avoit déja neuf ans que le Prieur de Bolleville s'étoit dechaîné contre ces Meſſieurs. En verité j'ay honte de refuter des fauſſetés ſi mal imaginécs. Mais que dira-t-on du Livre de Gabriel de Philadelphie, que Mr. Simon avoit fait imprimer à Paris cinq ans avant cette affaire ? Les remarques qu'il a ajoutées à cet Auteur ſont toutes contre les Proteſtans, & il y fait voir manifeſtement, que les plus habiles de leur party ne ſont

que

Seconde preuve de faux.

Troiſiéme preuve de faux.

Quatriéme preuve de faux.

Cinquiéme preuve de faux.

que de purs Declamateurs & de miserables Controversistes qui n'ont aucune connoissance de la Theologie des peuples du Levant. Quel chagrin avoit alors le Prieur de Bolleville pour traiter si mal Messieurs de Charenton?

Comme s'il ne luy suffisoit pas d'avoir inventé cette histoire, il en ajoute une autre pour rendre la premiere plus probable. On remit, dit-il, dans ce même temps-là à Messieurs de Charenton un Livre intitulé, *Additions ou Remarques sur les Recherches de Brerewood*, où l'on monstroit que les Eglises Orientales approchent bien plus des Eglises Reformées que de l'Eglise Romaine. Mais cette fausse histoire tombera d'elle-même en rapportant simplement le fait comme il s'est passé.

Madame Varenne ayant resolu de faire une nouvelle Edition de l'Ouvrage de Brerewood sur la diversité des langues & des Religions, demanda à Mr. Simon s'il n'avoit rien à luy donner pour rendre son Edition plus complete; & comme il avoit quelques remarques sur ce Livre, & sur la matiere qui y est traitée, il les luy remit pour les y ajouter en forme de supplément. Il ne s'agit icy que de Madame Varenne & de Mr. Simon, & d'un Livre qui avoit été déja imprimé en France, & qu'on vouloit reimprimer. Mais Mr. Simon ayant appris que Madame Varenne faisoit retoucher ses remarques pour en oster ce qui étoit trop contraire aux Protestans, il en fit bruit, & employa Mr. Justel pour les retirer. Et en effet on rendit la Copie manuscrite. Voilà en peu de mots ce qui obligea Mr. Simon à retirer sa Copie, & non pas cette rupture chimerique qui n'est que dans l'imagination de nostre Auteur. Mr. Simon envoya même long temps après à Mr. Claude par le moyen de Mr. Justel la premiere Partie de son Histoire Critique qui étoit sous la presse, afin qu'il luy marquast ce qu'il en pensoit.

En effet il donna ses objections, dont on a refuté une partie dans la Preface, sans le nommer. Peut-on s'imaginer qu'un Ouvrage tel qu'est celuy qu'on a depuis imprimé sous le nom du Sr. de Moni, favorise la cause des Protestans?

On y prouve par de bons Actes, que les Societés Orientales s'accordent presque en toutes choses avec les sentimens de l'Eglise Romaine; & que la plus-part des Missionnaires ont grand tort de traiter d'Heretiques des gens qui ne different souvent que de nom d'avec les Catholiques. Mais on a reformé, dit-on, ce Livre dans l'Edition qu'on en a publiée. Si cela est, il seroit de l'interest des Protestans de le donner au public comme il étoit dans l'Original. Madame Varenne ne rendit point le Manuscrit, qu'elle n'en eut fait tirer une Copie, comme on l'a seu depuis. Ces remarques mêmes devinrent dans la suite assez communes. Toute la difference qu'il y a entre l'Original & l'Imprimé, c'est qu'il y a plusieurs remarques sur les langues Orientales qui ne se trouvent point dans l'Imprimé; & il y a de l'apparence que ceux qui copierent le Manuscrit se voyant pressés de le rendre, omirent ce qu'ils jugerent être moins important. En voilà assez

pour

pour faire connoitre que l'honneste homme qui a fourni des Memoires à Mr. le Clerc est un honneste imposteur.

CHAPITRE III.

Critique de la III. Lettre.

JE ne m'arresterai point icy aux longues declamations de Mr. le Clerc, qui ne sont rien à son sujet. Qu'il crie tant qu'il voudra, *O tempora! O mores!* qu'il accuse les Controversistes de profession, & Mr. Simon qui ne l'est pas, d'avoir renoncé à la bonne foy, & d'attribuer à leurs adversaires des pensées qu'ils n'ont jamais eües: tout cela ne le mettra pas à couvert du reproche qu'on luy a fait, qu'en reduisant presque à rien les articles fondamentaux de la Religion Chrêtienne, il a avancé un principe qui établit également le Judaïsme, le Christianisme, & le Deïsme, c'est-à-dire, qui destruit le Christianisme; puis qu'on trouvera dans toutes les Societés les points qu'il nomme fondamentaux. La Religion, selon luy, ne consiste qu'en deux choses *que la seule raison nous apprend*, qui sont de nous dire *où se trouve le souverain bonheur où nous aspirons naturellement, & de nous monstrer les moyens d'y parvenir.* Je dis que cette Religion est plutost la Religion d'un Philosophe que d'un Chrêtien. Car les Ouvrages des anciens Philosophes traitent de ce souverain bien auquel nous aspirons naturellement, & des moyens d'y parvenir. C'est ce que leur raison leur a fait connoistre aussi

bien qu'à nostre Auteur. Les Sociniens, dont les maximes tendent à ruiner le Christianisme, n'ont jamais osé avancer cette maxime, que la Religion Chrêtienne n'est appuyée que sur la seule raison. *La Religion Chrêtienne*, disent-ils, *est la maniere de servir Dieu qui nous a été donnée de Dieu même par Jesus-Christ.* Nostre Philosophe ne dit pas un mot de Jesus-Christ dans sa definition, qui ne renferme que ce qu'il peut connoître par les lumieres de sa raison. *On ne peut rien concevoir*, ajoute-t-il, *dans la Religion qui ne se rapporte à ces deux chefs.* Il est bien vray que dans la suite de son discours il parle du Nouveau Testament, où Jesus-Christ & ses Apostres promettent la resurrection & la vie éternelle à ceux qui obeïront à l'Evangile: mais on luy a fait voir dans la Réponse *aux Sentimens*, que c'étoit inutilement qu'il parloit de Jesus-Christ & de l'Ecriture, puis que par la definition qu'il avoit donnée de la Religion, il les en avoit exclus. C'est à luy à nous monstrer que par la seule raison, & sans avoir recours à la Tradition, on doit reconnoître Jesus-Christ & les Livres du Nouveau Testament. On ne l'a combattu que par les principes qu'il a établis.

Il demande après cela, si l'Alcoran prescrit aussi bien que le Nouveau Testament, de croire que Jesus-Christ est veritablement mort pour l'expiation de nos pechés. Ce n'est pas là le fait dont il s'agit. Toute la difficulté roule sur l'explication qu'il a donnée des articles fondamentaux de la Religion Chrêtienne. Il s'est contenté de nous dire, que

l'Ecri-

Il n'at-
tribuë
rien d'ef-
fentiel à
la Reli-
gion
Chrê-
tienne,
qui ne
convien-
ne égale-
ment au
Mahom-
metifme.

*l'Ecriture du Nouveau Teftament nous
oblige de croire en Dieu d'une maniere fi claire, qu'il ne faut qu'avoir
le fens commun pour le croire.* On luy
a répondu, que ce point qu'il appelle
fondamental n'eft pas moins effentiel au Mahommetifme qu'au Chriftianifme, & qu'ainfi il ne fuffit pas.
Il avoit auffi ajouté ces autres paroles, que tout ce que Dieu nous commande dans l'Ecriture *fe rapporte aux
devoirs que nous devons rendre à la
Divinité, à ceux qui nous regardent
nous-mêmes, & enfin à ceux auxquels nous fommes obligés envers noftre
prochain.* La réponfe de Mr. Simon
a été, que tant que Mr. le Clerc demeurera dans des termes fi vagues,
il trouvera que l'Alcoran prefcrit les
mêmes devoirs aux Sectateurs de
Mahommet. Mais l'Alcoran, dit-
on, ne defend pas d'avoir plufieurs
femmes, comme Jefus-Chrift nous
l'a defendu. Cela eft vray. Mais les
termes generaux dont on s'eft fervi
dans *les Sentimens* ne difent rien de
ce commandement ni de plufieurs
autres qui font dans le Nouveau
Teftament. C'eft pourquoy on a
eu raifon de luy objecter, qu'à moins
qu'il ne fortift de ces generalités,
il ne nous donneroit rien qui fuft
plus effentiel au Chriftianifme qu'au
Mahommetifme.

On abufe
du mot
de Tra-
dition
auffi bien
chez les
Chrê-
tiens que
chez les
Juifs.

On a avancé dans l'Hiftoire Critique en parlant des Juifs, qu'il faut
bien fe precautionner à l'égard des
Juifs, pour ne pas recevoir facilement
leurs Traditions, fur tout dans des
matieres de Critique, où ils fe trompent fouvent, parce qu'ils n'exami-
ment pas les faits, fe contentant de
dire qu'ils fuivent la Tradition de
leurs Peres. Mr. le Clerc pretend,
que felon cette même maxime on ne
doit point auffi croire aux Traditions
des Catholiques-Romains, qui tâ-
chent de faire paffer pour Traditions Apoftoliques les dogmes qui
les accommodent. Et il fe fonde
même pour cela fur ces paroles de
Mr. Simon, *que les hommes étant les
depofitaires des Traditions, y meflent
ce qu'ils ont inventé.* Si cette raifon
eft bonne, dit-on, contre les Juifs,
elle n'eft pas moins bonne contre les
Catholiques-Romains. Accordons
luy cela, pour ne pas perdre le temps
en des difputes inutiles. Qu'en peut-
il conclure autre chofe, finon que
tout ce que quelques Theologiens
de l'Eglife Romaine veulent faire
paffer pour de veritables Traditions
ne merite pas toûjours ce nom;
mais qu'il les faut examiner auffi bien
que les Traditions Juives? On avoit
déja fait la comparaifon des Docteurs Catholiques fur ce fujet avec
les Rabbins dans la Preface qui eft
au commencement des Ceremonies
& Coutumes des Juifs, où l'on a
remarqué, que *comme nos Docteurs
difent fouvent*, Cela eft de Tradition Apoftolique; *les Rabbins de même ont toûjours dans la bouche*, Halaca
le Mofce mi Sinai, *Cette explication
a été donnée à Moïfe fur la montagne
de Sinaï.* On a repeté cette même
maxime dans le Supplément qui a
été ajouté à ces Ceremonies, & il
n'y a point d'habile Theologien de
l'Eglife Romaine qui n'y donne les
mains. On ne croit pas legerement
dans cette Eglife tout ce que quelques Auteurs citent fous le nom de
Tradition. On a des regles pour

L

diftin-

diftinguer ce qui eft en effet Tradi-tion d'avec ce qui ne l'eft pas. Et ces regles fe trouvent dans l'Ecrit de Vincent de Lerins, qui a prefcrit aux Catholiques de croire ce qui a été crû en tous lieux, en tout temps, & par tout le monde. Ce qu'il faut ref-treindre, felon le même Auteur, aux principales Eglifes & aux principaux Docteurs. Le Concile de Trente même n'a pas pretendu autorifer d'autres Traditions que celles qui fe trouveroient bien fondées.

Mais *tout le monde fait*, conti-nuë noftre favant Arminien, *que la Cour de Rome a toûjours fait ce qu'elle a pû pour obliger les peuples à regar-der toutes fes pretentions comme des Traditions des Apoftres. Il en eft de même des Ecclefiaftiques de tout l'Oc-cident. Ils n'ont rien oublié pour aug-menter leur autorité & leurs revenus, & ils ont debité à leurs peuples pour Traditions Apoftoliques, tout ce qu'ils ont jugé propre pour cela.* Cet hom-me, qui n'a aucune connoiffance de la belle Theologie, ne nous donne que des lieux communs d'une baffe Controverfe. Toute l'Eglife n'eft pas la Cour de Rome; & fi cette Cour fe fert quelquefois du nom de Tradition pour appuyer fes interefts, on n'eft pas obligé de s'en rapporter à fes decifions. C'eft ce qui a mê-me été remarqué par le Cardinal Pa-lavicin dans fon Hiftoire du Concile de Trente, où il avoüe librement que dans une queftion de fait & d'in-tereft, principalement dans ce qui ap-partient à la Politique, le Pape eft fujet à fe tromper. *In una queftione di fatto è d'intereße... il Papa è foggetto ad errare.* Ce qu'on peut à plus forte

raifon appliquer à tous les autres Ec-clefiaftiques. Si Mr. le Clerc veut favoir ce qu'on entend icy par ces Traditions bien autorifées, il n'a qu'à lire ce que Holden Docteur en Theologie de la Faculté de Paris a écrit là-deffus dans fon *Analyfe de la Foy Chrêtienne.*

Il n'eft rien de plus affuré, dit nô-tre Arminien, que *les articles effen-tiels de la Religion Chrêtienne font clairs & en petit nombre.* En effet, ils font fi clairs, que jufqu'à prefent toutes les Sectes qui fe font élevées dans l'Eglife depuis Luther n'ont encore pû s'accorder là-deffus. Chaque Sec-te croit voir clairement & diftincte-ment les articles effentiels de fa creance dans l'Ecriture, ou au moins les en tirer par des confequences immediates & neceffaires: & cepen-dant on ne voit que des difputes, lors qu'il s'agit de fixer le nombre de ces pretendus articles effentiels. Quand les Arminiens fe font feparés des Calviniftes, ils leur ont oppofé qu'il y avoit très-peu de chofes ne-ceffaires à favoir & à croire pour être fauvé. *Pauca admodum effe quæ præ-cifè ad æternam falutem obtinendam fcitu & creditu neceffaria funt.* Les

Calviniftes au contraire ont répon-du, qu'il eft très-clair que les dog-mes neceffaires ne doivent point être reduits à un très-petit nombre. *Ma-nifeftißimè neceffaria dogmata ad pau-ciffima redigi non debere.* Vous êtes, ont-ils dit aux Arminiens, remplis de l'efprit du Socinianifme qui vous fait parler. Auxquels croirons-nous de ces gens-là? Dirons-nous qu'ils font ou Vifionnaires, ou Impofteurs? Non. Mr. le Clerc nous affure que ce
font

font des gens prevenus & aveuglés de leurs paſſions ; & c'eſt pour cette raiſon qu'ils diſputent ſur des choſes claires & qui ſautent aux yeux. Mais laiſſons les diſputer éternellement. Pendant qu'ils diſputeront avec tant de chaleur ſur des matieres qu'ils ſuppoſent très-claires, on aura ſujet de penſer d'eux qu'ils s'expliquent de la même maniere qu'un certain Auteur, qui en parlant de l'Apocalypſe dit, qu'elle eſt écrite *en clarté noire.*

Mr. le Clerc grand defenſeur de la liberté de conſcience.

Je ne m'étonne plus que Mr. le Clerc qui trouve l'Écriture ſi claire, exhorte les peuples à vivre conformément à leurs lumieres, & à abandonner la Société de ceux qui les tyranniſent, afin de ſe ranger avec ceux qui leur donnent la liberté de vivre ſelon leur conſcience. Tous les Chrêtiens, dit-il, ſoutiennent ces mêmes veritez auſſi bien que luy, après Jeſus-Chriſt & ſes Apoſtres. Il n'y a encore eu que le Prieur de Bolleville qui ait trouvé mauvais cette liberté de conſcience. Si cela eſt, les Arminiens ont eu grand tort de ſe plaindre des cruautez que les Calviniſtes ont exercées envers eux, ne voulant pas les laiſſer vivre ſelon leur conſcience. Tout le monde ſait les deſordres que cette liberté de conſcience preſchée par Luther cauſa dans une partie de l'Allemagne, où l'on eut bien de la peine à arreſter la fureur de certains Fanatiques.

Mr. le Clerc examine après cela de nouveau ce qu'on avoit dit touchant la neceſſité du Baptême des enfans. On a pretendu que les Proteſtans qui ont ſuivi Calvin ont reconnu cette neceſſité du Baptême,

En quel ſens les Calviniſtes ont

& qu'ils ne different en cela des Catholiques, que parce qu'ils ne le croyent pas abſolument neceſſaire de la neceſſité qu'on appelle de *moyen,* mais ſeulement de la neceſſité de precepte. *Ce n'eſt là,* répond noſtre Auteur, *qu'une pure illuſion. Il ne faut que ſavoir qu'il s'agit d'un dogme ſans la creance duquel il eſt impoſſible d'être ſauvé. Or les Proteſtans ne diſent point que la creance de la neceſſité du Baptême ſoit de cette nature. Ils ne diſent point que les Anabaptiſtes qui ne baptiſent pas leurs enfans, ſoient damnés pour cela.* Bien loin que ce ſoit une illuſion, l'on n'a rien avancé là-deſſus que ce qui ſe trouve dans la Confeſſion de Foy des Calviniſtes touchant le Baptême des enfans, dont voicy les termes. *Combien que ce ſoit* (le Baptême) *un Sacrement de foy & de penitence, neanmoins pour ce que Dieu reçoit en ſon Egliſe les petits enfans avec leurs peres, nous diſons que par l'autorité de Jeſus-Chriſt les petits enfans des fidéles doivent être baptiſés.*

établi la neceſſité du Baptême des enfans.

Confeſſ. de Foy des Egliſ. Refor. de France, Art. 35.

Il ne s'agit pas icy de ſavoir ſi les Calviniſtes croyent que les enfans qui ne ſont point baptiſés ſont damnés ou non. Lors qu'on a dit qu'ils ne croyent pas le Baptême neceſſaire de cette neceſſité qu'on appelle de moyen, on a aſſez declaré quelle étoit en cela leur creance. Toute la Controverſe ne roule que ſur ce qu'on a dit, qu'ils ont mis le Baptême des enfans entre les articles de leur creance, & que cependant ils ne peuvent prouver évidemment la creance de cet article par des paſſages formels de l'Ecriture. Encore que Calvin ait compoſé des Ouvrages exprès pour cela contre les Anabaptiſtes,

baptistes, qui pretendoient que cet usage de baptiser les enfans étoit venu de l'Eglise Romaine, & qu'on n'en trouvoit aucune preuve dans l'Ecriture ; on ne voit pas qu'il ait entierement satisfait par cette Ecriture à leurs objections. Toutes ses réponses supposent que le Baptême des enfans n'est pas moins un commandement dans la nouvelle Loy, que la Circoncision en estoit un dans la Loy de Moïse. S'il a crû que les enfans pouvoient être sauvés sans la Circoncision & sans le Baptême, cela ne regarde en aucune maniere nôtre question, ni ce qu'il a pû penser touchant la necessité de ce dogme, s'il étoit ou non du nombre de ceux qu'on doit croire pour être sauvé. C'est assez qu'on le trouve parmy les autres articles de la Confession de Foy des Calvinistes. On peut juger par la Réponse à Mr. de Veil, quel est l'estat de la question. Car toute cette dispute n'est venuë que de ce qu'on a dit dans cette Réponse, que les Protestans reconnoissent la necessité du Baptême des enfans dans l'Eglise après Saint Augustin ; si ce n'est que Saint Augustin qui a été de meilleure foy qu'eux, n'a pas pretendu qu'on en pust donner des preuves convaincantes par la seule Ecriture. C'étoit assez selon luy, que cette doctrine eust été reçuë dans l'Eglise par la seule autorité de cette même Eglise.

On pourroit facilement omettre tout ce que Mr. le Clerc oppose de nouveau à Mr. Simon sur la Tradition ; parce qu'on a établi cy-dessus des principes qui satisfont à ces nou-

velles objections : mais je veux bien les examiner en particulier, pour le convaincre entierement du peu de solidité de ses raisons. Il accorde que tous les Chrêtiens doivent admettre la Tradition de la maniere qu'on l'a definie, & qu'on ne peut pas rejetter les dogmes qui sont fondés sur le consentement perpetuel des Eglises depuis les Apôtres jusqu'à nous. Mais *la difficulté*, dit-il, *consiste à prouver, que tout ce que le Concile de Trente a defini a été la doctrine des Apôtres & des Eglises Chrêtiennes depuis leur siecle jusqu'au nôtre.* Cette difficulté qu'on suppose n'empesche pas que le principe ne soit toûjours vray ; & les Peres même du Concile de Trente n'ont point autorisé d'autre Tradition que celle-là. Les plus savans Theologiens de l'Eglise Romaine font profession de n'admettre aucuns articles de leur creance qui ne soit fondé sur la revelation, & qui par consequent ne soit venu comme de main en main depuis les Apôtres jusqu'à eux. C'est ce que Holden appelle un axiome très-certain parmy tous les Catholiques, ensorte que selon ce Theologien. ce qui n'est point venu jusqu'à nous de cette maniere ne peut être de droit divin. *Quodque sub hac methodo seu* *tenore non est transmissum & communicatum de seculo in seculum, nec juris est divini, nec immutabilis.*

Si nôtre Docteur Arminien n'a pas toute la capacité qui est necessaire pour faire cet examen, il ne s'ensuit pas pour cela que la chose soit impossible. On peut faire la même objection aux anciens Peres qui ont aussi employé ce principe contre les
Here-

contre toute l'Antiquité.

Ariano-rum ve-nenum non jam portiun-culam quam-dam, sed penè or-bem to-tum con-taminaverat. Vinc. Lir. contr. Hær. cap. 6.
* *Ibid.*

Faux raison-nement de Mr. le Clerc contre la Tradition.

Heretiques. Vincent de Lerins qui l'a establi en termes formels, l'a appliqué au sujet des Ariens, dont l'heresie, selon luy, avoit presque infecté tout le monde. Ce savant Pere attribuë le desordre que cette heresie avoit causé dans l'Eglise, à une detestable nouveauté qui avoit voulu détruire une antiquité bien fondée, & à ce qu'on avoit violé les institutions & la doctrine des anciens Peres. * *Dum bene fundata antiquitas scelesta novitate subruitur, dum superiorum instituta violantur, dum rescinduntur scita Patrum, dum convelluntur definita majorum.* Ce sont là les mêmes objections que Mr. Simon a faites aux Novateurs de nôtre siecle ; & tout ce que Mr. le Clerc luy oppose tombe également sur Vincent de Lerins, ou plutoft sur toute l'Antiquité.

Il croit cependant bien raisonner, quand il dit que pour examiner le consentement perpetuel des Eglises Chrêtiennes, il faut commencer par l'examen du sentiment des Apôtres en lisant leurs Ecrits, & aprés cela les Ecrits de leurs Disciples qui sont en très-petit nombre, & dont quelques-uns ont été extrémement falsifiés. Ce savant Critique nous apprend icy des choses bien singulieres, & dont il étoit absolument necessaire qu'il nous avertift. Vincent de Lerins & les autres Peres ont supposé tout cela, sans en conclure que cet examen étoit impossible. Ils pretendent au contraire convaincre les Heretiques aprés avoir fait cette discussion. Et en effet on ne peut pas juger un procès, si on n'examine les pieces qui appartien-

nent à ce procès. Mais Mr. le Clerc, qui a bien d'autres lumieres que ces bonnes gens du temps passé, ajoute que quand bien même l'on sauroit que les Apôtres & leurs premiers Disciples ont crû de certaines choses, & qu'on le pourroit prouver clairement, *il ne s'enfuit pas que ces choses soient absolument necessaires au salut.* Il n'est pas moins necessaire selon luy, *de trouver dans la Tradition l'importance d'un dogme, que le dogme en luy-même.* D'où il conclut, *qu'il faut trouver dans les Ecrits des Apôtres & de leurs Disciples des marques par lesquelles on puisse distinguer les dogmes necessaires de ceux qui ne le sont pas, ou se servir des lumieres de la raison pour faire cette distinction sans cela.*

Egare-ment de Mr. le Clerc lors qu'il parle des Tradi-tions.

Je voudrois bien savoir où tendent tous ces raffinemens sur une dispute où il ne s'agit que de savoir quels sont les dogmes fondés sur un perpetuel consentement des Eglises depuis les Apôtres jusqu'à nôtre temps. Est-il besoin que les Anciens ayent ajouté à chaque dogme qu'ils ont proposé, que ce dogme est essentiel, & qu'il est du nombre de ceux qui sont necessaires au salut ? Nôtre Auteur, qui est plus exercé dans les disputes des Arminiens & des Sociniens avec les Calvinistes que dans la Theologie des Anciens, se jette sur ces sortes de subtilités, au lieu de traiter ce qui est en question. Quand on a publié dès les premiers siecles un Symbole sous le nom des Apôtres pour être crû generalement de tous les fideles, on ne l'a pas publié avec ces restrictions. On songea seulement à leur

L 3

donner

donner une Formule de Foy qui fust constante dans toutes les Eglises. Les Peres ont retenu cette même methode dans tous les siecles; & en parlant de l'uniformité de creance qui devoit être conservée parmi les Chrêtiens, ils ont quelquefois comparé l'Eglise à l'Arche de Noé, ensorte que comme il n'y eut personne de sauvé que ceux qui se trouverent dans l'Arche, personne ne peut aussi être sauvé hors la foy de l'Eglise. Et c'est ce qui fait dire à l'Auteur du Symbole attribué à Saint Athanase dès la Preface de son Symbole, que quiconque veut être sauvé, doit avant toutes choses· professer la foy Catholique entierement, sans laquelle il sera damné éternellement. En effet chaque Chrêtien faisoit profession de la foy de l'Eglise dans son Baptême : & c'est de là qu'on doit apprendre les dogmes que nostre Auteur appelle essentiels & necessaires au salut, & non pas des raisonnemens des Sociniens & des Arminiens.

Lors que Ruffin fut accusé à Rome d'être dans des sentimens heretiques sur la resurrection, il ne se purgea auprès du Pape Anastase que par cette voye. Car après avoir exposé à ce Pape quelle étoit sa foy touchant la resurrection des corps, voicy ce qu'il ajoute. *C'est ce que j'ay appris de ceux de qui j'ay reçu le Saint Baptême dans l'Eglise d'Aquilée, & que je croy aussi être la creance qui s'enseigne à Rome.* Il dit de plus au même endroit, qu'il n'a point d'autre foy que celle qui s'enseigne dans les Eglises de Rome, d'Alexandrie & d'Aquilée, & qui se prêchoit dans Jerusalem. Il ne se defend pas en disant, qu'il y a un très-petit nombre d'articles necessaires au salut, comme font aujourd'huy les Sociniens & les Arminiens, qui étant ignorans dans tout ce qui regarde l'Antiquité, raisonnent sur la Religion plutost en Metaphysiciens qu'en Theologiens : & comme Mr. le Clerc ne paroit pas avoir lû d'autres Livres pour s'instruire de la Religion Chrêtienne, que ceux de ses Sectaires, il n'est pas surprenant qu'il raisonne si pitoyablement sur les principes de la Theologie. Il luy est permis de distinguer avec ses très-chers Freres les Arminiens, les Controverses de la Religion qui sont de quelque importance, de celles qui ne le sont point, & de subdiviser les premieres en celles qui sont plus graves, & en d'autres qui sont très-graves; & les secondes en celles qui sont plus legeres, & en d'autres qui sont très-legeres. Mais tant que ces gens-là ne nous donneront que des paroles & des raisons qui ne sont point fondées sur l'Antiquité, nous les considererons comme des Metaphysiciens qui parlent de faits dont ils n'ont aucune connoissance. Nous nous appuyerons toûjours avec le sage Vincent de Lerins sur les regles que nos Ancêtres nous ont prescrites pour distinguer une creance Apostolique d'avec celle qui ne l'est point, & pour juger en même temps de celles qui sont necessaires au salut.

Nostre Arminien continuë toûjours de raisonner à sa maniere. *En examinant*, dit-il, *les sentimens des Apostres, il les faut examiner par eux-mêmes*

Notes marginales :

D'où l'on doit apprendre les dogmes necessaires au salut.

Quicunque vult salvus esse, ante omnia opus est ut teneat Catholicam fidem, quam nisi quisque integram inviolatamque servaverit, absque dubio in aeternum peribit. Symb. S. Athan.

Hæc nobis de resurrectione tradita sunt ab his à quibus Sanctum Baptisma in Aquileiensi Ecclesia consecuti sumus, quæ puto ipsa esse quæ etiam Sedes Apostolica tradere & docere consuevit. Ruffin. in Epist. ad Anast. urbis Romæ Episc.

Mr. le Clerc est Philosophe, & non pas Theologien.

Distinction des Controverses de la Religion selon les Arminiens.

Inter graves aliæ sunt graviores, aliæ gravissimæ; uti inter leves aliæ leviores, aliæ levissimæ. Præf. Apol. pro Confess. Rem.

Comment on peut connoitre les sentimens des Apoftres.

même fans le fecours de la Tradition des fiecles fuivans. Mais pourquoy ne veut-il pas que pour connoitre mieux les fentimens des Apoftres, lors qu'il s'y trouve quelque difficulté, on ait recours aux Eglifes fondées par ces mêmes Apoftres, & dont quelques-unes même ont reçu leur doctrine avant qu'ils euffent écrit ? C'eft la methode que les anciens Peres ont employée contre les Heretiques qui fe font feparés de ces Eglifes Apoftoliques. Outre les Ecrits des Apoftres ils ont appellé à leur fecours ces témoins vivans qui avoient confervé la pureté de la doctrine Apoftolique.

Objections pueriles de Mr. le Clerc.

Les Epiftres de St. Barnabé, ajoute noftre judicieux Auteur, de St. Clement, de St. Polycarpe & de St. Ignace avec les Ouvrages d'Hermas, & tous les Fragmens de ces temps-là qu'on pourra ramaffer, ne fauroient faire un Livre deux fois plus gros que le Nouveau Teftament. La remarque eft très-rare : mais je ne vois pas bien ce qu'il en veut conclure. Tantoft il dit qu'il eft impoffible de decouvrir la verité dans un fi grand nombre d'Actes. Tantoft il fe plaint de ce qu'il y en a trop peu. *Pour être affuré, dit-il, fi des témoins s'accordent, il faut entendre à part ce que chacun veut dire, & les confronter enfemble.* C'eft ce que les anciens Peres ont fait à l'égard des Ecrivains de ces premiers fiecles, & dans des temps où ils avoient plus d'Actes que nous n'en avons prefentement. On a fuivi cette methode dans le Concile de Nicée contre Arius. On l'a auffi gardée contre Paul de Samofate, comme il paroit de l'Epiftre Syno-

On a toûjours condamné dans

dale rapportée par Eufebe. Car il fut condamné par les Evêques comme un Novateur qui vouloit introduire dans l'Eglife des dogmes oppofés à toute l'Antiquité, & comme un homme qui *s'étoit éloigné de la Regle* pour embraffer de fauffes doctrines. Par ce mot de *Canon* ou *Regle* il faut entendre le Symbole ou la Confeffion de Foy reçuë dans l'Eglife.

l'Eglife les nouveautés.

Mais Mr. le Clerc ne veut pas qu'on s'en rapporte entierement à ces témoins. Il veut qu'on examine les chofes de nouveau. A-t-il quelque raifon folide pour recufer des témoins, qui étant plus proche que nous de ces premiers temps, avoient des Actes qui nous manquent prefentement, d'où ils pouvoient bien mieux éclaircir les faits qui étoient alors en queftion ? outre que ces juges ne font pas de fimples particuliers, mais des Evêques, des Prêtres & des Diacres affemblés dans des Conciles, qui après avoir fait une difcuffion exacte de ces faits, en communiquoient par Lettres avec les Evêques des autres Eglifes, leur faifant part de leurs deliberations. On ne peut pas dire que ces fortes de jugemens n'ayent été prononcés dans toutes les formes, & qu'on n'ait examiné avec application tous les Actes. Mr. Simon a donc eu raifon d'avancer dans fa *Réponfe aux Sentimens, que l'Eglife ne juge de quoy que ce foit que fur de bons témoignages, qui font les veritables preuves en matiere de fait.* Cependant noftre Arminien ne peut fouffrir cela, parce qu'on a dit dans ce même Livre, *que quand il n'y auroit point d'Ecriture Sainte, la Tradition ne laifferoit pas*

Ἀποςὰς τῇ κανό-νος ἐπὶ κίβδηλα καὶ νόθα διδάγμα-τα μετε-λήλυθεν. Euf. Hift. lib. 7. c. 30.

Prejugés legitimes contre les nouveautés.

Rép. aux Sent. p. 162.

Ibid. p. 42.

de

de se conserver dans l'Eglise, parce qu'il ne laisseroit pas d'y avoir d'autres Ecrits & d'autres témoignages, savoir le consentement des principales Eglises du monde, les Ecrits des Peres & des Conciles, &c.

Je ne comprens point en quoy ces deux propositions se contredisent. Elles sont toutes deux appuyées sur les témoignages des anciens Peres dans leurs Livres contre les Heretiques, comme il est aisé de le prouver par les Ecrits de St. Irenée & de Tertullien. St. Athanase a aussi employé les mêmes preuves pour refuter les Ariens. Il a joint à l'Ecriture du Vieux & du Nouveau Testament la doctrine des Peres. Il a aussi établi la Divinité du St. Esprit de cette même maniere, ayant recours à une Tradition constante depuis les Apostres jusqu'à son temps : τ̂ ἐκ ἀρχῆς παραδόσιν. Et enfin il a reconnu pour la veritable doctrine de l'Eglise Catholique celle qui a été donnée par Nostre Seigneur, annoncée par ses Apostres, & conservée par les Peres : ἣν ὁ μὲν Κύριῶ ἔδωκεν, οἱ δὲ Ἀπόστολοι ἐκήρυξαν, κ̀ οἱ πατέρες ἐφύλαξαν. C'est en vain qu'on demande, *Si Mr. Simon croit que toute la Religion Chrêtienne est contenuë si clairement dans le peû d'Ecrits qui nous restent des Disciples des Apostres, que quand nous n'aurions aucuns Livres du Nouveau Testament, nous pourrions neanmoins être parfaitement instruits de tous les sentimens de l'Eglise Apostolique dans les choses qui appartiennent à la foy ; au lieu que si nous n'avions que le Nouveau Testament nous n'y pourrions rien comprendre.* On a déja satisfait à cette demande, lors qu'on a remarqué avec les anciens Peres, & principalement avec St. Irenée, que si les Apostres ne nous avoient laissé aucuns Ecrits, nous ne laisserions pas d'être instruits de leurs sentimens par le moyen des Traditions qui se conservoient dans les Eglises. *Quid si neque Apostoli Scripturas reliquissent, nonne oportebat ordinem sequi Traditionis ?* En effet leurs Ecrits ne font qu'une partie des Traditions, & nous comprenons bien mieux ces divins Ecrits en y joignant les Traditions des premieres Eglises à l'imitation des anciens Peres, qu'en les lisant sans ce secours. On ne dit pas pour cela que les témoignages des premiers Peres doivent être preferés aux Livres des Apostres : on veut seulement qu'ils se donnent comme la main les uns aux autres, & que ce qui est obscur dans le Nouveau Testament soit mis en un plus grand jour par les depositions de plusieurs témoins, qui confirment tous dans leurs Ouvrages les mêmes verités.

On objecte, qu'il y a bien de la difference entre l'Eglise Apostolique, & une autre Eglise qui dit que tel a été le sentiment des Apostres. *Ce témoignage peut nous tromper, & l'experience nous apprend qu'on a atribué aux Apostres plusieurs sentimens qu'ils n'ont jamais eus. Témoin la Controverse touchant la celebration de la Pasque.* Aussi n'a-t-on pas opposé le sentiment d'une Eglise particuliere, mais de toutes en general, ou au moins des principales : & c'est de cette maniere que les premiers Peres pour faire voir aux Heretiques quelle étoit la veritable doctrine des Apos-

Usage des Traditions.

Iren. lib. 3. adv. Har. c. 4.

Athan. in Epist. ad Serap.

Le sentiment d'une Eglise particuliere n'établit point une Tradition.

Apoſtres, leur ont oppoſé la creance des principales Egliſes du monde. Il y a à la verité de certains faits de Diſcipline, ou de peu d'importance, dans leſquels elles ne conviennent point; comme a été, par exemple, celuy de la Paſque: mais alors il eſt libre à chaque Egliſe de garder ſa Tradition; ſi ce n'eſt qu'il y a de certaines occaſions où il eſt à propos pour le bien de la paix & pour conſerver une plus grande union entre les fideles, que l'Egliſe principale prevale aux autres.

La regle de fait éclaircit la regle de droit.

Nôtre Auteur, qui eſt plus fecond en demandes qu'en bonnes réponſes, demande encore, *S'il eſt poſſible qu'on croye de bonne foy, qu'il eſt plus aiſé de recueillir les devoirs neceſſaires à un Chrêtien d'un nombre infini d'Auteurs Latins & Grecs qui ont écrit depuis les Apoſtres juſqu'à nous, que de s'en inſtruire dans les Ecrits des Apoſtres.* On a dêja répondu, que la regle de fait étant jointe à celle de droit, les choſes en deviennent plus claires. Lors qu'une loy eſt obſcure, ce n'eſt pas agir contre la bonne foy, que de conſulter les interpretes de cette loy. Ce ſeroit au contraire agir contre le bon ſens, que de ne le point faire. Mais le ſtile des Apoſtres, dit-on, eſt-il ſi obſcur, qu'on n'y entende preſque rien; & que les Ecrits des Docteurs ſoient ſi clairs, que ſans le ſecours de l'Ecriture nous puiſſions nous inſtruire à fonds de la Religion? Cette objection eſt hors de propos, puis qu'on n'a jamais pretendu ſeparer ces deux choſes, & que dans l'Hiſtoire Critique on a aſſocié l'Ecriture aux témoignages des Peres.

Si l'Ecriture eſt obſcure, continuë noſtre Auteur, parce que les Proteſtans diſputent des dogmes qui y ſont contenus; on doit auſſi rejetter par la même raiſon les Peres, parce que les Proteſtans ne diſputent pas moins du ſens des Peres contre les Catholiques, que du ſens de l'Ecriture. Mais quand on ſuppoſera cela, qu'en peut-on conclure, ſi ce n'eſt qu'il y a de l'obſcurité tant dans les Peres que dans l'Ecriture, & qu'il faut de l'application pour penetrer leurs ſens? Or en ce cas-là il me ſemble que pluſieurs témoins d'un même fait doivent être preferés à un ſeul. Pluſieurs témoins d'un fait doivent être preferés a un ſeul. Lors que les Ariens ont diſputé du ſens de quelques paſſages de l'Ecriture qui étoient obſcurs, on a eu recours d'un commun conſentement aux Peres qui avoient expliqué ces mêmes paſſages, ou qui avoient parlé de la doctrine qui étoit en controverſe. S'il s'eſt trouvé de l'obſcurité dans les paroles de quelques-uns de ces Peres, on n'a pas laiſſé pour cela de ſe ſervir de leur autorité pour éclaircir les faits qui étoient en queſtion; comme on le peut prouver par tout ce qui s'eſt paſſé dans l'Egliſe, quand il s'y eſt élevé des nouveautés. C'eſt pourquoy tout le raiſonnement de Mr. le Clerc n'eſt qu'un paralogiſme. Je veux croire qu'il y a de l'obſcurité dans les Ecrits de quelques Peres, & qu'ils n'ont pas été toûjours exacts dans leurs expreſſions, & qu'on a par conſequent beſoin d'application pour concevoir leurs penſées: en doit-on conclure qu'ils ne peuvent être d'aucun uſage dans les matieres de la Religion?

On avoüe, par exemple, que les Peres qui ont veſcu avant le Concile de Nicée n'ont pas parlé avec tant de netteté sur le myftere de la Trinité , que leurs expreffions n'ayent donné quelque occafion de difpute. Mais après tout , les Actes qui nous reftent de ce Concile font foy que la chofe ayant été bien examinée, tous les Evêques, à la referve d'un très-petit nombre , convinrent que la doctrine decidée par le Concile étoit la doctrine qui avoit été enfeignée par leurs Anceftres, comme on l'a déja fait voir. D'où il eft aifé de juger , que les témoignages des premiers Peres n'étoient pas fi embarraffés qu'on le fuppofe. L'exemple

de Tertullien qu'on propofe pour mieux faire fentir cet embarras, n'eft pas fi preffant qu'on n'y puiffe satisfaire. C'eft à la verité un des Auteurs fur lequel Servet s'eft le plus appuyé : mais outre que Calvin & plufieurs autres ont traité cette matiere, je ne voudrois point d'autre interprete des fentimens de Tertullien fur la Trinité , que St. Cyprien qui avoit lû fes Ouvrages avec application , & qui n'a jamais revoqué en doute ce myftere , bien qu'il ait vefcu avant le Concile de Nicée. Au refte , je ne fuis point furpris de l'embarras où fe trouve Mr. le Clerc, qui n'a jamais lû les Ecrits des Peres en eux-mêmes. Il s'en eft entierement rapporté à quelques-uns de fes Docteurs, qui ne paroiffent pas les avoir lûs plus que luy, & qui cependant decident hardiment du fort de ces mêmes Peres. L'Auteur Anglois

qui a écrit depuis peu fur cette matiere, a rendu juftice à Epifcopius un des Heros du parti Arminien, lors qu'il luy a reproché fon igno-

rance dans la connoiffance de l'Antiquité Ecclefiaftique , à l'occafion du Concile de Nicée.

Je ne fçay à quel propos on fait icy venir les Controverfes des Jefuites & des Janfeniftes, où les deux partis , dit-on , *affurent avec une égale confiance , qu'ils ne difent rien fur la matiere de la grace qui ne foit fondé fur l'autorité d'une Tradition conftante.* On devoit auffi oppofer en même temps une infinité d'autres difputes qui font entre les Thomiftes & les Scotiftes & les autres Theologiens de l'Ecole, qui font le plus fouvent partagés en differens fentimens. Chaque parti pretend avoir les Peres de fon cofté : mais ils avoüent quelquefois de bonne foy, que tout ce qu'ils difent n'eft que pour difputer, *difputando , non afferendo.* On ne fera peut-être pas tort aux Janfeniftes & aux Jefuites qui ont rempli le monde de leurs difputes , fi on les range parmi ces Theologiens de l'Ecole qui n'ont d'autre deffein que de difputer. Auffi ne voyons-nous pas qu'aucun Concile General ait rien arrefté fur leurs Controverfes. Il y a un milieu à garder entre les deux partis, fi on veut s'appuyer fur l'autorité d'une Tradition conftante.

Noftre Arminien paffe à un autre exemple qu'il pretend être bien plus embarraffant , & qui eft pris de la doctrine du Concile de Nicée. *Il n'eft pas* , dit-il , *moins difficile de la bien comprendre , que celle de ceux qui ont vefcu avant le Concile.* Mais le peu d'Actes au contraire qui nous reftent de ce Concile dans les Auteurs Ecclefiaftiques nous fait voir ma-

Reflexions sur le mot ὁμοούσιⓈ.

manifeſtement le contraire ; & il y a de l'apparence que Mr. le Clerc ne les a jamais conſultés, s'étant contenté de lire dans les Auteurs de ſon parti quelques méchantes objections contre ce Concile. Il oppoſe avec eux, que le mot d'ὁμοούσιⓈ eſt *extrémement équivoque*, parce qu'il a deux ſignifications, dont l'une marque *une ſeule & même nature en nombre*; & l'autre, *ce qui eſt d'une même nature en eſpece.* Il s'étonne que Mr. Bullus, *qui a fait une Defenſe de la doctrine du Concile de Nicée, n'ait rien dit de l'ambiguité de ce mot.* Mais il ſeroit bien plus ſurprenant, ſi Mr. Bullus avoit formé de grandes difficultés avec noſtre Auteur ſur une équivoque qui ne peut être qu'imaginaire à l'égard de ce Concile. Il n'y a point de plus dans la Divinité d'eſpece ni de nombre, ſi on veut parler exactement. Ces termes de Dialectique ne peuvent convenir qu'aux natures creées & qui ſe multiplient: outre que les Evêques aſſemblés à Nicée ont aſſez fait connoître qu'il n'y avoit en Dieu qu'une ſeule eſſence en nombre, ſi on veut ſe ſervir de ce terme. Auſſi l'équivoque du mot ὁμοούσιⓈ ne venoit pas de ce coſté-là, mais du faux ſens qu'on pouvoit luy donner avec Sabellius & avec Paul de Samoſate. Les Ariens expliquoient auſſi ce mot dans un faux ſens, pour rendre la doctrine des Catholiques odieuſe. Mais les Peres ont oſté toutes ces équivoques, & ont expoſé claire-

ment le ſens Catholique du mot ὁμοούσιⓈ.

Les Auteurs que Mr. le Clerc a ſuivis inſiſtent principalement ſur de certaines comparaiſons priſes des choſes creées qu'il ne faut pas prendre à la lettre. Car les Peres mêmes qui ſe ſont ſervis de ces ſortes de comparaiſons, ont averti en même temps qu'on ne devoit pas les preſſer, & qu'on ne les employoit que pour s'accommoder à la foibleſſe des hommes. C'eſt ſur ce pied-là qu'on expliquera les paroles du Concile de Nicée, où le Fils de Dieu eſt appellé Dieu émané de Dieu, Θεὸν ἐκ Θεοῦ, lumiere qui eſt ſorti d'une lumiere, φῶς ἐκ φωτός. Ils n'ont pas voulu dire par là, comme l'inſinuë noſtre Arminien, que comme la flamme d'un flambeau eſt parfaitement de la même ſubſtance que la flamme de celuy auquel on l'a allumé; ainſi il n'y a aucune difference entre la ſubſtance du Pere & celle du Fils. Il eſt aiſé de connoitre par la ſuite de ce Formulaire de doctrine, les raiſons qui ont donné occaſion aux Peres du Concile de Nicée de ſe ſervir de la comparaiſon de la lumiere qui ſort d'une autre lumiere. Car voicy ce qui eſt ajouté au même endroit. (1) *L'Egliſe Catholique & Apoſtolique de Dieu anathematiſe ceux qui diſent qu'il y a eu un temps auquel le Fils de Dieu n'étoit point, ou qu'il n'étoit point avant qu'il fuſt engendré, ou qu'il a été fait de rien, ou d'une autre ſubſtance ou eſſence divine.* C'eſt

On ne doit point inſiſter ſur les comparaiſons dont les Anciens ſe ſont ſervis en parlant de la Trinité.

M 2

par

----

(1) Τὰς δὲ λέγοντας ἦν ποτὲ ὅτε οὐκ ἦν, ἢ οὐκ ἦν πρὶν γεννηθῆναι, ἢ ἐξ οὐκ ὄντων ἐγένετο, ἢ ἐξ ἑτέρας ὑποστάσεως ἢ οὐσίας φάσκοντας εἶναι, ἢ κτιστὸν, ἢ τρεπτὸν, ἢ ἀλλοιωτὸν τὸν ὑιὸν τοῦ Θεοῦ, τούτους ἀναθεματίζει ἡ καθολικὴ καὶ ἀποστολικὴ τοῦ Θεοῦ ἐκκλησία. *Socr. Hiſt. Eccleſ. liv.* 1. *c.* 8.

par rapport à ces paroles, & pour monftrer la fauffeté du fentiment d'Arius, qu'on doit expliquer la comparaifon prife de la lumiere, fans infifter trop fur toute cette comparaifon. Mais Mr. le Clerc, qui n'a jamais examiné cela avec application, reforme hardiment les Peres du Concile, qui ne devoient pas, felon luy, introduire un mot nouveau qui fuft équivoque, & qu'on puft prendre en un fens contraire à leur penfée. Mais ils fe font expliqués affez clairement fur ce mot pour en ofter cette ambiguité pretenduë. Comme il y a beaucoup plus de chofes que de mots, il eft impoffible d'empêcher abfolument toutes les équivoques. Il fuffit qu'on s'énonce d'une maniere qui ofte les fens doubles qu'on pourroit donner aux mots pris dans leur generalité.

Mr. le Clerc ne fe contente pas d'avoir trouvé à redire dans la definition du Concile de Nicée, il attaque de plus le Symbole du Concile de Chalcedoine rapporté par Evagrius, où les Evêques affemblés dans ce Concile reconnoiffent que le Fils de Dieu eft confubftantiel à fon Pere felon la Divinité, & à nous felon l'humanité. Sur quoy il s'écrie, *Voilà un étrange abus du mot de confubftantiel, fi les Peres de Nicée ont entendu ce qu'on entend prefentement par cela.* Il faut être bien accoûtumé aux fubtilités de Metaphyfique, pour trouver de l'abus dans cette expreffion. Il s'agiffoit dans le Concile de Chalcedoine de condamner Eutyche, qui vouloit que les deux natures fuffent confonduës dans Jefus-Chrift, & qu'il ne fuft pas parfaite-

Evagr. Hift. lib. 2. c. 4.

Defenfe du Symbole du Concile de Chalcedoine.

ment & veritablement homme, les proprietés de la nature humaine ayant été abforbées par la Divinité. Cette definition du Concile de Chalcedoine, dont noftre Auteur paroit fi fort fcandalifé, marque feulement que Jefus-Chrift a retenu veritablement la nature divine & la nature humaine; qu'il eft confubftantiel à fon Pere; & qu'il eft auffi homme comme nous, felon la penfée de St. Paul, qui eft rapportée au même lieu, lors qu'il a dit que Jefus-Chrift eft femblable à nous en toutes chofes, excepté le peché. Pour moy je ne comprens pas où eft cet étrange abus du mot de confubftantiel. Il n'y a qu'à lire les paroles entieres du Symbole de Chalcedoine dans l'Hiftoire même d'Evagrius, pour juger de leur fens.

Enfin nôtre Docteur Arminien produit encore une fois ce qu'il avoit déja rapporté dans fes *Sentimens* fous le nom de St. Athanafe, pour prouver que les Peres des premiers fiecles ont quelquefois employé de certaines expreffions d'où l'on pourroit conclure, *que le Fils n'eft pas égal au Pere, ou qu'il y a trois Dieux, comme Pierre, Paul & Timothée ont été trois hommes.* Ce paffage pretendu de St. Athanafe luy a femblé fi fort, qu'il fe repent de ne l'avoir cité qu'en paffant. C'eft pourquoy il trouve bon de le *rapporter icy tout au long,* comme une piece rare. Mais il n'a pas fçû que le Dialogue de la Trinité dont il produit un long extrait, comme fi on ne l'avoit pû confulter, n'eft point de St. Athanafe. On a pourtant bien voulu avoir pour luy cette complaifance dans la Réponfe

Témoignage attribué à St. Athanafe, qui n'eft point de luy, & d'où on ne peut rien conclure.

ponse aux *Sentimens*, que de le supposer de ce Saint Docteur, .afin de
luy faire voir que son raisonnement
tiré de St. Athanase n'étoit qu'un
pur paralogisme, qu'il continuë encore icy, ne pouvant souffrir qu'on
ait conclu des paroles mêmes qu'il
citoit, *qu'on ne doit pas insister avec
tant de rigueur sur les expressions des
anciens Peres; mais qu'il les faut interpreter plutost selon leurs pensées que
selon leurs mots.* En effet nostre judicieux Arminien conclut, que si
quelqu'un s'exprimoit aujourd'huy de
la maniere que St. Athanase s'exprime dans ce Dialogue, *il passeroit
pour un aussi grand Heretique pour le
moins que les Sociniens.*

Il sera donc vray sur ce pied-là,
qu'il ne faut pas toûjours insister sur
les mots, mais sur les pensées des
Peres: puis qu'il est hors de doute
que St. Athanase n'a été ni Socinien,
ni Arien. *Mais qui nous apprendra
leurs pensées?* ajoute Mr. le Clerc.
*Ne faut-il pas que nous la tirions de
leurs Ouvrages?* Cela est vray. Aussi
a-t-on pretendu qu'il ne falloit pas
apprendre la pensée de St. Athanase
& des autres Peres par quelques expressions seulement & dans un de
leurs Ouvrages; mais qu'il étoit necessaire de les examiner tous en particulier, & d'en comparer les diverses expressions. Il faut à la verité
entendre les termes des Peres pour
entrer dans leur sens. Mais, continuë nostre Auteur, *comme il se
trouve quelque varieté dans ces termes,
qui nous dira lesquels doivent servir
d'interpretation aux autres?* Cela n'est
pas bien difficile dans l'exemple qu'il
produit de St. Athanase: car à moins

de vouloir se rendre ridicule, on ne
dira jamais qu'il ait été dans les sentimens des Sociniens; bien qu'on
nous dise qu'il y a dans ses Dialogues
de la Trinité des expressions qui fa-
vorisent le Socinianisme. Tout le
monde sçait avec quelle force Calvin a combattu l'heresie de Servet
touchant la Trinité: cependant il ne
seroit pas malaisé de trouver dans
ses Ouvrages des endroits qui appuyent le Servetisme. Ce qui trompe les Docteurs Arminiens, c'est
qu'ils font valoir des comparaisons,
comme si c'étoient des propositions
absoluës qu'il fallust expliquer selon
la rigueur des termes; au lieu qu'on
doit les adoucir, & les interpreter
d'une maniere qui ne soit pas contraire à la pensée des Auteurs qui s'en
servent.

CHAPITRE IV.

Critique de la IV. Lettre.

LA Controverse plaist si fort à
Mr. le Clerc, qu'il ne la sçauroit
quitter. Il retouche de nouveau ce
qui regarde la Tradition & l'autorité
de l'Eglise, en repetant ce qu'il a
déja dit là-dessus: & cependant il
veut qu'on croye que ce n'est que
malgré luy qu'il s'étend sur ces sortes
de matieres. Cette voye d'examiner la Religion est, selon luy, *si difficile & si embarrassée, que la plus
vaste lecture & la plus grande pene-
tration d'esprit n'y peut suffire.* Mais
nonobstant toutes les difficultés qu'il
peut y avoir à faire cette discussion,
les anciens Peres n'ont pas laissé de
se servir de cette regle contre les

Nova-

Novateurs de leurs temps. Et pour ne pas repeter ce qu'on a déja dit, on n'a qu'à confulter ce qu'on a rapporté cy-deffus du Livre de Vincent de Lerins contre les herefies, où l'on trouvera des réponfes folides à toutes les objections que noftre Auteur propofe en cet endroit. Mais que deviendront, dit-on, ceux qui ne peuvent pas examiner eux-mêmes cette fuite perpetuelle de la Tradition de toutes les Eglifes du monde? On a auffi fatisfait à cette objection qui tombe également fur toute l'Antiquité. Auffi n'eft-il pas neceffaire, comme on l'a déja fait voir, que chacun en particulier examine la perpetuité de la Tradition pour fe tirer hors du Pyrrhonifme. Toutes ces objections combattent la pratique generale de l'Eglife, qui a toûjours fuivi cette voye dans fes decifions, comme il eft aifé de le prouver par des faits inconteftables, auxquels on ne peut pas oppofer des raifonnemens metaphyfiques.

Il ne peut pas nier que le fentiment d'Arius n'ait été condamné comme nouveau dans le Concile de Nicée, & comme une doctrine oppofée à celle de toute l'Antiquité. Il répond, que ce n'eft point de quoy il s'agit; *mais de favoir ce qu'ont voulu dire les Peres qui ont vefcu avant ce Concile, les Peres du Concile même, & ceux qui les ont fuivi de plus près :* comme fi Eufebe & les autres Evêques du Concile de Nicée, après avoir examiné ce qui étoit alors en queftion, & après avoir recherché avec foin quelle étoit la doctrine des Peres qui avoient vefcu avant eux, n'avoient pas declaré qu'ils fuivoient exactement ce qu'ils avoient appris de leurs Anceftres. Eufebe de Cefarée eft un témoin irreprochable de cette verité. Socrate a rapporté dans fon Hiftoire la Formule de foy que cet Evêque propofa dans le Concile en prefence de l'Empereur. Après avoir examiné toutes les difficultés de part & d'autre, bien loin qu'il trouvaft de l'impoffibilité à établir la perpetuité de la creance de l'Eglife fur les matieres qui étoient alors en controverfe, (1) il dit d'abord, qu'il expofe la foy qu'il tient des Evêques fes predeceffeurs, & dont il a fait profeffion lors qu'il a reçu les premieres inftructions du Chriftianifme, & qu'il a été baptifé; que c'eft cette même foy qu'il a apprife dans l'Ecriture Sainte, & qu'il a crûë, & enfeignée aux autres pendant fa Prêtrife & depuis qu'il a été élevé à l'Epifcopat.

On a donc eu raifon de dire, que les Evêques affemblés dans le Concile de Nicée n'eurent aucune difficulté à penetrer le fens des expreffions des anciens Peres, que noftre Auteur fuppofe fi embaraffées, qu'il n'eft pas poffible d'en tirer rien de clair en faveur de la Trinité. Les paroles d'Eufebe qu'on vient de citer, & qui n'eft pas un Auteur fufpect dans le point dont il s'agit, declarent expreffément que la foy du Concile
de

---

(1) Καθὼς παρελάβομεν παρὰ τῶν παρ' ἡμῶν Ἐπισκόπων, καὶ ἐν τῇ κατηχήσει, καὶ ὅτε τὸ λυτρὸν ἐλαμβάνομεν, καὶ καθὼς ἀπὸ τῶν θείων γραφῶν μεμαθήκαμεν, καὶ ὡς ἐν τῇ πρεσβυτερείᾳ, ἢ ἐν αὐτῇ τῇ ἐπισκοπῇ ἐπιστεύσαμέν τε καὶ ἐδιδάσκομεν τὴν ἡμετέραν πίστιν ὑμῖν προσαναφέρομεν. *Socr. Hift. lib.* I. *cap.* 8.

de Nicée étoit la creance de ses Ancêtres , & celle dont il avoit fait profession dans son Baptême. Mais les Evêques de ce Concile, dit-on, *ne purent s'accorder qu'après de longues contestations* : ce qu'on pretend prouver par un passage du même Eusebe dans la Vie de Constantin. Je veux qu'il y ait eu quelque difficulté dans l'examen qu'on fit des expressions des anciens Peres ; il n'y en eut aucune quand on vint à la decision : & ces contestations qu'on suppose lors qu'on examina le fait, font voir qu'on ne decida rien dans ce Concile qu'avec connoissance de cause. Aussi est-il remarqué qu'Eusebe ne precipita rien, & qu'il n'exposa son sentiment qu'après toutes les reflexions necessaires sur la Formule de foy. Il ne declara sa pensée qu'après une longue deliberation. A l'égard du passage tiré de la Vie de Constantin, Eusebe parle en ce lieu-là de la harangue que l'Empereur prononça dans le Concile pour ramener les esprits qui étoient aigris les uns contre les autres ; & il est remarqué expressément, qu'il les reünit tous ensemble dans les mêmes sentimens. Le même Eusebe dit, que ces Evêques ne demeurerent pas seulement d'accord dans ce qui regardoit la foy, ‏τ̛ πίςιν‎ ; mais qu'ils convinrent aussi du temps auquel on celebreroit la Pasque.

C'est ce que Mr. le Clerc ne peut nier : mais comme il ne cherche qu'à chicaner, il objecte que dans ces temps-là *on pouvoit avoir une infinité d'Ouvrages que nous n'avons plus, & plusieurs autres secours dont nous sommes presentement destituées.* D'où il conclut, qu'il *ne s'ensuit nullement de là, qu'il nous soit fort aisé d'entendre la doctrine du Concile de Nicée & de ceux qui l'ont precedé.* Mais à l'égard de la doctrine de ce Concile, il nous reste assez d'Actes pour en juger. Pour ce qui est des Peres qui l'ont precedé , quand leurs Ecrits seroient plus embarrassés qu'ils ne sont, la decision des Evêques de Nicée, qu'on suppose avoir été dans un temps où il y avoit plus d'Actes que nous n'en avons presentement, & après avoir examiné les expressions des anciens Peres , doit servir d'un prejugé legitime.

On avoit dit dans la Réponse aux *Sentimens*, qu'Arius étoit un Novateur, *qui avoit plutost pris ses sentimens dans les Livres d'Aristote qu'on lisoit alors à Alexandrie, que dans l'Ecriture & dans les Peres.* Il n'y a personne, pour peu de connoissance qu'il ait de l'Antiquité, qui ne demeure d'accord de cette proposition. Mais nostre Auteur soutient qu'Arius *n'a pas trouvé ses sentimens dans ce Philosophe ; & que c'est parler bien improprement , de dire qu'il les a pris de luy ; que Mr. Simon obligeroit beaucoup les Sectateurs de ce Philosophe, s'il prouvoit qu'il a été dans les sentimens d'Arius. Car encore vaudroit-il mieux qu'il passast pour le Prince des Ariens , que pour celuy des Athées.* En verité j'ay honte de refuter ces sortes de reflexions. Lors qu'on a dit qu'Arius avoit plutost pris ses sentimens dans Aristote que dans l'Ecriture & dans les Peres, on n'a pas voulu marquer par là qu'Aristote ait été Arien. On a parlé d'un Chrétien qui a expliqué l'Ecriture Sainte plu-

Accord des Evêques assemblés à Nicée.

Vita Const. lib. 3. c. 13.

Objection.

Réponse.

Raisonnement puerile de Mr. le Clerc sur le fait d'Arius.

plutost selon les principes de la Dialectique d'Aristote, que selon la Tradition. Et c'est ce que les Peres ont dit de luy avant Mr. Simon. St. Epiphane a appellé les Ariens, (1) *de nouveaux Aristoteliciens qui avoient sucé le venin de ce Philosophe, en abandonnant l'innocente simplicité & la douceur du St. Esprit.*

Cet homme est si fort entesté de ses opinions touchant la grace, qu'il fait encore icy venir *les differens qui sont entre les Jesuites & les Jansenistes sur la grace, où les uns & les autres pretendent également d'avoir la Tradition pour eux.* Les Jesuites, dit-il, citent les Peres Grecs, & les Jansenistes s'appuyent principalement sur l'autorité de St. Augustin. Mais il y a bien d'autres disputes où les deux partis pretendent avoir chacun les Peres de leur costé. Ce sont de pures disputes qui ne tombent point sur le fonds de la creance, & il est permis à ces gens-là de disputer éternellement. Ce n'est pas de quoy il s'agit icy, où l'on parle d'une creance fondée sur le consentement de toutes les Eglises du monde, ou au moins des principales. S'il est vray que les Peres Grecs sont favorables aux Jesuites, & St. Augustin avec quelques-uns de ses Disciples aux Jansenistes, on ne peut pas dire que la creance de l'un ou de l'autre parti puisse établir un dogme de foy. C'est pourquoy on a remarqué, que l'Eglise n'a rien déterminé *sur ces sentimens particuliers,* qu'on a confondus peu judicieusement avec la creance commune de l'Eglise.

On peut être bon Catholique, sans prendre part à plusieurs disputes des Docteurs Catholiques.

Mr. le Clerc demande, *s'il faut que l'on ait des definitions de Conciles Ecumeniques sur une chose, pour être assuré que c'est la doctrine de l'Eglise.* Si cela est, ajoute-t-il, *toute la Tradition sera uniquement appuyée sur les Canons des Conciles, & tout ce qu'on pourra citer des Docteurs particuliers ne prouvera rien du tout.* Ce raisonnement est un paralogisme, & en même temps une preuve manifeste que celuy qui fait ces sortes d'objections n'entend gueres la matiere qu'il traite. On répond, que les Conciles Ecumeniques ne sont point absolument necessaires pour être assuré de la creance de l'Eglise, qui est appuyée, comme on l'a déja dit plusieurs fois, sur le consentement des principales Eglises du monde. Les premiers Peres, avant que les Conciles fussent en usage, ont eu recours à ce consentement, lors qu'il a été question de savoir quelle étoit la veritable doctrine des Apostres. Je pourrois même prouver par quelques exemples, que depuis qu'on a assemblé des Conciles, les Peres n'ont pas crû qu'ils fussent absolument necessaires, étant persuadés qu'il suffisoit de consulter par Lettres ou par d'autres voyes les sentimens des principales Eglises sur les difficultés qui se presentoient. En effet, les Conciles Ecumeniques ne font autre chose que nous declarer la creance reçue dans ces Eglises. C'est pourquoy ce long discours de nostre Arminien sur les Conciles Ecumeniques est tout-à-fait inutile. Car soit qu'il y ait eu des Conciles Ecumeni-

Paralogisme de Mr. le Clerc sur la Tradition de l'Eglise.

Il n'est point absolument necessaire d'assembler des Conciles dans l'Eglise.

---

(1) Οἱ νεοὶ Ἀριστοτελικοί· ἐκεῖνοι γὰρ ἀπεμάξαντο τὴν ἰοβολίαν, καὶ κατέλιπον τοῦ ἁγίου πνεύματος τὸ ἄκακον καὶ τὸ πρᾶον. *Epiph. lib. 2. tom. 2. hær. 69.*

meniques dans les trois premiers fiecles, ou qu'il n'y en ait point eu,
cela *ne fait aucune breche à la Tradi-*
tion perpetuelle.

La foibleffe de fon raifonnement
paroît encore davantage quand il a-
joute au même endroit, que *Mr. Si-*
mon rendroit un grand fervice à fon
Eglife, s'il faifoit voir clairement, que
les Jefuites & les Janfeniftes ont éga-
lement tort de faire paffer de part &
d'autre leurs fentimens pour des Tra-
ditions Apoftoliques. Ce font des difputes auxquelles Mr. Simon n'a jamais pris aucune part; fi ce n'eft qu'il
a fouvent témoigné à quelques-uns
de fes amis qui vouloient s'engager
dans ces fortes de difputes, qu'il valoit mieux garder le filence, que
d'approfondir des matieres fur lefquelles la Tradition ne paroiffoit pas
claire; qu'au refte, il falloit fe foû-
mettre à la creance commune & generale de toute l'Eglife, felon la
maxime du judicieux Vincent de Lerins, fans s'opiniâtrer à foutenir les
fentimens de quelques particuliers,
qui pretendoient avoir chacun la
Tradition de leur cofté. Ces fortes
de pretentions ne font pas des decifions de l'Eglife. Les Thomiftes &
les Scotiftes fe font tous les jours les
uns aux autres de femblables objections fur diverfes matieres de Theologie, fans qu'ils pretendent pour
cela prononcer des arrefts definitifs.
On voudroit que Mr. Simon euft
marqué en termes plus clairs, *en quoy*
les Peres font d'accord contre Pelage,
& en quoy confifte fur cette matiere la
Tradition conftante de l'Eglife Uni-
verfelle. Mais il me femble qu'on
s'eft expliqué nettement là-deffus,
quand on a dit que *les Peres tant*
Grecs que Latins conviennent tous
dans le point qui eft oppofé à l'herefie
de Pelage. Pour cela il fuffit de favoir que Pelage a nié la neceffité ab-
foluë de la grace interieure & fur-
naturelle reconnuë par toute l'Eglife.
Un Chrétien qui fait profeffion de
reconnoître cette grace, eft veritablement Catholique, fans qu'il foit
befoin qu'il examine toutes les difputes de ceux qu'on nomme Janfeniftes & Moliniftes.

On oppofe encore une fois l'exemple pris de la Verfion des Septante, qui a paffé du confentement de
toute l'Antiquité jufqu'à St. Jerôme
pour un Ouvrage infpiré: d'où l'on
pretend conclure l'incertitude de la
Tradition. On a déja répondu,
que ce fait regarde la Critique, &
non pas la Religion. Mais Mr. le
Clerc pour éluder cette réponfe abufe icy du mot équivoque de Critique,
lors qu'il objecte qu'on ne peut examiner la Tradition des fiecles paffés
que par la voye de la Critique, &
par les mêmes moyens par lefquels
on entend toutes fortes de Livres.
Mais quand on luy accordera cela,
qu'en peut-il conclure contre Mr. Simon, qui n'a pas pris en ce lieu-là
le mot de Critique dans une fignification generale, mais feulement
dans le fens qu'on donne à ce mot,
lors qu'il s'agit de quelques difficultés
qui regardent la Grammaire, l'Hiftoire, ou quelque autre fait qui foit
purement de Critique? Or l'on fou-
tient que la difpute des Septante eft
de cette nature, parce qu'il s'agit de
juger de l'exactitude d'une Verfion.
St. Jerôme, qui s'étoit appliqué à

cette Critique plus qu'aucun autre des anciens Peres, a eu raison de dire qu'ils étoient Interpretes, & non pas Prophetes; ayant remarqué plusieurs fautes dans leur Traduction qui ne pouvoient pas venir d'un esprit de Prophetie. Ce n'a donc pas été simplement par les regles generales de la Critique, qu'on peut appliquer à toutes sortes de sujets, que ce Saint Docteur a jugé de la Version des Septante; mais par ce qu'on appelle proprement Critique. En effet, il a pretendu que ces Interpretes se sont quelquefois trompés en traduisant les Livres Sacrés: ce qui ne peut pas convenir à des Prophetes. Encore que St. Augustin & quelques autres Peres ayent crû que les Septante se sont quelquefois éloignés par un esprit de Prophetie du texte qu'ils traduisoient, il ne s'ensuit pas de là qu'ils ayent pû tomber dans des fautes considerables, comme St. Jerôme les en a accusés. Il est vray qu'il a rejetté une partie de ces fautes sur les Copistes: mais nous ne parlons icy que des fautes qu'il a attribuées aux Interpretes mêmes, & non pas de celles qui viennent des Copistes. Ce sont principalement ces fautes qui l'ont porté à croire contre toute l'Antiquité, que les Septante n'ont été que de simples Traducteurs de la Bible: & c'est ce que nous avons appellé Critique dans la Réponse aux *Sentimens*, où l'on a observé en même temps, que les points de Religion ne sont pas soûmis à cette sorte de Critique.

Au reste il y a bien de la difference entre le fait qui regarde les Livres des Maccabées, & celuy de la Version des Septante. On peut à la verité examiner ces deux faits selon les regles de la Critique prise en general, & par les mêmes moyens par lesquels on juge de toutes sortes de faits: mais ces regles generales de Critique à l'égard de la Version des Septante tombent sur une matiere qui est purement de Critique; au lieu que la difficulté qui regarde l'Auteur des Maccabées est une matiere de Religion: car il s'y agit de savoir si ces Livres sont Canoniques. Que les Septante ayent été inspirés ou non, leurs Livres sont toûjours divins. Et ainsi toute la question de leur inspiration ne roule que sur un fait qui est purement de Critique. Au contraire le fait des Maccabées est un fait qui est purement de Religion, parce qu'il s'y agit de l'Ecriture en elle-même, & non pas de la Traduction de cette Ecriture. D'où je conclus, que la Tradition des premiers siecles touchant la Version des Septante n'appartient point aux matieres de Religion. Ce qu'on ne peut pas dire des Maccabées.

Mr. le Clerc trouve de plus à redire à la maniere dont on a expliqué l'infaillibilité de l'Eglise, parce qu'on a dit que la plus-part des Protestans se trompent, s'imaginant qu'elle n'employe que son autorité dans ses decisions. On a pretendu qu'elle ne juge de quoy que ce soit que sur de bons témoignages, & que cela s'est toûjours pratiqué dans les Conciles. Il répond, qu'on donne icy une idée des Conciles éloignée de la verité; & que pour en persuader le monde, il falloit parcourir les principaux Conciles. Mais ce n'est pas une

chose

Difference notable entre le fait qui regarde les Maccabées, & celuy de la Version des Septante.

La plus-part des Protestans se trompent quand ils parlent de l'infaillibilité de l'Eglise.

chofe fort difficile que de parcourir les Actes qui nous reſtent des Conciles, où l'on trouvera que les Evêques qui y ont été aſſemblés ont declaré qu'ils n'y decidoient rien qui ne fuſt conforme à la foy de leurs Ancêtres, & à celle dans laquelle ils avoient été baptiſés & ordonnés. C'eſt ce qui a fait dire à Mr. Simon, *que lors que les Evêques ſe ſont aſſemblés dans les Conciles pour y declarer la creance de l'Egliſe, ils ont chacun apporté une declaration de ce qu'on croyoit dans leurs Egliſes.* Mais cela ne s'eſt pas, dit-on, pratiqué dans le Concile de Trente, où l'on n'a point agi ſelon cette methode, puis que les Legats y *faiſoient paſſer les ſentimens de la Cour de Rome, ſans avoir aucun égard à ceux des autres membres du Concile.* Cependant il eſt aiſé de prouver par le Concile de Trente même, qu'on n'a point eu dans ce Concile d'autre idée de la Tradition que celle qu'on a apportée dans l'Hiſtoire Critique & dans la Réponſe aux *Sentimens.* On n'y a rien decidé contre les nouveautés des Proteſtans que ce qui avoit été déja arreſté en France dans le Concile de Sens. La Cour de Rome même n'a point d'autres ſentimens là-deſſus que ceux des autres Egliſes du monde. Si elle a quelques opinions qui luy ſoient ſingulieres, elles ne regardent que la Diſcipline, ou des matieres qui ne ſont point de foy, & dont chacun peut penſer ce qu'il luy plaiſt. Au reſte il n'a pas été neceſſaire que les Evêques du Concile de Trente euſſent lû tous les Ecrits de leurs Predeceſſeurs pour appuyer leurs decrets ſur cette con-

Defenſe du Concile de Trente.

noiſſance de l'Antiquité. Il y avoit peu de matieres qui n'euſſent été déja examinées dans les Conciles precedens, dont les deciſions pouvoient ſervir de prejugés legitimes. On a recours en ces cas-là aux Symboles, aux Formules & Confeſſions de Foy reçuës dans les Egliſes, & à quelques autres Actes de cette nature. C'eſt ſur ce pied-là qu'on a condamné toutes les nouveautés auſſi-toſt qu'elles ont paru dans l'Egliſe, & avant même qu'on aſſemblaſt des Conciles, qui ne font que declarer la creance ancienne.

Si noſtre Auteur avoit un tant ſoit peu lû les Conciles, il ne demanderoit pas, comme il fait, *d'où vient que les Conciles ne nous donnent jamais de raiſon de ce qu'ils ont fait.* Je trouve au contraire qu'on n'y raiſonne ſouvent que trop. Auſſi n'eſt-on pas obligé de ſe ſoûmettre à leurs raiſons, mais à leurs deciſions. C'eſt aſſez dans un fait qui appartient à la creance de dire qu'on croit une choſe, parce qu'on l'a toûjours crûe dans l'Egliſe. Si l'on n'a pas imprimé entiers les Actes du Concile de Trente, ils ont eu à Rome leurs raiſons pour cela, & on ne prouvera pas de là, qu'on n'ait fait autre choſe dans ce Concile, que *de propoſer de ſimples definitions avec des anathemes contre ceux qui refuſeroient de les recevoir.* On y a examiné les matieres de la Religion de la même maniere que dans tous les autres Conciles, dont on a publié les Actes.

Mr. le Clerc revient encore une fois à l'infaillibilité de l'Egliſe, *qui n'eſt point,* ſelon luy, *tout ce que dit Mr. Simon.* L'on entend par là,

 ajoute-

Faux rai-sonne-ment de Mr. le Clerc sur l'infailli-bilité de l'Eglise.

ajoute-t-il, *un pouvoir absolu qu'ont les Conciles Ecumeniques de decider qu'une chose est veritable ou fausse en matiere de Religion, sans qu'il soit permis à qui que ce soit d'examiner s'ils ont raison, avant que de s'y vouloir soûmettre.* On a déja monstré, qu'il n'est pas vray que l'infaillibilité de l'Eglise consiste purement dans son autorité ou pouvoir absolu, puis qu'elle ne decide rien que sur les témoignages des Anciens. Il n'est pas en son pouvoir de faire de nouveaux articles de foy ; mais elle peut seulement les declarer conformément à

L'Eglise ne peut faire de nou-veaux articles de foy.

la Tradition. C'est ce qui a fait dire à un Theologien de Paris, que les Evêques assemblés dans les Conciles ne sont que les témoins des articles de la creance, *testes, non conditores* ; & qu'il n'y a personne qui soit veritablement Catholique & instruit de la Religion qui ose être d'un sentiment contraire. *Articulorum fidei*

Hold. Analyf. Fidei, lib. 1. c. 4. lect. 1.

conditores audeat eos nemo verè Catholicus & perspicax adstruere. Ce Theologien rapporte au même endroit ces paroles de St. Augustin tirées d'une de ses Epistres : *Quæ Christus præscripsit, ea nemo audet variare.* D'où il conclut, qu'il ne depend point de l'autorité & du pouvoir absolu de l'Eglise de changer le moins du monde une verité divine ou revelée. *Neque in totius Ecclesiæ potestate & autoritate situm est, veritatem aliquam à Christo revelatam, aut institutionem divinitùs editam vel minimè variare aut immutare.*

On alle-gue mal-a-propos un té-moigna-ge de

Je ne vois pas à quel propos on oppose icy le témoignage de Mr. l'Evêque de Meaux, comme s'il avoit reconnu dans l'Eglise un pou-

Mr. l'E-vêque de Meaux contre Mr. Si-mon.

voir absolu de decider les matieres de la Religion, & independemment de la Tradition. L'on s'appuye sur ces paroles de ce savant Evêque : *Tant qu'il y aura des disputes qui partageront les fidéles, l'Eglise interposera son autorité.* En effet l'autorité

** Dans fa Confer. avec Mr. Claude.*

de l'Eglise assemblée dans des Conciles doit prevaloir aux sentimens particuliers de quelques Ministres qui n'ont aucuns principes arrestés sur les matieres de la Religion. L'on ne fait pas consister cette autorité dans un pouvoir absolu, puis qu'on suppose que l'Eglise n'a pas le pouvoir de faire de nouveaux dogmes, mais simplement de les declarer conformément à la Tradition. Mais ce Prelat *ne parle pas*, dit-on, *de l'Eglise de tous les siecles considerée toute entiere, mais de l'Eglise d'un certain temps assemblée en un Concile, dans lequel elle interpose son autorité pour mettre fin aux Controverses.* Ce que Mr. l'Evêque de Meaux dit en ce lieu-là de l'autorité de l'Eglise, doit s'entendre de tous les Conciles en general, qui ont le pouvoir de mettre fin aux disputes qui partagent les fidéles, en declarant conformément à la Tradition, quelle est la veritable creance de l'Eglise.

Il ne paroit pas de plus, que Mr. le Clerc entende parfaitement la matiere qu'il traite, lors qu'il objecte à Mr. Simon, qu'il abandonne les sentimens de son Eglise, en luy attribuant l'infaillibilité dans les choses de fait. Outre que cette distinction de droit & de fait a plus de subtilité que de solidité, ce n'est pas icy le lieu d'examiner à fonds si Eglise a cette infaillibilité ou non. L'on a avancé

avancé avec les anciens Peres, que *quand il s'agit de savoir quelle est la veritable creance de l'Eglise, on a recours à la methode de prescription, en monstrant qu'on doit croire ce qu'on y a toûjours crû; & pour être certain de ce qu'on y a toûjours crû, on examine les témoignages de ceux qui ont parlé de cette creance en differens temps & en differens lieux.* Si nostre Auteur appelle cela étendre l'infail-libilité de l'Eglise jusqu'aux choses de fait, on n'aura point de dispute là-dessus avec luy. Il est neanmoins bon de remarquer, qu'on appelle dans l'Eglise une question de droit, tout ce qui peut être decidé par l'Ecriture & par la Tradition: car ces deux choses composent le droit de l'Eglise. Or les paroles qu'on vient de rapporter ne s'entendent que de ces questions-là.

On peut reduire par cette voye tous les dogmes de la Religion à des questions de fait, sans que l'on confonde pour cela les dogmes avec les choses qu'on appelle ordinairement *choses de fait.* C'est sur ce principe qu'on a dit, que pour savoir ce qu'on doit croire aujourd'huy, il faut savoir ce qu'on a toûjours crû : & ainsi il est necessaire d'examiner la crean-ce des siecles passés, selon la maxi-me de Vincent de Lerins, ou plu-tost de tous les anciens Peres: *Quod ubique, quod semper, quod ab omni-bus creditum, illud est Catholicum.* Mais il faut, dit-on, pour cela dis-tinguer les Ouvrages qui sont veri-tablement des Peres, de ceux qui sont supposés. Il faut bien prendre leur sens. *Ce sont là des choses de fait, en quoy les plus illustres Docteurs de l'Eglise Romaine avoüent sincere-*

ment que les Conciles Generaux se peu-vent tromper. J'avoüe que ce sont là des choses de fait qui ont de la liaison avec les dogmes qu'on examine par les voyes de faits: mais on ne doit pas confondre pour cela les dogmes avec les choses qu'on appelle de purs faits. Il y a de la difference, par exemple, entre les dogmes qui ont été éclair-cis par les Conciles contre Arius, contre Nestorius, Pelage, Eutyche & les autres Heretiques, & entre les faits qui regardent ces Heretiques. Car pour declarer contre ces Nova-teurs quelle avoit été la veritable creance de l'Eglise, on a examiné ce qui avoit été crû jusqu'alors. Et cet examen consiste en des preuves de fait appliquées à des questions de droit.

Les Conciles peuvent à la verité se tromper quelquefois dans de cer-tains faits qui ne regardent point la creance generale de l'Eglise. Mais il n'en est pas de même des dogmes, qu'on peut aussi appeller des faits en quelque maniere: & en ce sens-là toutes les matieres de la Religion pourront se reduire à des questions de fait qui se decident par l'Ecriture & par la Tradition; & alors ce sont de veritables questions de droit. Nous devons croire comme des veri-tés revelées les choses qui ont été crûës depuis les Apostres jusqu'à nous. Cette discussion ne se peut faire que par les voyes de fait: & bien qu'on puisse se tromper dans de cer-tains faits particuliers qui sont ob-scurs, il n'en est pas de même des faits qui regardent les dogmes de l'Eglise. On trouve des preuves assez manifestes dans les Livres des An-ciens de ce qui est en controverse,

 lors.

lors qu'on les examine avec un peu d'application. On prouve, par exemple, facilement par la Tradition, que Pelage qui rejettoit la grace interieure étoit un Novateur. Mais après tout, l'Eglise n'a pas moins le pouvoir de decider les choses qui sont purement de fait, lors qu'elles causent des disputes qui rompent la paix, que les matieres qui regardent les dogmes, quand elle trouve des raisons suffisantes pour juger ces faits; & les fideles sont alors obligés de se soûmettre à ses definitions. C'est une question de fait, par exemple, de savoir si l'Evangile que nous lisons sous le nom de St. Matthieu est veritablement de luy. L'Eglise est en droit de decider ce fait & plusieurs autres de la même nature, sur tout quand on trouve dans la Tradition des témoignages suffisans pour en juger, & si ces faits ne sont point de matieres qui appartiennent purement à la Critique. C'est pourquoy la distinction qu'on fait ordinairement des questions de droit, & des questions de fait, a plus de subtilité que de solidité, parce que l'Eglise prononce également sur les unes & sur les autres, comme il est aisé de le prouver par l'Histoire Ecclesiastique.

La comparaison que nostre Auteur fait icy de l'Eglise Judaïque avec les Conciles, ne prouve rien du tout. On veut que Mr. Simon ait attribué une bien moindre autorité à l'Eglise Chrêtienne pour decider les matieres de Religion, qu'à celle du Vieux Testament, parce qu'il a pretendu, *que le grand Sanhedrin a été inspiré & composé de Prophetes, dont la seule*

autorité a dû suffire pour finir toute sorte de Controverses; *au lieu que dans l'Eglise Chrêtienne les Conciles n'ont rien de Prophetique.* Mais il n'a pas compris ce qu'on nomme icy Prophetie ou Inspiration. L'Eglise étant assemblée dans les Conciles a la même inspiration que les Juges du Sanhedrin avoient dans leurs Assemblées : car elle a ce qu'on appelle une grace d'infaillibilité dans ses decisions; & on n'accorde point d'autre inspiration ou Prophetie au Sanhedrin que celle-là. Dieu avoit établi dans l'ancienne Loy des Juges de tous les points de la Loy qui avoient besoin d'être consultés, de la même maniere que les Evêques assemblés dans les Conciles sont les Juges des Controverses de la Religion Chrêtienne, on doit se soûmettre à leurs decisions. Comme nostre Auteur propose cette même objection en un autre endroit, il y aura lieu d'en parler plus à fonds. Au reste on luy a très-bien monstré qu'il avoit fait venir mal-à-propos la Prophetie de Jesus-Christ & de ses Apostres, pour prouver qu'ils pouvoient connoitre la verité des Traditions Judaïques, puis que cette Prophetie étoit contestée par les Juifs avec qui ils disputoient. Mr. le Clerc répond à cela, qu'il n'a pas dit que Jesus-Christ & ses Apostres fondassent leurs raisonnemens sur leur autorité : mais qu'après avoir reconnu par le don de Prophetie la verité de certaines Traditions reçûës parmi les Juifs, ils ont pû raisonner sur ces Traditions. Cela étant, l'objection de Mr. Simon demeurera toûjours en son entier : car il avoit objecté

pour

L'on s'ap-puyoit fur la Tradi-tion au temps de Jefus-Chrift.

pour monftrer la neceffité de la Tra-dition, que Jefus-Chrift & fes Apô-tres fe font fervis de plufieurs paffa-ges de l'Ecriture qui ne prouveroient rien, fi l'on n'avoit recours à quel-que Tradition qui autorifaft leurs ex-plications. Quand on fuppofera qu'ils favoient la verité de ces Traditions, cela ne fait rien à la queftion : car il fera toûjours vray de dire, qu'en ces temps-là on ne s'appuyoit pas moins fur l'autorité des Traditions, que fur les paffages de l'Ecriture. Et c'eft ce qu'on a voulu monftrer.

Le rai-fonne-ment de Noftre Seigneur contre les Sadu-céens n'eft point tout-à-fait con-cluant, fi l'on ne s'appuye que fur l'expref-fion du paffage de l'E-criture.

C'eft fur ce même principe qu'on a auffi remarqué, que les paroles de la Genefe qui ont été employées par Noftre Seigneur pour prouver la re-furrection aux Saducéens, ne font point abfolument concluantes, fi l'on ne s'appuye que fur la force des mots ; mais qu'il faut avoir recours à un fens autorifé par l'ufage ou par la Tradition. Mr. le Clerc a beau dire, que Noftre Seigneur preffe les termes du paffage, *en forte qu'il ne faut qu'entendre la langue dans la-quelle l'Ecriture parle, pour recon-noitre la refurrection*; on ne l'en croira pas davantage pour cela. Car les ter-mes de ce paffage n'ont pas plus de force en Ebreu, que dans le Grec & le Latin. Les plus favans Interpretes du Nouveau Teftament y trouvent de la difficulté. *Difficile*, dit Maldonat fur cet endroit, *hoc loco eft intelligere, quomodo Chriftus ex hoc teftimonio ef-ficaciter argumentetur.* Mr. le Clerc, qui a des lumieres particulieres & une connoiffance de la langue Ebraï-que que ce favant Jefuite n'a pas eûe, nous affure qu'il ne faut qu'en-tendre l'Ebreu pour fentir la force du

Maldon. Comm. in Cap. 22. Matth. v. 31.

raifonnement de Jefus-Chrift, qui eft, felon luy, tiré de cette expref-fion, Etre le Dieu de quelqu'un, que l'on ne pourroit *appliquer à Dieu, fi celuy dont on dit qu'il eft le Dieu, étoit mort fans devoir refufciter.* Mais s'il faut recourir à l'Ebreu, il n'y a qu'à lire ce paffage dans l'Exode, d'où il a été pris, & l'on n'y trou-vera autre chofe, finon que Dieu dit à Moïfe, qu'il eft le Dieu de fes Ancêtres Abraham, Ifaac & Jacob : c'eft-à-dire, qu'il eft le Dieu que fes Ancêtres avoient adoré. Peut-on conclure de là par la feule force de l'expreffion, la verité de la refurrec-tion ? Il eft vray que Noftre Seig-neur reproche aux Saducéens qu'ils ne favent pas les Ecritures, & qu'il leur demande, s'ils n'ont pas lû ces paroles, *Je fuis le Dieu d'Abraham, d'Ifaac & de Jacob.* Mais il y a plu-fieurs autres paffages du Vieux Tef-tament cités avec la même force dans le Nouveau Teftament, & qui cependant ne font pas concluants par la feule expreffion.

Exod. 3: 6.

Noftre Profeffeur *Ebraïfant* infifte fort fur l'expreffion de ce paffage, qu'il dit *être bien plus grande en He-breu qu'elle ne paroit d'abord aux oreilles Françoifes.* Il fe plaint mê-me de ce qu'on ne luy a pas fait de réponfe là-deffus, & de ce qu'on s'eft contenté de repeter ce qu'on en penfoit ; *comme s'il ne falloit qu'affu-rer une chofe pour refuter des preuves fondées fur des faits inconteftables en-tre ceux qui ont quelque connoiffance de la langue Hebraïque.* Mais on eft obligé de luy dire encore une fois, que l'Ebreu de ce paffage n'en dit pas plus que le François, & que les oreil-

Le paffa-ge dont Noftre Seigneur fe fert contre les Sadu-céens ne prouve pas plus en Ebreu qu'en une autre langue.

oreilles *Juives* n'y découvrent rien
de plus grand que *les oreilles Fran-*
çoises, pour me servir de ses termes.
Etre le Dieu d'Abraham, d'Isaac &
de Jacob, n'a pas plus d'énergie en
Ebreu qu'en François, & en toute
autre langue. Si en raisonnant on y
trouve quelque chose de plus grand;
cela ne vient pas de l'expression E-
braïque, mais du raisonnement &
des reflexions qu'on fait sur ces paroles. C'est pourquoy Maldonat,
qui a crû voir dans ces paroles un
sens sublime & qui n'étoit point entendu du peuple, ne l'appuye pas
sur l'expression ou sur les mots E-
breux, mais sur les reflexions qu'il
fait sur ce passage; & il ajoute en
même temps, qu'il prevoit bien ce
qu'on luy peut répondre. Mais il
faut considerer, dit-il, que Jesus-
Christ n'a pas eu intention d'apporter une raison qui fût tout-à-fait con-
cluante, mais seulement probable &
suffisante pour reprendre les Saducéens. *Considerandum est voluisse*
Christum non omninò necessarium, sed
tam probabile argumentum afferre,
quàm ad coarguendos Saducæos satis
esset. Au reste je me suis un peu étendu sur la pensée du Jesuite Maldonat,
qui est reconnu de tout ce qu'il y a
d'habiles gens pour un des plus exacts
Commentateurs des Evangiles; afin
qu'on juge de là si Mr. le Clerc a eu
raison de s'emporter avec tant de
chaleur contre Mr. Simon, pour
avoir dit, *qu'il suffisoit de lire les pa-*
roles de Nostre Seigneur, pour juger
qu'elles ne sont point concluantes:
d'où l'on avoit inferé, qu'il avoit
expliqué le passage de l'Exode, sur lequel son raisonnement étoit fondé,

selon la Tradition autorisée par l'u-
sage.

Mais Jesus-Christ, dit-on, n'a
pas pû supposer la Tradition contre
les Saducéens qui ne la recevoient
point. *Quand on dispute contre quel-*
qu'un, il faut raisonner sur un prin-
cipe commun. Pendant qu'on ne con-
vient pas de principe, il n'y a rien de
plus ridicule que de faire des argumens
dont on nie les fondemens. Si l'on
juge sur ce pied-là de tout ce qui est
produit dans le Nouveau Testament
par Jesus-Christ & par ses Apostres
tiré des Livres du Vieux Testament,
il y aura bien des argumens ridicules.
Il faudroit que Mr. le Clerc nous fit
voir, que dans leur maniere d'argumenter ils ont eu égard aux loix
rigoureuses de la Dialectique : & il
ne sera pas malaisé de le convaincre
du contraire. C'est ce qui a fait dire
à Maldonat, que Nostre Seigneur
n'a pas employé en ce lieu-là contre
les Saducéens une preuve concluan-
te, mais seulement probable. *On*
voudroit bien savoir, ajoute nostre
Auteur, *d'où Mr. Simon sçait que*
Jesus-Christ vouloit apprendre aux
Sadducéens, qu'ils étoient des Nova-
teurs en ne suivant pas la Tradition;
puis que Nostre Seigneur n'en dit pas
un mot. C'étoit une suite necessaire
de son raisonnement, qui est fondé,
comme on l'a fait voir, sur le sens
d'un passage expliqué selon la Tradition. Et c'est aussi de cette maniere
que les Catholiques argumentent
contre les Protestans & contre les
Sociniens. Ils se fondent souvent
sur des passages de l'Ecriture qui ne
sont pas concluants selon la rigueur
des expressions ; & sur lesquels on
ne

1 *Tim.* 3. 15.

En quel sens St. Paul a dit que l'Eglise est la colomne & le soûtien de la verité.

Fausse interpretation de ce passage par quelques Critiques Protestans.

ne laisse pas neanmoins d'insister, à cause du même sens que les Peres leur ont donné. On croit avoir raison de traiter de Novateurs en ces occasions-là les Protestans & les Sociniens, bien qu'ils fassent profession de ne se soûmettre point aux Traditions.

On resoudra facilement sur ce même principe les chicaneries de nôtre Arminien sur un passage de St. Paul où l'Eglise est appellée *la colomne & le soûtien de la verité*; d'où l'on avoit inferé, que cette Eglise a comme en depost les verités de la Religion Chrêtienne. Cette explication est appuyée sur toute l'Antiquité, & les paroles mêmes du texte de St. Paul paroissent claires. Cependant ces gens qui veulent que l'Ecriture soit claire, pretendent qu'il n'y a rien de si obscur que ce passage consideré en luy-même; qu'on suppose gratuitement que ces paroles doivent se rapporter à l'Eglise, au lieu qu'elles peuvent se rapporter aussi naturellement pour le moins, dit-on, au *mystere de pieté*, qui est immediatement après. Il faut être bien animé de l'esprit de contradiction pour traduire les paroles de St. Paul comme nostre Auteur pretend qu'on les peut traduire, & même plus naturellement. Beze, qui a fait tout son possible pour détourner le veritable sens de ce passage, n'y a rien veu de semblable. De plus, Grotius qui a remarqué l'explication que nostre Arminien rapporte icy comme la plus naturelle, la condamne hautement, & dit fort librement, que ceux qui ne veulent pas entendre de l'Eglise ces

Grot. Annot. in 1 *Epist. ad Tim. c.* 3. *v.* 15.

mots, *la colomne & le soûtien de la verité*, ne le font que par l'envie qu'ils luy portent; que la Grammaire même ne peut pas souffrir leur sens, à cause de l'article τὸ qui precede τῆς εὐσεβείας μυστήριον, & qui marque par consequent le commencement d'un nouveau sens. *Tituli*, dit ce savant homme en parlant de ce passage, *hi sunt Ecclesiæ, cui qui cos invident, mirum quam laborent, ut hæc verba sequenti periodo connectant. Eis tum alia repugnant, tum illud* τὸ *quod ponitur ante* τῆς εὐσεβείας μυστήριον. *Qui articulus ostendit novum esse sensum, non titulorum cum sequentibus continuationem, & illud* μυστήριον *poni subjective, non prædicative, ut scholæ loquuntur.*

Mr. le Clerc veut pourtant bien accorder, qu'il s'agit de l'Eglise en ce lieu-là: mais il dit, qu'il s'ensuivra seulement de là, *que l'Eglise Chrêtienne conserve & soutient la verité parmi les hommes. Ce qui se peut faire aussi bien en conservant les Livres de l'Ecriture, qu'en conservant les Livres des Peres.* Il ajoute de plus, que pour conclure quelque chose de ce passage contre les Protestans, *il faudroit que St. Paul eust dit, que l'Eglise ne peut être la colomne & le soûtien de la verité qu'en conservant une Tradition qui n'est point dans l'Ecriture; ou avoir monstré qu'il n'y a point d'autre moyen de conserver la verité que celuy-là.* Voilà bien des mots pour ne rien prouver. L'Eglise est la colomne & le soûtien de la verité, non seulement parce qu'elle conserve les Livres de l'Ecriture, & les anciennes Traditions; mais aussi parce qu'elle conserve le verita-

En quel sens l'Eglise est la colomne & le soûtien de la verité.

ble

ble sens de ces Ecritures. Et c'est ce qui a fait dire aux anciens Peres contre les Novateurs de leur temps, que l'Ecriture appartient proprement à l'Eglise. Ce qu'on ne doit pas entendre simplement du texte de ces Ecritures, qui sont aussi bien chez les Heretiques que chez les Orthodoxes; mais de la doctrine contenuë dans ces Livres. C'est pourquoy lorsque les premiers Peres ont recours à l'Ecriture pour établir les dogmes de la Religion Chrétienne, ils ne s'arrestent pas aux mots, mais au sens; & ils cherchent ce sens dans la creance des Eglises fondées par les Apostres. *Ubi enim,* dit Tertullien, *apparuerit esse veritatem disciplinæ & fidei Christianæ, illic erit veritas Scripturarum, & expositionum, & omnium traditionum Christianarum.* C'est sur ce pied-là que toute l'Antiquité a crû que l'Eglise étoit *la colomne & le soûtien de la verité.* Il y a de l'ignorance, ou plutost de la malice dans l'esprit de quelques Protestans, qui ont objecté aux Catholiques de s'appuyer sur ce passage pour prouver que l'Eglise a droit de faire de nouveaux dogmes. C'est ce que Beze leur a reproché dans ses Remarques, où il assure que l'Eglise ne fait pas elle-même ces dogmes, mais qu'elle les conserve en qualité de témoin. *Cùm Ecclesia,* dit-il, *nec procreatrix, sed testis sit duntaxat, altrix & conservatrix veritatis inter homines.* Comme si les Catholiques qui entendent un tant soit peu la Religion étoient dans d'autres sentimens. On a monstré cy-dessus, que l'Eglise ne s'attribuë point le pouvoir de faire de nouveaux dogmes.

Au reste il importe peu de savoir si les Evangiles de St. Matthieu & de Saint Marc & de quelques Epistres de St. Paul étoient déja entre les mains des fideles, lors que cet Apôtre écrivit son Epistre à Timothée. Car nonobstant cela, il sera toûjours vray que plusieurs Eglises ont été fondées avant qu'il y eust aucune Ecriture du Nouveau Testament. Ce que les Apostres ont écrit depuis n'est qu'une partie de ce qu'ils ont enseigné à ces Eglises, qui n'auroient pas laissé de conserver la doctrine qu'ils leur avoient preschée, quand même ils n'auroient rien écrit. C'est pourquoy le corps du Droit de la Religion Chrétienne doit être composé de l'Ecriture & de la Tradition. Les Peres n'ont point separé ces deux choses. Et ainsi tout ce que nostre Auteur objecte icy pour faire valoir les Ecrits des Apostres est inutile, puis qu'on les reçoit aussi bien que luy; & qu'on a dit plusieurs fois, que pour associer les Traditions à l'Ecriture, on ne rejettoit pas pour cela cette même Ecriture. Au contraire les Catholiques l'ont toûjours consideré comme la principale partie de leur Droit, & ils ne combattent là-dessus les Protestans, que parce qu'ils veulent qu'elle suffise seule pour regler les points de la Religion.

A quel propos nous dit-on icy, que les *Disciples n'ont pas égalé les lumieres ni la pieté de leurs Maistres; & qu'il n'y a rien de plus commun, que de voir des gens ou peu éclairés, ou peu sinceres, corrompre par simplicité ou par malice ce qu'ils ont ouï dire à des personnes pieuses & savantes?* Quand

Marginalia (left): Tertull. de Præscr. adv. Hær. c. 24. — Bez. Annot. in 1 Tim. 3:15.

Marginalia (right): Le corps de Droit de la Religion Chrétienne est composé de l'Ecriture & des Traditions.

Quand tout cela feroit vray, on n'en peut rien conclure contre des Traditions autorifées par le commun confentement des Eglifes. On n'a jamais appuyé une creance Catholique fur le témoignage de quelques perfonnes fimples ou malicieufes. Je veux que Papias ait raconté des fables, & qu'il les ait même attribuées aux Difciples des Apoftres; & que quelques Peres les ayent crûës après luy trop facilement : il faudroit faire voir en même temps, fi on veut prouver quelque chofe, que ces fables ont été reçuës par les principales Eglifes du monde. Eufebe au contraire, fur lequel Mr. le Clerc s'appuye, les rejette entierement, & il nous affure que Papias étoit un homme fimple, & qui n'avoit pas compris la penfée des Apôtres. *Si les Apoftres,* continuë nôtre Arminien, *n'avoient point laiffé d'Ecrits, il auroit pû fe faire que plufieurs perfonnes telles que Papias auroient répandu fous le nom des Difciples de Jefus-Chrift des chimeres qu'on auroit crûës, en les voyant atteftées d'un grand nombre d'Auteurs, comme eft le regne de mille ans.* Il ne prend pas garde que ce regne de mille ans paroit être confirmé par les Ecrits des Apoftres, fi on explique à la lettre les paroles de St. Jean dans fon Apocalypfe. On vient même de publier en Hollande un Ouvrage d'un Theologien de Rotterdam qui appuye de nouveau par l'Ecriture ce regne des Millenaires, & qui nous dit qu'il n'a fait que fuivre en cela les fentimens de Coccejus celebre Theologien des Pays-bas, qui avoit prouvé avant luy par un grand nom-

bre de paffages de la Bible ce regne de Jefus-Chrift fur la terre. En effet, fi l'on s'arrefte fimplement au texte de l'Ecriture, fans confulter l'Analogie de la foy & les Traditions des Eglifes, il eft affez difficile de répondre aux raifons de ceux qui ont pretendu établir ce regne de mille ans par des paffages de la Bible.

Il feroit à fouhaitter pour noftre Profeffeur *Ebraïfant,* qu'il ne fe meflaft jamais de parler de Rabbins : car il y reüffit toûjours mal. Mr. Simon, dit-il, avoit une belle occafion de faire paroitre fon érudition Rabbinique, *en citant un paffage de Maimonides, où ce Rabbin donne au Sanhedrin les mêmes titres que St. Paul donne icy à l'Eglife.* Il ne faut pas s'imaginer, ajoute-t-il, que les Juifs ayent crû le Sanhedrin tout-à-fait infaillible dans fes decifions, puis qu'ils croyoient qu'il pouvoit tomber dans l'idolatrie. Mais noftre *Ebraïfant* fait connoitre qu'il ignore l'autorité que Maimonides & les autres Juifs attribuent à leur Sanhedrin. Ils font tous perfuadés, que tant qu'il y a eu un Sanhedrin chez eux, il a été infpiré foit par la voye de la Prophetie ou du Saint Efprit, ou par quelque autre maniere. Nous aurons occafion de parler plus en détail de cette infpiration de la Grande Affemblée dans la fuite de cet Ouvrage.

Enfin Mr. le Clerc ajoute pour derniere remarque fur les paroles de St. Paul, *que par l'Eglife ce Saint Apoftre n'entend aucun Concile ni aucune Affemblée qui juge fouverainement les Controverfes en matiere de Religion, & qui faffe des decrets pour regler la creance des Chrêtiens ; mais feule-*

O 2   feule-

seulement tous ceux qui font profession de la Religion Chrétienne, comme ce mot se prend toûjours dans le Nouveau Testament. Ce raisonnement ne peut venir que d'un homme qui n'entend nullement la matiere qu'il traite, & qui n'a lû que de miserables Controversistes. La distinction qu'il fait icy d'Eglise & de Conciles est hors de propos, puis qu'on n'a point restreint le mot d'Eglise aux Assemblées qui jugent des Controverses. On a supposé au contraire cette Eglise établie quelques siecles avant qu'on eust assemblé aucun Concile Œcumenique. L'Eglise ne signifie autre chose que ce que les Juifs ont appellé un *Kohal* ou *Assemblée* ; & on a pretendu que ces Assemblées fondées par les Apostres ont gardé comme en depost les veritez qui leur avoient été preschées, & que les anciens Peres ont recouru à ces Eglises qui étoient les depositaires de la foy, lors qu'il s'est élevé quelque nouveauté. Les Conciles qu'on a convoqués dans la suite des temps n'ont fait que declarer la foy de ces premieres Eglises. Et quand il n'y auroit eu aucuns Conciles, c'étoit assez de consulter la creance établie dans les principales Eglises du monde. Mais nostre Arminien, qui ne sçait pas les veritables principes de la Theologie Chrétienne, rebat toûjours de méchantes difficultés qu'il a trouvées dans quelques Livres de Controverse. Aussi nous promet-il qu'à l'avenir il ne s'engagera plus dans ces sortes de matieres, pour n'estre pas contraint de relire ce que d'autres ont déja dit. En effet, il pouvoit s'épargner cette peine. On

a cependant bien voulu le suivre pas à pas, afin de faire voir que la plus-part des Protestans, même dans le parti Arminien qui se vante d'être plus épuré que les Calvinistes, n'ont point une connoissance exacte de la Theologie, parce qu'ils s'appliquent pour l'ordinaire à de certains lieux communs de Controverse qui leur gastent l'esprit & le jugement.

CHAPITRE V.

Critique de la V. Lettre.

NOstre judicieux Arminien commence cette Lettre par un de ces lieux communs qui luy sont si ordinaires. Il croit que cela suffit pour répondre à plusieurs objections qu'on luy a faites dans le Chapitre V. de la Réponse aux *Sentimens*. Il repete ensuite ce qu'il avoit déja remarqué sur ces mots de Joseph, τὰ ἀναπάτω, qui ont été traduits dans l'Histoire Critique, *les choses futures* ; au lieu qu'il les falloit traduire *les choses passées*. On avoit rejetté cette faute sur le Correcteur d'Imprimerie, qui ne comprenoit pas comment les Prophetes dont il s'agit en cet endroit connoissoient les choses passées. Mais sans s'arrester à ces sortes de chicaneries, il devoit être satisfait d'un autre endroit qu'on luy avoit indiqué, où Mr. Simon rapportant ce même passage de Joseph, l'a en effet traduit *les choses passées*. Et pour peu qu'on s'y applique, on ne pourra pas l'interpreter autrement, puis qu'il s'agit en ce lieu-là de Prophetes Scribes qui prenoient le soin d'écrire les

Ar.

Annales de la Republique. Or on n'écrit pas des Annales des choses futures. Je n'ay rien à dire sur ces rares reflexions qu'il fait sur les Correcteurs d'Imprimerie. Mais je sai par experience qu'il y en a plusieurs à Paris qui ne font aucun scrupule de changer des mots dans la Copie des Auteurs, après même qu'on a reveu l'épreuve. Si Mr. Simon avoit envoyé au Libraire de Rotterdam la copie sur laquelle ce Libraire a imprimé, il n'auroit pas manqué de luy remettre un Catalogue des fautes qui s'étoient glissées dans l'Edition de Paris, & qu'on devoit mettre à la fin de l'Edition de Paris avec une Table des matieres qui a été imprimée, & qui manquoit dans l'Exemplaire que le Sr. Leers a acheté en *Il y a des fautes dans la Table qu'on a ajoutée a l'Histoire Critique dans l'Edition de Rotterdam.* France. Je fais cet avertissement, afin qu'on ne croye pas que la Table qu'on a ajoutée à l'Edition de Rotterdam, & où il y a des fautes considerables, soit de Mr. Simon. Mais tirons-nous de ces minuties, & faisons voir encore une fois, que Mr. le Clerc a corrompu manifestement un passage important de Joseph, dans un endroit où il accuse Mr. Arnauld d'Andilly d'avoir été un faussaire dans la Version qu'il nous a donnée de cet Historien.

Mon dessein n'est pas de justifier icy Mr. d'Andilly. C'est assez que je fasse voir que Mr. le Clerc a eu grand tort de declamer avec tant de *Declamation ridicule de Mr. le Clerc.* chaleur contre cet illustre Traducteur, pour avoir mal traduit un passage de Joseph qu'il a luy-même corrompu. Et cependant après avoir donné un sens tout-à-fait faux aux paroles de cet Historien, il nous vient dire, que *c'est une chose très-fâcheuse, qu'il faille si fort se defier des Traducteurs & des citations ; & qu'il se trouve si peu de foy dans la Republique des Lettres, qu'il faille traiter les Auteurs comme on fait ceux que l'on a convaincu une fois de parjure, à moins qu'on ne vueille s'exposer à être trompé à tous momens.* Et comme si cette longue declamation ne suffisoit pas, il ajoute plusieurs petits contes pour nous prouver qu'il y a bien des faux témoins dans le monde, sans prendre garde qu'il se range luy-même parmi ces faux témoins, en corrompant le passage même de Joseph dont il s'agissoit. Tout le fait roule *Il a corrompu manifestement un passage de Joseph.* sur un endroit du premier Livre de Joseph contre Apion, où il dit qu'il n'a pas été permis à toute sorte de personnes chez les Ebreux d'écrire ce qui se passoit dans leur Etat, mais seulement aux Prophetes, qui ont écrit premierement les choses passées & éloignées de leur temps selon que Dieu les leur avoit revelées, τὰ δὲ καθ' ἑαυτοὺς ὡς ἐγένετο σαφῶς συγγραψάντων, *& de plus les choses qui sont arrivées de leur temps comme elles se sont passées.* Il ne faut qu'un peu de sens commun & une connoissance mediocre de la langue Grecque, pour juger que les paroles de Joseph ne peuvent point être traduites autrement en ce lieu-là. Cependant nostre savant Critique pretend qu'il faut traduire ces mots, τὰ καθ' ἑαυτοὺς, par ceux-cy, *celles qui les regardoient eux-mêmes ;* comme si Joseph avoit seulement voulu dire, que les Prophetes ou Annalistes des Ebreux écrivoient leurs propres actions. Peut-on s'imaginer que Jo-

 seph

seph parlant des Ecrivains publics des Ebreux, & les comparant avec ceux des autres nations qui ont écrit les Annales de leur pays, nous ait voulu seulement dire, que ceux des Ebreux étoient chargés d'écrire leur propre vie? En verité Mr. le Clerc auroit mieux fait de prendre icy le parti qu'il a pris en plusieurs autres endroits de sa Defense, où il répond aux objections de Mr. Simon d'une maniere generale & en Declamateur. Il devoit dire, *qu'il ne se sent pas assez patient pour relever* tout ce qu'on luy objecte. Au moins il se feroit mis à couvert par ces réponses vagues, des nouvelles objections qu'on luy peut faire, & il ne seroit pas tombé dans des absurdités manifestes.

Cet homme croit neanmoins justifier des fautes si visibles, en nous disant que les paroles de Joseph peuvent être traduites des deux manieres, & qu'il n'a pas dit qu'on ne les pût aussi interpreter comme a fait Mr. Simon; mais qu'il a suivi l'autre interpretation, *parce que c'est la signification propre des termes Grecs, & qu'elle renferme la seconde: car les Prophetes ne pouvoient écrire exactement ce qui les regardoit, sans y inferer une bonne partie de l'Histoire de leur temps.* Sur ce pied-là, quand un Auteur Grec se servira d'expressions qui selon le sens grammatical peuvent être traduites de deux manieres differentes, il sera permis à un Traducteur de les interpreter dans un faux sens. Il ne s'agit pas de savoir si ces mots, τὰ καθ' ἑαυτοὺς, peuvent d'eux-mêmes être traduits de deux manieres: mais si on peut

leur donner dans ce passage de Joseph le sens que Mr. le Clerc leur a donné. Or l'on pretend que ce sens est insoutenable, puis qu'il est parlé en ce lieu-là des Annalistes de la Republique des Ebreux, qui étoient chargés d'écrire les actions les plus importantes de leur Etat, & non pas leurs propres actions. Mais ces Prophetes, dit on, avoient bonne part à l'Histoire de leur temps; & ainsi en écrivant eux mêmes leurs Histoires propres, ils étoient obligés d'écrire une partie de l'Histoire de ces temps-là. Ce n'est donc plus l'Histoire des Juifs que nous lisons dans les Livres Historiques de la Bible; mais celle de leurs Prophetes ou Annalistes qui ont eu part aux affaires de leur temps. C'est Mr. le Clerc, dont les manieres de raisonner ne sont pas communes, qui nous en avertit: car sans cela il ne pourroit pas justifier sa fausse traduction.

Mr. le Clerc ne se contente pas de faire parler Joseph à sa maniere, & de luy faire dire des absurdités; il attaque directement son Histoire. Mr. Simon a eu grand tort, selon luy, d'avoir cité plusieurs fois cet Historien dans sa Critique, comme *un Auteur judicieux, exact & fidele, & parfaitement instruit dans l'Histoire & dans les Coûtumes de sa nation.* C'est le jugement que la plus-part des Critiques tant Catholiques que Protestans ont fait de Joseph avant Mr. Simon, qui n'a pas laissé de reprendre les defauts qu'il a crû être dans cet Ecrivain. Et ainsi il n'a pas reçu *indifferemment tout ce qu'il dit comme d'une égale certitude & sur sa simple autorité.* Mais aussi n'a-t-il

Il defend tres-mal la corruption qu'il a faite du passage de Joseph.

Jugement de l'Histoire de Joseph.

pas

pas jugé qu'il ne pût être cité dans de certains faits éloignés de son temps, sur tout quand ces faits é- toient des choses generales & d'une notorieté publique dans sa nation. Il n'étoit pas, ce me semble, fort à propos pour prouver le peu d'exacti- tude de cet Historien, de nous dire qu'il a supprimé le massacre des en- fans de Bethlehem, & l'établisse- ment de la Religion Chrétienne dans la Judée. A Dieu ne plaise que je soupçonne, comme ont fait quelques Protestans, les premiers Chrétiens d'avoir ajouté quelques Histoires aux premiers Originaux des Evangiles. Joseph a pû omet- tre de certains faits, sans qu'on puis- se *l'accuser d'une extréme negligence, ou d'une souveraine infidelité*, ni de les avoir supprimés à dessein. Il n'en est pas moins exact, ni moins judi- cieux dans ceux qu'il rapporte.

Comme nostre Critique a l'esprit penetrant, il donne des marques pour distinguer les endroits où Jo- seph a été exact, de ceux où il ne l'a pas été. *Quand il parle*, dit-il, *de choses qui se sont passées depuis la captivité, ou de coûtumes qui s'étoient établies depuis ce temps-là, on l'en peut croire encore, en y apportant les mê- mes precautions, parce qu'il pouvoit avoir lû des Histoires ou des Memoires de ce temps-là qui ne sont pas venus jusqu'à nous.* Ces regles sont un peu vagues, & n'établissent rien que de fort general,& qu'on ne puisse même appliquer à toutes sortes d'Histo- riens. Neanmoins ces sortes de ge- neralités luy plaisent tellement, que sans venir à la chose dont il s'agit, il ajoute au même endroit, que *dans*

les choses les plus éloignées, où il n'a- voit pas d'autres monumens que nous, on ne le doit croire qu'en ce qu'il tire de ces monumens. Il falloit prouver que dans ces choses éloignées de nous Joseph n'a pas eu d'autres mo- numens que nous. Affricanus, qui avoit une assez grande connoissance de ce qui regarde les Juifs, a crû qu'ils ont eu dans leurs Archives des Genealogies plus étenduës que celles qui nous sont restées dans les Livres Sacrés, & qu'Herode les fit brûler. Joseph, qui étoit un homme de qua- lité & qui avoit part aux plus gran- des affaires, s'étoit appliqué avec soin à rechercher ce qui pouvoit é- claircir l'Histoire de sa nation. Il n'est pas possible qu'il ait ignoré ces Genealogies. C'est pourquoy il n'est pas surprenant qu'en parlant des enfans d'Adam, il en marque d'autres que Caïn, Abel & Seth, bien qu'il ne les nomme point, parce que son principal dessein étoit de suivre plutost les Livres de l'E- criture qui avoient été publiés, que les autres Ecrits ou Memoires que les Juifs avoient conservés. Il ne faut que lire avec un tant soit peu d'ap- plication les Livres de Moïse, pour y voir qu'il ne nous a laissé qu'en abregé la Genealogie de ceux qui sont sortis d'Adam & des autres Pa- triarches, comme St. Augustin l'a même reconnu dans ses Questions sur la Genese, où il dit, *qu'Adam n'a pas seulement engendré les enfans dont on lit les noms dans l'Ecriture,* puis que cette même Ecriture après avoir marqué ses enfans, ajoute qu'il eut des fils & des filles. Cependant les noms de ces filles ne sont point mar-

marqués dans la Genese. Moïse n'a donc pas publié dans le Pentateuque tout ce qui appartenoit aux Genealogies de ses Ancêtres.

Nouvelle defense de Joseph.

Si Joseph n'a pas sceu exactement la situation de certains lieux, & s'il s'est trompé en rapportant les étymologies de quelques noms Ebreux ; on ne peut pas inferer de là, qu'il ait été peu exact dans ce qui regarde le fonds de son Histoire & des principales coûtumes de sa nation. Et c'est en quoy on doit preferer son sentiment à celuy de la plus-part des Auteurs. Il n'y a de plus rien d'absurde dans ce qu'il a observé touchant les enfans de Seth qui s'appliquerent à la connoissance des astres, qu'on ne doit pas confondre avec cette vaine science qu'on nomme ordinairement Astrologie. Au reste toutes les objections qu'on peut faire contre l'exactitude de Joseph n'empêcheront point qu'on ne le croye quand il parle en general des Auteurs de sa nation, & quand il nous dit qu'on les appelloit Prophetes, & qu'il n'y avoit que ces seuls Prophetes Scribes à qui il fût permis d'écrire les Annales. *Il s'agit*, dit Mr. le Clerc, *d'un fait très-ancien, puis qu'il ne parle que des Prophetes qui ont vescu avant Artaxerxes, dont il n'avoit aucune connoissance assurée que par les Ecrits qui nous restent.* Quand il seroit vray que Joseph n'auroit pû tirer des Ecrits qui nous restent une connoissance particuliere des Prophetes qui ont vescu avant Artaxerxes, on n'en conclura pas qu'il ait ignoré un fait general qui étoit d'une notorieté publique parmi les Juifs, qui donnoient le nom de Prophetes

à leurs Ecrivains Sacrés. Le seul titre d'une bonne partie des Livres de la Bible nous monstre assez que ceux qui étoient chargés d'écrire les Annales des Juifs étoient Prophetes, puis que leurs Histoires sont intitulées *Neviim*, *Prophetes*. Les Juifs retiennent encore ce nom dans la division qu'ils font des Livres de l'Ecriture ; & il étoit en usage au temps de Jesus-Christ & de Joseph. On ne peut donner aucune raison solide pourquoy les Histoires de Josué, des Juges, & des Rois portent ce titre, à moins qu'on ne suppose que les Annalistes des Ebreux étoient nommés Prophetes. Et ils l'étoient en effet. Joseph n'a pas eu besoin de monumens anciens pour nous marquer un nom qu'on avoit toûjours conservé dans sa Republique : & de plus, il voyoit dans l'Histoire Sainte les noms de Samuel, de Nathan, de Gad, & de plusieurs autres Prophetes qui avoient mis par écrit les Histoires de leur temps.

Annalistes des Ebreux nommés Prophetes.

Je ne me souviens point d'avoir lû dans l'Histoire Critique, *qu'on ne doit point croire Joseph, lors qu'il assure qu'il n'y a pas eu depuis Artaxerxes une suite exacte de Prophetes.* On y a simplement rapporté la pensée de Joseph, qui ne donne pas aux Livres écrits après Artaxerxes la même autorité qu'à ceux qui ont été écrits avant le regne de ce Prince. On n'y a pas dit qu'on ne dust point croire en cela Joseph ; mais on a seulement ajouté, que pour recevoir ces derniers Livres aussi bien que les premiers, il suffisoit que la Republique des Ebreux eust subsisté après ce temps-là, pour leur donner des person-

Hist. Crit. liz. I. ch. 8.

Des Livres de la Bible écrits après Artaxerxes, & la pensée de Joseph là-dessus.

fonnes qui euſſent les qualités neceſſaires pour écrire des Livres Sacrés.
Joſeph a ſuivi le ſentiment des Juifs
de la Paleſtine, qui ne mettoient
point dans leur Canon pluſieurs Livres que les Juifs Helleniſtes y a-
voient mis. Ce qui ne fait rien à la
principale queſtion, où il s'agit des
Ecrivains publics des Juifs en general. Qu'il ait reconnu pour Prophetes ou non ceux qui ont écrit depuis Artaxerxes, cela n'empêche
pas qu'il n'ait crû que ceux qui ont
été chargés d'écrire les Annales chez
les Ebreux ont été Prophetes, &
qu'il n'y a eu qu'eux qui l'ayent fait
d'office. Les Rabbins qui nient
auſſi bien que Joſeph, qu'il y ait eu
une ſucceſſion de Prophetes dans
leur Etat après Artaxerxes, ne laiſ-
ſent pas d'y reconnoître une ſorte
d'inſpiration, bien qu'ils ne la nomment pas Prophetie. Et ainſi, ſelon même leur ſentiment, ils auront pû avoir depuis ce temps-là des
Ecrivains inſpirés.

Hiſt. Crit. liv. I. ch. 2.

On avoit dit dans l'Hiſtoire Critique, que la Republique des E-
breux étoit en cela differente des autres Etats du monde, qu'elle n'avoit
jamais reconnu pour Chef que Dieu
ſeul, même dans les temps qu'elle
fut ſoûmiſe à des Rois. Mr. le Clerc
a pretendu au contraire, qu'auſſi-tôt

Dieu a été le Chef de la Republique des Ebreux auſſi bien ſous les Rois que ſous les Juges.

qu'il y a eu des Rois en Iſraël, ils
furent les maîtres abſolus; & que
cette *Theocratie* ceſſa, parce que
Dieu ne fit plus la fonction de Chef.
Mais l'Ecriture nous fournit des
preuves manifeſtes du contraire. Il
eſt conſtant que Saül & David qui
étoient Rois conſulterent Dieu dans
les plus importantes affaires du gou-

vernement, comme on le conſultoit auparavant ſous les Juges. Mais
Dieu, dit-on, ne fut plus le Chef
Politique des Iſraëlites, après qu'ils
eurent des Rois qui les jugerent ſou-
verainement, & qui commanderent
leurs armées; *au lieu qu'auparavant
Dieu luy-même le faiſoit par le miniſtere des Juges qu'il ſuſcitoit de temps
en temps.* Je ne comprens point
quelle difference on peut mettre entre la qualité de Chef Politique que
Dieu eut ſous les Juges, par exemple, ſous Joſué, & celle qu'il eut
ſous le regne de Saül & de David.
Car s'il y a quelque difference, elle
ne vient pas du coſté de Dieu, qui
fut toûjours le Chef Politique; mais
ſeulement de ce que les Rois écla-
terent davantage au dehors, & qu'ils
s'attribuerent quelques droits: mais
dans le fond Dieu fut toûjours également le Chef de l'Etat tant ſous
les Rois que ſous les Juges. Ces derniers, comme on le peut prouver
évidemment par l'exemple de Joſué,
ne commanderent pas moins en qualité de Chefs leurs armées, que Saül
& David. Mais les uns & les autres
n'oſerent rien entreprendre de conſiderable, qu'ils n'euſſent conſulté
Dieu auparavant: & c'eſt en quoy
conſiſte principalement cette qualité
de Chef que Dieu avoit ſur Iſraël.

Dans la harangue que Moïſe a-
dreſſe aux Iſraëlites dans l'Hiſtoire
de Joſeph, il les exhorte à garder
inviolablement les loix que Dieu
leur avoit données par ſon miniſtere.
Si vous le faites, leur dit-il, vous
ferez toûjours victorieux, *Dieu étant
preſent pour vous ſecourir.* Il leur
repete les loix qui ſont écrites dans
le

Θεῦ πα-
ρίζι- ὑ-
μῶ βοη-
θᾶ.
Jof.
Antiq.
Jud. lib.
3. c. 4.

Senti-mens de Joseph sur cette qualité de Chef.

le Pentateuque. Il loüe le gouvernement Aristocratique dans lequel ils vivoient alors. Il les exhorte à le conserver, en se soûmettant aux loix qui devoient regler toutes leurs actions, parce qu'il leur suffit d'avoir Dieu pour Chef. Si cependant, ajoute Moïse dans cette même harangue où il parle aux Israëlites, vous vous ambitionnez d'avoir des Rois, il n'en faut point prendre hors de vostre nation; & qui que ce soit qui soit vostre Roy, il doit plutost suivre les loix de Dieu, que sa propre conduite, & il ne luy sera point permis de rien faire sans en deliberer avec le Souverain Sacrificateur & avec le Senat.

Μωϋ δίχα Ἀρχι-ρέως καὶ τ῀ των γερ-ουσίων γνώμης. Ibid.

Je conclus de ces paroles de Joseph attribuées à Moïse, que Dieu n'a pas été moins le Chef Politique des Israëlites sous le gouvernement des Rois que sous les Juges: car cette qualité de Chef à l'égard de Dieu sous les Juges, consiste à suivre les loix & à obeïr à Dieu. Il est ordonné aux Rois de faire la même chose. Et en effet Saül & David, lors qu'ils ont entrepris quelque guerre, ont consulté Dieu de la même maniere que les Juges. Cette loy est exprimée dans le Livre des Nombres, où il est ordonné, que lors qu'il se presentera quelque affaire, le Souverain Sacrificateur consultera Dieu. Ce qui se faisoit, comme il y a dans le Texte Ebreu, par la voye de l'Urim *bemispath havrim.* Or il est constant que Saül consulta Dieu par cette même voye, ayant à combattre les Philistins. David fit aussi la même chose dans plusieurs occasions semblables, & qui sont marquées dans les

Si quid agendum erit.. Eleazar Sacerdos consulet Dominum. Numer. 27: 21.

1 Reg. 28: 6.

1 Reg. 23: 2.

Ibid. c. 30: 8.

Livres des Rois & des Paralipomenes. Dieu donc n'a pas été moins le Chef d'Israël sous les Rois que sous les Juges; le gouvernement étant seulement d'Aristocratique devenu Monarchique, & la majesté de l'Etat paroissant davantage au dehors. Mais ce changement n'empêcha point que Dieu ne fust toûjours comme auparavant le Chef principal de la Republique, & que les Rois ne le consultassent dans les guerres, comme les Juges l'avoient fait. Dieu a commandé également leurs armées sous les uns & les autres. Cependant à entendre Mr. le Clerc, les Israëlites *voulurent avoir un Roy qui les jugeast souverainement, & qui commandast leurs armées; au lieu qu'auparavant Dieu luy-même le faisoit par le ministere des Juges qu'il suscitoit de temps en temps au milieu d'Israël. Il n'y a rien de plus clair que cela pour ceux qui ont quelque lecture de l'Histoire Sainte.* Mais j'ose dire que le contraire est marqué expressément dans l'Histoire Sainte. Je voudrois bien savoir si Saül & David ont eu un plus grand commandement sur leurs armées que Josué.

Dieu a commandé egalement les armées d'Israël sous les Rois & sous les Juges.

Le peu d'application de Mr. le Clerc luy avoit fait confondre les Prophetes qui predisoient l'avenir avec les Prophetes Scribes les Juges d'Israël. *Mais le moyen, dit-il, de ne les pas confondre, puis que Mr. Simon les confond luy-même par tout, & qu'il dit qu'Esaïe, Samuel & Nathan qui ont predit manifestement l'avenir, ont été de ce nombre?* Il est vray que les Prophetes Esaïe, Samuël & Nathan ont predit l'avenir: mais outre leurs Propheties ils ont aussi écrit

Distinction des Prophetes qui predisent l'avenir.

écrit les Annales de leur Republique, comme l'Histoire Sainte nous l'apprend. Et c'est en ce sens-là qu'outre la qualité de Prophetes qui predisoient l'avenir qu'on leur a donnée dans l'Histoire Critique, on les a aussi considerés comme Prophetes Scribes ou Ecrivains publics. Ces deux qualités ne sont point opposées, & l'on croit s'être expliqué assez distinctement sur cette matiere, pour ne pas confondre ces deux sortes de Propheties.

Il chicane de nouveau sur le mot de loix, parce que l'on avoit dit dans l'Histoire Critique, *que Dieu donna luy-même des loix par le ministere de Moïse & des autres Prophetes qui luy succederent.* On luy a dêja fait voir qu'il s'étoit trompé, quand il a pris en cet endroit le nom de Prophete pour ceux qui predisoient l'avenir; au lieu qu'on y parle manifestement de Josué & des autres Juges Prophetes qui succederent à Moïse. Et quand on a dit d'eux, qu'ils ont donné des loix pour les affaires de leur gouvernement, on n'a pas pretendu pour cela qu'il y ait eu d'autre Legislateur chez les Ebreux que Moïse; mais seulement qu'en qualité de Juges & de ses successeurs ils ont prononcé sur les differends qui sont survenus de leur temps avec la même autorité que Moïse. On peut même donner le nom de loix aux nouvelles ordonnances de Samuël, de David, de Salomon & d'Esdras, sans faire tort à la qualité de Moïse, que tout le monde reconnoit Legislateur des Israëlites. Mr. le Clerc qui a veu ces réponses croit se tirer bien d'affaire en opposant un endroit de Mr.

l'Evêque de Meaux, où ce docte Prelat nous assure, qu'on ne voit point d'ordonnances ni de David, ni de Salomon, ni de Josaphath, ni d'Ezechias; que ces bons Princes n'avoient qu'à faire observer la Loy de Moïse. *Mr. Simon,* ajoute nôtre Critique, qui reconnoit luy-même que ces Princes ont fait de nouvelles ordonnances, *s'accordera quand il luy plaira avec ce savant Evêque; c'est une chose qui ne nous regarde pas.* En effet, il n'est pas difficile de s'accorder là-dessus avec ce savant Evêque. Il s'agit dans tout son Discours de savoir si les successeurs de Moïse ont ajouté à ses loix quelques nouveaux Actes qui puissent faire douter de l'antiquité des Livres de Moïse. Il monstre que les additions qui peuvent être survenuës à ces Livres sont de nulle importance, parce qu'elles ne consistent pas dans des loix ou ordonnances qui ayent été ajoutées au corps du Droit Judaïque. Cela n'a rien de commun avec les nouvelles ordonnances que David, Salomon & d'autres Princes ont faites de leur temps, & qu'on trouve même dans la Bible: parce qu'elles n'ont pas changé le corps du Droit Judaïque compris dans les cinq Livres de Moïse. C'est aussi le sentiment de Mr. Simon: & ainsi le voilà d'accord avec Mr. l'Evêque de Meaux.

Comme l'on a parlé fort au long des Ecrivains publics des Ebreux dans une Lettre adressée à un Docteur de Sorbone, & qui est intitulée, *De l'Inspiration des Livres Sacrés;* on omettra icy plusieurs choses qui regardent ces Ecrivains que Mr. le

Clerc

Utilité du principe qui établit dans Ifraël des Prophetes Scribes.

Clerc attaque de nouveau. On y a monftré par un affez grand nombre de preuves, que ces Prophetes Scribes ne font point de l'invention de Mr. Simon. A l'égard de ce qu'on a dit dans la Réponfe aux Sentimens, *que ce principe établit contre les libertins la verité des hiftoires contenuës dans les Ecritures*; tout homme de bon fens n'en pourra douter, parce qu'il n'y a rien qui faffe mieux voir la verité d'un Acte que fon antiquité. Or fi l'on eft une fois convaincu que les Ebreux ont toûjours eu dans leur Republique des perfonnes chargées du foin de mettre par écrit ce qui fe paffoit de plus important dans leur Etat; on fera obligé de reconnoître que les Actes qui font contenus dans le Pentateuque & dans les autres Livres de la Bible ont été écrits par des Auteurs contemporains, & qu'ils ont par confequent toute l'antiquité neceffaire. Noftre Auteur ne peut cependant goûter ce raifonnement.

Objection.

Il faut, dit-il, *être un admirable raifonneur, pour conclure que de ce qu'en Egypte il y avoit des Scribes publics, il y a de l'apparence qu'il y en avoit auffi en Ifraël.* Mais on n'a pas donné cette preuve comme une demonftration. L'on s'eft contenté de remarquer avec Jofeph, que dès ces anciens temps il y avoit des Ecrivains publics chez les Egyptiens, les Pheniciens & les Babyloniens. Et le même Jofeph les fuppofe auffi chez les Ebreux. Il nous affure même, que ceux de fa nation ont eu un plus grand foin de leurs Annales que toutes les autres nations d'Orient. Que peut-on trouver d'étrange dans ce raifonnement, où après

Réponfe.

avoir monftré que c'étoit la coûtume des peuples voifins des Ifraëlites, d'avoir dans leurs Etats des Scribes publics, on ajoute qu'il y a de l'apparence que cette coûtume étoit auffi dans Ifraël? Au refte, cette conjecture n'eft pas appuyée fur l'imagination du Prieur de Bolleville, puis qu'on a prouvé par l'Ecriture même, que dès le temps de Moïfe on recueilloit les Actes de ce qui fe paffoit chez les Ebreux, & qu'on regiftroit les actions les plus importantes de leur Republique. Les plus favans Juifs tant Caraïtes que Rabbaniftes s'accordent en cela avec Jofeph, lors qu'ils expliquent les paffages du Pentateuque où il eft parlé des Livres ou Regiftres qui étoient dès ce temps-là dans Ifraël.

Mais Mr. le Clerc veut qu'on luy produife une loy qui établiffe cette charge en Ifraël, de même qu'on en trouve pour toutes les autres charges. Comme s'il étoit neceffaire de faire une loy pour un ufage reçû dans un Etat felon la coûtume ordinaire des autres Etats. Il falloit qu'il y euft des loix pour les Juges & pour les Sacrificateurs: mais il n'en étoit pas de même des Ecrivains publics, parce que leurs fonctions n'avoient rien de fingulier & qui meritaft des loix particulieres. Ce n'eft pas par des loix particulieres des Egyptiens, des Pheniciens & des Babyloniens que nous apprenons que ces peuples avoient des Ecrivains publics, mais par leurs Hiftoires. Il en eft de même des Ebreux, dont les Hiftoires font mention de ces Ecrivains fous Moïfe, fous les Juges & fous les Rois. Tout ce qu'on produit icy pour mon-

Il n'a point été neceffaire que Moïfe fit une loy expreffe pour l'établiffement des Ecrivains publics.

monftrer que les Ifraëlites étoient obligés de s'en tenir à la lettre de la Loy ; & que c'eft rendre douteufe la divinité de cette Loy, *que d'y faire intervenir la fageffe de Moïfe,* eft hors de propos : car il ne s'agit point icy d'aucune loy en particulier, mais d'un ufage reçû dans les Etats bien reglés, qui ont commis à de certaines perfonnes le foin de mettre par écrit ce qui fe paffoit chez eux, afin de le conferver à la pofterité. Jofeph, qui nous affure que cela s'eft pratiqué plus exactement par ceux de fa nation que par les Egyptiens, les Babyloniens & les Pheniciens, ne s'appuye fur aucune loy de Moïfe, parce qu'en effet il n'étoit pas befoin d'une loy qui établift des Scribes, la chofe parlant affez d'elle-même. Quand on fuppoferoit avec Mr. le Clerc, que Moïfe étoit un homme fimple ; s'enfuit-il de là que Dieu ait dû faire des ordonnances pour l'établiffement des Ecrivains publics ? Il accorde que Moïfe a pû recueillir des Memoires de fes Ancêtres une partie de ce qui eft contenu dans le Pentateuque ; & par confequent il veut bien que les anciens Patriarches ayent confervé dans leurs familles des Actes des Genealogies & de ce qui eft arrivé de leur temps. Il ne veut pas au contraire, que Moïfe étant devenu le Chef d'un Etat, y ait confervé cet ancien ufage par le moyen des Ecrivains publics qui étoient établis dans l'Egypte d'où il fortoit, & dans les autres Etats voifins.

Je n'ay rien à ajouter à ce qui a été déja remarqué dans la Réponfe aux *Sentimens,* fur la maniere inju-

rieufe dont noftre Auteur a traité Moïfe. Je veux bien que Moïfe n'ait pas tout fçû : on ne doit pas pour cela l'accufer d'avoir été dans des erreurs groffieres du Paganifme, fans en donner aucunes preuves folides. L'exemple qu'on apporte des Apôtres, qui ont été, dit-on, *dans de groffieres erreurs, même après qu'ils eurent reçû le St. Efprit,* ne fait rien au fujet. Car cela ne prouve pas que Moïfe ait été en effet dans les erreurs groffieres qu'on luy a attribuées : & c'eft de quoy il s'agiffoit, & ce qu'on devoit prouver, fi l'on vouloit le juftifier entierement.

Mr. le Clerc a traité Moïfe d'une maniere injurieufe.

CHAPITRE VI.

Continuation de la Critique de la V. Lettre.

COmme la cinquiéme Lettre de noftre Auteur contient plufieurs autres faits qui ont befoin d'être éclaircis, on a trouvé à propos de commencer icy un nouveau Chapitre. Il ne peut approuver qu'on l'accufe de chicaner fur des mots, & d'en tirer de fauffes confequences; & cependant il ne fait point de réponfe là-deffus, fi ce n'eft qu'il renvoye à fon premier Ouvrage. Mais on ne voit pas qu'il y ait monftré que Mr. Simon s'eft contenté de dire dans fon Hiftoire Critique, que les Scribes des Ebreux étoient nommés Prophetes, fans nous marquer qu'ils l'étoient en effet. Il ne faut qu'avoir des yeux pour lire en plufieurs endroits de cette Critique, que les Ecrivains publics des Ebreux ont été des perfonnes infpirées. Et c'eft en

Mr. le Clerc a impofé à Mr. Simon.

cela

cela même qu'on les a distingués des Ecrivains de toutes les autres nations.

On ne luy a pas dit, qu'il eust tort d'entendre des seuls predictions ces paroles de St. Pierre, *Toute Prophetie de l'Ecriture n'est pas d'interpretation propre.* On a témoigné au contraire dans la Réponse aux *Sentimens*, qu'on expliquoit ordinairement ce passage plutost des Livres Prophetiques, que de toute l'Ecriture en general. Mais on a ajouté, que si l'on s'applique un peu à la suite du discours de St. Pierre, on trouvera que le mot de Prophetie se prend en ce lieu-là pour tout le corps de l'Ecriture. Et c'est ce qu'on repete, nonobstant les objections de Mr. le Clerc, qui pretend que ces mots du verset 19. *nous avons la parole des Prophetes*, ne peuvent s'entendre que des Propheties. Mais on doit prendre garde, qu'il n'y a pas dans le Grec, ῶ προφητῶν λόγον, pour traduire, *la parole des Prophetes.* On lit ῶ προφητικὸν λόγον, c'est-à-dire, *la parole Prophetique*, qui signifie en ce lieu-là generalement toute l'Ecriture du Vieux Testament. Ce qui a trompé quelques Interpretes, qui ont traduit *la parole* ou *les oracles des Prophetes*, c'est qu'ils n'ont pas consideré, que les Juifs appelloient en ce temps-là *Prophetie* ou *Discours Prophetique* toute l'Ecriture.

On a supposé, dit-on, que la suite des paroles de St. Pierre fait voir qu'il s'agit dans ce passage de l'Ecriture entiere, & on ne se met pas en peine de developper cette suite, qui prouve au contraire, si on

s'en rapporte à Mr. le Clerc, *qu'il ne s'agit icy que de ce qu'on appelle proprement Prophetie, soit qu'elle se trouve dans les Prophetes, ou dans les Histoires de l'Ecriture Sainte.* Mais c'est ce qu'il ne prouve point, n'étant appuyé que sur une expression qu'il n'a pas entenduë. Le dessein de St. Pierre dans cette Epistre est de confirmer dans la foy ceux qui avoient fait profession du Christianisme; & pour cela il leur dit, que les verités qu'il leur a annoncées ne sont pas des fables faites à plaisir, mais des choses dont il a été le témoin. Et de peur qu'on ne revoquast en doute son témoignage, il ajoute, qu'il a une autre preuve dont ils ne pouvoient pas douter, & qui étoit *la Parole Prophetique :* ce qu'on doit entendre de tout le corps de l'Ecriture du Vieux Testament, qu'on nommoit alors la Parole Prophetique, & non pas simplement les Livres des Prophetes. Et pour faire voir qu'on ne doit pas restreindre *la Parole Prophetique* aux seuls Prophetes; c'est que St. Pierre ajoute ces autres mots par rapport à ceux qui precedent, *Car la Prophetie n'a pas été apportée autrefois par la volonté des hommes; mais les saints hommes de Dieu ont parlé par le mouvement du St. Esprit.* Or cette expression regarde en general tous les Livres de l'Ecriture dont les Auteurs ont été inspirés.

Mais il n'est parlé, dit-on, en ce lieu-là que des Propheties, puis qu'il n'est pas dit *toute l'Ecriture*, mais *toute Prophetie de l'Ecriture.* Comme si le mot de Prophetie signifioit en cet endroit autre chose que

ce

ce qui eſt exprimé auparavant, verſ. 19. par ces mots, ἢ προφητικὸν λόγον, *le Diſcours Prophetique.* La propoſition de St. Pierre dans le verſ. 21. eſt generale; & il ſemble que noſtre Arminien l'ait voulu reſtreindre aux ſeules Propheties, pour favoriſer le ſentiment de ceux qui ne croyent pas que tous les Livres de l'Ecriture ayent été inſpirés. St. Pierre explique aſſez luy-même ce qu'il a entendu par le mot de *Prophetie* ou *Diſcours Prophetique,* quand il dit que ce Diſcours Prophetique auquel ils s'arreſtent, eſt une preuve inconteſtable de ce qu'il avance : ayant marqué par là les Livres du Vieux Teſtament, que ceux à qui il écrit liſoient continuellement. Τὸν προφητικὸν λόγον, leur dit-il, ᾧ καλῶς ποιεῖτε προσέχοντες.

Réponse.

Ibid. v. 19.

Il nous faut maintenant debrouiller un fait que noſtre Auteur a tâché d'embarraſſer le plus qu'il luy a été poſſible, afin de rendre obſcures des preuves manifeſtes qu'on trouve dans l'Ecriture touchant les Prophetes qui ont fait la charge d'Annaliſtes chez les Ebreux. Ces preuves ſont tirées de l'Hiſtoire Sainte, où il eſt fait mention de Samuel, de Nathan, de Gad, d'Ahia, & de quelques autres Prophetes qui ont chacun écrit les Annales de leur temps. Les plus habiles Interpretes de l'Ecriture ſoit Juifs ou Chrêtiens conviennent tous en cela avec Mr. Simon. Et c'eſt pour cette raiſon que les plus ſavans Peres, ſur tout parmi les Grecs, après avoir lû ces paſſages de l'Hiſtoire Sainte, en ont conclu que chez les Iſraëlites les Prophetes étoient chargés d'écrire les Annales de l'E-

Preuves des Prophetes Scribes.

1 Paral. 29: 29, 30. 2 Paral. 9: 29.

tat. En quoy ils s'accordent parfaitement avec le ſentiment de Joſeph dans ſon Apologie contre Apion. Mr. le Clerc. cependant, à qui ces Prophetes Scribes déplaiſent extrémement, pretend contre des paſſages de l'Ecriture ſi formels, & contre le conſentement des Interpretes, qu'il n'y eſt point parlé d'Annales publiques ; mais ſeulement de la vie & des Propheties de ceux dont les noms ſont marqués. Et comme ces Prophetes ont eu part aux affaires de leur temps, ils en ont auſſi touché quelque choſe par occaſion, ſans avoir eu deſſein de faire des volumes d'Annales. Il oſe même dire en parlant du paſſage qui ſe trouve au Liv. II. des Paralip. Chap. 9. v. 29. où il eſt marqué que le reſte des actions de Salomon *a été écrit dans les Diſcours de Nathan le Prophete, dans la Prophetie d'Ahia le Silonite, & dans la Viſion d'Ado,* que la plus-part des Lecteurs l'interpreteront comme il l'a interpreté. Je ne ſuis pas Prophete pour deviner ce que les Lecteurs jugeront de ſon interpretation : mais je ſçai que juſqu'à preſent la plus-part de ceux qui ont interpreté ou expliqué ce paſſage, ne l'ont point entendu autrement que Mr. Simon. Il feroit inutile de nommer icy l'Auteur de la *Synopſe* ou Abregé des Livres de l'Ecriture, Procope, Theodoret & pluſieurs autres Peres Grecs, qui diſent d'un commun conſentement, qu'il eſt parlé en ce lieu-là des Annales que ces Prophetes recueilloient, & non pas de leur vie particuliere. On n'a de plus qu'à conſulter les Interpretes & les Commentateurs modernes ſur ce même paſſa-

Fauſſe explication que Mr. le Clerc donne à pluſieurs paſſages de l'Ecriture où il eſt manifeſtement parlé des Prophetes Annaliſtes.

Réfutation de cette fauſſe explication.

paſſage, pour être convaincu de l'explication qu'on en a donnée tant dans l'Hiſtoire Critique, que dans la Réponſe aux *Sentimens*, où l'on s'eſt contenté de citer Grotius, qui a été ſi fort perſuadé qu'il ne s'agiſſoit en ce lieu-là & dans le Chap. 29. v. 29. du Liv. I. des Paralip. que des Annales des Ebreux, qu'il a aſſuré que les Livres des Rois ont été tirés de ces Annales. *Unde ſumpti ſunt, dit-il, libri illi IV. quos Samuelis duos, & duos Regum Hebræi appellant.*

Il n'eſt pas beſoin d'être Prophete pour donner à ces paſſages des Paralip. le ſens qu'on leur a donné avec tout ce qu'il y a de perſonnes qui entendent le ſtile des Livres Sacrés. *Objection.* Mr. le Clerc nous dit cependant, que n'étant point *Prophete*, il a crû pouvoir aſſurer qu'on trouvoit dans ces Livres la vie & les predictions de Samuel, de Nathan & de Gad, & en même temps *une partie des actions des Rois avec qui les Prophetes avoient ordinairement de grandes affaires.* *Réponſe.* Mais l'Hiſtoire Sacrée nous dit expreſſément, qu'ils ont écrit l'Hiſtoire de ces Rois, & non pas la leur propre. S'ils ont parlé d'eux-mêmes, ce n'a été que par rapport à ces Rois avec qui ils ont eu de grandes affaires. Il ſuffit de lire le paſſage du Liv. I. des Paralip. Chap. 29. pour juger s'il y eſt fait mention de la vie des Prophetes Samuel, Nathan & Gad, comme noſtre Auteur le pretend, ou de l'Hiſtoire de David recueillie par ces Prophetes. En voicy les propres termes. *1 Paral. 29: 29. 30.* *Les actions du Roy David tant premieres que dernieres ont été écrites dans les Diſcours de Samuel le Voyant, & dans les Diſcours de Nathan le Prophete, & dans les Diſcours de Gad le Voyant, avec tout ſon regne & ſa force, & ce qui s'eſt paſſé en ces temps-là à ſon égard, & à l'égard d'Iſraël, & à l'égard des autres pays.* Il faut avoir renoncé au ſens commun, pour ne pas voir qu'il eſt parlé en ce lieu-là de l'Hiſtoire de tout ce qui appartenoit au regne de David. Ces Prophetes avoient écrit toutes ſes actions tant à l'égard des Iſraëlites, qu'à l'égard des peuples voiſins. On ne pouvoit pas mieux circonſtantier le fait: car il y eſt marqué expreſſément, que les Livres de ces Prophetes renfermoient les actions *premieres & dernieres* de David, c'eſt-à-dire, tout ce qui luy étoit arrivé depuis le commencement juſqu'à la fin. Et pour expliquer même encore plus nettement la choſe, on ajoute que ces Livres comprenoient tout ce que David avoit fait tant dans Iſraël que dans les Etats voiſins. Y a-t-il rien là qui puiſſe faire entendre que ces Prophetes n'ont écrit autre choſe que leurs Vies, & qu'ils ont parlé en paſſant ſeulement des actions de David? On pourra joindre à ce paſſage celuy du Livre II. des Paralip. où il eſt auſſi *2 Paral. 9: 29.* dit, que les actions de Salomon ont été écrites par les Prophetes Nathan, Ahia & Ado.

Tout ce qu'on peut oppoſer à des preuves ſi évidentes de la charge des Prophetes Scribes chez les Ebreux doit être de nulle conſideration. Auſſi ce que noſtre Auteur produit icy touchant les *Mazchirim* ou Commis ſur les *Regiſtres*, & les *Sopherim* ou Scribes, ne conſiſte-t-il qu'en de fauſſes *Des Officiers nommés dans l'Ecriture Mazchirim & Sopherim.*

fauſſes ſubtilités qui ne font rien au principal de l'affaire. Car de quelque maniere qu'on explique les offices des *Mazchirim* & des *Sopherim*, il ſera toûjours vray de dire, que les Prophetes ont écrit les Annales d'Iſraël. Je veux bien qu'aucun de ces Prophetes ne ſoit nommé *Mazchir* dans la Bible, & que ces *Mazchirim* n'y ſoient auſſi jamais appellés Prophetes; cela n'empêche pas que Samuël, Nathan, Gad & pluſieurs autres qui ſont nommés Prophetes dans l'Ecriture, n'ayent écrit les Annales des Ebreux; & qu'on n'ait eu par conſequent raiſon de dire, qu'il paroit de cette même Ecriture, que ceux qui ont compoſé les Annales d'Iſraël étoient des Prophetes, comme Joſeph & un grand nombre de Peres l'ont obſervé. Noſtre Docteur *Ebraiſant* qui eſt fecond en demandes impertinentes, demande à Mr. Simon, s'il a eu *quelque Manuſcrit du temps des Rois d'Iſraël, qui luy apprît au juſte l'étenduë de la charge des Mazchirim*; ou s'il l'a appris par un eſprit de Prophetie. Il n'eſt pas beſoin de nouveaux Manuſcrits de la Bible, & encore moins de l'eſprit de Prophetie, pour ſavoir que le mot de *Mazchir*, qu'il traduit luy-même, *Ecrivain des Regiſtres*, marque un office plus étendu que celuy des Prophetes Scribes, qui ne regiſtroient que ce qui appartenoit aux Annales de leur Etat. Nous ne voyons point dans l'Hiſtoire Sainte, que les Prophetes Samuël, Nathan, Gad, Ahia & les autres dont il y eſt parlé, ayent regiſtré toutes ſortes d'affaires, comme les mots de *Mazchir* & de *Sopher* le ſemblent

ſignifier. C'eſt pourquoy il n'eſt pas ſurprenant qu'ils ne ſoient point appellés *Mazchirim* & *Sopherim*, qui étoient des charges inferieures à celle de Prophete Scribe. On ne s'eſt pas appuyé ſur les mots de *Mazchirim* & de *Sopherim*, pour prouver que Samuël, Nathan & Gad ont été les Annaliſtes d'Iſraël pendant la vie de David; mais ſur un texte formel du Livre I. des Paralip. Chap. 29. Noſtre judicieux Auteur ne pouvant pas répondre à des autorités ſi expreſſes, ſe jette ſur les *Mazchirim* & les *Sopherim*, & nous dit que ces Prophetes n'ont jamais ce nom dans l'Ecriture : comme ſi l'on s'étoit appuyé ſur ces noms pour prouver qu'ils ont écrit les Annales de leur nation.

Mr. le Clerc avoit de plus objecté pour deſtruire les Prophetes Annaliſtes, qu'il n'y avoit pas d'apparence que ſous divers Rois impies qui ont été en Iſraël, des hommes inſpirés ayent joüi des charges de Scribes publics. On luy avoit répondu, que ſous les temps mêmes de ces Rois impies en Iſraël, *il y a toûjours eu des gens-de-bien qui ont été capables de recueillir les Annales de ce qui s'y paſſoit.* Il ne s'agit point icy, dit-on, *de gens-de-bien, mais de Prophetes; ni de Prophetes qui fuſſent capables de tenir les Annales, mais qui les écriviſſent actuellement, & dont les Livres fuſſent gardés dans les Archives.* Je ne croyois pas que la qualité d'homme-de-bien fuſt oppoſée à celle de Prophete; & que pour avoir dit qu'il y avoit alors des gens qui étoient capables de recueillir les Annales de ce qui ſe paſſoit

Des Prophetes Scribes ſous les Rois d'Iſraël.

Q

dans

dans leur Etat, on en duſt conclure qu'ils ne l'ont point fait. Pour ne pas s'engager dans des diſputes de mots, on ſoutient que les Annales d'Iſraël ont auſſi bien été recueillies par des Prophetes, que les Annales de Juda. Et quand même on ſuppoſeroit le contraire, cela n'empê- cheroit pas qu'il n'y ait eu dans la Republique des Ebreux des Prophe- tes Scribes qui ſont nommés dans l'Hiſtoire Sainte, d'où l'Auteur de l'Abregé du Vieux & du Nouveau Teſtament attribué à St. Athanaſe, a tiré le Catalogue qu'il donne de chaque Prophete en particulier qui a écrit les Annales de ſon temps. *Il faut avouër*, ajoute Mr. le Clerc, *qu'Elie avoit bien tort de croire être le ſeul Prophete qui étoit demeuré en Iſraël ſous le regne d'Achab;* comme ſi Elie parloit des Prophetes Scribes. Noſtre Auteur ne cherche qu'à ſe mettre à couvert ſous l'équivoque de quelque mot. Dieu fit bien connoî- tre à Elie que tout Iſraël n'étoit pas idolatre, & qu'il s'étoit reſervé ſept mille hommes qui n'avoient point adoré Baal. Outre qu'il n'eſt pas vray qu'Elie fuſt demeuré le ſeul des Pro- phetes, ayant ſeulement voulu dire, qu'il n'y avoit que luy entre les Pro- phetes qui ſoutinſt publiquement la cauſe de Dieu.

Mr. Simon avoit auſſi mis Iſaïe au nombre des Prophetes Scribes, à cauſe de ces paroles des Paralip. *Le Prophete Iſaïe fils d'Amos a écrit le reſte des actions premieres & dernieres du Roy Ozias.* Il n'y a rien de plus clair que ce paſſage. Cependant Mr. le Clerc nous aſſure qu'Iſaïe n'a point été le Prophete Scribe ou Ecrivain des Annales ſous le regne d'Ozias, parce qu'il eſt parlé d'un autre Scribe qui a dû écrire les Annales pendant le gouvernement de ce Prince. Je veux bien qu'il ſoit parlé en ce mê- me endroit du Scribe Jehiel: cela peut-il oſter à Iſaïe la qualité de Pro- phete Scribe ou d'Annaliſte du regne d'Ozias? Jehiel eſt à la verité nom- mé *Sopher* ou *Scribe:* mais il n'eſt pas dit de luy comme d'Iſaïe, qu'il ait mis par écrit toutes les actions du Roy Ozias. On ne doit pas s'atta- cher tant aux mots qu'aux choſes; & l'on ne s'eſt pas appuyé dans l'Hiſ- toire Critique & dans la Réponſe aux *Sentimens*, ſur le mot de *Scribe* pour établir les Ecrivains publics des Ebreux, mais ſur les paſſages for- mels de l'Ecriture, où il eſt dit que les Prophetes ont écrit les Annales de leur temps. Or il eſt fait icy men- tion d'Iſaïe de la même maniere qu'il eſt parlé en d'autres endroits de la Bible, de Samuel, de Nathan, d'Ado, & des autres Prophetes Scri- bes, qui ont recueilli les Actes de ce qui s'eſt paſſé ſous eux, bien qu'ils ne ſoient nommés ni *Mazchirim*, ni *Sopherim*. En effet, ces *Mazchirim* ou Commis ſur les Regiſtres & ces Scribes regiſtroient generalement toutes ſortes d'affaires, & écrivoient même ſous les Prophetes, ſi nous nous en rapportons à quelques Pe- res. L'Auteur de l'Abrege attribué à Dorothée, a crû qu'il y avoit dans le Temple des Scribes qui regiſ- troient les Propheties: & cette pen- ſée ſe trouve auſſi exprimée en mê- mes termes dans la Compilation de la Chronique d'Alexandrie. Quoy qu'il en ſoit, il eſt conſtant qu'Iſaïe a été

Marginal notes (left column): Objection. — 2 Paral. 26: 22. — Iſaïe a été auſſi Prophete Annaliſte.

Marginal notes (right column): Du Scribe Jehiel qui étoit en même temps. — De la qualité des ſimples Scribes. — Doroth. Synopſis.

a été l'Annaliste du regne d'Ozias, parce que cela paroit manifestement dans l'Histoire Sacrée ; au lieu qu'il y est seulement dit, que Jehiel a été Scribe en ce même temps-là. Au reste il n'est point besoin de feindre de nouvelles hypotheses pour concilier ces deux choses, qui ne font nullement opposées. Il y a de l'apparence qu'il y a eu chez les Ebreux de simples *Sopherim* ou *Scribes*, dans le même temps qu'il y avoit des Prophetes Scribes, auxquels étoit reservé le soin principal des Annales publiques, & ils ont pû avoir sous eux de simples Scribes.

Objection ridicule de Mr. le Clerc.

Si l'on en croit nostre Auteur, *Mr. Simon a formé son Systéme des Scribes publics sur une connoissance confuse de l'Histoire des Hebreux, puis qu'il n'a pas cité d'abord tout ce qui pouvoit sembler favoriser son sentiment dans l'Ecriture Sainte :* d'où il conclut, que le Prieur de Bolleville n'a jamais lû l'Ecriture que fort à la haste. Cette reflexion est digne de Mr. le Clerc, qui croit avoir indiqué un nouveau passage de la Bible en faveur des Ecrivains publics.

Réponse. Mais peut-on objecter ce nouveau passage comme une preuve qu'on n'a pas lû exactement l'Ecriture, puis que ce passage est de la même nature que les autres qu'on a cités ? Et comme il y en a un très-grand nombre dans l'Histoire Sainte, on s'est contenté après en avoir rapporté quelques-uns, de dire qu'il n'y avoit rien de plus commun dans l'Ecriture que ces sortes de passages. En effet, celuy qu'on indique n'est pas plus decisif que ceux qu'on a produits ; & il est facile d'en marquer plusieurs

autres qui prouvent tous la même chose.

Pour ce qui est de la ponctuation de la Massore, qu'il croit qu'on doit preferer en cet endroit à la ponctuation des anciens Interpretes, je ne veux point chicaner là-dessus. Je croy seulement, que dans cette diversité de ponctuation il faut suivre celle qui fait un sens plus clair, & qui donne aux mots Ebreux une signification plus naturelle. Mais de quelque maniere qu'on les traduise, Traduction d'un passage du Livre II. des Paralip. chap. 20. v. 34. il sera toûjours vray de dire, que Jehu fils d'Hanani a été le Prophete Scribe du regne de Josaphath. Si l'on veut neanmoins suivre la ponctuation de la Massore, je prefererois la Verfion de Geneve, où l'on a traduit, *selon qu'il a été enregiftré au Livre des Rois d'Ifraël.* On a interpreté dans cette Verfion le mot Ebreu *afcer*, comme fi on lifoit *caafcer :* ce qui est assez ordinaire dans la Bible.

Il faut avoir au reste l'esprit bien porté à la chicane, pour s'arrester, comme fait icy nostre Auteur, sur des minuties, & dans lesquelles mêmes il n'est pas exact. On avoit témoigné dans la Réponse aux *Sentimens*, qu'on traduisoit un passage des Paralip. *dans les Livres des Rois d'I-* *Ibid.* *fraël,* selon qu'il étoit dans la Vulgate, où on lit en effet, *in Libros* Fausse lecture de Mr. le Clerc en citant la Vulgate. *Regum Ifraël.* Remarquez icy en paffant, dit Mr. le Clerc, *la bonne-foy de nostre Auteur. Il y a dans la Vulgate,* in Libro Regum Ifraël, *comme il y a dans l'Hebreu Sepher.* Cela est pardonnable à un Auteur à jufte prix qui n'a pas une Vulgate qu'il puisse consulter, & où on lit

 con-

conſtamment, *in Libros Regum Iſraël*: & ainſi on a eu raiſon de traduire ſur cette Vulgate, *dans les Livres des Rois d'Iſraël.* Il n'a point apparemment d'autre Edition Vulgate que celle que Robert Etienne a corrigée en pluſieurs endroits, & qui precede les Corrections des Papes. Mais l'ancienne Edition de Louvain, qui eſt auſſi avant la Correction, & toutes les Editions Latines après cette Correction des Cenſeurs de Rome, n'ont point autrement que *in Libros*, bien que ſelon l'Ebreu, ſur lequel Robert Etienne aura corrigé ſon Exemplaire, il faille traduire, *in Libro*, ſelon la lettre. Quand on cite la Vulgate, on ne cite pas la Correction de Robert Etienne, mais l'Edition que tout le monde appelle Vulgate, & ſur laquelle on a eu raiſon de traduire, *dans les Livres.* Cet homme cependant, qui ne s'attache qu'à des choſes de rien, & où même il ſe trompe le plus ſouvent, s'écrie qu'on a changé exprès le ſingulier en pluriel, parce que ſans cela *on perſuaderoit difficilement au Lecteur, que les Annales des Rois de Juda compoſées d'un grand nombre de volumes, s'appellent le Livre des Rois d'Iſraël.* Quelle badinérie! Quelle ignorance dans un homme qui ſe meſle de Critique! Accordons luy qu'il faille lire ſelon l'Ebreu, *in Libro*, *dans le Livre*, & non pas *dans les Livres*; ne ſera-ce pas toûjours le même ſens? Le mot de *Sepher* ne ſe prend pas en ce lieu-là pour ce que nous appellons ordinairement un Livre; mais pour le Recueil des Annales des Rois d'Iſraël. Et c'eſt la même choſe de dire au ſingulier *le Regiſtre*, ou *les*

Erreur puerile de Mr. le Clerc.

Regiſtres dans ces ſortes d'expreſſions.

Noſtre ſavant Critique après tous ces faux raiſonnemens, qui ne ſont la plus-part fondés que ſur ſon imagination & ſur quelques paſſages de l'Ecriture expliqués dans un ſens tout-à-fait éloigné, conclut que le Syſteme des Prophetes Scribes n'a été fondé que ſur la lecture de Maſius, ou d'un paſſage ou deux de la Bible mal entendus. Mais il eſt aiſé de voir tant dans l'Hiſtoire Critique que dans la Réponſe aux *Sentimens*, que ces Prophetes Scribes ſont appuyés ſur un aſſez grand nombre de paſſages du Vieux Teſtament, & ſur l'explication que pluſieurs Peres Grecs ont donnée à ces mêmes paſſages, & de plus ſur l'autorité de Joſeph, qui les ſuppoſe comme une choſe non conteſtée parmi ceux de ſa nation. On n'a pas prouvé preciſément l'établiſſement de ces Prophetes Annaliſtes, de ce que Dieu a été toûjours le Chef de la Republique des Iſraëlites, mais plutoſt par des témoignages exprès de l'Ecriture qui font mention de ces Prophetes. Il n'eſt pas vray de plus, comme noſtre Auteur le ſuppoſe, que les Juifs n'ayent reconnu aucune inſpiration dans leur Republique depuis le regne d'Artaxerxes, comme il eſt aiſé de le monſtrer par leurs Livres. On n'a point auſſi attaché la qualité de Prophete Scribe à celle des *Mazchirim* & des *Sopherim*. Et ainſi tout ce qu'il produit ici contre les Prophetes Annaliſtes, comme ſi c'étoit un Syſteme rempli de difficultés, n'a aucune ſolidité. Pour peu qu'on s'applique aux réponſes qu'on a faites

Les Prophetes Scribes ſont fondés ſur l'Ecriture & ſur les plus ſavans Auteurs.

Les Juifs ont reconnu une inſpiration après le regne d'Artaxerxes.

tes

tes aux objections qu'il a proposées, on reconnoîtra facilement, que ces objections ne font bien souvent appuyées que fur des équivoques de mots, & fur des paralogifmes.

Il vient enfin aux rares obfervations qu'il avoit faites fur le mot Ebreu *Navi, Prophete*. On luy a montré évidemment, qu'il avoit avancé de grandes impertinences en parlant de l'étymologie de ce mot-là. Il avoüe prefentement contre ce qu'il avoit dit dans fes *Sentimens*, que felon l'ufage de la langue Ebraïque on peut confondre *noub* & *naba*. Il n'a donc pas eu raifon de dire, que l'opinion de R. Salomon Ifaaki, qui a expliqué *naba*, *parler*, dans le même fens que *noub*, n'avoit *aucun fondement dans l'analogie de la langue & dans l'ufage de l'Ecriture.* Ce qu'il ajoute icy, que *nabi* fe derive plus directement de *naba*, que de *noub*, ne fait rien à la queftion ; parce qu'il fera toûjours vray de dire, que *noub* & *naba* peuvent être confondus dans leurs fignifications felon l'ufage & l'analogie de la langue Ebraïque. Il femble qu'il ne s'entend pas luy-même, quand il ajoute, que *noub* ne fignifie proprement ni *prophetifer*, ni *parler :* car il dit en même temps, que *naba* fignifie auffi en Arabe, *annoncer. Noub*, comme l'on a dêja remarqué, fe confond pour la fignification avec *naba*. De plus, *nabab* dans la langue Ethyopienne, & même dans l'Arabe, fignifie *parler :* en forte que comme felon cette même analogie & l'ufage des langues Orientales, ces trois mots *noub*, *naba* & *nabab* fe confondent dans leurs fignifications, on n'en peut

donner une plus naturelle que celle qu'on a apportée dans l'Hiftoire Critique. Et en effet, les Prophetes ont été des Orateurs publics qui annonçoient aux hommes la volonté de Dieu, foit en predifant l'avenir, foit en parlant des chofes prefentes.

On avoit appuyé cette explication dans la Réponfe aux *Sentimens* fur deux endroits de l'Ecriture interpretés en ce fens-là par les Septante. Le premier eft tiré du Liv. I. des Paralip. 25: 1. où ils ont traduit *neviim* par ἀποφθεγγομένους. A quoy Mr. le Clerc répond, que ἀποφθέγγεϑγ *ne fignifie pas fimplement parler, mais prononcer des fentences, foit que ce foit en chantant, ou autrement.* On n'avoit pas crû que parler fententieufement étoit ne point parler. Il dit de plus, qu'en ce lieu-là *neviim* fe prend pour *chanter*, & non pas pour *parler.* Il veut apparemment qu'on puiffe chanter fans parler ; comme fi le chant étoit autre chofe que des paroles prononcées avec de certains tons. Les Juifs font fi accoûtumés à ces fortes de tons, qu'ils ne recitent prefque jamais rien de l'Ecriture qu'en chantant. Le fecond paffage eft tiré du Livre II. des Paralip. 9: 29. où le mot de *nebouath*, *prophetie*, eft traduit λόγῳ par les Septante. Il veut que leur interpretation foit en cet endroit plûtoft felon le fens que felon la rigueur du mot. Mais outre qu'il n'en donne aucune preuve, il paroit au moins de là, que le mot de *nebouath* fignifie *difcours* ou *parole*, felon les Septante. Ce qu'il ajoute au même endroit touchant l'Auteur de la Vulgate, n'a auffi au-

cune

cune folidité. Il a traduit, dit-il, les mots dont il s'agit, *in Libris Ahiæ Silonitæ*; dont on ne fauroit neanmoins raifonnablement conclure, que cet Interprete ait crû que *naboua* fignifie un *Livre*, & que *naba* fignifie *faire des Livres*. Plaifante réponfe & digne d'un Arminien qui fe mefle d'*Ebraifer!* comme fi les Livres n'étoient pas des difcours. St. Jerôme ne pouvoit mieux traduire ces mots, *nebouath Ahia*, que par ceux-cy, *les Livres d'Ahia*; parce qu'il ne s'agit pas en cet endroit de ce qu'on appelle communément Prophetie, mais de Difcours ou Livres écrits par le Prophete Ahia, qui compofoient une partie des Annales du regne de Salomon.

Obfervation de Mr. le Clerc hors de propos.

Je ne comprens pas au refte pourquoy il cite icy pour confirmer fa penfée un paffage de St. Jerôme, où ce favant Pere remarque, que dans St. Marc ces deux mots, *Tabita cumi*, font traduits, *Puella*, *tibi dico*, *furge*, bien qu'il n'y ait rien dans ces mots qui réponde à *tibi dico*. Cette obfervation de St. Jerôme n'a aucun rapport avec le fait dont il s'agit. Mais qu'importe: Mr. le Clerc donne de temps en temps quelque marque de fa rare literature. Il ne fe met pas en peine fi cela eft à propos ou non. Cependant après toutes ces belles reflexions il finit fa Lettre par le galimatias qui luy eft fi

Galimatias de Mr. le Clerc.

ordinaire. *Mr. Simon, dit-il, qui fait plus d'Ebreu qu'il n'en a lû dans fon Dictionnaire, & qui a joint les Auteurs anciens & nouveaux pour avoir une connoiffance plus étenduë de la langue Ebraïque, que celle qui fe trouve dans la plus-part des Dictionnaires,*

a enrichi de divers mots la langue Ebraïque & la langue Grecque. En effet, on a donné dans l'Hiftoire Critique une idée de la langue Ebraïque plus étenduë que celle qui fe trouve dans les Dictionnaires des Proteftans, & on a eu raifon de dire, que Mr. le Clerc en parlant du mot Ebreu *noub*, avoit fait connoître fon ignorance dans la langue Ebraïque. Auffi les gages qu'il tire de fa Profeffion ne l'obligent-ils pas à favoir plus d'Ebreu qu'il en peut trouver dans le Dictionnaire de Buxtorf.

CHAPITRE VII.

Critique de la VI. Lettre.

COmme Mr. le Clerc n'a pas pretendu dans fa *Defenfe* fuivre pas à pas la Réponfe de Mr. Simon, il paffe tout d'un coup des Prophetes Scribes au Grand Sanhedrin; & après avoir commencé fa Lettre felon fon ordinaire, par un rare preambule, il attaque les Rabbins, dont il pretend que Mr. Simon a fait l'apologie. C'eft ainfi qu'il nomme la Digreffion inutiles de Mr. le Clerc. remarque qu'on a faite dans la Réponfe aux *Sentimens*, où on luy avoit dit, qu'il ne devoit pas s'attacher à refuter les fables des Rabbins que Mr. Simon a rejettées. On luy avoit auffi reproché en ce même endroit, qu'au lieu de traiter fon fujet, il s'amufoit à debiter des lieux communs qui ne prouvent rien, & qu'on ne favoit pas qui étoit le plus extravagant, ou des Rabbins, ou de luy, qui difoit tant de chofes pour ne rien prouver; au lieu que les Rabbins ne veulent pas qu'on prenne toûjours

leurs

leurs contes au pied de la lettre, parce.qu'ils pretendent ne donner le plus fouvent que des allegories & des jeux d'efprit. Noftre Auteur, qui ne peut pas fouffrir qu'on trouve moins d'extravagance dans les fables des Rabbins que dans tout fon bon fens, répond, *que ces jeux d'efprit qui divertiffent le Prieur de Bolleville, font les plus grandes impertinences qu'on ait ouï dire.* Cela peut être vray: mais auffi n'ont-ils point d'autre deffein que de dire des impertinences; au lieu que le judicieux Arminien en dit dans un Livre de Critique. Mais laiffons cela, & venons au fait.

On ne doit pas rejetter abfolument les Rabbins, fous pretexte que quelques-uns de leurs Livres font remplis de fables.

On avoit avancé, que fous pretexte que les Juifs debitent une infinité de fables, il n'eft pas à propos de rejetter generalement tout ce qu'ils nous ont dit touchant les ufages & les coûtumes de leur nation. Mr. le Clerc veut qu'on luy donne des regles affurées pour diftinguer la verité du menfonge dans les Ecrits des Rabbins. Mais on ne voit pas de quelle utilité cela luy pourroit être, puis qu'il ne peut pas les lire. Il ne devroit pas par la même raifon lire un grand nombre d'autres Livres, où il y a auffi beaucoup de fauffetés. Les Grecs ont leurs fables auffi bien que les Juifs. Mais il y a des loix generales de Critique, que les gens de bon fens employent pour difcerner le vray d'avec le faux; & ces regles peuvent s'appliquer auffi bien à la lecture des Ouvrages des Rabbins, qu'à tous les autres Livres.

Regles pour difcerner le vray d'avec le faux.

C'eft fur ce pied-là qu'on peut juger de plufieurs fables rapportées par les Juifs dans leur Talmud, & dont noftre Auteur produit icy quelques-unes touchant les contes qu'ils font de leur Sanhedrin, tirées de Selden qui a compofé un gros Livre intitulé, *De Synedriis.* Il fe trompe manifeftement, quand il met au rang de ces fables ce que dit Jofeph au Livre 4. de fes Antiquités, Chap. 8. où entre les loix que Moïfe donna touchant les Rois, il rapporte celle-cy, *Qu'il ne faffe rien fans l'avis du Souverain Sacrificateur & des Senateurs.* [*Jofeph. Ant.q. lib. 4. c. 8.*] Mr. le Clerc eft fi judicieux, qu'il aime mieux s'en rapporter au témoignage de Saumaife, qu'à celuy de Jofeph. Cet Hiftorien cependant ne dit rien en ce lieu-là qui ne foit conforme aux loix de Moïfe, [*Defenfe de Jofeph.*] & à la forme du gouvernement des Ebreux, qu'on peut appeller *Theocratie,* parce que Dieu en étoit le Chef. Cette loy a rapport à celle qui eft marquée dans les Nombres, [*Num. 27. 21.*] où il eft ordonné qu'on ne fera rien dans l'Etat, que le Souverain Sacrificateur n'ait confulté Dieu auparavant. Ce qui fe doit entendre des affaires importantes. Cela s'obfervoit, comme on l'a monftré cy-deffus, Chap. V. par l'*Urim,* & a été auffi bien en ufage fous les Rois Saül & David, que fous Jofué & les autres Juges. D'où il paroit que Jofeph n'a pas formé cette loy fur l'état où étoit la Republique fous les Princes Afmonéens, comme l'affure noftre Auteur, mais fur les paroles mêmes de Moïfe.

Pour ce qui eft du pouvoir des Juges du Grand Sanhedrin, Mr. le Clerc pretend, *que l'Ecriture ne nous dit point en quoy devoient confifter les fonctions des membres de cette Grande Affemblée; & qu'il y a de l'apparence* [*Fonctions des Juges du Sanhedrin.*]
qu'ayant

qu'ayant été inſtituée à l'occaſion des murmures du peuple, elle ne ſe meſloit que des affaires d'Etat. Mais il eſt marqué expreſſément dans l'Ecriture, que ces Juges decidoient de toutes les affaires qui appartenoient à la Loy. *Si difficile & ambiguum apud te judicium eſſe perſpexeris.... ſurge & aſcende in locum quem elegerit Dominus Deus tuus, venieſque ad Sacerdotes Levitici generis, & ad Judicem qui fuerit illo tempore... & facies quodcunque dixerint*, &c. On voit par là, que les Juges de la Grande Aſſemblée jugeoient definitivement de toutes les difficultés qui ſe preſentoient; & leurs arreſts étoient comme des loix auxquelles on devoit ſe ſoûmettre. C'eſt ce que remarque Grotius dans ſes Annotations ſur cet endroit, où il refute ceux qui expliquoient ces mots du verſet 11. *juxta legem ejus*, comme ſi l'on n'étoit obligé d'obéïr aux ordonnances du Sanhedrin que lors qu'elles ſe trouvoient conformes à la Loy. Voicy ſes termes: *Non eſt illud* juxta legem, *adſtrictivum præcepti, quaſi tum demum obligentur ſinguli parere decreto Synedrii, ſi Synedrium congruentia Legi reſpondeat: id enim fuerat interpretationem cujuſque arbitrio ſubmittere, ac proinde dare occaſionem diſſidiis.* D'où il conclut, que *la Loy ne permettoit pas à chacun d'interpreter la Loy comme il luy plaiſoit, & de faire une ſecte à part ſous pretexte de quelque raiſon apparente: mais qu'elle établit une regle neceſſaire de conſerver l'unité.*

A l'égard de ce qu'on a dit, que les Juges du Sanhedrin decidoient de toutes les affaires qui pouvoient ſe rencontrer dans leur Etat; Mr. le Clerc répond, que cela eſt faux, puis qu'il y avoit divers autres Tribunaux en Iſraël qui jugeoient des cauſes de moindre importance; puis il renvoye à Seldenus: comme ſi l'on n'avoit pas reconnu ces Tribunaux inferieurs en Iſraël, quand on a dit que les Juges du Sanhedrin étoient Juges en dernier reſſort. Les Parlemens à ce compte-là ne jugent point de toutes ſortes d'affaires, parce qu'il y a des Juges ſubalternes. Il ſe peut faire, ſelon noſtre Auteur, que cette Grande Aſſemblée n'ait été choiſie, *que pour empêcher que le peuple ne murmuraſt pas ſi ſouvent contre Moïſe.* Mais il n'y a aucune vraiſemblance en cela. Car Moïſe, comme il paroit par tout ce qu'on a rapporté cy-deſſus, établit des Juges pour être les Interpretes des loix; & on veut que ces Juges n'ayent été que pour appaiſer les murmures qui s'élevoient de temps en temps contre luy. Si la loy qui établit ces Magiſtrats n'eſt pas une loy qui regarde le gouvernement perpetuel de la Republique d'Iſraël, on aura autant de raiſon de dire, que les autres loix du Pentateuque n'ont été auſſi données que pour un temps ſeulement, & qu'elles ne devoient pas durer toûjours; car on n'y voit aucune difference pour les expreſſions.

Pour ce qui regarde le paſſage des Nombres, où il eſt dit ſelon la Verſion des Septante, que les Juges de la Grande Aſſemblée *prophetiſerent auſſi-toſt que l'Eſprit de Dieu repoſa ſur eux; mais qu'ils ne continuerent point*: on n'en peut pas conclure, même ſelon cette Verſion, que les fonctions de ces Juges ceſſerent dans

Deut. 17: 9, 10, 11.

Grot. Annot. ad Deut. 17: 11.

Le Sanhedrin n'a pas été ſimplement inſtitué pour appaiſer les murmures du peuple contre Moïſe.

Num. 11: 25.

Explication d'un paſſage des Nombres

felon la Verfion des Sep-tante & les Peres Grecs.

ce même temps-là. Cela prouveroit feulement, que cet Efprit Prophe-tique que Dieu leur donna au com-mencement de leurs fonctions pour les faire avec plus d'autorité, ne con-tinua point. En effet, c'étoit un don extraordinaire qui n'étoit que pour un temps, & il ne devoit pas même les accompagner toûjours, parce que, comme Theodoret qui a fuivi l'interpretation des Septante remarque fur ce paffage, Dieu ne les avoit pas établis pour prophetifer, mais pour gouverner. C'étoit affez qu'ils euffent le don de gouverne-ment pour expliquer les difficultés de la Loy, & pour être les Juges legi-times de toutes les Controverfes. Si ce Sanhedrin a été negligé ou in-terrompu, il ne s'enfuit pas de là qu'il n'ait pas été établi par la Loy pour être de durée : autrement on pourroit dire par la même raifon, qu'une loy qui a été negligée n'a ja-mais été une veritable loy.

Mr. le Clerc n'ayant pû fatisfaire aux raifons qu'on a apportées dans la Réponfe aux *Sentimens*, pour mon-ftrer que les Juges de la Grande Af-femblée ont été d'abord inftitués pour être les Juges ordinaires & per-petuels de la Republique d'Ifraël, tâche de fe mettre à couvert, felon fa coûtume, fous de certaines gene-ralités de noms équivoques. On avoit pretendu que depuis l'établiffe-ment du Sanhedrin par la loy de Moïfe, une bonne partie des paffa-ges de l'Ecriture où il eft parlé des Juges & des Anciens des Juifs, fe doivent expliquer par rapport à cet établiffement; & par confequent que ces mots ne peuvent plus être pris

Ο'υ προ-φητειας χαριν, αλλ' οικο-νομιας αυτους προεβά-λετο. *Theodor. Qu.* 20. *in Num.*

Difcours generaux de Mr. le Clerc qui ne prouvent rien.

dans leur generalité, comme aupa-ravant. Noftre Auteur répond à cela, *qu'au commencement du monde la ne-ceffité & la nature apprirent aux hom-mes qu'il falloit que les jeunes gens fe laiffaffent conduire aux vieillards, qui par la longueur des années avoient ac-quis plus d'experience qu'eux.* Mais je ne voy pas où tend tout ce long difcours pour prouver une chofe dont on n'a jamais douté. A quoy bon rapporter icy les paffages de l'Ecri-ture où il eft parlé de vieillards, qui n'étoient pas, dit-on, regardés, *comme des Magiftrats armés de l'au-torité publique pour faire executer leurs arrefts.* La queftion ne roule pas là-deffus, mais fur les paffages de l'Ecriture où le mot de Juge & d'Ancien ne peut pas fe prendre dans cette generalité : & c'eft à quoy il devoit s'arrefter, puis que tout le monde convient que le mot d'An-cien eft équivoque dans l'Ecriture. Il bat encore la campagne au même endroit, lors qu'il veut monftrer que le mot πρεσβύτερος, ancien, eft équi-voque dans les Auteurs Profanes & Ecclefiaftiques, & qu'on ne le doit pas prendre toûjours pour une dig-nité. Il étoit fort inutile de produi-re là-deffus l'autorité de Denis d'Ha-licarnaffe, pour prouver un fait qui ne peut être revoqué en doute. Laif-fons là le galimatias de Mr. le Clerc, & venons au fait.

Pour monftrer que les Anciens de la Grande Affemblée n'avoient pas été fimplement inftitués afin d'em-pêcher les murmures du peuple con-tre Moïfe, mais pour être les Juges ordinaires d'Ifraël après la mort de ce Legiflateur, on avoit cité le paf-

fage

Jos. 24: 1.

Preuves de la continuation du Sanhedrin après Moïse.

sage de Josué, où il est dit, que *Josué appella les Anciens d'Israël, leurs Chefs & leurs Juges.* Mr. le Clerc pretend que par ces Anciens on peut entendre les Vieillards les plus venerables ; & il aime mieux demeurer dans cette generalité, que s'en rapporter à Joseph, qui appelle ces Vieillards, *le Senat d'Israël*, ϗ γερουσίαν, qui étoit en effet le nom qu'on devoit leur donner depuis qu'il y avoit un Conseil d'Anciens établi dans Jerusalem, lequel devoit juger des affaires les plus importantes de la Republique. Il n'étoit plus alors question de venerables Vieillards, mais de Magistrats & de Juges. Le passage du Livre II. des Paralip. Chap. 19. où il est dit que Josaphat institua des Juges dans Jerusalem, prouve aussi que ce Prince restablit le Grand Sanhedrin dans cette ville. C'est ainsi que Joseph & les plus savans Interpretes de l'Ecriture l'ont expliqué. Nostre Auteur ne répond autre chose à cela, sinon qu'il a expliqué ce passage dans ses *Sentimens*, où l'on ne trouve cependant rien qui fasse voir le contraire. Car il se contente de dire, qu'on prouveroit par là que le Sanhedrin auroit discontinué. Aussi n'a-t-on pas pretendu que cette Grande Assemblée ait toûjours été sans aucune interruption.

Ezech. 8: 11.

Le témoignage d'Ezechiel, où ce Prophete dit que Dieu luy fit voir *70. hommes des Anciens d'Israël*, prouve encore plus évidemment qu'aucun autre, que l'Assemblée du Sanhedrin a été une Assemblée stable dans la Republique des Ebreux ; n'y ayant aucune apparence qu'Ezechiel eust parlé des 70. Senateurs qui

Eclaircissemens sur

avoient cessé d'être, selon nostre Auteur, immediatement après Moïse. Soit donc qu'il y eust alors une Assemblée telle que le Prophete la represente, ou qu'il y fasse seulement allusion, il suppose évidemment une Assemblée de 70. Senateurs connuë de son temps dans Israël : autrement on n'auroit pas entendu les paroles de sa Prophetie. C'est pourquoy Grotius sur ces mots du Chap. 8. verf. 11. *LXX. viri de Senioribus Domûs Israel*, fait cette remarque, *id est, illi 70. qui inter Judices omnes eminebant summa cum potestate.* Mr. le Clerc se plaint de ce que Mr. Simon n'a pas ajouté le reste du passage, *parce qu'il destruit entierement son opinion, qui suppose que le Sanhedrin étoit composé de personnes inspirées.* Mais il ne s'agit pas icy de savoir si les Senateurs de la Grande Assemblée ont été inspirés ; mais si Ezechiel l'a indiquée en parlant des 70. Anciens d'Israël. Car c'est ce qu'on a voulu prouver par les paroles de ce Prophete. Bien loin que le reste du passage destruise le Sanhedrin, il l'établit de nouveau, puis qu'on y repete les mêmes mots. *Vides, fili hominis, quæ Seniores Domûs Israel faciunt in tenebris.* Ces Vieillards sont les Juges souverains d'Israël ; & quand on supposeroit avec nostre Auteur, qu'ils n'ont été ni infaillibles ni inspirés, ils n'en auroient pas pour cela moins fait la fonction de Magistrats. Au reste, l'infaillibilité du Sanhedrin n'empêchoit pas que la Republique des Ebreux ne pût tomber dans l'idolatrie ; & alors la Discipline de cette Republique étant corrompuë, il n'y avoit plus de verita-

un passage d'Ezechiel, qui prouve la continuation du Sanhedrin.

Grot. Annot. in Cap. 8. Ezech. v. 11.

Objection.

Réponse.

En quel sens le Sanhedrin a pû tomber dans l'idolatrie.

ritable Sanhedrin. Et ainſi on peut ſuppoſer qu'il tombe dans l'idolatrie avec tout l'Etat, ſans nier pour cela l'inſpiration du Sanhedrin. Il en ſeroit à peu près comme du Pape dans l'opinion de quelques Theologiens qui le croyent inſpiré & infaillible dans ſes deciſions. Ils ne nient pas cependant qu'il ne puiſſe tomber dans l'hereſie : mais alors il ceſſe d'être Pape. Auſſi ces Juges ſouverains & inſpirés tombant avec leur Republique dans l'idolatrie, perdent leur qualité de Juges inſpirés.

On avoit dit ſur ce même paſſage dans la Réponſe aux *Sentimens*, que le Prophete Ezechiel pour deſigner mieux le Senat d'Iſraël, avoit employé la même expreſſion dont Moïſe s'étoit ſervi dans les Nombres, *Num.11: 16.* où il établit ce Senat. Ce qu'on ne pourra nier, ſi l'on veut prendre la peine de conferer ces deux paſſages. Cependant Mr. le Clerc, qui ne cherche qu'à s'échapper par des réponſes indirectes, nous aſſure que Mr. Simon a lû bien negligemment l'endroit de Moïſe & celuy d'Ezechiel, ou qu'il eſt de mauvaiſe foy. Car dans Ezechiel il eſt parlé de perſonnes déja éluës & du Grand Sanhedrin tout formé ; au lieu que dans Moïſe il eſt parlé de choiſir entre pluſieurs Anciens ſoixante-&-dix perſonnes. Mais que cela fait-il à la queſtion ? N'eſt-il pas toûjours vray de dire, que la même expreſſion *mizikne*, *des Anciens*, eſt dans Moïſe & dans Ezechiel ? La difference du ſens ne vient pas de l'expreſſion, qu'on a dit être la même ; mais de ce que dans Moïſe elle marque des Anciens qu'on crée Juges,

& dans Ezechiel des Anciens d'une Aſſemblée formée depuis un très-long-temps. On ne peut pas conclure de là, qu'Ezechiel n'a pas fait alluſion aux termes dont Moïſe s'eſt ſervi lors qu'il inſtitua cette Aſſemblée : au contraire l'alluſion eſt tout évidente, puis qu'on employe la même expreſſion dans les deux endroits.

Mr. le Clerc avoit oppoſé dans ſes *Sentimens*, qu'on trouve dans Nehemie, Chap. 9. & 10. divers reglemens faits à Jeruſalem pour le reſtabliſſement de la Religion, & que cependant on n'y voit rien de cette Grande Synagogue de 70. hommes. On a répondu, que cette preuve eſt negative, & qu'on ne pourroit pas conclure qu'il n'y a point de Senat à Veniſe, parce que la pluspart des affaires ſe fait au nom du Doge. En effet, les Juifs ſe contentent de nommer le Chef du Sanhedrin pour tout le Sanhedrin. Nôtre Auteur objecte de nouveau, que dans Nehemie l'affaire ne ſe fait point au nom du Chef du Sanhedrin, & que plus de 80. perſonnes ſignent un contract ſolemnel, & s'engagent au nom de tout le peuple. *C'eſt*, ajoute-t-il, *tout de même que ſi dans une alliance on faiſoit ſigner les articles à un bon nombre de Nobles Venitiens ſans avoir aucun égard au Senat, ou au Doge.* Mais il devoit faire voir, que ni les Chefs du Sanhedrin, ni les autres Magiſtrats n'ont point ſigné ce contract. Il eſt dit au contraire, qu'il fut ſigné par les Chefs de la Republique, par des Levites, & par des Sacrificateurs. Or tout le monde ſait qu'une bonne partie des

R 2

Ma-

Grotius.

Magiſtrats de la Grande Aſſemblée étoit choiſie d'entre les Sacrificateurs & les Levites. C'eſt pourquoy Grotius dans ſes Annotations ſur cet endroit de Nehemie obſerve judicieuſement, qu'en ces temps-là Zorobabel, Nehemie & Eſdras gouvernoient le peuple aſſiſtés des Senateurs & des autres Magiſtrats. *Zorobabel, Nehemias, Eſdras regebant populum de Conſilio Senatûs & aliorum Magiſtratuum.*

On a de plus fait voir avec évidence dans la Réponſe aux *Sentimens*, que Mr. le Clerc n'avoit pas lû Joſeph exactement; puis qu'il a ſuppoſé, que cet Hiſtorien n'avoit rien dit de la continuation du Sanhedrin après la mort de Moïſe. A

Joſeph a veritablement crû que le Sanhedrin a ſubſiſté après Moïſe.

quoy il répond, que Joſeph expliquant le paſſage de Joſué, où il eſt ſeulement parlé d'Eleazar le Sacrificateur, de Joſué & des Chefs des Tribus, a ajouté le *Senat*, qui n'eſt point dans le Texte de la Bible. Quand on ſuppoſera cela, on aura eu raiſon de dire, que Joſeph a crû que le Sanhedrin avoit ſubſiſté dans Iſraël après la mort de Moïſe, & qu'ainſi il n'avoit pas été ſeulement établi pour remedier aux murmures du peuple contre le même Moïſe. A quoy l'on peut ajouter, que Joſeph n'a pas mis de luy-même le mot de Senat, puis qu'il eſt dit dans le Chap. 24. de Joſué, verſet 1. qu'il aſſembla *les Anciens d'Iſraël*, *les Chefs & les Juges*: ce qui deſigne le Senat.

Objection.

Noſtre Arminien, qui ne peut pas nier un fait ſi évident, oppoſe qu'il ne s'enſuit pas de là, que cette Aſſemblée ait continué *pendant l'eſpace de mille ans*, *la Republique ayant*

Réponſe.

été troublée tant de fois ſous les *Juges*, & ayant changé de gouvernement ſous les Rois. Auſſi a-t-on ajouté en ce même endroit les paroles de Joſeph, qui parle de l'établiſſement du Sanhedrin de la même maniere que de toutes les autres loix qui devoient être ſtables dans la Republique des Ebreux. L'interruption de cette Grande Aſſemblée dans des temps de deſordre n'empêche pas qu'elle n'ait été inſtituée dans ſon origine pour être de durée dans l'Etat.

Le Sanhedrin établi à perpetuité, ſelon Joſeph.

La harangue de Moïſe rapportée par Joſeph, ne prouve pas ſeulement que cet Hiſtorien a crû, qu'il y a eu *une Aſſemblée ſous Moïſe*, & *peu de temps après*, *laquelle il appelle Senat*: mais elle prouve de plus, qu'elle devoit être à perpetuité, puis qu'il la met dans le même rang que les autres loix de Moïſe qui devoient être perpetuelles. Ceux qui liront cette harangue avec un tant ſoit peu d'application, n'en jugeront point autrement: car on ne peut point donner d'autre ſens à ces paroles de Joſeph, après qu'il a marqué toutes ces loix en détail: *Voilà ce que Moïſe a ordonné*, *& les Ebreux l'executent.*

Objection.

Mais, s'il ſalloit, dit-on, *entendre ces paroles de Joſeph à la rigueur*, *il auroit été un extravagant*, *& l'Hiſtorien le plus infidéle qui ait jamais été*, puis que l'on ſçait par l'Ecriture Sainte, que jamais les Juifs n'ont obſervé exactement toute la Loy.

Réponſe.

Quel raiſonnement! Les Juifs n'ont pas obſervé exactement toute la loy: donc les loix que Moïſe leur a preſcrites n'ont pas été inſtituées pour être perpetuelles. La negligence du du peuple qui n'obferve pas les loix avec foin deftruit-elle la premiere intention du Legiflateur? Quand il fera vray que les Juifs ont negligé en de certains temps quelques unes de leurs loix, s'enfuit-il de là que Jofeph a été un extravagant & un Hiftorien infidéle, pour avoir dit que les Juifs executent les loix que Moïfe leur a données? Mais Jofeph, ajoute noftre Auteur, ne dit pas precifément cela. Il ne parle precifément que de fon temps: car il dit, *Ce font là les chofes que Moïfe a ordonnées, & la nation des Hebreux continuë à les fuivre.* Ces paroles, dit-on, ne fuppofent pas *qu'il n'y a point eu de difcontinuation, mais feulement en general, que la même nation qui avoit reçû autrefois ces ordonnances, les obfervoit encore de fon temps.*

Cela feul fuffit pour monftrer que ces loix avoient été établies pour durer toûjours dans Ifraël: & s'il y a eu quelque interruption, on n'en peut rien conclure contre la ftabilité de ces loix. Auffi Jofeph les appelle-t-il des loix (1) *qui avoient été chez eux dès les premiers temps;* & il fait dire à Moïfe parlant à ceux de fa nation, (2) *qu'il leur a écrit par l'ordre de Dieu des loix & une forme de gouvernement qui les rendra les plus heureux du monde, s'ils le gardent exactement.*

Après que Mr. le Clerc s'eft fi mal tiré du paffage de Jofeph, il ne laiffe pas de triompher felon fa coutume; & afin qu'il ne manque rien à fon triomphe chimerique, il ajou-te parlant à fon ami, *Vous allez voir quelque chofe de bien plus pitoyable dans la preuve qu'il nous donne de l'infpiration de ce même Sanhedrin. Vous allez voir qu'il contredit des Livres qu'il doit reconnoître comme Canoniques, & les fentimens des plus favans Docteurs Juifs.* Quid tanto dignum feret hic promiffor hiatu? Tout ce que nous allons voir, c'eft que Mr. le Clerc eft un grand declamateur & un homme fort ignorant.

En effet, les Docteurs Juifs & les Peres reconnoiffent une infpiration dans les Juges du Sanhedrin. Il s'agit feulement icy d'un paffage du Chapitre 18. du Deuteronome, où Dieu dit parlant à Moïfe, *Je leur fufciteray un Prophete d'entre leurs freres femblable à toy, & je mettray mes paroles dans fa bouche.*

On a pretendu dans la Réponfe aux *Sentimens,* que ce paffage doit s'entendre à la lettre, de ceux qui devoient fucceder à Moïfe en qualité de Juges & de Chefs du Sanhedrin, auxquels Dieu devoit donner le même efprit de Prophetie.

Noftre Arminien foûtient au contraire, *que s'il s'agit icy de quelque perfonne qui appartienne à l'ancienne Alliance, il faut entendre ces paroles de toutes fortes de Prophetes en general... qu'il ne s'agit d'aucune chofe qui ait rapport aux Magiftrats ordinaires de la Republique d'Ifraël;* mais que Dieu leur dit feulement, qu'ils auront des Prophetes qu'ils confulteront au lieu de confulter les Devins.

Il n'y a rien dans toute cette réponfe, qui prouve que par le Pro-phete

R 3

(1) Τὰ καθ' ἡμᾶς δεχθὲν. *Jofeph. Antiq. lib. 4. c. 8.*
(2) Συνέθηκα ὑμῖν κ̀ νόμους ὑπαγορεύσαντός μοι τ̀ Θεᾶ ὲ πολιτείαν, ἧς τ̀ κόσμον φυλάξαντες, πάντων εὐδαιμονέστατοι κριθείητε. *Jofeph. ibid.*

phete dont il eſt parlé en ce lieu-là, on ne puiſſe pas entendre les Juges qui devoient ſucceder à Moïſe pour juger des differends qui pouvoient naiſtre dans Iſraël. Et quand il y ſeroit auſſi parlé de tous les Prophetes en general, cela n'eſt nullement oppoſé au ſentiment de Mr. Simon, puis que ces Prophetes que Dieu a ſuſcités de temps en temps dans Iſraël comme des perſonnes extraordinaires, accompagnoient les Juges ſouverains dans leurs deliberations.

Aben Eſra, Comm. in Cap. 18. Deuter. Aben Eſra ſavant Rabbin nous aſſure que le Prophete dont il eſt parlé en cet endroit eſt Joſué qui ſucceda à Moïſe, & auquel Dieu veut qu'ils obeïſſent comme à leur Chef. Ce qui n'empêche pourtant pas, ajoute le même Aben Eſra, qu'on ne puiſſe auſſi entendre tous les Prophetes en general qui furent après Moïſe.

Cozri, parte 3. n. 41. L'Auteur du Livre intitulé *Cozri* explique auſſi le paſſage du Deut. Chap. 18. v. 18. des Prophetes qui devoient ſucceder à Moïſe, des Sacrificateurs & des Juges. Il n'eſt donc pas vray qu'il ne s'agiſſe dans ce paſſage du Deuteronome *d'aucune choſe qui ait rapport aux Magiſtrats ordinaires de la Republique d'Iſraël*,

Eclairciſſement d'un paſſage du Deuteronome. puis qu'il étoit queſtion de donner à ce peuple un Chef qui les gouvernaſt après la mort de Moïſe, & qui jugeaſt de leurs differends : & c'eſt ce qui paroit par ces paroles de Moïſe, *Le Seigneur voſtre Dieu vous ſuſcitera* *Deut. 18: 15.* *un Prophete comme moy d'entre vos freres*, c'eſt-à-dire, un Chef qui vous conduira & vous gouvernera de la même maniere que je vous ay gouvernés, & qui par conſequent devoit conſerver le Sanhedrin établi par Moïſe, comme il le conſerva en effet. La premiere action que Joſué fit après la mort de Moïſe, fut de l'enterrer en ſecret, accompagné, ſelon le témoignage de Joſeph, du ſeul Senat & du Grand Sacrificateur Eleazar. *Joſeph. lib. 4. c. 8.*

Au reſte la defenſe que Dieu fait dans ce Chapitre 18. du Deuteronome d'imiter les nations voiſines, & de recourir à leur exemple aux Devins, eſt une veritable loy : & ainſi on ne peut pas conclure de ce paſſage, qu'il n'y ſoit point parlé de Juges ; puis que Dieu leur ordonne d'obeïr au Prophete qu'il leur ſuſcitera d'entre leurs freres, & tel qu'étoit Moïſe. Ce Prophete leur devoit annoncer la volonté de Dieu, qui menace en même temps de punition ceux qui refuſeroient d'obeïr au Prophete. Il s'agit manifeſtement d'executer les ordonnances de la Loy de Dieu: & l'on veut cependant qu'il n'y ſoit fait aucune mention des Juges qui étoient commis à l'execution de ces loix. *Réponſe aux difficultés de Mr. le Clerc ſur ce paſſage.*

Mr. le Clerc objecte de plus, que dans ce même Chap. v. 20. on donne *des marques à quoy on pourra reconnoitre les Prophetes qui ſe vantent fauſſement d'avoir eu quelque revelation. Qu'eſt-ce que tout cela fait, ajoute-t-il, aux Juges du Grand Sanhedrin, que Dieu, ſelon noſtre Auteur, avoit déja ſuſcités lors que Moïſe diſoit ces paroles aux Iſraëlites ?* *Nouvelle objection ſur ce même paſſage.* Il ne prend pas garde, qu'on donne en ce lieu-là une loy qui defend expreſſément les Devins & les faux Prophetes. Le pouvoir de faire executer cette loy regarde les Juges ſouverains d'Iſraël, parce qu'ils *Réponſe.*
étoient

étoient les Juges de ces sortes de faits. Mais il y avoit, dit-on, déja un Sanhedrin établi lors que Moïse dit ces paroles. Il est vray. Aussi ne fait-il que confirmer son établissement par la promesse que Dieu leur donne qu'ils auront un Chef qui sera égal à luy Moïse, & qui aura le même pouvoir. En un mot, il veut qu'on ne change rien après sa mort dans le gouvernement d'Israël, & que l'on conserve par conséquent le Senat, auquel Josué, qui est nommé en cet endroit *Prophete,* devoit presider. Il n'est pas besoin, pour donner cette explication au Texte de Moïse, d'avoir d'anciens Manuscrits du Pentateuque. Aben Esra & l'Auteur du Cozri n'ont pas eu de nouveaux MSS. Et en effet c'est le sens le plus naturel qu'on puisse donner à ce passage. Si nostre Arminien ne le trouve ni dans l'Ebreu, ni dans le Grec, ni dans aucun des anciens Interpretes, c'est qu'il n'a jamais lû la Bible avec application.

On peut aussi faire le même jugement de ce qu'il ajoute au même endroit, qu'on devoit prouver dans la Réponse aux *Sentimens* l'inspiration des membres du Sanhedrin, & non pas seulement celle du Chef. Mais il paroit manifestement par l'institution de ce Sanhedrin rapportée dans le Chap. XI. du Livre des Nombres, que l'inspiration des membres est en quelque façon la même que celle du Chef. Dieu dit à Moïse, qu'il ostera de son esprit pour en donner aux membres de ce Senat; & un peu après il est remarqué, que ces Vieillards ayant reçû cet esprit prophetiferent, & qu'ils ne cesserent point

Inspiration des membres du Sanhedrin.

Auferam de Spiritu tuo, tradamque eis. Num. 11. 17.

de prophetiser dans la suite. C'est ainsi que plusieurs interpretent cet endroit de Moïse avec la Vulgate. Mais de quelque maniere qu'on l'interprete, les Juifs & les Peres conviennent qu'en ce lieu-là le Sanhedrin fut institué pour durer à perpetuité dans la Republique des Ebreux. Et ceux mêmes d'entre les Peres qui ont suivi la Version des Septante, où il y a au contraire, *qu'ils ne continuerent point de prophetiser,* nous assurent que ces membres de la Grande Assemblée conserverent la grace d'inspiration qui étoit necessaire pour leurs fonctions, bien qu'ils eussent cessé de prophetiser.

Cela seul peut servir de réponse aux autres objections que nostre Auteur ajoute dans le reste de sa Lettre. Il pretend que l'inspiration du Sanhedrin n'a point été sous les Maccabées. Ce qu'il prouve du Livre I. des Maccab. Chap. 4. v. 46. où il est dit, qu'on mit les pierres de l'autel des holocaustes qui avoit été souillé, *dans la montagne du Temple en un lieu propre pour cela, jusqu'à ce qu'il vinst un Prophete qui prononçast là-dessus.* Sur quoy il fait cette reflexion qui est digne de sa rare érudition & de son grand jugement: *Ce n'étoit pas une chose si difficile à trouver qu'un Prophete, puis qu'il y en avoit soixante-&-dix dans le Grand Sanhedrin de Mr. Simon... qui n'auroit pas été fort embarrassé là-dessus. S'il eust vescu de ce temps-là, il auroit bien redressé l'Auteur de ce même Livre,* &c. Comme il a déja confondu les Prophetes Scribes avec les Prophetes qui predisent l'avenir, il confond aussi icy ces derniers avec

Objection de Mr. le Clerc contre l'inspiration du Sanhedrin au temps des Maccabées.

Réponse.

les Juges inspirés du Sanhedrin. Tout le monde sçait que la Prophetie aussi a cessé chez les Juifs sous les Prophetes Zacharie & Malachie. Mais il ne s'enfuit pas de là, qu'il n'y ait plus eu aucune inspiration dans les Juges du Sanhedrin pour faire les fonctions de leurs charges. Il est certain qu'il n'y a aucun Prophete dans l'Eglise: cependant on ne laisse pas d'y reconnoître quelque sorte d'inspiration ou grace d'infaillibilité dans ses Assemblées generales pour decider les Controverses.

Objection prise des Rabbins contre l'infaillibilité du Sanhedrin.

Noftre Professeur *Ebraïfant* vient jusqu'aux Rabbins pour prouver que le Sanhedrin n'a pas été infaillible dans ses decisions. Il produit Rafci & Rambam, qui supposent manifestement, selon luy, que le Grand Sanhedrin a pû errer & faire tomber le peuple dans l'erreur; & apres avoir rapporté les témoignages de ces deux Rabbins qu'il n'a jamais lûs, il ajoute, que *Mr. Simon dira sans doute icy, que ces Docteurs ont tort, & qu'on doit plutoft écouter ceux qui difent que tout ce que le Grand Sanhedrin avoit refolu étoit d'une auffi grande autorité, que fi Moïfe l'avoit ouï dire fur la montagne de Sinaï.*

Réponse. Mr. Simon ne fera pas cette réponse; mais il dira ce qu'il a déja dit dans fa Réponfe aux *Sentimens*, que Mr. le Clerc eft fort ignorant dans tout ce qui regarde fa profeffion, & qu'il ne devroit jamais parler ni d'Ebreu ni de Rabbins. En effet, Rafci & Rambam ne font point en cela oppofés aux autres Juifs, comme il eft aifé de le prouver par leurs Ouvrages. Et pour ne pas perdre le temps à produire leurs témoignages fur des faits fi communs, on n'a qu'à confulter la Preface de Rambam qui eft au devant de fon Abregé du Talmud. Il y parle des Juges du Sanhedrin de la même maniere que les autres Rabbins.

En quoy le Sanhedrin a été infaillible.

Au refte on n'a pas pretendu que le Sanhedrin fuft infaillible en toutes chofes, comme l'on ne donne pas auffi dans l'Eglife la grace d'infaillibilité aux Conciles dans toutes leurs decifions. Pour ne pas être long, je me contenterai de rapporter icy la remarque de Grotius fur le Chap. 17. du Deuter. verf. 11. qui éclaircira la penfée des deux Rabbins qu'on a produits cy-deffus. Ce favant homme reconnoit qu'en de certains faits de peu d'importance les Juges du Sanhedrin pouvoient fe tromper; & il cite pour le prouver, le même endroit du Levitique que Mr. le Clerc a cité avec l'explication de Rafci. Mais il ajoute en même temps, qu'il n'a pas pû fe tromper dans les chofes de grande importance, finon apres un grand nombre de fiecles, & lors que la Difcipline de l'Etat a été corrompuë. Voicy les paroles de Grotius, qui fatisfont en même temps à la queftion de Mr. le Clerc, qui demande fi l'efprit de Prophetie avoit ceffé dans le Sanhedrin lors qu'il condamna Noftre Seigneur. *In rebus magni momenti fieri fane non poterat ut Synedrium ab initio compofitum ex viris optimis & eruditiffimis, & perpetua cooptatione continuatum, falli poffet nifi longo feculorum lapfu corruptaque difciplina. Quod fi eveniffet, Deus amans unita- tis, ad eos admonendos aut convincendos refponfurus erat per Urim & Thumim.*

Grot. Annot. in Cap. 17. Deut. verf. 11.

mim , vel excitaturus erat Prophe-
tam aliquem veris miraculis nobi-
lem , & poſtremò daturus Meſſiam
ipſum Moſe majorem , quo miſſo auĉto-
ritas Synedrii evanuit. Il donne au
même endroit quelques exemples
des faits peu conſiderables où les
Juges du Sanhedrin pouvoient ſe
tromper.

CHAPITRE VIII.

Critique de la VII. *Lettre.*

Mr. le Clerc eſt tombé dans de grandes fautes en oſtant à Moïſe le Pentateuque.

ON avoit fait voir évidemment à
Mr. le Clerc dans la Réponſe
aux *Sentimens ,* qu'il avoit avancé
de grandes impertinences touchant
l'Auteur du Pentateuque , qu'il n'attribuë pas à Moïſe. Il répond tout
d'un coup aux objeĉtions qu'on luy
avoit faites là-deſſus , en nous diſant
qu'il ne faut que les lire pour en reconnoître la foibleſſe. C'eſt un des
lieux communs dont il ſe ſert pour
ſe tirer d'affaire. Il tâche neanmoins
de ſatisfaire à quelques autres perſonnes qui l'avoient accuſé de favoriſer les Libertins. Je laiſſe à juger
à ceux qui liront ſes *Sentimens ,* &
la *Defenſe ,* s'il s'eſt bien defendu de
ces accuſations. En effet , quel rapport peut-il y avoir de tout ce qu'il
produit icy pour monſtrer qu'il y
avoit pluſieurs Livres avant Moïſe ,
dont le Pentateuque a été compoſé ,
avec le Sacrificateur Iſraëlite qu'il
croit en être l'Auteur ? Les plus ſavans Interpretes de l'Ecriture parmy
les Catholiques ne font aucune difficulté de reconnoître , que Moïſe a
recueilli une partie du Pentateuque
ſur de plus anciens Aĉtes , & prin-

cipalement ce qui regarde les genealogies des Patriarches. C'eſt ce qu'on
a même inſinué dans l'Hiſtoire Critique du Vieux Teſtament. Il n'y
a au monde que Mr. le Clerc qui
ſoit capable de conclure de là , que
ce n'eſt point Moïſe qui a fait ce Recueil, mais un Sacrificateur Iſraëlite.

Il eſt vray que pour rendre ſon
opinion plus probable , il ajoute dans
ſa *Defenſe , Que l'on trouve dans les*
Prophetes des faits conſiderables tou-
chant les Iſraëlites , que les Prophetes
ne peuvent avoir tiré que de quelques
Livres qui ſe ſont perdus , puis que le
Pentateuque n'en dit rien. Il en apporte quelques exemples, & il ſeroit
facile d'en produire un plus grand
nombre. Mais on ne voit pas qu'on
puiſſe prouver de là , que Moïſe n'eſt
point l'Auteur du Pentateuque. Cela monſtre ſeulement, que les Livres
de la Loy compoſés par Moïſe ne
font qu'un Abregé des anciennes Hiſtoires des Ebreux , qui ont eu pluſieurs autres Aĉtes leſquels ne ſont
point dans ſon Recueil. Et c'eſt le
ſentiment de Mr. Simon. Mais tout
cela n'a aucune liaiſon avec le Sacrificateur Iſraëlite de Mr. le Clerc.
Pour ce qui eſt des additions qu'on
croit avoir été inſerées au Pentateuque après Moïſe , elles ne ſont pas
d'une ſi grande importance qu'on en
puiſſe conclure qu'il n'eſt point l'Auteur du Recueil des anciens Aĉtes
qui ſont dans les Livres de la Loy.
En effet , ces additions meritent
plutoſt le nom d'Eclairciſſemens ,
que de nouveaux Aĉtes.

Il y avoit d'anciens Aĉtes dès le temps de Moïſe.

Noſtre Auteur vient après cela au
Prieur de Bolleville , & au lieu de
répondre à ſes objeĉtions , il ſe jette

S

à ſon

à son ordinaire sur des lieux communs. Il l'accuse de n'avoir point entendu la pensée de son adversaire, ou au moins d'avoir fait semblant *de n'avoir pas entendu ce qu'on a dit ; & qu'il tâche d'embrouiller la matiere, pour empêcher que le Lecteur ne s'apperçoive de sa foiblesse.* Enfin après tout ce discours inutile il vient au fait, & il pretend nous donner pour une *preuve sensible* de ce qu'il a avancé, les paroles mêmes de Mr. Simon, qui ayant voulu monstrer qu'il n'étoit pas impossible de concevoir comment les Samaritains, qui étoient ennemis jurés des Juifs, avoient voulu après le retour de la captivité recevoir le Pentateuque de leurs mains, a fait cette réponse : *Cela est facile à concevoir, puis qu'ils étoient persuadés que la Loy des Juifs étoit la veritable Loy de Moïse qu'ils lisoient en commun avant leur separation.* Mr. le Clerc croit icy triompher, parce que Mr. Simon *suppose que les Samaritains qui vivoient du temps d'Esdras, avoient été autrefois unis avec les Juifs, & qu'ils lisoient le Pentateuque avec eux avant leur separation.* Il nous auroit dû apprendre, ajoute-t-il, *dans quelle histoire il a trouvé que des gens de Babel & de Cuth, de Hava, de Hamath & de Sepharvajim qui habitoient le pays des dix Tribus, avoient autrefois lû la Loy de Moïse lors qu'ils étoient unis aux Juifs.*

Il est aisé de répondre à tout ce discours qui n'est fondé que sur une vaine subtilité. On demeure d'accord de la translation des dix Tribus au delà de l'Euphrate, & de la colonie des Cuthéens & autres peuples qui vinrent en leur place, & qui furent appellés Samaritains à cause du pays qu'ils habiterent. Cela est marqué dans l'Histoire Sainte, où il est dit en même temps, que les peuples de cette nouvelle colonie étant fort incommodés des Lions qui les devoroient, parce qu'ils n'adoroient pas le Dieu du pays, Salmanasar leur envoya un Sacrificateur Israëlite pour leur enseigner la Loy du veritable Dieu. Il n'est pas croyable que ce Sacrificateur vinst seul pour instruire une aussi grande quantité de peuple, & qu'il ne demeurast aucun Israëlite parmy eux. Mais selon le stile des Ebreux, on s'est contenté de nommer le plus éminent de ceux qui furent envoyez. Toutes les differentes nations qui composoient cette colonie avec ce peu d'Israëlites furent instruites par ce Sacrificateur de tout ce qui appartenoit à la Loy de Moïse : & ainsi on a pû dire, *que les Samaritains étoient persuadés que la Loy des Juifs étoit la veritable Loy de Moïse, qu'ils lisoient en commun avant leur separation,* sans entendre pour cela, que les Cuthéens qui occupoient la place des dix Tribus eussent lû eux-mêmes la Loy de Moïse avec les Juifs. On a seulement voulu marquer, que les dix Tribus, de qui ils avoient reçû la Loy de Moïse, & en la place desquels ils avoient été subrogés, avoient lû en commun avec les deux autres Tribus cette même Loy avant leur separation. Ces nouveaux habitans de Samarie n'avoient point d'autre connoissance des Livres de Moïse, que ce qu'ils en avoient appris des Israëlites. C'est pourquoy ils ont

pû

pû être perſuadés que la Loy qui étoit lûë par les Juifs de Jeruſalem étoit celle que leurs predeceſſeurs avoient lûë conjointement avec eux, étant ſubrogés aux veritables Samaritains, de qui ils apprirent le culte du veritable Dieu ſelon la Loy de Moïſe. Ils retinrent ſeulement leurs premiers Dieux avec le Dieu d'Iſraël. C'eſt pourquoy lors que les Juifs entreprirent après le retour de la captivité de baſtir un nouveau Temple, les Samaritains s'adreſſerent à eux, & leur dirent qu'ils adoroient auſſi bien qu'eux le Dieu d'Iſraël, & qu'ils avoient la même Religion, depuis que Salmanaſar les avoit fait ſortir de leur pays pour habiter la Samarie.

Les Chrétiens ont receu la Loy de Moïſe des Juifs leurs ennemis jurés. On avoit auſſi remarqué dans la Réponſe aux *Sentimens*, que les premiers Chrêtiens n'ont pas été moins ennemis des Juifs que les Samaritains, & qu'ils n'ont cependant fait aucune difficulté de recevoir la Loy de Moïſe de la main de ces mêmes Juifs qui étoient leurs ennemis declarés. Mr. le Clerc répond à cela, que les Apoſtres & leurs premiers Diſciples étant nés parmy les Juifs, ils les ont tendrement aimés, parce qu'ils étoient perſuadés que pour être bon Chrêtien il faut aimer ſes ennemis. Mais cette leçon de Morale n'empêche pas que les Juifs n'ayent été ouvertement les ennemis des Apoſtres & de tous les premiers Chrêtiens. Ces Juifs n'oublierent rien pour deſtruire le Chriſtianiſme dans ſon origine, faiſant une guerre mortelle aux premiers Diſciples de Jeſus-Chriſt. Je veux que ces premiers Chrêtiens, nonob-

ſtant toutes ces perſecutions, ayent toûjours aimé les Juifs : cela ne prouve pas que les Juifs n'ayent été leurs ennemis. Et ainſi on a pû dire, que ſans avoir égard à cette inimitié, ils ont reçû de leurs mains la Loy de Moïſe, parce qu'ils ſavoient que c'étoit la même Loy qu'ils avoient lûë en commun avant qu'ils s'en fuſſent ſeparés.

Mr. le Clerc avoit voulu monſtrer, que les Samaritains n'ont pû emprunter des Juifs après le temps d'Eſdras l'Exemplaire du Pentateuque dont ils ſe ſervent, parce qu'ils n'en auroient pas changé les caracteres Aſſyriens, qu'il aſſure avoir été plus connus aux peuples qui compoſerent cette colonie, que les anciennes lettres Ebraïques. **Pourquoy les Samaritains ont gardé les anciens caracteres Ebreux.** Mais on a fait voir dans la Réponſe aux *Sentimens*, qu'il n'a aucune connoiſſance de cette matiere. La veritable raiſon pourquoy ces peuples garderent les anciennes lettres Ebraïques, eſt parce que comme il a été déja remarqué, ils furent inſtruits dans la Religion des Juifs par des Iſraëlites qui n'avoient jamais eu d'autres caracteres que ces anciennes lettres Ebraïques, & qui ne pouvoient par conſequent leur en donner d'autres que ceux dans leſquels ils liſoient actuellement les Livres de Moïſe. Noſtre Auteur demande, *s'il y a quelque apparence que ces Sacrificateurs qui ne firent pas de ſcrupule de recevoir d'Eſdras les changemens & les additions, qu'il trouve à propos de faire dans le Pentateuque, fiſſent quelque ſcrupule de ſuivre Eſdras dans le changement des caractéres.* Si l'on ſuppoſe que les Samaritains ont receu

 des

des Juifs au temps d'Esdras l'Exemplaire de la Loy, on n'en conclura pas pour cela qu'ils l'ayent dû écrire dans les caracteres des Juifs, dont ils n'avoient point l'usage : mais ils l'auront écrit dans les anciennes lettres Ebraïques qu'ils avoient toûjours conservées.

De la colonie qui prit la place des dix Tribus, & de leur langue.

On oppose, que les caracteres Babyloniens ou Caldaïques dont les Juifs se servent depuis leur retour de la captivité, étoient plus connus aux peuples de cette colonie, que ceux des Juifs. C'est ce qu'on luy nie. Car ces peuples dont il est parlé dans l'Histoire Sainte, Liv. IV. des Rois, Chap. 17. vers. 24. étoient, comme (1) Joseph l'a observé, des Perses & des Medes. On voit encore dans quelques medailles les anciens caracteres Persiens dont nous n'avons aucune connoissance. Ce que nostre Arminien dit icy en passant des Catholiques-Romains qui font aujourd'huy le service public en Latin, & qui *s'obstinent à retenir cette coûtume contre toute sorte de raison*, ne vient pas fort à propos.

Il n'est point contre la raison de faire le service public en une langue qui n'est point entenduë du peuple.

Car s'ils combattent en cela la raison, il faut aussi que les autres nations Chrêtiennes, principalement dans le Levant, ayent aussi renoncé au sens commun, puis qu'elles font toutes le service public dans des langues qu'elles n'entendent plus. Jesus-Christ même & ses Apostres ont assisté au service public qui se faisoit de leur temps dans le Temple de Jerusalem en une langue qui n'étoit plus entenduë du peuple. De

sorte qu'il n'y a que les Reformateurs de ces derniers temps qui fassent un bon usage de leur raison.

On l'avoit de plus repris dans la Réponse aux *Sentimens*, de ce qu'il avoit avancé que ces Perses & ces Medes étant sujets du Roy de Babylone, parloient la langue Caldéenne : & c'est ce qu'il soutient encore icy, assurant hardiment que Mr. Simon ne sçait ce qu'il dit icy, quand il veut que des Babyloniens ignorassent le caractere & la langue dont on se servoit à Babylone. Mais on luy répond encore une fois, que ces Perses & ces Medes pour être sujets du Roy de Babylone ne parloient pas pour cela sa langue, mais une autre ; & qu'ils avoient aussi des caracteres differens de ceux des Caldéens. *Ce qu'il y a d'admirable*, ajoute-t-il, *dans les idées de Mr. Simon, c'est qu'après avoir nié que les Samaritains entendissent le Caldéen du temps d'Esdras, il pretend que leur posterité parla cette langue long-temps après.* Cette admiration ne peut venir que de l'ignorance de nostre Auteur qui parle d'un fait qu'il n'entend point. Il n'est rien dit d'Esdras dans la Réponse aux *Sentimens*, où l'on a seulement remarqué, que *quoy que la Version Samaritaine soit fort ancienne, elle n'a point été faite pour la colonie des Cuthéens qui furent transportés dans la Samarie, puis qu'ils ne parloient pas Caldéen* : d'où l'on a refuté le raisonnement de Mr. le Clerc, qui a pretendu que ces Cuthéens parloient Caldéen, parce qu'ils

De la langue des Cuthéens qui furent ensuite appellés Samaritains.

---

(1) Σαλμανασάρης μὲν ἐν ἀναστήσας τοὺς Ἰσραηλίτας κατῴκησεν ἀντ' αὐτῶν τὸ Χαλδαίων ἔθνος, οἱ πρότερον ἐνδοτέρω τῆς Περσίδος καὶ τῆς Μηδίας ἦσαν. *Joseph. Antiq. lib.* 10. *cap.* 11.

qu'ils ont eu une Verſion écrite dans cette langue. En effet cette Verſion a été faite pour leur poſterité, qui parla la langue Caldaïque, de la même maniere que les Samaritains ont lû le Pentateuque en Arabe, lors qu'ils ont parlé Arabe. Les Traductions Arabes de l'Ecriture, que les Syriens & les Cophtes liſent aujour-d'huy, n'ont été faites par ces nations, que lors qu'elles n'ont plus parlé Syriaque & Cophte. Il n'y a que Mr. le Clerc qui puiſſe conclure de ces Verſions Arabes, que ces peuples ont toûjours parlé la langue Arabe.

Noſtre Arminien revient encore une fois aux Archives des Ebreux, & pour monſtrer qu'on ne gardoit aucuns Actes du temps de Moïſe qui continſſent toute la Loy, il repete ce qu'il avoit dêja dit dans ſes Sentimens touchant le Livre de la Loy qu'on trouva dans le Temple, & qu'on remit au Roy comme une choſe extraordinaire : *ce qui n'auroit pû ſe faire,* ſelon luy, *ſi l'on avoit eu ce Livre dans les Archives.* On a répondu, que ſi l'on avoit bien negligé le Livre de la Loy qui étoit entre les mains de tout le monde, on avoit pû a plus forte raiſon negliger les anciens Actes qui étoient renfermés dans les Archives. Mr. le Clerc ſe récrie icy, & demande où étoient alors ces Prophetes Archiviſtes; & qui pourra croire que le Prieur de Bolleville ſçait mieux aujourd'huy ce qu'il y avoit dans ces Archives, que le Roy Joſias, le Sacrificateur Helcias & Saphan le Scribe. Tout cela n'eſt qu'une pure declamation. La Diſcipline ayant été avant ce temps-là extrémement cor-

Du Livre de la Loy qui fut trouvé dans le Temple ſous le Roy Joſias, & des Archives de ce temps-là.

rompuë dans Iſraël, il n'y a perſonne qui ne juge qu'on n'en ſoit venu juſqu'à ne plus lire la Loy, & à negliger le ſoin des Archives. Si le raiſonnement de noſtre Declamateur concluoit quelque choſe, il prouveroit auſſi qu'il n'y avoit plus dans ce temps-là d'autre Exemplaire de la Loy dans tout Iſraël, que celuy qui fut trouvé dans le Temple, puis que le Sacrificateur Helcias en parle comme d'une choſe fort extraordinaire, & dont le Roy Joſias étant averti, il en fit reſtablir la lecture. Ne pourroit-on pas demander à Mr. le Clerc, où étoient alors les Sacrificateurs d'Iſraël qui devoient conſerver les Livres de Moïſe; où étoient ces Rois qui en devoient avoir un Exemplaire; & en un mot, où étoit ce peuple qui étoit obligé de lire cette Loy. Ne voit-on pas que toutes ces declamations ſont inutiles ? On peut ſeulement prouver de là, qu'il y a eu des temps de deſordre dans la Republique des Ebreux, où l'on a negligé les loix les plus ſaintes; & que lors qu'on a diſcontinué la lecture des Livres de Moïſe, on ne s'eſt pas aviſé de chercher dans les Archives ces anciennes loix. Grotius a obſervé judicieuſement, que l'Exemplaire qu'on trouva dans le Temple étoit l'Autographe de Moïſe; & il le prouve, de ce qu'il eſt dit au Livre des Paralip. Chap. 34. que Helcias le Sacrificateur trouva dans le Temple *le Livre de la Loy du Seigneur de la main de Moïſe.* Comme le culte de Dieu & les ceremonies de la Loy qui ſe devoient faire dans le Temple, avoient été entierement negligés avant Joſias,

Grot. Annot. in lib. 4. Reg. cap. 22.

ſias,

fias, il n'est pas surprenant que ce Prince les restablissant on y ait trouvé le Livre de la Loy écrit de la main de Moïse, qu'on avoit discontinué de lire sous le regne de Manasses, qui avoit porté le peuple à l'idolatrie.

La remarque que nostre judicieux Arminien ajoute en cet endroit est digne de son érudition. Il veut prouver que Mr. Simon n'a point lû cette histoire de Josias dans la Bible, parce qu'il a mis citant ce passage, la même faute dans les nombres qui est dans les *Sentimens* où il y a Chap. 24. pour 34. Mais s'il avoit bien pris garde aux citations qui sont aux marges de la Réponse aux *Sentimens*, il auroit veu que les chiffres 2. & 3. y sont mis plusieurs fois l'un pour l'autre. Ce qui vient apparemment de la Copie qu'on a donnée au Libraire, où 2. & 3. n'étoient pas bien distingués. On lit, par exemple, en marge, *Jerem.* 26. à la page 92. de la Réponse aux *Sentimens*, au lieu de *Jerem.* 36. comme on lit au bas de la même page, où le même Chapitre de Jeremie est cité. De plus à la page 136. du même Livre on lit en marge, *Joann.* 16: 13. & dans la même page où le même verset est encore cité, on lit *Joann.* 16: 12. Ce qui ne peut venir que de la Copie de l'Auteur, où ces deux chiffres 2. & 3. n'étoient pas assez distingués. Au reste il est fâcheux d'avoir à répondre à ces sortes de minuties, qu'on auroit negligées, si l'on ne s'étoit proposé d'abord de répondre à toutes les objections de nôtre Auteur. Après tout il faudroit n'avoir gueres lû l'Ecriture, si l'on

Objection puerile de Mr. le Clerc.

Réponse.

étoit obligé de la consulter de nouveau dans toutes les objections qu'on fait, sur tout quand il s'agit de certains faits qu'il est difficile d'oublier.

On avoit prouvé dans la Réponse aux *Sentimens* par quelques Livres qui sont cités dans le Pentateuque, qu'on tenoit dès le temps de Moïse des Registres où l'on écrivoit ce qui se passoit dans Israël. Mr. le Clerc reconnoit ces Livres, & on ne l'a pas accusé de les avoir niés. Mais il dit qu'il ne s'ensuit pas de là qu'on écrivist dès-lors reglément les Annales de l'Etat, lesquelles on conservast dans les Archives. Je voudrois bien savoir quelle raison il a de nier que les Recueils des actions les plus importantes de l'Etat qui étoient registrées dès le temps de Moïse, n'ont point été conservées dans les Archives, puis qu'on ne les écrivoit qu'afin de les conserver pour la posterité. Dieu commande expressément à Moïse de registrer le combat qui avoit été donné aux Amalecites & la victoire remportée sur eux, pour servir de Memoire. *Dixit autem Dominus ad Moysen, Scribe hoc ob monimentum in Libro.* On avoit aussi dit en ce même endroit, que le Livre des Guerres du Seigneur dont il est fait mention au Chap. 21. des Nombres, étoit une preuve que les Ebreux dès ce temps-là mettoient par écrit les principales actions qui se passoient dans leur Etat; & que ce Livre des Guerres du Seigneur est le même que celuy dont nous venons de parler, où Moïse registra la journée contre les Amalecites. Mr. le Clerc, qui ne cherche qu'à chicaner sur les choses qui appar-

On recueilloit dès le temps de Moïse les Actes de ce qui se passoit de plus important dans Israël.

Exod. 17: 14.

appartiennent le moins à ce qui eſt en queſtion, demande à Mr. Simon comment il prouvera cela, ſi on le nioit. Mais ſoit qu'il nie ou qu'il accorde que ce fuſt un même Livre, il s'enſuivra toûjours qu'on mettoit par écrit dès le temps de Moïſe les guerres que les Iſraëlites ayoient avec les autres peuples : & c'eſt ce qu'on avoit voulu prouver. On a dit que c'étoit un même Livre, parce qu'il eſt parlé dans le Chap. 21. des Nombres d'un Regiſtre en general où l'on regiſtroit les guerres des Iſraëlites ; & dans le Chap. 17. de l'Exode, Dieu commande à Moïſe de regiſtrer la guerre d'Iſraël contre les Amalecites. Il me ſemble qu'il ne faut pas une grande application pour juger que cette guerre contre les Amalecites fut regiſtrée dans le Livre qui étoit deſtiné pour écrire les guerres d'Iſraël. Mais, comme on a déja dit, que ce ſoit un ſeul Livre ou non, cela ne fait rien au fonds de la queſtion.

Mr. le Clerc trouve mauvais qu'on n'ait pas rapporté dans l'Hiſtoire Critique tous les endroits de l'Ecriture qui ſemblent appuyer les Archives des Juifs, & qu'on n'ait parlé du paſſage des Maccabées que dans la Réponſe à ſes *Sentimens.* Mais comme il s'agit icy de l'établiſſement des Ecrivains publics ſous les Rois & après eux, leſquels Ecrivains ſont marqués dans un grand nombre d'endroits de l'Hiſtoire Sainte; il euſt été ridicule de les produire tous pour prouver un fait qui ſaute aux yeux. On a crû que c'étoit aſſez après en avoir rapporté quelques-uns, d'indiquer les autres en general, pour

ne pas perdre le temps à éclaircir une choſe qui ne ſouffroit d'elle-même aucune difficulté. *Mais il ne s'enſuit nullement, ajoute noſtre Auteur, que de ce qu'on a tenu des Regiſtres exacts ſous les Rois, ſur leſquels on a compoſé l'Hiſtoire de leur temps qui nous reſte, qu'on en ait toûjours uſé de la même ſorte, & que la plus-part des Livres de l'Ecriture Sainte ne ſoient que des extraits de ces Actes.* Auſſi n'a-t-on pas conclu preciſément l'un de l'autre. On a monſtré qu'il y avoit des Regiſtres dès le temps de Moïſe, où l'on regiſtroit ce qui arrivoit de plus important dans Iſraël, auſſi bien que du temps des Rois : & comme on voit manifeſtement que l'Hiſtoire du Pentateuque & des anciennes genealogies eſt abregée en pluſieurs endroits, on a crû en pouvoir conclure, que ce n'étoit qu'un Abregé des anciens Actes qui étoient conſervés plus au long dans les Archives. De plus, à ce qu'on a objecté que ce ſentiment étoit contraire à l'idée qu'on a de la perfection des Livres Sacrés, parce qu'il ſuppoſe des Livres imparfaits ; on a répondu en donnant l'exemple des Livres des Rois & des Paralipomenes, qui ſont auſſi bien une partie de l'Ecriture Sainte que le Pentateuque ; & cependant on ne peut nier, que ces Livres ne ſoient des Abregés & des Extraits qui ont été tirés d'Actes plus étendus & que l'on conſervoit dans les Archives. On oppoſe icy inutilement, *qu'il n'eſt pas croyable que l'on ait abregé exprès de certaines Hiſtoires qu'il ſeroit de grande importance de ſavoir avec un peu plus d'étenduë, comme*

celle

celle de la creation & ce qui s'est passé jusqu'au deluge. Nostre raisonneur ne prend pas garde, qu'on peut faire les mêmes objections sur les autres Livres Historiques de la Bible qui ont été abregés. On a remarqué dans l'Histoire Critique, que les Auteurs de ces Abregés ont eu leurs raisons particulieres de donner au public de certains faits plutost que d'autres: & bien que nous ignorions leurs raisons, il ne s'ensuit pas qu'ils ne l'ayent point fait, puis qu'il y a des preuves du contraire.

Sur quels fondemens on a bâti le Systeme des Annales publiques dans Israël.

Nostre Arminien dit ailleurs, que Mr. Simon a bâti son Systeme des Annales reglées de la Republique d'Israël sur le témoignage de Masius. Il nous dit presentement, que quelques passages de Joseph luy ont servi de fondement. Mais en lisant l'Histoire Critique & les Réponses de Mr. Simon, on reconnoîtra facilement qu'il ne s'est pas simplement appuyé sur l'autorité de Joseph & de Masius, mais sur des passages de la Bible, & sur le sens que plusieurs Peres Grecs ont donné à ces mêmes passages, & enfin sur le témoignage de Joseph & de plusieurs Auteurs modernes tant Juifs que Chrêtiens. Tout cela fait voir que le Systeme des Ecrivains publics n'est pas nouveau, & qu'on a seulement mis dans un plus grand jour une pensée qui étoit fondée sur de bons Auteurs. On a aussi joint à ces preuves l'exemple des autres Etats d'Orient, où ce même usage des Archives est fort ancien: & quoy qu'en dise Mr. le Clerc, cet exemple peut servir de confirmation, étant joint à toutes les preuves qu'on a produites.

Il me reste d'examiner icy les reflexions que Mr. le Clerc a faites sur un passage de Sanchoniaton, qu'on a cité dans la Réponse aux *Sentimens* pour prouver l'ancien usage des Annales chez les Pheniciens. Toute sa Critique est fondée sur Bochart qu'il copie. On avoit avancé, que Sanchoniaton composa l'Histoire des Pheniciens sur les Actes qu'il trouva dans les temples, ἐκ τῶν ἐν ταῖς ἱεροῖς ἀναγραφῶν; qu'il y avoit de plus dans ces anciens temps chez les Juifs & chez les autres nations deux sortes de Livres, & qu'ils ne publioient pour le peuple que des Abregés des Actes qu'ils conservoient entiers dans leurs Archives, & qu'on donnoit le nom d'Apocryphes ou Livres cachés à ces Actes. On avoit ajouté, que Sanchoniaton témoigne avoir lû de semblables Livres chez les Ammonéens, ταῖς ἀποκρύφοις Ἀμμωνέων γράμμασι. Bochart a traduit ces mots, *arcanis Ammoneorum literis*: & nostre Arminien qui ne peut pas de luy-même juger du sens de ce passage, conclut qu'il ne faut pas traduire avec le Prieur de Bolleville ces paroles, γράμματα ἀπόκρυφα, *des Livres cachés*, mais *des caracteres secrets.* Je soutiens au contraire, que cette derniere traduction n'est pas bonne, & que le mot ἀπόκρυφος sur lequel roule toute la difficulté, parce que γράμματα signifie & *des Livres* & *des caracteres*, marque qu'il faut traduire en cet endroit *des Livres Apocryphes* ou *cachés*, & non pas des *caracteres secrets.*

On pretend cependant que Bochart a justifié cette derniere traduction. Mais toute la preuve qu'on en appor-

Examen d'un passage de Sanchoniaton, où Mr. le Clerc s'est trompé en suivant Bochart

Boch. Chanaan. lib. 2.

apporte confiste , en ce que chez ces anciens peuples il y avoit deux sortes de caracteres, dont les uns étoient communs & pour le peuple , & les autres sacrés qui n'étoient connus que des Sacrificateurs. Il est vray que les Egyptiens & quelques autres nations ont eu ces deux sortes de caracteres : mais on n'en conclura pas avec Mr. le Clerc après Bochart, qu'il faille traduire ἀπόκρυφα γράμματα, *des caracteres secrets.* Car pour exprimer ces caracteres secrets que les seuls Sacrificateurs connoissoient, on se sert de ces mots , ἱερὰ, ἱερογραφικὰ , ἱερατικὰ & ἱερογλυφικὰ γράμματα , & non pas de ceux-cy , ἀπόκρυφα γράμματα , qui signifient des Livres cachés lesquels n'étoient pas connus de tout le monde , ἃ οὐκ ἦν πᾶσι γνώριμα , parce qu'ils étoient en effet cachés dans les temples , où étoient pour l'ordinaire les Archives , dont les principaux Sacrificateurs avoient soin. *Mr. Simon,* ajoute nostre judicieux Critique , *pour achever le parallele des Etats d'Orient avec la Republique des Juifs , devoit dire avec quelques-uns de ses Rabbins , que les Juifs avoient deux caracteres , un sacré, & un profane, aussi bien que les Egyptiens.* Je ne doute pas que si Mr. le Clerc avoit eu à traiter cette matiere, il ne se fust jetté sur toute autre chose que sur ce qui appartient à son sujet : mais comme on ne parloit dans l'Histoire Critique & dans la Réponse aux *Sentimens* que des Ecrivains publics de ces anciens Etats , on n'a pas crû qu'il fust à propos de s'étendre sur d'autre matiere que sur celle qui regarde leurs Annales.

Il ajoute de plus , qu'on n'a rapporté que la moitié du passage de Sanchoniaton, où il y a , ἐκ τῶν κ πόλιν ὑπομνημάτων, κ̇ τῶν ἐν τοῖς ἱεροῖς ἀναγραφῶν. Il auroit mieux valu, dit-on , citer les premiers mots de ce passage, *touchant les Registres de chaque ville , qui sont clairs ; que de prendre les derniers , qui sont equivoques :* parce qu'on ne peut savoir assurément si ces Ecrits des temples n'étoient autre chose que des Annales. Nostre Critique ne prend pas garde , que ces seuls mots , κ̇ τῶν ἐν τοῖς ἱεροῖς ἀναγραφῶν , *& les Ecrits qui étoient dans les temples,* comprennent generalement les Ecrits conservés dans les Archives , & que les Registres des principales affaires de chaque ville se gardoient dans les temples. A l'égard de ce qu'il dit, qu'on n'étoit pas assuré si ces Ecrits des temples n'étoient que des Annales , il est aisé de luy faire voir qu'il n'entend gueres cette matiere. Car il est certain que l'on conservoit dans les temples tous les Livres Sacrés , soit qu'ils regardassent la Theologie, la Morale , ou les Annales. Le Surintendant de ces Livres qu'ils nommoient ἱερὰ βιβλία, *Livres Sacrés,* s'appelloit chez les Egyptiens , Προφήτης, *Prophete,* & il avoit sous luy un Ἱερογραμματεύς, ou Scribe des Livres Sacrés. On n'a parlé dans la Critique & dans la Réponse aux *Sentimens* que des Annales, parce qu'il ne s'agissoit que de cela ; & l'on ne peut pas douter que les Egyptiens n'eussent aussi bien que les Ebreux des Livres de leurs genealogies , qu'ils conservoient dans les temples avec les autres Livres Sacrés. Ori-

T   *

gene

gene qui a eu une grande connoissance de ces sortes d'affaires, nomme
ἀπόκρυφα, *Apocryphes*, ou *cachés*,
les Livres que les Sacrificateurs Juifs
gardoient sans les rendre publics.

Mr. le Clerc s'appuye encore sur
l'autorité de Bochart, pour prouver
que le mot ἀμμωνέων ne doit pas s'entendre dans le passage de Sanchoniaton d'un nom de peuple, mais en general des temples; parce que c'est,
dit-on, le mot *hamanim*. Il est vray
que le mot Ebreu *hamanim* peut être
traduit *temples* : mais je ne vois pas
qu'on puisse conclure necessairement
de là, que le mot Grec ἀμμωνέων
est le même dans ce passage que l'E-
breu *hamanim*, à moins qu'on ne
dise en même temps, qu'il n'y a aucun peuple nommé Ammonéens.
Cette interpretation n'est fondée
que sur une conjecture d'étymologie.
Et parce que le mot Ebreu *hamanim*
peut être pris pour des *temples* aussi
bien que pour des *peuples*, on veut
qu'il y ait eu dans l'Original Phenicien *hamanim*, & que le Traducteur
Grec ait gardé dans sa Version ce
même mot, qu'il a seulement *grecisé*,
au lieu qu'il le devoit traduire *temples*. Tout cela auroit besoin de
bonnes preuves, & qui ne fussent
point appuyées sur une étymologie.
Mais de quelque maniere qu'on le
traduise, ce passage confirmera toûjours la pensée de Mr. Simon, qui a
pretendu que dans ces anciens temps
les Archives qui contenoient les Livres Sacrés étoient dans les temples.
Au reste il seroit à souhaitter pour
Mr. le Clerc, qu'il n'eust point traduit icy en François un passage de
Manethon rapporté par Syncellus.

Car il fait voir qu'il n'a entendu ni le
Grec de cet Auteur, ni la Traduction
Latine qui en a été faite; & je ne
croy pas qu'il s'entende luy-même.
Il s'est de plus avisé de traduire Ἀγα-
θοδαίμον, qui est un nom propre
du bon Demon, comme s'il y avoit
dans le Grec, ἀγαθοῦ δαίμον,
au lieu qu'il faut traduire d'*Agatho-
demon*.

Cet homme est encore ridicule,
lors qu'il ajoute au même endroit,
que Mr. Simon *se donne trop de peine
à nous prouver par Sanchoniaton, que
l'usage des Annales est fort ancien chez
les Orientaux*; qu'il auroit pû sans
ce detour nous citer un autre endroit
de Philon, où l'on voit que Sanchoniaton avoit receu pour faire son Histoire les Memoires de Jerubaal Sacrificateur du Dieu Jao. Il ajoute
que ce passage est dans Porphyre,
& que Mr. Simon à qui il l'indique,
doit se radoucir à son égard. Mais il

ne paroit pas qu'il ait jamais lû d'autre Livre là-dessus que Bochart, qui
a rapporté les paroles de Porphyre.
S'il avoit un peu plus de literature,
il auroit bientost reconnu qu'il n'é-
toit pas necessaire d'indiquer Porphyre sur le fait de Sanchoniaton,
puis que Mr. Simon avoit cité la
Preparation Evangelique d'Eusebe,
où il est aussi parlé de Porphyre & de
plusieurs autres choses, qu'on auroit
pû produire. Mais on s'est contenté d'apporter les preuves qui suffi-
soient pour le fait dont il s'agissoit,
étant inutile de copier tout un Auteur, lors qu'il ne donne pas de nouvelles raisons.

La conjecture qu'il apporte après
Bochart, pour monstrer que Jerombaal

baal étoit Gedeon , n'a rien que de très-incertain. Et quand même on la fuppoferoit veritable , il ne s'enfuit pas de là que Sanchoniaton n'ait pû avoir la communication des Memoires confervés dans les Archives d'Ifraël , fous pretexte qu'il étoit Payen , & que les Archives de l'Etat, *felon Mr . Simon , n'étoient pas même ouverts au commun des Juifs.* Car bien que le foin des Archives fût commis aux principaux d'entre les Sacrificateurs , & que le peuple n'en euft aucune communication , cela n'empêchoit pas que ces Sacrificateurs ne puffent donner des extraits de leurs Annales à ceux qui les en requeroient. Enfin ce qu'il ajoute pour prouver que Sanchoniaton n'étoit pas favant dans les affaires des Juifs , puis qu'il croyoit que Jerubaal , qui étoit de la Tribu de Manaffé , étoit Sacrificateur du Dieu d'Ifraël , n'a aucune folidité ; parce qu'il faudroit auparavant avoir montré , que Jerubaal étoit veritablement Gedeon. L'on pourroit au contraire prouver de là , que ce Jerombaal n'étoit pas Gedeon , mais un Sacrificateur qui gardoit les Archives , & qui communiqua à Sanchoniaton ce qui luy étoit neceffaire pour compofer l'Hiftoire des Pheniciens. On fait de plus , que le mot de *Cohen* eft équivoque dans la langue Ebraïque ou Phenicienne , & qu'il fignifie auffi bien un *Chef* ou *Prince*, qu'un *Sacrificateur.* Cette équivoque pourroit avoir donné occafion au Traducteur Grec des Annales Pheniciennes de le traduire ἱερεὺς , & de faire Jerubaal ou Gedeon Sacrificateur du Dieu d'Ifraël.

Eclairciffemens fur les Annales de Sanchoniaton.

Objection.

Reponfe.

CHAPITRE IX.

Critique de la VIII. Lettre.

LEs preuves qu'on a produites dans le Chapitre V I. de cet Ouvrage pour faire voir que les Livres de Samuel , de Nathan , de Gad & de quelques autres Prophetes ont été de veritables Annales , font fi évidentes , qu'on n'en peut pas douter fans renoncer à la bonne-foy. Il n'y a que Mr. le Clerc qui ofe s'oppofer à une verité qui faute aux yeux , en fuivant fa methode ordinaire , qui confifte à fe fervir de certains mots équivoques , fans prendre garde que l'équivoque de ces mots ceffe, lors qu'on ne les regarde plus dans leur generalité. C'eft ce qu'on peut voir icy dans le mot Ebreu *devarim* , qui fignifie & les *actions* & les *paroles.* Mais quand il eft dit dans l'Hiftoire Sacrée , *Divre Nathan* , *Divre Gad* , ces mots font reftraints aux paroles , parce qu'il s'agit en ces lieux-là de veritables Difcours ou Livres compofés par ces Prophetes Annaliftes. On avoit remarqué , que les Interpretes tant anciens que nouveaux avoient tous traduit de la même maniere ces paffages de l'Ecriture , & qu'il n'y avoit que noftre Auteur qui fe fût avifé de les traduire autrement. Il répond à cette objection par fon galimatias ordinaire. *Mr. Simon , dit-il , qui fait l'Ebreu fans s'être jamais fervi de Dictionnaire ni de Concordance , & peut-être fans avoir jamais lû la Bible toute entiere avec application , trouvera bon , s'il luy plaift, qu'on le renvoye à ces Concordances &*

Mr. le Clerc s'appuye ordinairement fur des mots équivoques & des expreffions generales.

Galimatias de Mr. le Clerc.

à ces *Dictionnaires qu'il n'a jamais consultés, pour y apprendre que debarim ne signifie pas moins les actions que les paroles.* Je ne vois pas où tend ce galimatias, puis que Mr. Simon a remarqué dans ce même endroit, que le mot Ebreu *davar* est équivoque, & qu'il signifie également *chose, action & parole*; & il a ajouté en même temps, qu'on ne pouvoit se servir icy de cette équivoque, parce que *le texte nous marque assez que ce mot* davar *ne peut être traduit en ce lieu-là que dans le dernier sens.* Et en effet aucun Interprete de l'Ecriture ne s'est avisé jusqu'à present de le traduire autrement.

Il ne s'agit pas icy de savoir, si en general le mot *devarim* signifie aussi bien *action* que *parole*; car personne n'en a jamais douté. Toute la difficulté roule sur le mot *divre*, lors qu'il est appliqué aux noms de Nathan, de Gad & de quelques autres Prophetes Annalistes dans les passages qu'on a cités, où il se doit prendre pour des Livres composés par ces Prophetes; au lieu que dans ces mêmes passages ce mot étant appliqué aux noms de David, de Salomon & des autres Rois, il faut l'entendre necessairement des *actions*, parce que toute la suite du discours prouve qu'il est parlé de la vie & des actions de ces Rois, comme on l'a monstré évidemment dans le Chapitre VI. de cette Réponse. Cette expression est repetée en tant d'endroits de l'Ecriture, qu'on ne peut pas douter de son veritable sens, à moins qu'on ne veuille nier les choses les plus claires. Si les Septante ont exprimé quelquefois le mot *divre* par celuy de λόγοι, lors qu'il s'entend manifestement des *actions*, & non pas des *paroles*; Mr. le Clerc n'en peut rien conclure qui favorise son sentiment, parce qu'on a remarqué en d'autres endroits, qu'il ne faut pas toûjours expliquer à la rigueur de la lettre les mots Grecs des LXX. ni même les mots Latins de la Vulgate; mais qu'on doit les rapporter à l'Ebreu d'où ils ont été traduits, parce que ces Interpretes se contentent quelquefois de rendre simplement les mots, sans prendre garde au sens. Selon cette regle le mot λόγοι dans les LXX. signifiera également *paroles & actions*, comme le mot Ebreu *devarim*. On en limitera le sens selon l'endroit où il sera appliqué. Il en est de même du mot Grec ῥῆμα, qui signifie *parole*, & qu'on doit cependant interpreter quelquefois *chose* tant dans le Grec des LXX. que dans celuy du Nouveau Testament. C'est dans ce dernier sens qu'on le doit entendre au Chap. II. de St. Luc. v. 15. où il y a dans le Grec, Ἴδωμεν τὸ ῥῆμα τοῦτο τὸ γεγονός, & dans le Latin, *Videamus hoc verbum quod factum est.* Le mot Grec ῥῆμα, & le Latin *verbum* signifient en ce lieu-là πρᾶγμα ou *res*, & on doit alors considerer le mot Ebreu *davar* qui a ces deux significations.

La comparaison que nostre Auteur apporte icy de l'Abregé de la Vie de Louïs XIII. dont on trouveroit le reste dans la Vie des Cardinaux de Richelieu & Mazarin, est si éloignée de la matiere qu'on traite, qu'il est inutile de s'y arrêter. Les exprespreſſions dont il s'agit ſont repetées tant de fois dans la Bible, qu'elles s'expliquent d'elles-mêmes, ſans qu'il ſoit neceſſaire de feindre des comparaiſons pour les entendre. Un homme de bon ſens pourra-t-il s'imaginer, que l'Hiſtoire des Ebreux n'ait contenu qu'en abregé & par occaſion l'Hiſtoire de leurs Rois; & que le principal de cette Hiſtoire ſoit de nous donner la Vie des Prophetes, où l'on ne parleroit qu'en paſſant de celle des Rois? Les textes de l'Ecriture nous marquent expreſſément qu'il y eſt parlé generalement de toutes leurs actions *premieres & dernieres*, c'eſt-à-dire, depuis le commencement de leur regne juſqu'à la fin. Mais à quoy bon s'eſtendre davantage ſur une choſe qui eſt ſi claire dans l'Hiſtoire Sainte, qu'aucun Interprete de la Bible ne s'eſt aviſé de l'expliquer dans le ſens de Mr. le Clerc?

Nouveaux éclairciſſemens ſur le mot Ebreu *devarim.*

Il objecte en vain, que le mot *dibre Scelomo*, 1 Rois 11: 41. doit être traduit, *actions de Salomon.* Car on demeure d'accord qu'il peut être traduit de cette maniere, bien qu'il y ait dans la Vulgate, *verborum dierum*, comme s'il y avoit eu dans l'Ebreu, *divre hajamim.* Il y a dans le Texte Ebreu, *tout cela eſt écrit beſepher divre Scelomo*, c'eſt-à-dire, *dans le Livre des actions de Salomon.* Ce qui marque évidemment l'Hiſtoire de ce Prince, ſoit qu'on traduiſe *le Livre des actions*, ou avec la Vulgate, *le Livre de la Chronique.* Or il paroit que ce Livre des actions de Salomon où ſon Hiſtoire étoit contenuë, a été écrit par les Prophetes Nathan, Ahia & Ado. Mais

Mr. le Clerc ſe plaint de ce qu'on n'a pas apporté le paſſage des Paralipomenes entier dans la Réponſe aux *Sentimens*, parce qu'on y a ſeulement mis, *Le reſte des actions de Salomon ſont écrites dans les Diſcours du Prophete Nathan, dans la Prophetie d'Ahia*, &c. Il falloit, ſelon luy, au lieu de *&c.* achever de traduire le verſet, où il y a, *d'Ahia le Silonite, & dans les Viſions de Jeddo le Voyant contre Jeroboam fils de Nabath.* Il eſt vray qu'il étoit fort difficile de trouver le reſte du paſſage, & qu'il a grande raiſon d'en faire un crime, parce qu'on n'a mis *que la moitié des choſes qu'il faudroit que le lecteur vît toutes entieres pour en juger.* Il conclut, qu'il n'y a pas d'apparence *que ces Viſions de Jeddo contre Jeroboam fiſſent une partie des Annales des Rois de Juda.* Mais il y a encore moins d'apparence qu'elles continſſent la vie de ce Prophete. On eſt très-bien fondé pour croire que les Livres de ces Prophetes contenoient une partie des Annales de Juda; puis que ce paſſage dit clairement, que le reſte des actions de Salomon depuis le commencement de ſon regne juſqu'à la fin y ſont rapportées. L'Auteur de la Vulgate n'a pas mal traduit en cet endroit les mots Ebreux *nebouath Ahia*, qui ſignifient à la lettre, *la Prophetie d'Ahia*, par ceux-cy, *les Livres d'Ahia*; parce que les paroles qui precedent marquent aſſez qu'il s'agit de Livres Hiſtoriques, & non pas d'une Prophetie. Il en eſt de même du Livre d'Ado le Voyant, lequel Livre eſt auſſi nommé *Viſion*, bien qu'il continſt des faits hiſtoriques; & au lieu de traduire,

2 *Paral.* 9: 29.

Explication de quelques paſſages des Paralipomenes, où l'on éclaircit quelques expreſſions des Auteurs Sacrés.

duire, *dans la Vision d'Ado le Voyant contre Jeroboam*, on peut fort bien traduire, *dans le Livre qu'Ado le Voyant a fait sur Jeroboam* ou *contre Jeroboam*. Les Annales des Ebreux étoient appellées *Prophetie* ou *Vision* du nom de leurs Auteurs, qui étoient en effet Prophetes; & l'on doit expliquer cette expression par les autres passages de l'Ecriture où il est parlé de semblables Livres, comme au Liv. I. des Paralip. Chap. 29. v. 29. où ils ne sont pas nommés *Prophetie*, mais *Discours de Samuel le Voyant*, *Discours de Nathan le Prophete*, *Discours de Gad le Voyant*. Il n'y a de plus aucune équivoque dans ces autres paroles des Paralipomenes. *Le Prophete Isaïe fils d'Amos a écrit les actions premieres & dernieres du Roy Ozias.* Il ne s'agit point en ce lieu-là de la vie d'Isaïe, mais de l'Histoire du regne d'Ozias écrite par ce Prophete; & ces mots, *actions premieres & dernieres*, qui se trouvent aussi dans les passages qu'on a cités cy-dessus, monstrent qu'il est parlé en ces endroits-là des Annales des Rois écrites par les Prophetes qui y sont nommés.

2 Paral. 26: 22.

Voicy un autre endroit où Mr. le Clerc croit triompher, bien qu'il ne dise rien que de très-commun, & dont on convient même avec luy. C'est pourquoy il luy étoit inutile de ramasser plusieurs passages de St. Jerôme, pour prouver qu'on peut se servir de cette expression *jusqu'à ce jourd'huy*, pour marquer une chose qui est arrivée depuis peu de temps. Il nous dit pour cela, que St. Jerôme dans son Catalogue des Livres Ecclesiastiques l'employe en parlant

Objection inutile de Mr. le Clerc sur cette expression de l'Ecriture, jusqu'à ce jourd'huy.

de divers Auteurs vivans de son temps: comme quand il dit, par exemple, de St. Ambroise, *qu'il écrit encore jusqu'à ce jourd'huy*, *Usque in præsentem diem scribit*; & d'un autre Ambroise Disciple de Didyme, *usque hodie superest*. Mais ces exemples & une infinité d'autres semblables qu'on pourroit apporter, ne prouvent rien, puis qu'on demeure d'accord que cette expression *usque hodie* ne prouve pas seule & d'elle-même qu'une chose soit arrivée depuis long-temps. Cela depend des autres mots avec lesquels elle est jointe. Il est certain que dans le Livre même de Samuel dont il est question, il y a des endroits où elle marque un fait arrivé depuis long-temps; au lieu que dans ces exemples de St. Jerôme qu'on a cités il est parlé de personnes qui vivoient de son temps, & dont il a pû dire après avoir rapporté quelques-uns de leurs Ouvrages, qu'ils continuoient encore d'écrire. Sans même qu'il soit besoin de remonter si haut, il y a très-peu de temps que Mr. le Clerc fait le mestier d'Auteur; & cependant on peut bien dire de luy, qu'il a écrit de méchants Livres, & qu'il continuë encore aujourd'huy à en écrire, *Usque in præsentem diem scribit*. Il est donc à propos pour bien juger de cette expression, de voir si dans les passages qu'on a cités de Josué & de Samuel, elle renferme quelque chose qui monstre que la chose se soit passée de leur temps.

Hier. lib. de Script. Eccles.

Réponse où l'on éclaircit cette expression

L'Ecriture est remplie de cette façon de parler, qu'on doit expliquer différemment selon les differens endroits où elle est employée. Moïse, par

Exemples de cette expression

par exemple, parle d'un temps éloigné au Chap. 26. de la Genefe, v. 33. où faifant mention d'un puits qui fut appellé *Siba*, il ajoute que le nom de la ville eft jufqu'à ce jourd'huy *Berfabée*. Il en eft de même d'un autre endroit de la Genefe, où Moïfe après avoir parlé de la luite de Jacob avec l'Ange laquelle le rendit boiteux, ajoute, *Quam ob caufam non comedunt nervum filii Ifrael qui emarcuit in femore Jacob ufque in præfentem diem.* C'eft ce qu'on peut auffi voir dans le Nouveau Teftament, Chap. 2. des Actes, où il eft parlé du tombeau de David : *Sepulcrum ejus eft apud nos ufque in hodiernum diem.* Les circonftances de ces endroits-là defignent affez le fens qu'on doit donner à cette expreffion, *ufque in præfentem diem.* Et c'eft ce qui a fait croire à quelques favans Interpretes de l'Ecriture tant Juifs que Chrêtiens, que dans les paffages de Jofué & de Samuel qu'on a rapportés, il étoit parlé de faits arrivés avant eux. C'eft pourquoy le raifonnement de noftre Auteur ne conclut rien, parce que les exemples fur lefquels il fe fonde monftrent évidemment qu'il y eft fait mention de chofes prefentes. Mais ce qui le choque le plus, c'eft qu'on a avancé dans la Réponfe aux *Sentimens*, qu'on pourroit dire felon les regles de la Critique, que ces paroles de St. Matthieu Chap. 27. v. 8. *Ce champ a été appellé Champ du fang jufqu'à ce jourd'huy*, ont été ajoutées à fon Evangile. On n'a pas affuré pofitivement qu'elles y ont été ajoutées, parce qu'on n'en a pas de preuves évidentes ; on a feulement dit,

qu'elles ont pû y être ajoutées. Et en effet, cela eft bien probable, fi l'on en juge par les feules regles de la Critique. Car outre que ces mots ne font rien pour le fens, on trouve un Exemplaire Grec où ils ne font point. De plus, il arrive ordinairement dans ces fortes d'additions, qu'il y a diverfité de lecture. Et c'eft ce qui fe rencontre dans ce paffage. Si l'on n'a rien dit d'un autre endroit de St. Matthieu où il y a, *Et divulgatum eft verbum iftud apud Judæos ufque in hodiernum diem*, c'eft qu'on n'a pas eu les mêmes raifons d'en douter.

Nôtre Auteur revient encore une fois aux Rouleaux, dont il dit bien des chofes qu'il auroit pû omettre, puis qu'il n'en peut rien conclure. Il veut qu'on applique cette invention de la confufion des Rouleaux à quelques exemples particuliers de la Bible. Ce qui n'eft point neceffaire, chacun ayant la liberté de le faire. C'eft affez d'avoir obfervé en general, qu'on expliquera facilement par cette voye plufieurs tranfpofitions qui font dans l'Ecriture. Mais comme on n'a pas apporté cette feule raifon de ces tranfpofitions, on ne peut pas marquer en détail les endroits qui ont été tranfpofés de cette maniere. Il fuffit d'avoir remarqué, que les Livres Ebreux n'ont pas été plus exempts de cette confufion que tous les autres Livres du monde. C'eft pourquoy il eft affez inutile de nous dire, que le Livre de la Loy, que les 70. Interpretes porterent en Egypte, n'étoit point écrit dans des fueilles volantes ; mais qu'il étoit compofé de divers parchemins joints ſi adroitement les uns aux autres, qu'on avoit de la peine à en reconnoitre la jointure. Il dit la même choſe du Livre du Prophete Iſaïe que Noſtre Seigneur lût dans la Synagogue, où il eſt marqué qu'il le deroula pour lire ; & qu'après avoir lû, il le roula pour le rendre. On demeure d'accord de tout cela, & on a dit même dans la Réponſe aux Sentimens, *Qu'il a été neceſſaire de coudre ces Rouleaux pour l'uſage ordinaire des Synagogues.* Auſſi n'a-t-on pas attribué les tranſpoſitions aux Rouleaux dont les fueilles étoient couſuës ou jointes enſemble, mais à ceux dont les fueilles étoient ſeulement roulées les unes ſur les autres; & les habiles Critiques conviennent qu'il y a eu autrefois de ſemblables Rouleaux.

On peut raiſonner de ces anciens Rouleaux de la même maniere que des Livres MSS. que nous avons dans nos Bibliotheques. Quelque ſoin qu'on prenne de les relier, on y trouve ſouvent des tranſpoſitions ; & il n'eſt pas même toûjours facile de rétablir l'ancien ordre, ſur tout quand les MSS. ne ſont pas en aſſez grand nombre. S'il eſt donc arrivé de la confuſion pour l'ordre des matieres dans les Livres du Vieux Teſtament, pourquoy ne pourra-t-on pas rejetter la tranſpoſition de quelques Chapitres entiers ſur le changement des Rouleaux, puis qu'elle ſe trouve même dans le Pentateuque, où les Septante ne conviennent point là-deſſus avec le Texte Ebreu? Pour ne pas nous arreſter davantage ſur une matiere qui ne fait aucune difficulté, ſi on la conſidere en general

& par rapport aux autres Livres, je ne repeteray point icy ce qu'on a dêja dit dans la Réponſe aux *Sentimens* touchant le Rouleau qui contenoit la Prophetie de Jeremie : car on y a fait voir, qu'il n'y avoit aucunes preuves qui monſtraſſent que les fueilles de ce Rouleau étoient toutes jointes enſemble. Mr. le Clerc objecte, que, *comme on n'appelle pas ordinairement pluſieurs fueilles blanches decouſuës un Livre ; de même on n'appelleroit pas un Rouleau divers parchemins ſeparés l'un de l'autre.* J'ay honte de m'arreſter à ces minuties. Mais il me ſemble qu'un Livre en blanc, & dont les fueilles ſont ſeulement pleyées, n'eſt pas moins un Livre que quand elles ſont couſuës, ou qu'il eſt relié. Il en eſt de même des anciens Rouleaux. On appelloit un Rouleau au ſingulier, ce que nous appellons preſentement un Livre, ſoit que les fueilles qui compoſoient tout le Rouleau fuſſent couſuës enſemble, ou qu'elles fuſſent ſeulement roulées les unes ſur les autres à l'entour d'un baſton. Et l'on peut très-bien donner ce ſens à ces paroles que Dieu dit à Jeremie, *Tolle volumen Libri, & ſcribes in eo omniã verba quæ locutus ſum tibi adverſum Iſraelem & Judam, & adverſum omnes gentes :* c'eſt-à-dire, Prens autant de Rouleaux de parchemin qu'il en faudra pour écrire ce que je t'ay dit. Dieu ne luy commande pas de coudre auparavant tous ces Rouleaux. Au contraire ces Propheties furent prononcées & écrites en differens temps & ſur differens parchemins. Il y a même de ſavans Interpretes de l'Ecriture qui attribuent

Luc 4: 16.

Réponſe aux Sent. chap. 19.

Reflexions ſur les tranſpoſitions qui viennent de la confuſion des Rouleaux.

Du Rouleau qui contenoit les Propheties de Jeremie.

Tolle Jerem. 36: 2.

buent le peu d'ordre qui se trouve dans la Prophetie de Jeremie, à Baruc qui étoit son Scribe, & qui ne prit pas le soin de mettre chacune dans son ordre. Nostre Critique au reste a des manieres de raisonner qui luy sont singulieres. On avoit dit, que sans cette supposition de la confusion des anciens Rouleaux, il seroit difficile de donner de bonnes raisons du changement d'ordre qui se trouve dans des Chapitres entiers de la Bible entre les Exemplaires Grecs & les Ebreux. Il répond à cela, qu'on ne peut pas aussi donner raison de la maniere dont les Septante ont traduit de certains endroits de l'Ecriture qui sont si éloignés de l'Ebreu, *qu'il n'y aura peut-être jamais personne qui puisse deviner comment il a été possible qu'ils traduisissent ainsi.* Je ne comprens pas quel rapport il y a entre ces deux choses-là, ni l'application qu'on en peut faire à ce qui est en question.

Si Mr. le Clerc étoit capable de recevoir quelque avis, on luy conseilleroit de ne parler jamais des faits qui appartiennent à la Critique, parce qu'il n'y entend rien. On avoit observé, qu'on a quelquefois joint dans la Bible, aussi bien que dans plusieurs autres Livres, des diverses leçons d'un même mot; & que par consequent on ne doit pas toûjours attribuer aux Auteurs des Livres Sacrés les frequentes repetitions qui se rencontrent dans la Bible. Il ne nie pas ce principe. Mais il pretend que l'application qu'on en a faite n'est pas juste, & qu'elle fait soupçonner qu'on ne l'a pas bien compris. Mais voyons s'il a entendu luy-même les

Des repetitions ou mots synonymes de la Bible.

exemples qu'on en a apportés. L'on a produit pour exemple le Symbole des Apostres „ où on lit depuis un très-long-temps, *sepultus, descendit ad inferos, & Sanctam Ecclesiam, Sanctorum communionem,* qui sont des termes synonymes, parce que *descendit ad inferos* est la même chose que *sepultus;* & *Sanctorum communionem* est aussi la même chose que *Sanctam Ecclesiam.* Nostre raisonneur dit que la glose est infiniment plus obscure que le texte, & que ceux qui ont ajouté *descendit ad inferos* à *sepultus,* ont crû que ces paroles marquoient quelque chose de nouveau, savoir, *que l'ame de Jesus-Christ étoit réellement descenduë dans les lieux où les ames des morts attendoient le jugement,* comme l'ont crû la plus-part des Peres, jusques là que *St. Augustin* a dit, *Quis, nisi infidelis, negaverit fuisse apud inferos Christum?*

Repetitions dans l'ancien Symbole attribué aux Apôtres.

Il ne s'agit point icy de savoir, si c'est un article de la creance des Catholiques, que Jesus-Christ soit descendu réellement aux enfers ou dans les lieux soûterrains. Aucun Catholique n'en doute, & le témoignage de St. Pierre est formel là-dessus. L'on peut même donner aujourd'huy ce sens aux paroles du Symbole. Mais je nie que ce soit là son premier sens. Ruffin, qui a publié une Exposition de ce Symbole, après avoir dit avec tous les Catholiques, que Jesus-Christ est veritablement descendu dans les lieux soûterrains, ajoute ensuite cette remarque de Critique: *Il faut savoir que dans le Symbole de l'Eglise Romaine on ne lit point, Il est descendu aux lieux soû-*

Reflexions sur ces repetitions du Symbole.

Sciendum sane est, quod in Ecclesiæ

V

souterrains. *Ce qui ne se trouve point aussi dans le Symbole des Eglises d'Orient. Il semble neanmoins que cette expression ne marque autre chose qu'être enseveli.* Mr. le Clerc ne peut goûter cela, parce que ce seroit joindre *des expressions obscures à des manieres de parler plus claires pour leur servir d'explication.* Mais s'il avoit quelque connoissance du stile de l'Ecriture, que les anciens Peres lisoient dans la Version des Septante, il ne feroit pas ces sortes d'objections. Ces Interpretes traduisent ordinairement le mot Ebreu *sceol,* qui signifie *sepulcre,* par le mot Grec ἅδης ou *enfer.* C'est pourquoy ces deux expressions, *sepultus,* & *descendit ad inferos,* sont synonymes. Car ἅδης ou *enfer* sera en ce lieu-là selon le rapport qu'il a au mot Ebreu, la même chose que *sepulcre*; & on le doit prendre souvent en ce sens-là dans la Version des LXX. L'Eglise Romaine, qui selon le même Ruffin avoit toûjours conservé ce Symbole dans une plus grande simplicité qu'aucune autre Eglise, n'avoit retenu que *sepultus,* qui est l'ancienne leçon.

Il en est de même de ces autres paroles, *Sanctorum communionem,* que St. Jerôme ne lit point dans son Dialogue contre les Luciferiens, mais seulement *Sanctam Ecclesiam.* Ces deux expressions ne signifient autre chose que la *Sainte Assemblée,* ou la *Société des Saints,* c'est-à-dire des Fideles. Et si nostre Auteur avoit une connoissance exacte du stile de l'Ecriture, il ne nous diroit pas, *que ceux qui ont ajouté ces paroles au Symbole, ont crû y ajouter quelque*

chose de nouveau. Il est certain que les premiers Chrétiens se nommoient Saints, aussi bien que les Juifs: & ainsi *Sancta Ecclesia* ne signifie que la *Sainte Eglise* ou Assemblée; de la même maniere que *Sanctorum communio* marque la Societé des Saints ou des Fideles. Ceux qui fondent sur ces mots une Eglise de Saints ou d'Elus, les expliquent plutost selon les idées de leur Theologie que selon la verité. Au reste il est bon de remarquer, qu'on n'a pas attribué dans l'Histoire Critique & dans la Réponse aux *Sentimens,* toutes les expressions synonymes & les repetitions qui sont dans la Bible aux differentes leçons qui ont été jointes ensemble. L'on a observé au contraire, qu'elles étoient souvent du genie de la langue Ebraïque & des Ecrivains Juifs. Il est inutile d'objecter, *qu'il faudroit que les anciens Ebreux eussent eu une étrange methode d'expliquer les Livres, pour mettre des expressions synonymes dans un endroit qui est très-clair, & laisser une infinité d'endroits très-obscurs sans en dire un mot.*

On ne répond pas à des faits par de purs raisonnemens. Les Livres des Juifs, & principalement les MSS. sont remplis de ces sortes de synonymes, qui sont manifestement des diverses leçons qu'on a jointes ensemble. Ce qui a fait que quelques Juifs moins scrupuleux n'ont retenu dans leurs Exemplaires de ces Livres que la leçon qu'ils ont crû la meilleure. Sans même qu'il soit besoin de recourir aux differentes Editions des Livres des Rabbins, on en trouve des exemples dans l'Ecriture. Il suffit pour cela de comparer ensemble quel-

quelques Pſeaumes qui ſont repetés en divers endroits de la Bible. Bien qu'on voye manifeſtement que ce ſoient les mêmes Pſeaumes, ou quelques parties qui ſont les mêmes, on y decouvre en un endroit des repetitions qui ne ſont point dans l'autre. Je n'en produis aucun exemple, parce que chacun peut facilement faire cette comparaiſon. Ces Pſeaumes qui ſont plus ſimples en un endroit que dans l'autre, ſemblent marquer que les expreſſions ſynonymes qui ſe trouvent dans un de ces endroits ne ſont que des diverſes leçons jointes enſemble. Car il y a bien plus d'apparence que ces ſynonymes ont été ajoutés, que de dire que les Copiſtes ont oublié quelques-unes de ces expreſſions.

Au reſte Mr. le Clerc fait icy reparation d'honneur aux Proteſtans, ſur tout aux Calviniſtes, qu'il avoit ſi maltraités. Il nous dit franchement, qu'il n'auroit pas injurié Mr. Simon, s'il n'avoit pas luy-même *injurié les Proteſtans d'une maniere* *tout-à-fait deshonneſte, ou s'il avoit* *propoſé ſes ſentimens avec plus de mo-* *deſtie.* Mais je ne croy pas que les Calviniſtes luy tiennent compte de ſes injures, après les avoir injurié eux-mêmes. Ils ſavent très-bien qu'il ne s'eſt échauffé contre l'Auteur de l'Hiſtoire Critique, que parce qu'il a crû avoir été mépriſé de luy. Et en effet, quelle eſtime peut-on avoir d'un homme qui écrit ſur des matieres de Critique dont il n'a preſque aucune connoiſſance? Quelques perſonnes qui en ſavent un peu plus que luy ſe ſervent de cet avanturier, pour debiter des maximes qu'ils n'o-

ſeroient pas publier eux-mêmes. Il luy eſt permis de continuer ſes injures, & de ſe reconcilier par ce moyen avec ceux qu'il a offenſés par ſes emportemens. Cela n'empêchera pas que quand il voudra ſe mêler d'écrire ſur des matieres de Critique, on ne luy faſſe ſentir ſes égaremens.

On avoit obſervé dans l'Hiſtoire Critique, qu'il y avoit dans les Propheties d'autres Actes qui y avoient été inſerés, & qui y paroiſſoient. Il faut, ſelon luy, être faux Prophete pour être dans cette penſée, bien qu'on luy ait monſtré que ces Actes ſe reconnoiſſent en liſant les Prophetes, & que Grotius & pluſieurs autres ſavans Critiques en demeuroient d'accord. Ce n'eſt point à quoy il s'arreſte. Il ſe contente de nous dire, que Mr. Simon ayant injurié les Proteſtans, il le devoit auſſi injurier. Mais je ne croy pas qu'il trouve rien de ſemblable dans l'Hiſtoire Critique à l'égard des Proteſtans, auxquels on a rendu juſtice. Il ne veut point croire à l'autorité de Joſeph, qui aſſure qu'on regiſtroit auſſi bien les Propheties que les autres Actes. Et en effet il étoit neceſſaire de les regiſtrer & de les mettre dans les Archives pour les conſerver à la poſterité. Cet Hiſtorien eſt plus croyable qu'aucun autre, ſur tout quand il s'agit d'uſages & de coûtumes. Auſſi voyons-nous que les anciens Peres s'accordent en cela avec luy. Il ne falloit pas d'autres raiſons à Joſeph pour aſſurer ces choſes, que la pratique conſtante de ſon Etat qui luy étoit connuë; outre qu'il trouvoit dans l'Ecriture pluſieurs témoignages des Archives

chez

Mr. le Clerc ſe reconcilie avec les Calviniſtes qu'il a offenſés.

Emportement de Mr. le Clerc.

On a regiſtré les Propheties chez les Ebreux.

chez les Ebreux : & par ce moyen il a pû fans être Prophete dire plufieurs chofes arrivées avant luy.

Quoy que Mr. le Clerc ait un grand mépris pour Jofeph, qu'il confidere comme un Hiftorien peu fidéle, il ne laiffe pas de fe fervir icy de fon témoignage contre Mr. Simon, pour appuyer le fentiment des Proteftans touchant le Canon des Livres Sacrés. Il eft vray que dans fon premier Livre contre Apion il affure que les Livres qui ont été écrits depuis Artaxerxes n'ont point la même autorité que ceux qui ont été écrits avant le regne de ce Prince, parce qu'il n'y a pas eu depuis ce temps chez les Juifs une fucceffion exacte de Prophetes, comme auparavant : d'où noftre Arminien conclut, qu'on ne doit recevoir pour Livres Canoniques que ceux qui font dans le Canon Juif, parce que Jofeph, felon luy, parle en ce lieu-là de tous les Juifs en general ; & qu'on ne peut prouver que les Juifs Helleniftes ayent tenu pour divins les Livres que les Proteftans ont appellé Apocryphes. Mais il eft aifé de voir que Jofeph, lors qu'il a écrit cela, parloit conformément à ce qui fe pratiquoit de fon temps dans Jerufalem & dans les Synagogues de la Paleftine. Il ne confideroit de plus que les Livres écrits en Ebreu qu'il lifoit, & il dit que ceux-là font d'une autorité inconteftable, à caufe de la fucceffion exacte des Prophetes Scribes qui avoient été chez eux jufqu'à ce temps-là. Il ne rejette pas pour cela les autres. Il fe contente de dire, qu'on n'y ajoute pas tant de foy, parce qu'il n'y a point eu depuis ce

temps-là une fucceffion exacte de Prophetes. Il ne dit pas qu'il n'y ait plus eu d'infpiration, ni qu'on n'ait plus continué d'écrire les Annales de fa Republique. Il fuppofe au contraire, qu'on a continué de les écrire. Il veut feulement qu'ils n'ayent point été mis dans le corps de l'Ecriture, parce qu'on n'avoit pas trouvé cette fucceffion exacte de Prophetes.

Mais les Juifs Helleniftes n'ont pas feulement reçu dans leur Canon les Livres écrits en Ebreu, & qu'on lifoit dans Jerufalem ; ils ont reçu le corps de toute l'Ecriture tel que les premiers Chrêtiens le reçûrent d'eux, & le lurent dès le commencement du Chriftianifme dans leurs Affemblées. Nous ne voyons point que dans ces premiers temps on ait diftingué ces deux fortes de Livres que les Proteftans diftinguent dans la Bible. Les Apoftres & leurs premiers Difciples fe font fervis de cette Bible Grecque, parce que la langue Grecque étoit repanduë prefque dans tout l'Empire. Cette ancienne Eglife n'a pû avoir d'autre raifon de mettre dans le corps de la Bible ces derniers Livres, & de les lire également avec les autres, que parce qu'elle les avoit tous reçus enfemble de la Synagogue & dans un même corps d'Ecriture. C'eft en vain qu'on oppofe icy plufieurs Peres Grecs qui ont fait une diftinction de ces derniers Livres d'avec les autres qui étoient dans le Canon des Juifs de la Paleftine : car outre que ces Peres Grecs n'ont rien de bien affuré là-deffus, & qu'ils ne conviennent point entre eux touchant le nombre de ces pretendus Apocryphes, on ne trouvera

Du Canon des Livres Sacrés felon. Jofeph.

Du Canon des Livres Sacrés chez les Helleniftes & chez les premiers Chrêtiens.

Jugement de quelques Peres Grecs touchant les Livres Canoniques.

vera point que cette distinction soit appuyée sur le témoignage d'aucun Apostre, ni d'aucun de leurs premiers Disciples. Il ne paroit point de plus, que l'Eglise de Rome, qui a toûjours été considerée comme la principale Eglise du monde, ait aussi distingué ces deux sortes de Livres. St. Clement au contraire Evêque de cette ville & Disciple des Apostres, se sert dans son Epistre aux Corinthiens de l'autorité de ces Livres qu'on nomme Apocryphes, les mettant au même rang que les autres. Les Eglises d'Afrique, qui avoient reçu de Rome, comme on a dêja remarqué, la Bible avec la Religion, lisoient également tous ces Livres comme divins avant le Concile de Nicée. Ce qui est un très-grand prejugé contre la distinction des Livres Canoniques, & non Canoniques, qui n'est venuë que des Grecs, lors qu'ils ont lû la Version d'Aquila, où ces derniers Livres n'étoient point.

L'Eglise de Rome & les Eglises d'Afrique n'ont point distingué deux sortes de Livres dans l'Ecriture.

C'est sur ce pied-là qu'il faut juger du Catalogue des Livres Sacrés rapporté par Eusebe sous le nom de Meliton Evêque de Sardes, & qui est confirmé par Origene, selon le témoignage du même Eusebe. *Ce n'est pas icy*, dit Mr. le Clerc, *un effet du hasard, ou de la negligence de Meliton. Il l'a fait après y avoir bien pensé. Ce n'est pas par hasard qu'Origene n'en a pas compté davantage, au rapport du même Eusebe.* Ce n'est point en effet par hasard qu'ils ont dressé ce Catalogue, mais parce qu'ils n'en ont pas trouvé davantage dans le Canon Juif; & ils regloient ce Canon sur la Version d'Aquila, qu'ils lisoient, & qu'ils appelloient même l'Ebreu, pour la distinguer de la Version des Septante. Origene se declare ouvertement là-dessus, quand il dit, *On ne doit pas ignorer que les Livres Canoniques selon le sentiment des Juifs, sont au nombre de vingt-&-deux*; & il les rapporte au même endroit, en marquant même en Ebreu les noms de chaque Livre, pour faire voir qu'il parloit plutost selon le sentiment des Juifs, que selon l'ancienne creance de l'Eglise.

Euseb. Hist. Eccl. lib. 4. cap. 26.

Id. Hist. Eccl. lib. 6. cap. 25.

Explication du sentiment de Meliton & d'Origene sur le Canon des Livres Sacrés.

Οὐκ ἀγνοητέον δ' εἶναι τὰς ἐνδιαθήκους βίβλους ὡς Ἑβραῖοι παραδιδόασι δύο καὶ εἴκοσι. *Orig. apud. Euseb. Hist. lib. 6. c. 25.*

Nostre Arminien, qui a témoigné jusques icy un extréme mépris pour les Peres, prend maintenant leur défense contre Mr. Simon, qu'il accuse d'avoir écrit en cet endroit des paroles injurieuses à la memoire de ces grands-hommes. *Pour nous*, ajoute-t-il, *nous n'aurons jamais si méchante opinion d'eux, que de croire qu'ils ayent plutost embrassé ce que les Juifs leur disoient des Livres Divins, que ce qu'ils en avoient oüi dire aux Apostres de Jesus-Christ, comme Meliton qui pouvoit avoir veu St. Jean, & qui avoit conversé avec plusieurs autres Disciples des Apostres; ou qu'ils avoient appris de la Tradition constante de l'Eglise Universelle.* Enfin, parce qu'on avoit avancé dans la Réponse aux *Sentimens*, qu'Affricanus étoit un de ceux qui avoient le plus appuyé l'opinion des Juifs, parce qu'il avoit une grande connoissance de la literature Juive, Mr. le Clerc dit en parlant de Mr. Simon, *Nous n'avons qu'à l'obliger de prouver qu'Affricanus sachant que tous les Chrêtiens recevoient les Livres Apocryphes comme inspirés, se soit laissé entester en cecy des sentimens Judaïques.* Puis il finit à son ordinaire sa Lettre par un gama-

Mr. le Clerc defend mal-à-propos les Peres.

matias, nous apprenant qu'Affrica-nus *n'avoit pas l'esprit si foible que beaucoup de gens qui font profession d'étudier les Rabbins plûtost par vanité que par aucun usage solide qu'ils puis-sent faire de leurs Ecrits.* Quoy que nostre Professeur *Ebraïsant* ait beau-coup de vanité, il n'en a cependant pas assez pour étudier ce qui appar-tient à sa profession : & c'est en cela qu'il fait voir la force de son esprit. Voyons cependant si tout ce long discours prouve quelque chose.

Explica-tion des sentimens des Peres sur les Li-vres Ca-noni-ques.

La dispute qui a été entre Affri-canus & Origene sur ces Livres que les Protestans nomment Apocryphes monstre évidemment, qu'on n'a rien dit dans la Réponse aux *Senti-mens* qui pust être injurieux aux an-ciens Peres, lors qu'on a crû qu'ils avoient plutost exposé les sentimens des Juifs que celuy de l'Eglise. Nous avons encore aujourd'huy la Lettre d'Affricanus à Origene touchant l'Histoire de Susanne, où il la rejet-te comme une fable. Et il se sert pour cela de raisonnemens de Criti-que, & qui marquent qu'il n'avoit pas appris ce qu'il en pense de quel-que Docteur Chrétien, comme nô-tre Auteur le conjecture ; mais seu-lement par ce que sa raison appuyée de l'autorité des Juifs luy découvroit sur cette matiere. C'est pourquoy après avoir produit toutes ses raisons, il ajoute parlant de l'Histoire de Su-sanne, qui étoit le sujet de leur con-troverse, qu'il étoit principalement porté à la rejetter comme une fable, parce que cette Section & deux au-tres qui étoient dans les Exemplai-res Grecs ne se trouvoient point dans l'Ebreu que les Juifs lisoient.

Affric. Epist. ad Orig. de Hist. Susan.

Raisons d'Affri-canus.

La réponse d'Origene à Africa-nus monstre encore plus nettement qu'on n'a rien avancé qui fust inju-rieux aux Peres, lors qu'on a crû qu'ils avoient plûtost embrassé l'opi-nion des Juifs, que celle qui avoit été dès le commencement dans l'E-glise. Origene ne satisfait pas seu-lement aux objections d'Affricanus sur les additions qui paroissoient dans le Livre de Daniel ; il répond gene-ralement sur tout ce qui étoit dans le Grec, & qui n'étoit point dans l'E-breu. Il appelle l'Exemplaire Grec des Septante l'Exemplaire de l'Eglise, pour l'opposer à celuy dont les Juifs se servoient, & sur lequel Affrica-nus avoit reglé le Canon des Livres Sacrés. Il compare ces Exemplaires ensemble, & parlant de l'Exemplai-re Ebreu, il cite la Version d'Aqui-la, que les Juifs de ce temps-là croyoient avoir traduit la Bible très-exactement. Il oppose à cette Ver-sion, ou plutost à l'Ebreu, deux Exemplaires Grecs qui contenoient l'Histoire de Susanne & les deux au-tres Sections qu'Affricanus refusoit de recevoir, parce qu'elles n'étoient point dans l'Ebreu. Ces deux Exem-plaires étoient celuy des Septante & celuy de Theodotion. Il examine plusieurs autres additions qu'on lisoit dans les Bibles Grecques qui ser-voient aux usages de l'Eglise, & en-tre autres celle qui est à la fin de Job, & qui n'est point dans l'Ebreu. On ne doit pas, selon luy, preferer les Exemplaires des Juifs à ceux de l'E-glise, comme s'il n'y avoit que les Juifs qui eussent une Ecriture verita-ble & exempte de fictions. Il prie Affricanus de considerer qu'il ne faut rien

Réponse d'Orige-ne à Af-fricanus laquelle confirme la pensée de Mr. Simon.

Job 42: 17.

Raisons d'Ori-gene.

rien innover dans l'Eglife, & qu'on doit par confequent recevoir l'Ecriture qu'on y lifoit, bien qu'elle ne fuſt pas entierement conforme à celle des Juifs. Ce que je dis, ajoute Origene, non pas par pareſſe, & pour ne pas vouloir conferer nos Exemplaires avec ceux des Juifs, puis que je l'ay fait exactement. Il répond enſuite aux raiſons particulieres d'Affricanus, étant toûjours dans ce fentiment, qu'on ne doit point traiter de ridicule & de fable ce qu'on lit dans l'Eglife. Il apporte auſſi pour exemple les Livres de Tobie & de Judith qui étoient aux uſages de l'Eglife, & que les Juifs, comme il le remarque, n'avoient point en Ebreu parmy leurs Livres Apocryphes.

Je me fuis un peu étendu fur la Réponſe d'Origene à Affricanus, parce qu'elle éclaircit merveilleuſement la queſtion qui regarde les Livres que les Peres appellent Apocryphes. Ce n'eſt pas icy le lieu d'examiner fi les raiſons d'Origene font concluantes, parce qu'il ne s'agit que d'un fait, & de monftrer que nonobſtant le fentiment de pluſieurs anciens Peres, qui n'ont pas mis au nombre des Livres Canoniques tout ce qui n'étoit point dans le Canon des Juifs, on devoit croire que ces Livres compoſoient tous enfemble le corps de l'Ecriture dans les premiers commencemens du Chriftianifme, puis qu'Origene fuppoſe en parlant à Affricanus, que ceux que quelques Doc̄teurs rejettoient parce qu'ils n'étoient point dans l'Ebreu, fe trouvoient dans les Exemplaires confacrés aux uſages des Eglifes. Il

inſiſte principalement là-deſſus, pour monftrer qu'on ne les devoit pas rejetter, comme des Ouvrages faux. La diftinction que quelques Peres ont faite des Livres Canoniques, & des Livres Ecclefiaftiques, comme fi ces derniers n'avoient point d'autre autorité qu'en ont ordinairement les Livres de pieté, n'a point d'autre fondement que celuy que nous avons marqué. L'Eglife, qui avoit receu des Synagogues l'Ecriture du Vieux Teftament, les a-lûs dans fes Aſſemblées fans faire cette diftinction de Livres Canoniques, & de Livres Ecclefiaftiques. On ne s'eſt aviſé de la faire que lors qu'on s'eſt attaché à l'Ebreu, ou plutoſt à la lecture de la Verſion d'Aquila. Nous ne voyons point que dans l'Eglife Romaine on y ait diftingué ces deux fortes de Livres. St. Cyprien au contraire les reçoit tous également comme divins & infpirés.

L'objection que fait icy Mr. le Clerc, qui demande fi les Eglifes d'Afrique n'ont rien crû que ce que l'Eglife Romaine a crû, eſt hors de propos. Car ces deux Eglifes peuvent avoir été partagées fur des articles qui n'étoient pas d'une très-grande importance, & dont la tradition ne paroiſſoit pas bien conftante, fans qu'on en puiſſe rien conclure contre le fait dont il s'agit. Il eſt conftant que l'Eglife d'Afrique a reçû de Rome la Religion Chrêtienne & les Livres de la Bible.

Il eſt bon au refte de remarquer, que les Peres qui ne fe font point attachés à fuivre en toutes chofes les Exemplaires Grecs des Septante qu'on lifoit dans l'Eglife, ne femblent

blent pas avoir eu une idée bien nette des Livres Sacrés, comme il eſt aiſé de le juſtifier par les Canons qu'ils produiſent. Car les uns en rapportent un plus grand nombre de Canoniques que les autres. Cyrille de Jeruſalem, par exemple, met au nombre des Livres Divins Baruc auſſi bien que Jeremie : & cependant Mr. le Clerc loüe Meliton, qui n'a pas compté Baruc parmy les Livres Sacrés. S'il eſt vray que Meliton a ſuivi dans ſon Canon ce qu'il avoit *appris de la Tradition conſtante de l'Egliſe Univerſelle*, & des Diſciples des Apoſtres, je voudrois bien ſavoir pourquoy il n'a point mis dans ſon Catalogue le Volume d'Eſther, qui eſt même dans le Canon des Juifs. Je paſſe ſous ſilence pluſieurs autres reflexions qu'on pourroit faire ſur les differens Canons des Peres Grecs, parce qu'outre qu'on les peut conſulter en eux-mêmes, la plus-part des Controverſiſtes en ont parlé. Je conclus ſeulement de cette difference qui eſt entre eux, qu'ils n'ont point eu une connoiſſance diſtincte de cette affaire, & qu'ils ſe ſont appuyés en partie ſur les Bibles des Juifs, & en partie ſur leur raiſon, ne faiſant pas aſſez de reflexion ſur le corps de la Bible reçu dans l'Egliſe dès les premiers commencemens du Chriſtianiſme. C'eſt principalement là-deſſus que cette même Egliſe s'eſt fondée dans ces derniers temps, lors qu'elle a approuvé comme Canoniques les Livres que les Proteſtans nomment Apocryphes.

CHAPITRE X.

Critique des Lettres IX. X. & XI.

ON a compris ces trois Lettres dans un ſeul Chapitre, parce qu'elles traitent une même maticre, & qu'il y a aſſez peu de choſes qui regardent la Réponſe de Mr. Simon. Noſtre Auteur avoit inſeré dans ſes *Sentimens* deux Lettres de Mr. N. qui detruiſent l'inſpiration des Livres Sacrés, auxquelles on a répondu. Il nous dit preſentement, qu'on n'a entrepris l'examen de ces deux Lettres que par une pure envie de critiquer, puis qu'on reçoit la plus grande partie de ce qu'on y avoit avancé. Mais il eſt aiſé de juger par la refutation qu'on en a faite, ſi l'on a approuvé en effet la meilleure partie des ſentimens de Mr. N. On a diſtingué à l'égard de l'inſpiration des Livres Sacrés les choſes des paroles, & on a pretendu qu'il n'étoit point neceſſaire de l'étendre aux paroles ou au ſtile de chaque Auteur Sacré ; que c'étoit aſſez que les choſes fuſſent inſpirées. C'eſt le ſentiment des anciens Peres & de pluſieurs Docteurs Catholiques. Mais Mr. N. a attaqué également l'inſpiration des choſes & des paroles, la reſtreignant pour les choſes à la ſeule Prophetie : & c'eſt ce qu'on a combattu comme une doctrine oppoſée à toute la Tradition tant chez les Juifs que chez les Chrétiens. Si quelques-uns ont voulu étendre cette inſpiration juſqu'aux mots, il n'eſt pas juſte que nous les ſuivions dans leurs penſées, qui n'ont aucun fondement dans l'Anl'Antiquité. L'on a de plus nommé dans la Réponfe aux *Sentimens* l'Auteur de ces deux Lettres contre l'infpiration. Mr. le Clerc nous affure qu'il n'y a rien de plus faux, & qu'on ne l'a fait que pour nuire à la perfonne qu'on accufe de les avoir écrites. Mais bien loin de vouloir nuire par là à cette perfonne, on a crû qu'elle vouloit bien que la chofe fuft connuë, puis qu'elle ne s'en étoit pas cachée elle-même, lors qu'on luy dit qu'on voyoit bien qu'elles étoient de fa façon, puis qu'il les avoit rapportées tout au long avant qu'elles fuffent imprimées. Il tacha même de répondre à toutes les objections qu'on luy fit alors fur ce qu'il en avoit expofé. Quoy qu'il en foit, Mr. N. doit être perfuadé qu'on n'a eu aucun deffein de luy nuire.

Mr. le Clerc, qui a publié ces deux Lettres, & qui marquoit en même temps qu'il étoit difficile d'y répondre, en parle prefentement avec plus de moderation. Il nous dit qu'il n'en eft pas convaincu, & qu'il ne les a propofées aux Savans, que *pour les obliger d'examiner avec foin cette matiere.* Neanmoins comme quelques Theologiens ont été fcandalifés de fa conduite, il ajoute qu'il fe fent obligé, *pour lever les fcrupules de quelques perfonnes pieufes, & pour repouffer les calomnies de certains Theologiens qui ont plus de zele que de connoißance, de répondre icy à quatre fortes de reflexions qu'on a faites fur le Memoire touchant l'infpiration.* C'eft ce qui ne nous regarde point. Je remarqueray feulement, que peu de gens luy accorderont qu'il étoit utile de publier l'Ecrit de Mr. N. tou-

chant l'infpiration ; à moins qu'il ne dife auffi, que les Livres de Porphyre & de Julien contre l'Ecriture ont été utiles à l'Eglife. Je laiffe donc là tous fes longs difcours, ou plutoft fes longues predications, qui ne font rien au fujet. Au refte Mr. N. croyant n'avoir pas affez bien expliqué fa penfée dans fon Memoire, Mr. le Clerc ajoute icy de nouveaux éclairciffemens du même Auteur fur cette matiere, où il expofe en quoy il croit convenir avec la plus-part des Theologiens, & en quoy il en diffe-

re. Mais comme il ne fait prefque autre chofe que *paraphrafer* ce qu'il a déja publié dans fon Memoire auquel on a répondu, il feroit inutile de nous y arrefter ; outre qu'on fe referve à parler plus en particulier du ftile des Apoftres dans l'Hiftoire Critique du Nouveau Teftament.

La dixiéme Lettre de Mr. le Clerc contient les réponfes de fon cher amy Mr. N. à quelques objections qu'on a faites contre fon Memoire. Mais comme elles ne confiftent prefque qu'en des repetitions de ce qu'il avoit déja écrit, je m'arrefteray feulement à ce qui regarde en particulier Mr. Simon.

Dans la réponfe à la 9. objection il reprend un principe qu'on avoit établi tant dans l'Hiftoire Critique que dans la Réponfe aux *Sentimens* touchant les Livres d'Efther, de Judith & de Tobie, que quelques Auteurs ont pretendu n'être pas de veritables Hiftoires. On y avoit dit, qu'un Livre, foit qu'il contienne une veritable Hiftoire, ou une fimple Parabole, ou une Hiftoire mélée de Paraboles, n'en eft pas pour cela moins Canonique.

X

En

En effet quand on fuppofera, par exemple, qu'il y a quelques fictions dans le Livre de Job, il n'en fera pas moins Divin, ayant été écrit par un Auteur infpiré. Mais Mr. N. qui a de fines idées nous dit, que fi *l'Hiftoire contenuë dans ces Livres n'eft pas veritable, ce ne font pas affuré-ment des Paraboles, mais des Romans.* Je ne voy pas en quoy confifte la force de fa réponfe. Car lors qu'on parle de certains Livres Sacrés où il peut y avoir quelque fiction, on ne fe fert pas du mot de *Romans*, qui s'applique à d'autres ufages; mais de celuy de *Parabole*, qui eft un terme confacré. C'eft le nom que quelques Peres ont donné au difcours du Riche & du Lazare, rapporté dans l'Evangile de St. Luc, & qui eft énoncé comme une veritable Hif-toire. C'eft pourquoy le mot de Parabole ne renferme pas toûjours en foy de pures moralités. On l'ap-plique auffi à des Hiftoires furpre-nantes & qui femblent avoir quel-ques fictions.

Quand Mr. N. demande ce que Mr. Simon veut dire par la *grace in-terieure que Dieu a répanduë dans le cœur des Apoftres, & qu'il répand en-core tous les jours dans les cœurs des fidéles*, il confirme de nouveau les fentimens de Pelage, qui ne recon-noiffoit qu'une grace exterieure. Outre cette grace exterieure que Mr. N. fait confifter dans l'efprit de force & de fainteté que l'Evangile produit dans les cœurs, il faut ad-mettre une veritable grace interieu-re qui vienne de Dieu, & non pas feulement de la predication de l'E-vangile. Les Apoftres ont eu des

lumieres interieures & particulieres dans tout ce qui appartenoit à leur employ: & c'eft en ce fens qu'on doit expliquer ces paroles de Noftre Seigneur à fes Difciples, *Ce n'eft pas vous qui parlez, c'eft l'Efprit de voftre Pere celefte qui parle en vous.*

Mr. N. oppofe dans fa réponfe à la dixiéme objection, que Mr. Si-mon ne voit dans les Livres que ce que fa paffion luy fait voir, & qu'il *devoit fe fouvenir, qu'on a dit que les Prophetes nous apprennent qu'ils font infpirés, lors qu'ils difent, Ainfi a dit l'Eternel.* C'eft auffi à quoy l'on a pris garde, & l'on a répondu qu'il falloit être Prophete, pour vouloir regler le ftile des Apoftres fur celuy des Prophetes. Cette expreffion qui eft dans les Propheties, *Ainfi a dit l'Eternel*, prouve bien que les Pro-phetes ont été infpirés; mais on n'en peut pas conclure que les Apô-tres qui ne s'en fervent point, n'ont point été infpirés. Mr. N. ne nie pas qu'il n'y ait des Propheties dans les Pfeaumes; & cependant David ne dit pas, *Ainfi a dit l'Eternel.* Il fuffit qu'on trouve dans les Ecrits des Apoftres des témoignages de leur infpiration, fans qu'il foit neceffaire qu'ils ayent parlé à la maniere des Prophetes, puis qu'ils ne faifoient pas en effet les fonctions de Prophe-tes, mais d'Apoftres de Jefus-Chrift. Or il y a des preuves de cette infpi-ration dans leurs Ecrits. Noftre Seigneur la leur promet luy-même. *Cùm venerit ille Spiritus, docebit vos omnem veritatem.* Ils n'ont rien fait de ce qui appartenoit à leur charge, qu'ils n'ayent été dirigés par l'Efprit de Dieu qui les conduifoit. St. Pier-re

re dans le difcours qu'il prononça devant l'Affemblée des Juifs, ne dit pas
à la verité , *Ainfi a dit l'Eternel ,*
parce qu'il ne leur annonçoit pas des
Propheties ; mais il eft remarqué expreffément , *qu'étant rempli du St.*
Efprit , il dit à cette Affemblée , &c.
Act. 4:
3. *Tunc repletus Spiritu Sancto Petrus*
dixit ad eos. Ce Saint Apoftre étoit-
il moins infpiré que les Prophetes ,
parce qu'il ne fe fert point de leurs
expreffions? En verité ceux qui font
ces fortes d'objections , ne s'appliquent gueres au fujet qu'ils traitent.
On a auffi eu raifon de dire , que
Mr. N. ne prenoit pas garde à ce
qu'il faifoit , quand il combattoit
Mr. N.
voulant
deftruire
l'infpira-
tion des
Livres
Sacrés ,
deftruit
celle des
Prophe-
ties,qu'il
recon-
noit. l'infpiration des Livres Sacrés par des
raifons qui deftruifoient en même
temps l'infpiration des Propheties ,
laquelle il reconnoiffoit. Il n'y a
qu'à appliquer ces mêmes raifons
aux Livres des Prophetes , & l'on y
trouvera de femblables difficultés.
Cet efprit de vengeance , dont on
veut que l'Auteur de quelques Pfeaumes ait été animé , fe trouvera auffi
dans Jeremie , qui fouhaitte d'être
Jerem.
20: 12. vengé de fes ennemis. *Que je voye ,*
dit-il en parlant à Dieu , *la vengean-*
ce que tu feras d'eux. Il maudit en
ce même endroit le jour de fa naif-
fance , & en même temps ceux qui
l'ont annoncé à fon pere. De forte
que fi l'on prenoit à la rigueur de la
lettre ces fortes d'expreffions , il faudroit s'écrier avec Mr. N. qu'on
n'entend pas la *Religion Chrétienne ,*
fi elle permet de prononcer des male-
dictions de la forte , & de fouhaitter
d'être vengé.

On a de plus monftré dans la
Réponfe aux *Sentimens ,* que Jefus-

Chrift qui avoit promis à fes Difciples que l'Efprit de Dieu les condui-
roit dans toutes leurs actions , ne les
a pas empêché de fe fervir de leur
raifon , & d'avoir recours aux regles
de la prudence qu'il leur avoit recommandée. C'eft fur ce pied-là
qu'on a répondu à Mr. N. que St.
Paul a agi en homme dans la réponfe
qu'il fit au Grand Sacrificateur, à qui
il dit ; *Dieu te frappera toy-même ,*
muraille blanchie , &c. Pour faire
voir que cette réponfe n'étoit pas
brufque , comme l'affure Mr. N. on
a donné pour exemple Jefus-Chrift
qui a appellé Herode *un Renard ,* &
les Prophetes qui ont repris leurs
Souverains avec beaucoup de liberté.
Mr. N. répond à tout cela , que
Mr. Simon ne fe donne gueres la peine
de lire les endroits de l'Ecriture qu'on
cite ; & qu'on ne peut pas comparer
les paroles de St. Paul à celles de
Jefus-Chrift lors qu'il appelle Herode *Renard ;* qu'on devoit *monftrer en*
quel endroit Jefus-Chrift & les Pro-
phetes ont avoüé qu'ils avoient tort d'en
ufer ainfi , comme St. Paul l'avoüe.
Mais il s'agiffoit fimplement de favoir , fi la réponfe de St. Paul étoit
une marque d'emportement qui fût
oppofée à *l'efprit de Prophetie* & à la
patience Evangelique. On a pretendu que c'étoit une liberté Prophetique , parce qu'on trouve des
expreffions auffi libres dans Jefus-
Chrift & dans les Prophetes. La réponfe de St. Paul ne fait quoy que ce
foit à la queftion : parce que fi la
chofe étoit blâmable en elle-même ,
elle le feroit toûjours , foit qu'on réponde ou non. Jefus-Chrift & les
Apoftres tombent dans le même cas

La pru-
dence
n'eft
point
oppofée
à l'infpi-
ration.

Act. 23:
3.

Objec-
tion de
Mr. N.

Réponfe.

que

que St. Paul, qui a répondu, parce qu'il fut obligé de répondre. Mais on ne peut rien conclure de sa réponse, sinon qu'étant prudent, il voulut plûtost appaiser le Souverain Sacrificateur qui étoit irrité, que reconnoitre veritablement qu'il avoit commis une faute, croyant avoir le même droit que les Prophetes de reprendre les puissances avec liberté.

Explication d'un passage des Actes.

Mr. N. continuë d'insister sur ce qu'il avoit déja dit dans son Memoire, savoir que les Apostres n'ont pas été inspirés dans tout ce qui appartenoit aux fonctions de leurs charges, puis qu'on voit dans les Actes des Apôtres qu'ils ont deliberé long-temps ensemble pour resoudre des difficultés de doctrine: au lieu que s'ils avoient été inspirés, ils n'auroient point eu besoin de s'assembler ni de deliberer sur des choses qui leur auroient été inspirées. Mais on a fait voir le contraire par l'exemple de Josué. Car bien qu'ils fussent inspirés, ils ne laissoient pas d'assembler le Senat de leur temps. Chaque Apostre a été inspiré pour faire les fonctions de son Apostolat. Mais n'étant que les Ministres de l'Evangile, il étoit à propos qu'ils conferassent ensemble, sur tout quand il s'agissoit d'introduire dans la Religion quelque chose qui paroissoit detruire la Religion de Moïse. Et c'est de quoy il s'agissoit dans le Chap. 15. des Actes, où il est dit que quelques nouveaux Chrétiens qui étoient de la Secte des Pharisiens, pretendoient qu'il falloit obliger les Gentils qui embrassoient le Christianisme à la Circoncision & à l'observation de la Loy de Moïse. Com-

Act. 15.

Les deliberations ne sont point opposées à l'inspiration.

me il étoit question d'un point capital de la Religion, & qui ne pouvoit être decidé avec autorité que par Jesus-Christ, il fut en quelque façon necessaire que les Apostres pour donner plus de poids à leur decision, recherchassent ensemble ce qu'il étoit à propos de faire. C'est le sens de ces paroles, πολλῆς συζητήσεως γενομένης, qui sont très-bien traduites dans la Vulgate, *cùm magna conquisitio fieret*. Les Apostres ne sont point d'avis differens. Personne ne s'oppose à la decision de St. Pierre. St. Jaques qui parle après luy, la confirme par l'autorité des Prophetes. *Et huic*, dit-il, *concordant verba Prophetarum*. S'agissant de faire une loy pour toute l'Eglise, il étoit bon de l'assembler afin d'en deliberer avec elle.

Act. 15. 15.

Mais *si les Apostres, dit-on, étoient autant inspirés que les Prophetes de l'Ancien Testament, il est ridicule de dire qu'ils ne devoient rien faire de leur propre autorité, mais du consentement de toute l'Eglise.* On a déja répondu, qu'il y avoit bien de la difference entre un Prophete qui annonce la volonté de Dieu par une voye extraordinaire, & entre les Apostres qui enseignoient le peuple. Comme leurs fonctions étoient differentes, il n'est pas surprenant qu'on parle aussi differemment de leur inspiration. Et sans qu'il soit besoin de raisonner davantage sur des faits de cette nature, il suffit de lire cet endroit des Actes, où les Apôtres après avoir long-temps deliberé, reconnoissent qu'ils ont été inspirés dans leur decision, quand ils écrivent à leurs Freres d'Antioche le resultat

Difference entre les Prophetes & les Apôtres.

fultat de leur Affemblée en ces termes, *Il a femblé bon au Saint Efprit
& à nous.* Ce qui eft une preuve
évidente de leur infpiration dans les
fonctions de leur charge. L'objection qu'on tire de l'exemple des
*Prophetes, qui ne s'affembloient point
pour conferer de leurs Propheties avant
que de les prononcer,* n'eft nullement
à propos ; puis que la voye d'enfeig-
ner le peuple par le moyen des Propheties eft une voye extraordinaire,
& que les Apoftres n'ont pas été des
Prophetes, mais les Miniftres de
Jefus-Chrift pour annoncer fon E-
vangile, auxquels il avoit promis
fon Efprit pour dire toûjours la verité : & c'eft en cela principalement
que confifte leur infpiration. L'on
n'a donc pas imaginé dans la Réponfe aux *Sentimens* une efpece d'infpiration toute particuliere dans les
Apoftres, comme l'affure Mr. N.
puis qu'on n'a rien avancé là-deffus
qui ne foit conforme aux Ecrits de
ces mêmes Apoftres. Mais Mr. N.
qui ne penetre pas cette matiere,
veut que les Apoftres n'ayent point
été infpirés, parce qu'ils n'ont pas
été Prophetes. Il veut de plus, qu'ils
n'ayent pas été dirigés par l'Efprit de
Dieu dans les fonctions de l'Apofto-
lat, parce qu'ils raifonnent & qu'ils
deliberent : comme fi l'infpiration
les avoit dû priver de leur raifon.

Si nous nous en rapportons à
Mr. N. le Prieur de Bolleville ne
prend gueres garde à ce qu'il dit,
quand il nous affûre que la declamation étant le propre caractere de
l'Ecclefiafte, il n'eft pas furprenant
qu'il méprife tout ce qui fe fait ordinairement dans le monde, & qu'il

prefere une vie douce & commode à
tous les embarras de la vie. *Ce qu'on
ne peut pas,* ajoute Mr. Simon,
*accufer d'Epicureïfme, de la maniere
que Mr. N. prend icy le fentiment des
Epicuriens.* Mr. N. qui évite toûjours de répondre directement, demande de quelle maniere d'Epicureïfme on peut accufer l'Auteur de
l'Ecclefiafte. On ne l'accufe d'aucun Epicureïfme. On fe contente
feulement de faire voir, qu'on a eu
tort d'attribuer à l'Auteur de l'Ecclefiafte une conclufion Epicuréen-
ne, fous pretexte qu'il parle de
boire & de manger, & de joüir des
commodités de cette vie : parce que
cela étant joint avec la crainte de
Dieu, qui eft recommandée dans ce
même Livre, il n'y a rien qui approche de l'Epicureïfme, de la maniere
que Mr. N. prend icy le fentiment
des Epicuréens, qui ne fongeoient,
felon luy, qu'à manger, boire & fe
divertir.

Il ne s'eft pas contenté de regar-
der le Livre de l'Ecclefiafte comme
un Livre indigne d'être dans le Canon des Juifs ; il en exclut auffi les
Proverbes, le Cantique des Cantiques & le Livre de Job. Il pretend
dans fa réponfe à la 15. objection,
avoir eu raifon de le faire, fous pretexte qu'il y a des Livres dans le
Nouveau Teftament *dont on a douté
& dont on doute encore, comme de
l'Epiftre aux Hebreux, de celle de St.
Jaques, de la feconde de St. Pierre,
des deux dernieres de St. Jean, & de
celle de St. Jude.* Il eft vray qu'on
a autrefois douté de ces Epiftres.
Mais on n'en peut tirer aucune confequence pour revoquer en doute les

                    trois

trois Livres qui portent le nom de Salomon & celuy de Job, les Juifs les ayant toûjours mis au nombre de leurs Livres Canoniques. Joseph les a aussi compris dans les vingt-&-deux Livres de l'Ecriture qu'il nomme Prophetiques. Ce Canon, qui étoit autorisé dans la Synagogue au temps de Jesus-Christ & de ses Apostres, a été reçû & approuvé dans l'Eglise dès les premiers commencemens du Christianisme. St. Clement Disciple des Apostres les reconnoit comme Divins également avec les autres Livres de la Bible dans son Epistre aux Corinthiens. On a donc eu raison de reprocher à Mr. N. *qu'il ébranle les principes de la Religion*, & que selon son raisonnement chacun pourra dire qu'un tel Livre est Canonique, & qu'un tel ne l'est point, sans en avoir aucune preuve, & s'opposant même à toute l'Antiquité Chrêtienne depuis les Apostres. S'il y a eu quelques Auteurs dans ces derniers siecles qui en ayent douté, on n'y doit avoir aucun égard, puis qu'ils se sont éloignés manifestement de la verité, en s'éloignant d'une tradition constante dans la Synagogue & dans l'Eglise.

Enfin Mr. N. examine encore une fois ces paroles de St. Paul, Πᾶσα γραφὴ θεόπνευστꙌ.... qu'on doit traduire, selon Mr. Simon, *Toute l'Ecriture est divinement inspirée*, &c. Et il appuye sa traduction sur le Texte Grec & sur l'ancienne Vulgate, où l'on ne lisoit pas *utilis est*, comme on lit aujourd'huy, mais *& utilis*, comme il y a dans le Grec & dans les Commentaires des Peres Grecs sur ce passage. Mr. N. qui ne

paroit pas exercé dans la Critique, répond que *les arrests de Mr. Simon ne sont pas sans appel.* On luy soutient, ajoute-t-il, *que l'on peut fort bien traduire ce passage de la sorte,* Tout Ecrit qui est divinement inspiré est aussi utile, &c. C'est comme a traduit la *Vulgate*, *que Mr. Simon corrige mal-à-propos*, *& que Messieurs de Port-Royal ont suivie judicieusement.* Il ne s'agit pas de savoir si ce passage peut être traduit comme il le propose ; mais si on doit le traduire en effet de cette maniere-là. Je ne m'arreste point aux nouveaux Traducteurs François, qui ont crû suivre la Vulgate, & qui pouvoient traduire selon même cette Vulgate,. *Toute l'Ecriture qui est inspirée de Dieu est utile.* Un habile Critique voit bien qu'au lieu de *& utilis*, qu'on lisoit dans l'ancienne Vulgate conformément à l'Original Grec, on lit *utilis est*. Il preferera cette premiere lecture qui est confirmée par les Peres Grecs, que la Version de Geneve a suivis en cet endroit. C'est pourquoy l'Auteur de l'Abregé du Vieux & du Nouveau Testament, qui se trouve parmy les Ouvrages de St. Athanase, commence son Traité par ces mots, *Toute l'Ecriture dont les Chrétiens se servent est inspirée de Dieu.* Les reflexions que Mr. N. ajoute en ce même endroit pour appuyer son sentiment, le destruisent plutost qu'elles ne l'appuyent. Il dit que *ces paroles sont comme un éclaircissement des precedentes*, *où St. Paul explique de quelle maniere les Saintes Lettres peuvent instruire pour le salut*; *qu'il y a icy une opposition tacite entre les Saintes*

tes

tes Lettres & de certaines études pro-
fanes , comme on le reconnoîtra aifé-
ment, fi l'on remonte un peu plus haut
pour prendre le fil de St. Paul. J'ac-
Réponfe. corde tout cela , & je veux bien avec
Mr. N. que St. Paul en ce *lieu-là op-*
pofe clairement l'étude des Lettres
Saintes à l'étude des doctrines fabuleu-
fes que quelques impofteurs enfeignoient
alors. Mais j'en conclus en même
temps , que St. Paul exhorte Timothée à s'appliquer uniquement à l'é-
tude des Livres Sacrés , c'eft-à-dire,
de tout le Vieux Teftament, & non
pas des feules Propheties , puis que
tout fon raifonnement tend à le détourner des fauffes fciences , & à
embraffer celle de l'Ecriture , qui
étoit divinement infpirée , & utile
pour inftruire le peuple. Ce qu'on
ne peut pas reftreindre aux feules
Propheties.

Objec- Ce qui pourroit appuyer davan-
tion ti- tage l'opinion de Mr. N. c'eft que
rée des Grotius , qui étoit habile dans la
Livres de Critique , eft du même fentiment.
Grotius. Mais on peut affurer fans faire tort à
ce favant homme , qu'il s'eft trom-
pé manifeftement dans l'explication
de ce paffage tant dans fes Annotations fur ce paffage , que dans fes
Livres contre Rivet , comme on va
le prouver évidemment. Il dit dans
fa remarque fur ces mots, Πᾶσα γραφὴ θεόπνευςος, , que l'Interprete Syriaque a bien exprimé le fens en tra-
duifant, *Toute Ecriture qui a été in-*
fpirée de Dieu eft auffi utile pour in-
Grot. in *ftruire.* Bene expreffit fenfum Syrus,
Annot. *Omnis Scriptura quæ à Deo infpirata*
ad 2 *eft , etiam utilis eft ad docendum,* &c.
Tim. 3: Il a changé le fens de l'Interprete
16. Syriaque en ajoutant le mot d'*auffi*

qui n'y eft point. Voicy ce que porte
le Syriaque. *Car toute l'Ecriture qui*
a été écrite par l'Efprit eft utile pour
inftruire. Ce qui répond à noftre
Vulgate, où on lit , *Omnis Scriptu-*
ra divinitùs infpirata utilis eft ad do-
cendum. Le Syriaque a ajouté le
pronom *hau,* qui eft la même chofe
en cette langue que le verbe *eft* qui
eft dans la Verfion Latine. L'une &
l'autre n'exprime point καὶ qui eft
dans le Grec. L'Arabe qui a été fait
fur le Syriaque n'exprime ni le καὶ ,
ni le verbe *eft*; mais on fupplée facilement ce verbe dans les langues
Orientales. Au refte il eft bon de
remarquer icy , que ceux qui vou-
dront lire la Verfion Arabe du Nouveau Teftament , doivent preferer
celle qui a été publiée par Erpenius ,
à l'Exemplaire qui fe trouve dans les
Bibles Polyglottes de Paris & de
Londres , parce que Gabriel Sionite
qui a fait imprimer ce dernier , l'a
reformé en plufieurs endroits pour le
faire parler à fa maniere. L'Ethio-
pien fuit icy mot pour mot le Texte
Grec.

Il n'y a de plus que de la fubtilité
dans la réponfe de Grotius à Rivet ,
à qui il objecte, que St. Paul n'a pas
dit que toute Ecriture eft divinement
infpirée , parce qu'il y a plufieurs
Ecritures qui viennent des hommes.
St. Paul auffi ne veut pas , ajoute le
même Grotius, que toute Ecriture
qui eft divinement infpirée eft divinement infpirée , parce que ce feroit
une propofition *nugatoire.* Mais il
veut que toute Ecriture qui a été infpirée de Dieu , c'eft-à-dire , la Parole Prophetique , comme parle St.
Pierre , eft toûjours utile. Voicy

les

les propres termes de cet Auteur. *Non enim hoc dicit Paulus, Omnis Scriptura eſt θεόπνευστος ; quàm multæ enim ſunt Scripturæ humani ingenii ? Nec hoc vult, omnem eam quæ eſt θεόπνευστος eſſe θεόπνευστον ; id enim eſſet nugari. Sed hoc vult, omnem Scripturam quæ à Deo inſpirata eſt, (id eſt, λόγον προφητικὸν, ut loquitur Petrus, 2: 19.) non in hoc tantùm valuiſſe ſuo tempore, ut oſtenderet Dei præſcientiam, & Prophetis autoritatem daret, verùm ſemper eſſe utilem, quia ſimul multa continet documenta perpetua, vitiorum reprehenſiones, excitamenta ad juſtitiam. Hunc ſenſum rectè vidit Syrus ſic interpretans : In Scriptura quæ per Spiritum ſcripta eſt, utilitas eſt ad doctrinam, &c.* Il n'y a rien de plus foible que cette objection, parce que, comme il a été déja remarqué, le verbe ſubſtantif *eſt* ne s'exprime point ſouvent dans le Nouveau Teſtament ſelon le ſtile des langues Orientales. Et le mot de θεόπνευστος tient en cet endroit la place de ce qu'on appelle *prædicatum* ou *attribut*. On neglige auſſi quelquefois dans l'Ecriture les articles, & le mot Grec πᾶσα peut être expliqué par *tota*, comme Beze l'a interpreté en cet endroit, & les Peres Grecs l'ont auſſi entendu de la même maniere. Je ne voy pas de plus pourquoy Grotius oppoſe que le ſens de St. Paul n'eſt pas, que toute Ecriture qui eſt inſpirée eſt inſpirée, puis que le mot de θεόπνευστος n'eſt pas repeté dans ce paſſage, & qu'il n'y a aucune raiſon de le repeter. Car on traduira très-bien les paroles de St. Paul, *Toute l'Ecriture eſt inſpirée de Dieu,& utile :* ou bien, ſi l'on veut que le mot de θεόπνευστος ne ſoit pas icy par maniere d'attribut, on traduira, *Toute l'Ecriture qui eſt inſpirée eſt auſſi utile,* &c. Voilà les deux ſens les plus naturels qu'on peut donner au paſſage de St. Paul, ſur lequel Grotius ne ſongeant qu'à refuter Rivet, n'a pas fait aſſez de reflexion. Il traduit auſſi mal en cet endroit le Syriaque, ayant ſuivi une leçon fauſſe & qui eſt une erreur de Copiſte.

Après que Mr. le Clerc a expoſé les ſentimens de ſon cher amy Mr. N. il tâche dans une autre Lettre de le juſtifier du Deïſme dont on l'a accuſé. *Il faut tâcher,* dit-il, *preſentement de donner quelque ſatisfaction à ceux qui ont dit que cette opinion conduit au Deïſme, & que noſtre amy étoit infecté des ſentimens abominables des Deïſtes.* Mais comme il s'étend icy ſur de longues moralités qui n'ont rien de commun avec la Réponſe aux *Sentimens*, il ſeroit inutile de s'y arreſter. C'eſt pourquoy je paſſe tout d'un coup à ſa XII. Lettre.

CHAPITRE XI.

Critique de la XII. Lettre.

Noſtre Arminien ne pouvant pas ſe mettre à couvert du reproche qu'on luy a fait d'être tombé dans des erreurs groſſieres, & qui ſont des preuves convaincantes de ſon ignorance en matiere de Critique, a recours aux lieux communs de ſa Rhetorique qui luy ſervent ſouvent de réponſe. Il doute d'abord s'il doit ſuivre ſon adverſaire *dans les*

chica-

chicaneries qu'il luy fait sur des chofes de peu de confequence. Puis il témoigne qu'il veut bien y répondre & le fatisfaire là-deffus. Et enfin il ajoute, que pour ne pas faire un trop gros volume, il ne veut pas relever tous les endroits où Mr. Simon ne raifonne pas jufte. Mais je trouve au contraire, que s'il l'avoit voulu fuivre pied à pied, & qu'il ne fe fuft pas fi fort éloigné de fon chemin, il auroit pû répondre à tout ce qu'on luy a objecté, fans faire un plus gros volume. Je veux neanmoins bien me renfermer avec luy dans les endroits qu'il trouve bon d'examiner, afin qu'il ne fe plaigne pas qu'on le traite avec trop de hauteur.

Il avoüe premierement, qu'on a eu raifon de foutenir que le mot Ebreu *bara* ne fignifie pas de luy-même *tirer du neant*; & il affure qu'il ne veut pas critiquer les bonnes remarques qu'on a prifes d'ailleurs. Il met à la marge le Livre de Mr. Voffius *de Tranflatione LXX. Interpretum, Cap. XI.* Mais ce qu'on a obfervé dans l'Hiftoire Critique du Vieux Teftament fur le verbe Ebreu *bara,* eft fort different de ce que M. Voffius en a dit dans l'endroit qu'on a cité. Car il fe contente de remarquer en general feulement, que *bara* & κτίζειν ne fignifient point *créer de rien :* au lieu que dans l'Hiftoire Critique on a refuté par le témoignage d'Aben Efra fçavant Rabbin, ceux qui fe fervoient de l'autorité de quelques Rabbins pour juftifier cette interpretation. L'on y a fait auffi voir, que Calvin & quelques autres Interpretes qui les avoient fuivis étoient tombés dans une erreur groffiere.

De plus on y a loué Mariana, qui avoit fait cette obfervation longtemps avant Mr. Voffius. Car ce favant Jefuite a remarqué judicieufement dans fes Scholies fur la Bible, que le mot Ebreu *bara,* & ceux que les Grecs & les Latins avoient mis en ufage pour fignifier *créer,* ne fignifient nullement *faire de rien.* De cette remarque, qui ne peut pas être revoquée en doute, on a tiré cette confequence en faveur de la Tradition, qu'il eft impoffible de prouver par l'Ecriture feule, que le monde a été creé de rien, & que cette creance eft principalement fondée fur une tradition conftante chez les Juifs & chez les Chrêtiens. C'eft à quoy Mr. le Clerc devoit répondre, ou avoüer de bonne foy, qu'il faut reconnoitre des Traditions dans l'Eglife fur des matieres où l'Ecriture feule ne peut nous donner des lumieres certaines.

Il retouche enfuite ce qu'il avoit déja dit fur le paffage du Chap. 3. de la Genefe, v. 15. où on lit dans les LXX. αὐτός σου. Mr. Simon a crû qu'il falloit lire αὐτό σου, à caufe du mot σπέρμα au neutre qui precede ; & il a obfervé en même temps, que ces fortes de fautes fe trouvent fouvent dans les Livres, lors qu'une même lettre eft à la fin d'un mot, & au commencement d'un autre qui fuit. Noftre Auteur, qui ne peut pas nier cette regle generale de Critique, oppofe que tous les Exemplaires Grecs ont αὐτός, & plufieurs Peres Latins *ipfe.* On en convient, bien que quelques Peres Latins lifent *ipfa.* Mais on croit que αὐτός eft une faute très-ancienne, & qu'on doit la corriger, aussi bien qu'un grand nombre d'autres qui se trouvent aussi dans tous les Exemplaires Grecs. Mr. le Clerc avoit donné pour exemple le passage de l'Evangile de St. Jean, Chap. 16: 13. où il y a ἐκεῖνος τὸ πνεῦμα, & ἐκεῖνος au masculin est joint avec πνεῦμα qui est au neutre : d'où il infere qu'on peut aussi joindre dans les Septante αὐτός avec σπέρμα. Mais on luy a monstré la disparité, y ayant de la difference entre πνεῦμα, qui est pris en ce lieu-là pour une personne ; ce qu'on ne peut pas dire de σπέρμα : & ainsi il n'y a aucune raison de mettre αὐτός au masculin. Nostre Arminien veut au contraire qu'il n'y ait aucune disparité, *puis que selon le consentement commun de la plus-part des Theologiens, par σπέρμα il faut entendre icy le Messie, qui est aussi bien une personne que le St. Esprit.* Il ajoute à cela l'explication de St. Paul, qui explique d'une seule personne le mot de semence. Il ne s'apperçoit pas qu'il sort des regles de la Critique, & que les Septante n'étoient pas des Theologiens, pour avoir en vûe le Messie en traduisant αὐτός conformément à cette interpretation theologique. Ils songeo'ent encore moins à l'explication que St. Paul donne dans son Epistre aux Galates au Chap. 22. de la Genese, v. 18. En un mot ils ont été de simples Traducteurs qui n'ont point eu toutes les idées qu'il leur attribuë. Le témoignage d'Origene, dont il pretend prouver qu'il ne faut point corriger les endroits de l'Ecriture où il semble qu'il y ait des solecismes, ne fait rien au sujet, comme il est aisé de le prouver par les exemples mêmes qui sont rapportés par Origene, qui ne parle point des endroits où la faute vient des Copistes. Car alors il corrige luy-même ces sortes de fautes.

Pour éclaircir davantage le passage du Chap. 3. de la Genese, v. 15. on avoit apporté un autre exemple d'une faute semblable qui se trouve dans tous les Exemplaires Grecs des Septante & dans la Version Arabe qui a été faite sur le Grec. On lit au Chap. 17. d'Isaïe, v. 10. φύτευμα ἄπιστιν ; au lieu que selon le Texte Ebreu où il n'y a point de particule negative, il faut lire φύτευμα πιστόν. Mr. le Clerc pretend au contraire, *que ce seroit une veritable corruption des Septante* de changer la leçon; & la raison qu'il en apporte, *c'est que ces Interpretes s'attachent souvent plus au sens qu'aux mots de l'Original, & qu'ils l'ont fort bien exprimé en mettant* ἄπιστον. Mais de ce que les Septante s'attachent plus au sens qu'aux mots, on n'en peut rien conclure pour cet endroit. Car parlant generalement, les Septante se sont attachés aux mots le plus qu'il leur a été possible, comme on peut en juger, si l'on examine leur Version sur la Loy & sur tous les Livres Historiques. Ils ne font pas à la verité de même dans les Propheties & dans les autres Livres où il y a de l'obscurité, parce qu'il étoit difficile de rendre les mots & le sens ensemble. Ce qui ne les empéche point de traduire aussi les mots même dans les Propheties & dans les autres Livres obscurs, lors qu'il s'y trouve des endroits qui ne sont point embarrassés. Or les mots dont il s'agit

Objection.

Réponse.

Instance.

Gal. 3: 16.

Réponse.

Orig.
Philoc.
c. 4. &
8.

Critique
d'un passage
d'Isaïe
selon les
Septante.

s'agit n'ont rien de difficile, bien que tout ce paſſage ne paroiſſe pas bien net. C'eſt pourquoy on a eu raiſon de dire, qu'ils avoient traduit en ce lieu-là φύτδμα πιϛόν, n'y ayant point de *negation* dans l'Original Ebreu. Car de vouloir icy corriger l'Ebreu, & d'y ajouter la particule negative לֹא *non*, c'eſt s'oppoſer au bon ſens & aux veritables loix de la Critique, ſelon leſquelles on ne doit pas multiplier les diverſes leçons du Texte, quand on peut connoître que la faute vient de la Traduction & des Copiſtes, comme il paroit icy.

Refle-
xions
critiques
ſur l'ori-
gine de
quelques
fautes
qui ſe
trouvent
dans les
Livres
MSS.Il eſt bon d'obſerver qu'il y a un grand nombre de ſemblables fautes dans les Livres MSS. Ceux qui dictoient ces Livres ne pouvant pas diſtinguer dans la prononciation entre φύτδμα πιϛόν, & φύτδμα άπιϛν, ni entre αὐϐ σου, & αὐτϐ σου, cela a donné occaſion à une infinité de fautes, que les Copiſtes qui écrivoient ce qu'on leur dictoit n'ont pû éviter. C'eſt pourquoy lors qu'on les trouve, il faut les redreſſer ſur les Originaux. Cette remarque generale de Critique, & dont on ne peut douter, étant ſuppoſée, il n'y a qu'à l'appliquer aux deux paſſages dont il s'agit, & l'on reconnoitra d'abord, qu'il y a en ces deux endroits-là des fautes manifeſtes qui viennent des Copiſtes. A l'égard de ce que noſtre Auteur ajoute, qu'il faudroit auſſi corriger les mots ſuivans où il y a σπέρμα άπιϛν, il n'eſt pas étrange que la premiere faute ait donné occaſion à une ſeconde dans le Grec, ſur tout dans un endroit où l'Ebreu n'eſt pas ſi clair que dans les mots precedens.

Noſtre Profeſſeur *Ebraïſant* paſſe enſuite fort legerement la plaiſante remarque qu'il avoit faite ſur le mot *Jehova* écrit à la marge des Hexaples; & comme il avoit dit de grandes impertinences là-deſſus, il a eu raiſon de ne s'y pas arreſter. Il dit ſeule-ment pour s'excuſer, qu'on étoit tombé dans une équivoque. Mais cette équivoque n'eſt que dans l'eſprit de Mr. le Clerc, qui n'a pû concevoir la maniere dont un Copiſte Grec a fait une copie figurée du mot Ebreu יְהוָה, & en former ΠΙΠΙ, commençant à écrire ce mot de la gauche à la droite, ſelon ſa façon d'écrire. Il ne trouve point auſſi d'autre voye pour defendre de nouveau Robert Olivetan, que de renvoyer à ce qu'il en a dit dans les *Sentimens*. Mais on n'y trouvera pas aſſurément qu'il le juſtifie de l'ignorance dont on l'a accuſé dans la Réponſe aux *Sentimens*.Mr. le
Clerc
feint des
équivo-
ques
pour ſe
tirer
d'affaire.

Il entre après cela dans une longue diſpute de Grammaire avec la Grammaire de Port-Royal à la main, *qui eſt d'autant moins ſuſpecte, ſelon luy, qu'elle n'eſt point favorable aux Proteſtants.* Il a raiſon de prendre toutes ſes precautions en voulant parler de Grammaire, & de ne rien dire de luy-même. Il tranſcrit un long paſſage de la Grammaire de Port-Royal, qu'il nous faudra examiner. Tout le fait roule ſur Tremellius & Junius, qu'on a accuſés d'avoir mis mal-à-propos des pronoms dans leur Verſion de la Bible, où il n'y en avoit point dans l'Ebreu. Mr. le Clerc répond, que dans les exemples qu'on a rapportés, où ces Interpretes *ont ajouté un pro-*Mr. le
Clerc ne
fait point
les prin-
cipes de
la Gram-
maire.

nom demonstratif, *il y a dans l'Ebreu le pronom prefixe he.* Si cet homme qui se mesle de regenter sçavoit sa Grammaire, il ne confondroit pas les pronoms avec les articles. Le prefixe *he* des Ebreux tient la place d'article, & non pas de pronom, étant la même chose que l'article *ò* chez les Grecs, & *le* ou *la* chez les François. C'est sur ce principe qu'on a dit à nostre *Ebraïsant*, qu'il falloit traduire ces mots Ebreux, Chap. 1. de la Genese, *haor*, *harakia*, *hammaim*, par ceux-cy, *la lumiere*, *l'étenduë*, *les eaux*, comme il y a aussi dans le Grec, τὸ Φῶς, τὸ σερέωμα, τὸ ὕδωρ, & non pas *cette lumiere*, *cette étenduë*, *ces eaux*, n'y ayant point de pronoms ni dans l'Ebreu, ni dans le Grec. *On ne conteste point à nostre Prieur*, dit-il, *que nostre article* le *n'exprime le plus souvent l'un & l'autre: mais on luy nie qu'il les faille toûjours traduire ainsi.* Par l'un & l'autre il entend, selon sa maniere de parler, le pronom Ebreu & l'article Grec. Or je pretens au contraire, que pour traduire exactement dans nostre langue, on doit toûjours exprimer le prefixe *he* des Ebreux, & l'article Grec par un autre article dans nostre langue, puis qu'elle a aussi bien que l'Ebreu & le Grec des articles distingués des pronoms. Il veut cependant prouver sa pensée par un long passage de la Grammaire de Port-Royal, où il est dit, que *l'article marque une emphase & une excellence particuliere; ce que les Latins ont tâché d'exprimer par leur pronom* ille, *comme*, Alexander ille, *ce grand Alexandre*. Messieurs de Port-Royal ont pû nommer *ille*

pronom, parce que les Latins manquants d'articles distingués des pronoms, ils ne les peuvent expliquer que par ces pronoms. Mais c'est une paraphrase, & non pas une simple traduction, que de traduire *Alexander ille*, *ce grand Alexandre*. Dans le François qui a ces pronoms distingués des articles, on doit traduire, *l'Alexandre*.

Mr. le Clerc continuë de faire parler la Grammaire de Port-Royal en ces termes. *Quand St. Jean répond*, 'Οὐκ εἰμὶ ἐγὼ ὁ Χριςός, *Je ne suis pas le Christ*, *c'est-à-dire*, *ce Christ que vous demandez*. *Et quand on luy demande*, 'Ο Προφήτης εἶ σύ; *Estes-vous ce Prophete? c'est-à-dire, ce Prophete excellent qui nous a été promis.* Je dis qu'en ces deux endroits-là il faut traduire ὁ Χριςός, *le Christ*, & ὁ Προφήτης, *le Prophete*, si l'on veut traduire exactement: l'autre traduction est une paraphrase ou explication. Il en est de même des témoignages qu'on cite des Peres en ce même endroit, lesquels se sont servis de ces mêmes articles pour defendre la Divinité de Jesus-Christ. On ne traduira pas, par exemple, ce passage du Chap. 16. de St. Matthieu, v. 16. rapporté par Theophylacte, Σὺ εἶ ὁ Χριςὸς ὁ υἱός, *Tu ès ce Christ ce Fils*; mais, *Tu ès le Christ le Fils*. St. Cyrille, qui a aussi quelquefois defendu la Divinité de Jesus-Christ par ces mêmes articles, ne les explique pas par des pronoms; mais il dit que le pronom étant mis avant un nom, signifie quelque chose qui est un & determiné, ἔν τι σημαίνει; au lieu que l'article n'étant point devant les noms,

leur

Critique de Grammaire sur la traduction d'un passage de la Genese.

Discussion de quelques exemples tirés de la Grammaire de Port-Royal touchant la maniere dont on doit expliquer l'article.

Joan. 1: 20.

Ibid. v. 21.

leur signification est vague & generale. Il apporte pour exemple le mot Θεός : quand on dit ὁ Θεός, on entend celuy qui est seul & veritablement Dieu.

Enfin la Grammaire de Port-Royal ajoute pour troisiéme exemple la remarque d'Aristote, qui *montre que ce n'est pas la même chose de dire*, τ̅ ἡδονὴν εἶναι ἀγαθόν, *voluptatem esse rem bonam*, *que la volupté est bonne* ; *& de dire*, τὸ ἀγαθόν, *voluptatem esse bonum ipsum*, *que la volupté est le bien même*, *c'est-à-dire*, *le souverain bien*. Il est constant qu'il y a de la difference entre ces deux expressions : mais pour traduire avec exactitude en nostre langue τὸ ἀγαθόν, on traduira *le bien*, puis qu'elle a des articles distingués des pronoms. L'autre version est une paraphrase ou explication, & non pas une simple traduction. Ce qui trompe nostre Grammairien, c'est qu'il ne prend pas garde, que , qui sont en ce cas-là de veritables articles, & non pas de simples pronoms. Mais on doit éviter de les mettre dans la Traduction Latine d'un Ouvrage continué. Car ce seroit une étrange confusion de voir dans les Versions Latines des Auteurs Grecs autant de fois, *ille*, *hic*, &c. qu'il y auroit d'articles dans le Grec. C'est de quoy aucun Interprete ne s'est avisé jusqu'à present. Cela se peut souffrir seulement dans un passage detaché qu'on explique ; comme quand on dit *Alexander ille*, *Propheta ille*, *filius ille*. C'est sur ce pied-là qu'on a eu raison de condam-

ner la Version de Tremellius & de Junius, qui mettent *ille* & *hic* où il y a dans l'Ebreu le prefixe *he* qui tient lieu d'article : ce qui ne peut être toleré dans un Ouvrage continué, quand il seroit vray que *ille* & *hic* sont en ces endroits-là des articles, & non pas des pronoms. Beze est aussi quelquefois tombé dans les mêmes defauts dans sa Version du Nouveau Testament.

Nostre Arminien se sert aussi du témoignage de Kimhi & de Buxtorf, pour prouver que le *he* des Ebreux est le plus souvent emphatique. Je le veux. Mais cette emphase étant exprimée dans l'Ebreu par le *he* qui est un article, nous devons aussi l'exprimer dans nostre langue par un autre article à l'imitation des Grecs, & non pas par un pronom, puis que nous avons des articles distingués des pronoms. Ce qui ne nous empêchera pas de remarquer l'emphase dans les endroits où le *he* sera emphatique, de la même maniere que les Grecs observent l'emphase de leur article, sans mettre pour cela un pronom en sa place. Je soutiens selon ce principe qui me paroit bien établi, qu'on ne doit point traduire cet endroit de la Genese, comme il fait, *Il y eut une lumiere : & Dieu vit que cette lumiere étoit bonne, & la separa d'avec ces tenebres : & Dieu nomma cette lumiere jour, & ces tenebres nuit.* Voicy comment il le faut traduire tant selon l'Ebreu que selon le Grec, *Il y eut une lumiere : & Dieu vit que la lumiere étoit bonne : & Dieu separa la lumiere d'avec les tenebres : Dieu nomma la lumiere jour, & il nomma les tenebres nuit.*

Mr.

Mr. le Clerc pour justifier sa belle traduction nous dit, *que le he se rapporte à ce qui a été dit auparavant des tenebres & de la creation de la lumiere; ce qu'on ne sauroit mieux faire sentir qu'en traduisant, cette lumiere & ces tenebres.* Il continuë toûjours de confondre le prefixe *he*, qui est un article, avec les pronoms. S'il est une fois permis de changer les articles en pronoms, parce qu'en quelques endroits nous jugeons que ce qui suit a rapport à ce qui precede, nous tomberons souvent dans l'erreur avec Beze, qui a suivi quelquefois cette methode dans sa Version du Nouveau Testament. Quand on supposera, qu'en ce passage de la Genese le sens n'est point alteré, à cause du rapport que ces mots ont avec ceux qui precedent, il ne s'ensuit pas de là que cette Traduction soit exacte, puis qu'elle ne rend pas les choses selon la propriété des termes; & on pourroit appeller par la même raison une Paraphrase Traduction, parce qu'elle n'altereroit point le sens. Il est donc absolument necessaire d'éviter de traduire de cette maniere, & encore plus dans nôtre langue, qui a des articles & des pronoms distingués, aussi bien que le Grec & l'Ebreu.

Il étoit à propos de faire cette leçon de Grammaire à nostre Professeur *Ebraïsant*, qui a crû être habile dans cet art, en nous citant Port-Royal, & Buxtorf. Il ne manquera pas après cela de reprocher encore une fois à Mr. Simon ce qu'il dit icy de luy: que *c'est luy seul qui sait la Grammaire à fonds, & qui nous donnera aussi quelque jour une Grammai-*

Galimatias de Mr. le Clerc.

re *de sa façon, meilleure que toutes celles qu'on a veu jusqu'à present.* C'est assez pour luy que nous le renvoyions à la Grammaire de Port-Royal, ou plutost aux Ecoles d'Amsterdam où l'on enseigne le Latin, afin qu'il y apprenne cette langue, avant qu'il continuë de nous donner dans sa *Bibliotheque Universelle* des extraits de plusieurs Livres Latins qu'il n'entend point. Il est cependant bon d'en avertir le public, & de luy faire connoître les fautes grossieres de ce Bibliothecaire. Je m'arresteray seulement aux extraits qu'il a faits d'un petit Ouvrage Latin de Mr. Smith, sur lesquels j'ay jetté les yeux en passant seulement, parce qu'il y étoit parlé de Mr. Simon. A la page 85. de la Dissertation qui contient la vie de Cyrille Lucar, on lit ces paroles touchant Anthime qui remit le Patriarchat à Cyrille: *Se in montem sanctum subducit in Monasterio Sancti Athanasii, quod ἁγία λαῦρα honoris causa nuncupatur.* Mr. le Clerc traduit ces mots à la page 71. de sa Bibliotheque par ceux-cy: *Il se retira sur le mont Athos dans le Monastere de Sainte Laure.* Quelle bestise! Le mot Grec λαῦρα est si commun dans les Auteurs Grecs pour signifier un Monastere, que quelques Ecrivains Latins l'ont mis en usage. On a bien entendu parler des belles Laures d'Italie: mais je ne croy pas qu'il soit fait mention dans les Menologes d'aucune Sainte Laure. Cette Sainte est de la façon de nostre Arminien. Voicy le sens du passage Latin de Mr. Smith. *Il se retira au mont Athos dans le Monastere de St. Athanase, qu'on* ap-

Jugement de sa Bibliotheque Universelle.

Ignorance crasse de Mr. le Clerc.

appelle par honneur le Saint Monaſtere.

Autres exemples des fauſſes traductions de Mr. le Clerc dans ſa Bibliotheque Univerſelle.

Le même Mr. Smith a mis au devant de ſon Livre une Preface où il parle de la Communion des enfans chez les Grecs, & il y rejette les témoignages de Caryophile, de Goar & d'Allatius : *Caryophili, Goari & Allatii, qui ex profeſſione & inſtituto vitæ dogmata Romanæ Eccleſiæ defendenda ſuſceperint.* Noſtre ſavant Bibliothecaire traduit ces mots par ceux-cy, *d'Allatius, de Caryophilus & de Goarus, qui eſtoient des Grecs Latiniſés.* Je voudrois bien ſavoir où il a appris que le Pere Goar, Religieux Dominicain qui a donné au public l'Euchologe des Grecs avec d'excellentes notes, eſtoit un Grec Latiniſé. M. Smith dit ſeulement, que ces Auteurs defendoient ſelon leur profeſſion & leur genre de vie la creance de l'Egliſe Romaine. Il ne dit pas un ſeul mot de ces *Grecs Latiniſés.* Mr. le Clerc corrompt au même endroit le ſens des paroles de cet Auteur Anglois, lors qu'il aſſure dans ſon extrait, que les Grecs ont *accoutumé de briſer le pain conſacré en petites miettes, de le meſler dans le calice avec le vin, & d'en donner une pleine cueillier aux communians de quelque âge & de quelque condition qu'ils ſoient.* Mr. Smith ne parle point de cette pleine cueillier qu'on donne aux enfans. Il ſuppoſe ſeulement, que le Preſtre prend avec une cueillier de cette mixtion qu'il a préparée dans un ſeul calice, & qu'il n'en prend point d'un autre où il n'y euſt que du vin ſans les petites miettes. *Ex ſacro calice pro more ita præparato exhaurit Sacerdos cochleari*

quod communicaturis dandum eſt, nec ex alio calice, hoc eſt, ſolo vino abſque margaritis communicant infantibus. En effet on ne prend pour les enfans nouveaux-nés, à qui on donne la communion, qu'un tant ſoit peu du vin conſacré, dans le fonds de la cueillier, & qu'ils ſuccent plûtoſt qu'ils ne l'avalent. Et c'eſt ce que Mr. Smith n'a pas oſé nier. Car il ajoute, que quand on ſuppoſera cela, il ſera toûjours vray de dire, que dans l'Egliſe Grecque on ne donne point la communion ſous une ſeule eſpece, puis qu'on a fait le meſlange des deux eſpeces dans le calice. Mais ce n'eſt pas icy le lieu de m'étendre davantage ſur cette matiere. Cela ſeul ſuffit pour juger de la literature de noſtre Bibliothecaire, & de la fidélité de ſes extraits.

Il reſte encore un point de Grammaire à éclaircir entre noſtre Arminien & Mr. Simon. Le premier en parlant d'un paſſage de Nehemie qu'on a pretendu avoir eſté mal traduit par Tremellius, qui a interpreté ce mot *hammikra, per Scripturam ipſam,* avoit dit que la faute de Tremellius venoit de ce qu'il avoit pris *mikra* dans le ſens des Rabbins. Mais on luy a répondu, que la faute ne venoit pas de ce coſté-là, puis que *mikra* ſignifie auſſi bien *Scriptura* ſelon l'Ebreu de l'Ecriture, que dans l'Ebreu de Rabbin. Il replique à cela, qu'*Ecriture* pris indeterminément n'eſt pas la même choſe que *l'Ecriture* ou la Bible. Mais il n'y a qu'à mettre le *he* prefixe devant *mikra,* comme il y eſt dans ce paſſage de Nehemie, & cela fera *l'Ecriture.* Et ainſi la faute de Tremellius ne vient pas de ce qu'il

Nehem. 8: 9.

Erreur de Mr. le Clerc ſur le mot Ebreu *mikra.*

a mal traduit le mot de *mikra*, auquel Pagnin , Buxtorf & plufieurs autres qui ont compofé des Dictionaires de la langue Ebraïque ont donné cette même fignification. Nôtre Profeffeur *Ebraïfant* ajoute , que les Rabbins appellent l'Ecriture *mikra , non parce que* mikra *fignifie écriture, mais à caufe de la lecture perpetuelle qu'ils en doivent faire ; car* kara *fignifie lire , & non pas écrire.* Quelle puerilité ! S'enfuit-il que parce que *kara* felon fon étymologie ou proprieté fignifie *lire* , il ne puiffe pas auffi fignifier *écrire ?* Pagnin & Buxtorf qui ont entendu parfaitement la fignification de ce mot n'ont pas tant raffiné. Et en effet , ce qu'on lit eftant écrit , *mikra* fignifie également *écriture* & *lecture.* L'Alcoran , felon la raifon de nôtre *Ebraïfant* , ne marquera pas le Livre de Mahommet , parce que *koran* ne fignifiera que *lecture* , & non pas un Livre écrit. Mais laiffons là ces minuties de Grammaire , & venons à quelque chofe de plus confiderable.

On a fait voir à Mr. le Clerc dans la Réponfe aux *Sentimens,* que par ces mots de Tertullien dans fon Traité de la Prefcription contre les Heretiques , *authenticæ literæ* , il ne faut pas entendre les Originaux des Apoftres , mais feulement leurs veritables Ecrits. Et comme il étoit tombé dans des fautes groffieres en parlant de cette matiere , il la retouche encore une fois. Il marque d'abord la methode dont Tertullien s'eft fervi dans ce Traité pour refuter les anciens Heretiques fans le fecours de l'Ecriture Sainte. Et parce que l'E-

glife combat encore aujourd'huy les Proteftans par la même voye, il nous affure que les raifonnemens de ce Pere *ne fçauroient fervir aux Catholiques Romains, puis qu'il y a une difference infinie entre ces anciennes difputes & nos Controverfes d'aujourd'huy.* Mais quoy qu'il y ait une grande difference entre les fentimens des anciens Heretiques que Tertullien attaque , & ceux des Proteftans , cela n'empêche pas qu'on ne puiffe appliquer ces raifonnemens aux herefies de ces derniers temps, puis qu'ils détruifent generalement toutes les nouveautés. C'eft pourquoy nous voyons que les Peres qui ont vécu après Tertullien ont fuivi cette même methode , lors qu'ils fe font oppofés aux herefies de leur temps. L'Eglife a toûjours combattu les nouveautés par la doctrine reçuë , & dont elle étoit en poffeffion.

Ce Pere veut donc prouver en cet endroit l'antiquité de la creance de l'Eglife, en faifant voir qu'elle étoit enfeignée dans toutes les Eglifes qui avoient été fondées par les Apôtres, & où on lifoit encore leurs Ecrits, *apud quas ipfæ authenticæ literæ eorum recitantur.* Il s'agit icy , dit noftre Auteur , *d'oppofer des pieces indubitables aux falfifications de Marcion & aux fauffes glofes des Valentiniens. Or fi on avoit produit à Marcion de fimples Copies des Ecrits des Apôtres, ils auroient pû chicaner là-deffus, & dire qu'on les avoit corrompuës. Mais on leur fermoit la bouche en produifant des Originaux.* Il n'y a aucune folidité dans tout ce raifonnement. Car l'on peut même monftrer par les difputes de Marcion , que ces anciens Heretiques

reliques étoient persuadés qu'on n'a-
voit aucuns Originaux des Ecrits
des Apôtres dont ils reconnois-
soient l'autorité. Mais ils disoient en
même temps, que les pieces dont les
Catholiques se servoient étoient
fausses ou alterées. Or nous ne
voyons point que Tertullien ni aucun autre Pere se soit mis en peine
de leur prouver que l'on conservoit
encore dans l'Eglise ces anciens O-
riginaux. St. Augustin, qui avoit lû
les Ouvrages de Tertullien, n'a jamais opposé ces Originaux aux Manichéens qui le pressoient là-dessus,
& qui nioient que ces Livres fussent
entierement des Apôtres; ou s'ils en
étoient en effet, ils pretendoient
qu'ils avoient été corrompus. *Ma-*

nichæi, dit St. Augustin, *plurima Di-*
vinarum Scripturarum, quibus eorum
nefarius error clarissima sententiarum
perspicuitate convincitur, quia in alium
sensum detorquere non possunt, falsa
esse contendunt. Ita tamen ut eamdem
falsitatem non scribentibus Apostolis tri-
buant, sed nescio quibus codicum cor-
ruptoribus. C'étoit icy l'endroit où
Saint Augustin devoit monstrer que

l'Eglise avoit conservé les Originaux
des Apôtres, s'il eust été persuadé
que les Eglises Apostoliques les gardoient encore du temps de Tertullien. Mais voicy ce qu'il répond à
ces Heretiques: *Quod tamen, quia*
nec pluribus sive antiquioribus exem-
plaribus, nec præcedentis linguæ autori-
tate unde Latini libri interpretati sunt
probare aliquando potuerunt, notissima
omnibus veritate superati confusique
discedunt. St. Augustin combat les
Manichéens de la même maniere
que Tertullien a refuté les Marcio-

nites & les autres Heretiques. Il n'a
point recours aux Originaux, mais
au grand nombre d'anciens Exemplaires écrits dans la langue origina-
le, *plura & antiquiora exemplaria &*
præcedentis linguæ autoritatem. C'est
ce que Tertullien appelle *authenti-*
cas literas. Si les Manichéens avoient
opposé des Exemplaires semblables
à ceux dont parle Saint Augustin, &
qui eussent été corrompus, il avoüe
qu'ils auroient eu raison de se plaindre de la corruption des Ecrits des
Apôtres. D'où l'on doit conclure, que ces Actes étoient suffisans
pour combattre les Heretiques, bien
qu'on n'en eust plus les premiers O-
riginaux.

St. Augustin defend par cette même voye en plusieurs autres endroits
de ses Ouvrages la verité des Ecritures contre les Manichéens, & il
employe même pour cela l'exemple
des Livres profanes, que tout le
monde reconnoit être des Auteurs
auxquels ils sont attribués, parce
que ceux qui ont vécu depuis leur
temps ont crû qu'ils étoient en effet
de ces Auteurs-là. C'est par ce moyen
qu'on prouve que les Livres de Platon, d'Aristote & de Ciceron sont
veritablement d'eux, bien qu'on
n'en ait pas les Originaux. Le témoignage de Pamelius qui explique
le mot de Tertullien, *authenticas li-*
teras, des vrais Originaux écrits par
les Apôtres, est de nulle consideration: car toute la raison qu'il apporte de son explication, consiste en ce
que les Jurisconsultes prennent en ce
sens le mot *d'authentique;* comme
quand ils appellent *authenticas tabu-*
las, authenticas rationes, authenticum

Z

test.-

testamentum , le propre original d'un testament pour le distinguer de la copie. On convient avec luy, que le mot d'authentique se prend en ce sens-là. Mais il s'agit icy de savoir, si Tertullien l'a entendu de cette maniere dans son Traité de la Prescription : & c'est ce que Rigault, qui étoit plus savant dans les loix, & dans les expressions de ce Pere, que Pamelius, nie ouvertement; & il le prouve non par des raisons generales, mais par d'autres passages de Tertullien qu'on a éclaircis dans la Réponse aux *Sentimens*.

Nôtre Arminien au reste auroit beaucoup mieux fait de garder le silence, que de retoucher ce passage de Tertullien, dont il n'a pas même entendu les termes. Voicy les paroles de ce Pere en cet endroit. *Age jam qui voles curiositatem melius exercere in negotio salutis tuæ, percurre Ecclesias Apostolicas*, &c. Il s'étoit avisé de nous dire, que *Tertullien parle de cette recherche des Ecrits des Apôtres, comme d'une curiosité*; & il le prouve par ces mots, *qui voles curiositatem melius exercere.* Il étoit difficile de ne pas se mocquer d'une aussi plaisante interpretation des paroles de Tertullien, comme si on eust monstre dès ce temps-là aux curieux ce qui étoit de plus rare dans les Eglises: & pour se rendre encore plus ridicule, voicy ce qu'il ajoute icy. *J'ay dit seulement, qu'on pourroit monstrer aux curieux quelques Exemplaires originaux des Apôtres : mais je n'ay rien dit des raretés d'Eglise. C'est une rêverie de quelques Docteurs Catholiques Romains, qui ont crû, que dès lors les Chrétiens avoient des temples*

Tertull. de Præscr. cap. 36.

Sentim. p. 302.

Mr. le Clerc a traduit faussement un passage de Tertullien, & il continué son erreur.

ou des *Eglises où ils s'assembloient.* Laissons là les rêveries de quelques Espagnols & de quelques Moines, desquelles il n'est point question presentement. La difficulté roule uniquement sur ces mots de Tertullien, *qui voles curiositatem melius exercere.* Or l'on pretend que c'est une profonde ignorance à nôtre Arminien, de les avoir entendus *d'Exemplaires rares & qu'on ne monstroit qu'aux curieux*, & qui étoient même entre les mains des Heretiques aussi bien que des Orthodoxes. Pour peu qu'on sache le Latin, on ne trouvera aucune difficulté dans l'expression de Tertullien, qu'on a expliquée dans la Réponse aux *Sentimens* selon son sens naturel. On peut juger apres cela de la fidelité des extraits que cet Auteur nous donne dans la *Bibliotheque Universelle.*

Comme il manque de bonnes raisons pour satisfaire à son adversaire, il s'érige en Prédicateur, & il nous dit d'un ton de declamateur, qu'il n'y a peut-estre que Mr. Simon au monde, si on en excepte les Athées & les Libertins, qui ose avancer, *que les premiers Peres n'ont jamais dit qu'ils eussent veu les premiers Originaux des Evangiles.* Tout le monde à ce compte-là sera rempli d'Athées & de Libertins, parce qu'en effet il ne se trouve rien de cela dans les Ecrits des anciens Peres. Nous venons de voir que St. Augustin, lors qu'il dispute contre les Manichéens qui rejettoient les Ecrits des Apôtres comme des pieces alterées, ne leur oppose point ces premiers Originaux qui luy étoient entierement inconnus, mais seulement des Copies exactes

Fausses declamations de Mr. le Clerc qui ne prouvent rien.

Refutation de ces declamations.

actes & fidelles. Où gardoit-on alors ces pretendus Originaux, qui auroient bientoft tiré d'affaire St. Auguftin, s'il euft crû qu'il y en euft eu quelques-uns? On ne les monftroit apparemment qu'aux *curieux*, & ce bon Pere n'avoit point eu cette curiofité. Nôtre Auteur impofe à Mr. Simon, quand il dit de luy, *qu'il nous veut perfuader qu'il n'y a jamais eu d'Originaux des Apôtres, puis que perfonne n'a jamais dit d'en avoir veu.* Cette impofture fe deftruit d'elle-même, puis qu'on fuppofe par tout ces Originaux des Apôtres, & qu'on dit feulement qu'aucun ancien Pere n'en a parlé dans fes Ecrits comme les ayant veus. C'eft ce qu'on repete encore icy; & fi Mr. le Clerc a de bonnes preuves pour nous convaincre du contraire, il n'a qu'à les produire. Les Peres & les plus favans Docteurs Catholiques n'appuyent point la verité de ces Livres fur les propres Originaux qui ayent été autrefois confervés dans les Eglifes, mais fur une Tradition conftante qui nous les a fait recevoir comme ayant été compofés par les Apôtres. C'eft l'Eglife qui nous propofe les Evangiles comme des Livres Divins; & c'eft d'elle que nous les recevons, bien que nous n'en ayons pas les Originaux.

Les premiers Originaux des Ecrits des Apôtres ont été perdus dès les an-

Les raifons que Mr. Simon apporte de la perte de ces Originaux prouvent manifeftement qu'il a crû qu'il y en a eu de veritables. Mais comme les premiers Chrétiens ne vivoient pas en corps dans un Eftat, & que leurs premieres Affemblées ont été furieufement troublées, il n'eft pas étrange que ces anciens

Originaux ayent efté perdus. Mr. le Clerc répond à cela, qu'il n'étoit pas *cien temps.* befoin d'*Archives pour garder un petit nombre d'Epiftres & d'autres Livres qui ne font en tout qu'un très-petit volume.* Mais au moins eftoit-il necef-faire d'avoir quelque repos pour garder fans aucun peril ces petits volumes qui fe pouvoient perdre facilement. Car il ne s'agit icy que de l'Original, & non pas des Copies, lefquelles étoient en très-grand nombre; & l'on a confervé par ce moyen dans les Eglifes les veritables Ecrits des Apôtres avec leur doctrine. Tout ce qu'on produit en cet endroit tiré de l'Hiftoire des *Tradi-* *Objec-* *teurs*, pour monftrer que les anciens *tion.* Chrétiens n'ont point negligé les Ecritures Saintes, ne prouve rien *Réponfe.* pour ce qui regarde la confervation des premiers Originaux. Cette conftance des Chrétiens à retenir chez eux les Livres Sacrés, & à mourir plûtoft que de les mettre entre les mains des Tyrans, eft bien une marque de leur refpect pour l'Ecriture; mais on n'en peut pas prouver qu'on ait confervé dans les premiers temps des defordres du Chriftianifme les anciens Originaux. En effet, St. Auguftin, que nôtre Auteur cité icy fur le fait des *Traditeurs*, n'a jamais eu cette penfée, & il n'a point oppofé aux Heretiques qui nioient qu'on euft les veritables Ecrits des Apôtres, les Originaux de ces mêmes Apôtres; mais feulement les Copies qui s'en trouvoient dans les principales Eglifes des Chrétiens.

Mr. le Clerc produit l'hiftoire de Pantenus, qui étant allé prêcher aux Indes la Religion Chrétienne,

y trou-

Euseb. Hist. lib. 5. c. 10.

De l'Evangile selon St. Matthieu trouvé par Pantenus dans les Indes.

y trouva l'Evangile de St. Matthieu écrit en lettres Ebraïques, que St. Barthelemy leur premier Apostre leur avoit laissé. Cette histoire est à la verité rapportée par Eusebe; & quoy qu'il ne l'appuye que sur ce qu'on en disoit communément, je veux neanmoins bien la recevoir dans toute son étenduë, & croire que St. Barthelemy porta en effet aux peuples dont il est parlé en ce lieu-là un Exemplaire de l'Evangile de St. Matthieu écrit dans la langue des Juifs de Palestine pour lesquels il avoit été composé. Mais d'où pourra-t-on prouver que cet Exemplaire que Pantenus trouva chez les Indiens étoit la Copie même que St. Barthelemy leur avoit portée? Il suffit que ce fust un Exemplaire écrit en Ebreu, ou plustost dans la langue des Juifs de Jerusalem, pour dire que les Indiens avoient l'Evangile de St. Matthieu écrit en cette langue, lors que Pantenus leur alla prêcher le Christianisme: & si l'on s'en rapporte à St. Jerôme, le même Pantenus rapporta avec luy à Alexandrie cet Exemplaire Ebreu de l'Evangile de St. Matthieu, c'est-à-dire, une Copie de cet Evangile écrit en Ebreu qu'il avoit trouvé dans ce pays-là.

Les premieres Eglises n'ont laissé aucun Acte par lequel il parût qu'elles avoient conservé les premiers

Comme il s'agit icy de l'Antiquité, & qu'on a pretendu qu'on ne trouve aucun Acte dans les premiers Peres & dans les premieres Eglises qui fasse mention des Originaux des Apôtres, on n'a rien à répondre aux objections tirées de la Chronique d'Alexandrie & du témoignage de Nicephore, que ce qu'on a déja répondu. Je m'estonne que nostre Auteur oppose encore une fois des

Originaux des Apôtres.

Histoires qu'il ne croit pas luy-même estre veritables. Mais cela suffit, dit-on, pour faire voir qu'on a parlé trop hardiment, lors qu'on a avancé, *qu'aucune Eglise ne s'est jamais vantée d'avoir veu les Originaux du Nouveau Testament.* On n'a parlé que des premieres Eglises; & si ces premieres Eglises n'ont point vû ces Originaux, par quel canal sont-ils venus aux Eglises du sixiéme siecle? On avoit aussi remarqué, que les Originaux de Mr. le Clerc ressembloient fort à la lanterne de Judas qu'on monstroit en original dans le Tresor de St. Denis.

Impertinences de Mr. le Clere sur le fait des reliques de l'Eglise Romaine.

Il répond à cela par de nouvelles impertinences, faisant passer la lanterne de Judas pour une precieuse relique de l'Eglise Romaine; & il nous dit plaisamment, qu'on abuse dans cette Eglise de la credulité des peuples, qui se laissent tromper par ces sortes de suppositions. D'où il prend ensuite occasion de faire un crime à Mr. Simon, de ce qu'il estend ses railleries jusqu'aux reliques de son Eglise. Cet homme incomparable ne se contente pas de nous avoir donné dans sa *Bibliotheque Universelle* une Sainte Lame de sa façon, il invente presentement de nouvelles reliques. Que ne diroit-il point, s'il avoit entendu parler d'une autre relique bien plus considerable que la lanterne de Judas? C'est une des cornes du Diable qu'on garde avec soin à Evreux dans le Tresor de l'Abbaye de St. Taurin, & que les Moines Benedictins de cette Abbaye ne monstrent qu'aux curieux. Le Theologien de Rotterdam qui a publié un Inventaire des reliques du *Papisme*,

ne

ne manquera pas apparemment d'a-
jouter dans la premiere Edition qu'il
donnera de son Ouvrage ces plaisan-
tes reliques de Mr. le Clerc.

CHAPITRE XII.

Critique de la XIII. Lettre.

SI nostre Arminien avoit un tant
soit peu de bonne foy, il ne seroit pas necessaire de parler encore
une fois du decret du Concile de
Trente touchant l'autorité de la
Vulgate. Car on a fait voir avec évidence tant dans l'Histoire Critique
que dans la Réponse aux *Sentimens*,
qu'il n'y avoit rien de plus sage ni
de plus moderé que ce decret; &
qu'au contraire il y avoit bien de
l'emportement du costé des Protestans, qui accusoient de tyrannie
les Peres du Concile, comme s'ils
avoient imposé une necessité à tous
les Chrêtiens de croire que l'ancienne Version Latine est la seule Bible
authentique qui soit demeurée dans
l'Eglise. Il n'est pas besoin de repeter ce qui a esté dit là-dessus dans
ces deux Ouvrages. C'est assez que
nous examinions les nouvelles objections de Mr. le Clerc, qui bien
loin de se soûmettre à une loy si
équitable, croit au contraire que
c'est *tourner en ridicule* le Concile,
que de le defendre de la maniere
qu'on l'a defendu. On avoit observé
que le dessein du Concile de Trente
en declarant la Vulgate authentique,
n'a pas été de la declarer en même
temps conforme entierement à l'O-
riginal, parce que cela demande de
longues discussions de Critique;

mais seulement d'arrester l'esprit de
quelques brouillons qui troubloient
le repos de l'Eglise. Nôtre Arminien oppose à cela, que la Version
d'un Acte ne peut être authentique,
si l'on n'est asseuré qu'elle est conforme à l'Original. *il n'y a point*, dit-
il, *d'autorité sur la terre qui puisse
donner à la Version d'un Acte la même
validité qu'à l'Acte même, qu'en la
supposant conforme à l'Acte même.* Si
cela est vray dans la rigueur, il faut
que les Protestans avoüent qu'ils
n'ont aucune Version authentique de
la Bible, parce qu'il est constant
qu'il n'y en a pas une où il n'y ait
des fautes considerables : & c'est ce
qui a fait dire à quelques Protestans
moderés, que les Evêques assemblés à Trente avoient eu raison de
declarer la Vulgate authentique,
parce qu'il n'y avoit aucune Traduction de l'Ecriture qui fust exempte
de defauts, & qui representast parfaitement l'Original. C'est assez
afin qu'une Version soit authentique, qu'elle n'ait pas de defauts essentiels, & qui vitient l'Acte d'une
telle maniere, que ce ne soit plus le
même Acte. Car de supposer une
parfaite conformité entre une Traduction de la Bible, & l'Original,
cela est impossible. Si l'on suivoit
cette loy de rigueur, il n'y auroit
plus aujourd'huy dans le monde de
Bible authentique, parce que les
Copies que nous en avons sont toutes defectueuses, & ne representent
pas parfaitement les premiers Originaux. Le Concile n'a point examiné si la Vulgate étoit conforme en
toutes choses à l'Original, parce
qu'il a supposé qu'ayant été faite par

un Auteur qui n'eft point fufpect, & qui avoit une affez grande connoif-fance des langues Ebraïque, Grec-que & Latine, elle avoit toute la conformité qui eft neceffaire à un Acte pour eftre cenfé authentique. C'eft ce qu'on a pretendu, & ce que l'on pretend encore. Si nôtre Auteur avoit lû avec foin l'Hiftoire du Concile compofée par Palavicin, il l'auroit trouvé conforme à ce fenti-ment: & pour ne pas repeter ce qui a été déja dit ailleurs fur ce fujet, on n'a qu'à lire la Lettre *de l'Infpira-tion des Livres Sacrés*, qui eft au de-vant de cette Réponfe.

Mr. le Clerc ne peut concevoir comment il fe peut faire, que chaque Eglife ait une Bible authentique, auffi bien que l'Eglife Latine, parce que, felon luy, les Verfions des Egli-fes d'Orient fe contredifent quel-quefois. Mais il faudroit monftrer que ces contradictions fe rencon-trent dans des points capitaux & qui vitient effentiellement l'Acte: autrement on aura raifon de dire, que la Verfion Grecque eft authen-tique chez les Grecs, la Syriaque chez les Syriens, & l'Armenienne chez les Armeniens. Et en effet l'E-glife Romaine reçoit toutes ces na-tions avec leurs Bibles. Elle n'a ja-mais propofé aux Grecs, aux Maro-nites, aux Armeniens & aux autres peuples qui fe font reünis avec elle, de fuivre la Vulgate. Le Cardinal Palavicin, que nôtre Auteur a cité fans l'entendre, n'a jamais eu d'autre opinion que celle-là, lors qu'il a par-lé de *l'authenticité* de la Vulgate. Car il affure que les Peres du Concile n'ont pas voulu s'oppofer par leur

decret à toutes les autres Verfions, comme fi la feule Vulgate avoit les perfections d'une Ecriture authenti-que. Voicy ce qu'il en dit au Livre VI. de fon Hiftoire. *Non però è ne-ceffario che quefta efpofizione* (il en-tend la Vulgate) *efente da ogni errore fuftanziale fia una fola, onde il Con-cilio non volle riprovar tutte l'altre diftinte dalla Volgata, è cio con favio configlio, peroche avanti che fi traeffe à perfezion la Volgata effendo pur affai rara l'intelligenza de' due linguaggi in cui fur dettati gli originali convenne che quella traflazione, onde valevafi allor la Chiefa foffe incontaminata da' fopradetti falli effenziali, benche nel refto imperfetta. Onde s'ella ora fi ri-trovaffe meriterebbe parimente il nome d'autentica, benche per altro men buona che la Volgata.*

Il eft aifé de juger par ces paroles de Palavicin, que ce Cardinal n'a pas crû qu'une Verfion de l'Ecriture ne pouvoit être authentique fi elle n'é-toit conforme à l'Original, puis qu'il reconnoit que l'ancienne Tra-duction Latine de l'Eglife qui avoit été faite fur le Grec des Septante a-voit plufieurs defauts qui ne font point dans la Vulgate d'aujourd'huy: & cependant il veut qu'elle ait été authentique, & qu'elle le feroit en-core prefentement, fi on l'avoit. Les grandes loüanges qu'il donne à St. Jerôme Auteur de nôtre Vulgate ne font rien au fujet, puis que felon fon principe elle pourroit être moins exacte, & eftre neanmoins authen-tique. C'eft en ce fens-là que les au-tres Verfions de l'Ecriture qui font aux ufages des Eglifes d'Orient font toutes authentiques, bien qu'elles
foient

ſoient moins conformes à l'Original que la Vulgate , qui peut cependant encore eſtre perfectionnée ,
comme les Cenſeurs même de Rome en conviennent , qui avoüent
qu'il y a encore des imperfections
qu'on pourroit corriger.

Cela ſeul peut ſervir de réponſe
à ce que nôtre Arminien objecte
contre le Canon du Concile , qui a
ſeulement defendu de rejetter la
Vulgate ſous quelque pretexte que
ce ſoit dans les Leçons publiques ,
dans les Predications & dans les Ex-
poſitions , pour ne pas rompre la
paix de l'Egliſe. Il demande , *comment il eſt poſſible de ſoûtenir de bonne
foy dans une diſpute publique , qu'un
Prophete ou un Apôtre a dit une choſe
dans un paſſage , qu'on aſſureroit en
particulier contenir tout le contraire.*
Il donne pour exemple le paſſage de
la Geneſe, Chap. 3. verſ. 15. où il y
a dans la Vulgate , *ipſa conteret.* Si
dans le cours d'une diſpute, ajoute-t-
il, l'oppoſant venoit à citer ainſi ce
paſſage , *ipſe conteret,* parce qu'il eſt
de la même maniere dans l'Ebreu ,
le ſoûtenant *feroit obligé de luy dire ,
que la Vulgate qui eſt authentique , &
qui fait foy de ce qui eſt contenu dans
l'Original, a* ipſa. *Et ſi l'oppoſant parloit encore après cela , on luy ferme-
roit la bouche avec le Canon du Concile
de Trente.* Mr. le Clerc fait bien
voir par toutes ſes ſuppoſitions, qu'il
eſt un pauvre homme. Quoy qu'on
liſe dans la Vulgate *ipſa,* il eſt toûjours permis aux particuliers d'examiner laquelle de ces deux leçons
eſt la meilleure. C'eſt un point de
Critique dont il eſt libre de diſputer:
& quand on ſoûtiendra qu'il faut li-

re *ipſe* avec l'Ebreu & avec l'ancienne Vulgate , on ne corrige pas pour
cela le Texte de nôtre Vulgate, parce que cette correction ne ſe peut
faire que par une autorité publique;
mais on a la liberté de juger ſelon les
loix de la Critique , laquelle des
deux leçons eſt la plus conforme à
l'Original. Il y a des raiſons de part
& d'autre , parce que St. Auguſtin &
quelques autres Peres ont auſſi lû
dans l'ancienne Vulgate *ipſa.* Les
Cenſeurs de Rome qui ont travaillé
à la correction de la Vulgate , ont
ſuivi en cet endroit la pluralité des
Manuſcrits. Ce qui n'empêche point
un Critique , ſoit dans la diſpute ,
ou dans des Remarques ſur la Bible , de juger que la meilleure leçon de ce paſſage ſemble être *ipſe*
ou *ipſum,* & d'obſerver que la lecture *ipſa* qui eſt très-ancienne vient
de ce qu'on liſoit autrefois *ipſe;* mais
parce qu'on ne voyoit point à qui le
pronom *ipſe* pouvoit ſe rapporter,
on le changea en *ipſa,* à cauſe du mot
mulier qui precede. Un homme qui
fait ces ſortes d'obſervations ne deſ-
truit ni l'autorité de la Vulgate , ni
le Canon du Concile de Trente. Ce
qui peut même ſe juſtifier par les
Commentaires des Docteurs Catholiques qui ont écrit ſur la Bible
ſoit en Italie , en France , ou en Eſ-
pagne.

Il n'y a que nôtre Arminien qui
faſſe paroître en cela la foibleſſe de
ſon eſprit avec quelques Proteſtans.
Il a raiſon ſur ce pied-là de condamner tous les Ouvrages de Critique.
C'eſt aſſez pour luy de publier de
ſimples extraits des Auteurs dans ſa
Bibliotheque Univerſelle ſans en juger.

Objec-
tion de
Mr. le
Clerc
contre le
Canon
du Con-
cile de
Trente.

Réponſe,
& en
même
temps la
Critique
d'un paſ-
ſage de
la Geneſe
ſelon la

leçon de
la Vul-
gate.

ger. Il est bon neanmoins de l'avertir de s'appliquer encore quelques années à l'étude de la langue Latine, afin de traduire mieux qu'il ne fait les Livres dont il donne les extraits. Mr. Simon a eu tort, selon luy, de se comparer à Photius. *Il devoit imiter ce que Photius a de bon, & non pas ce qu'on trouve souvent de mauvais dans sa Bibliotheque. Il devoit nous donner de bons endroits des Livres les plus rares dont il a voulu parler dans sa Critique, & non pas des generalités que tout le monde sçait, & dont nous n'avons que faire.* Cet homme s'imagine qu'à force de declamer on l'en croira sur sa simple parole. *Dicere, & non probare, delirare est.* On ne trouvera point dans la Réponse aux *Sentimens*, que Mr. Simon se soit comparé à Photius. Mais comme nostre declamateur condamnoit absolument la liberté qu'on prend de juger des Auteurs, on luy a répondu qu'à ce compte-là il faudroit condamner tout ce qu'il y a eu de savans Critiques jusqu'à present, qui nous ont donné leur jugement sur une infinité de Livres; & qu'on devroit aussi faire le procès à Photius, dont l'Ouvrage a été approuvé de tous les habiles gens. C'est à luy à nous marquer ce qu'il y a de bon & ce qu'il y a de mauvais dans cette Bibliotheque; & alors il tombera dans la faute qu'il reprend dans les autres.

Au reste ces generalités de Mr. Simon n'ont pas laissé de plaire à nostre Arminien avant qu'il se mist en colere contre luy; & l'on n'en veut point d'autre preuve que la Lettre Latine qu'il vient de faire im-

primer à la fin de son Ouvrage. Je suis même persuadé qu'il y a plusieurs particularités dans l'Histoire Critique, lesquelles il n'entend gueres. Il voudroit qu'on eust donné de longs extraits des Auteurs dont on a parlé dans la Critique. Mais l'on s'est proposé au contraire dans ce Livre, comme on en a averti dans la Preface, de ne rapporter simplement que ce qui servoit aux faits qu'on examinoit; parce qu'il n'y a rien de si opposé au bon sens, que de produire de longs extraits des Livres, quand ces extraits ne font rien au sujet qu'on traite. Si l'on a quelques pièces rares à publier, il le faut faire separément. Mais nostre Arminien veut apparemment que le public luy soit obligé des extraits qu'il donne de plusieurs Livres qu'on trouve entiers dans toutes les boutiques des Libraires. C'est en quoy consiste sa rare literature. Il objecte de plus, qu'on ne devoit pas juger si souvent des Auteurs dans l'Histoire Critique, parce qu'on *s'est plaint de Photius à cause de cela.* Mais il auroit eu plutost fait de dire qu'on ne devoit point imprimer le Livre entier, puis que le titre fait assez connoître qu'on y doit juger des Auteurs. Il se peut faire qu'on ait repris quelques endroits de Photius, dont les jugemens ne sont pas infaillibles: mais personne ne l'a condamné pour avoir fait cet excellent Recueil. Patricius Junius, qu'on nous cite comme s'il s'étoit plaint *du jugement de Photius touchant l'Epistre de St. Clement aux Corinthiens,* appelle ce Patriarche dans ses Scholies sur cette même Epistre, le Pere des Criti-

Critiques , *Photius Criticorum parens.*

Bien loin qu'on ait trouvé mauvais que Mr. le Clerc ait *preferé l'érudition Rabbinique de Lightfoot à celle qui paroit dans l'Histoire Critique,* on a dit au contraire dans la Réponfe aux *Sentimens* , qu'on luy cedera volontiers en cela , parce qu'on n'eftime gueres cette forte d'érudition quand elle n'eft pas accompagnée d'autre chofe. On luy a monftré par des exemples évidens, que Lightfoot n'a pas employé heureufement fa literature Rabbinique dans fes Ouvrages fur le Vieux Teftament ; & c'eft de quoy il s'agiffoit. Mais noftre favant Auteur, qui ne répond jamais directement à ce qu'on luy objecte, prend le change. Il loüe les Livres de Lightfoot fur les Evangiles, que Mr. Simon avoit auffi eftimés. Après tout , la methode que cet Ecrivain Anglois a fuivie pour expliquer le Nouveau Teftament n'eft pas fi parfaite qu'on s'imagine , comme on le fera voir en un autre endroit. Si cet Auteur , pour qui Mr. le Clerc a tant de veneration , a avancé dans fes Remarques fur l'Exode quelque chofe de femblable à ce qui eft rapporté dans la Critique touchant les additions *que les Prophetes ont faites dans les Ecrits de ceux qui les ont precedés* , au moins ne pourra-t-on pas dire que ces additions foient de l'invention de Mr. Simon. La comparaifon qu'on fait icy de luy avec le P. Bouhours, qui ont tous deux maltraité les Allemans, eft une continuation de fon galimatias. Ce qu'on a dit des Allemans dans l'Hiftoire Critique &

dans la Réponfe aux *Sentimens* n'a rapport qu'à leurs Ouvrages , & on n'a blâmé que de certains Theologiens du Nord dont les Livres font pitié à tout le monde. Je fuis perfuadé de l'obligation qu'on a aux Allemans pour ce qu'ils ont publié fur les belles Lettres. Ce font ceux-là que noftre Arminien devroit imiter, & non pas ceux dont il entreprend la defenfe. Au refte il faut qu'il n'y ait gueres de gens honneftes en Italie , fi le mot Italien dont il parle n'y eft jamais dans la bouche des gens honneftes. Il n'y a cependant gueres de mot qui y foit plus en ufage quand on veut marquer des chofes baffes. Ce qui le trompe , c'eft qu'il juge de la fignification de ce mot par l'étymologie ; au lieu qu'il en faut juger par l'ufage & par l'application qu'on en fait.

Venons enfin au celebre Hackfpan le grand Auteur de Mr. le Clerc , & dont il entreprend icy le Panegyrique. On ne l'a lû, dit-il , qu'en quelques endroits. Mais il n'a pas été neceffaire de copier tout un Auteur pour marquer fes defauts. Ceux qu'on a indiqués font en un affez grand nombre pour monftrer qu'il ne merite pas les loüanges qu'on luy a données dans les *Senti-mens*. C'eftoit à noftre Arminien à nous faire voir qu'on l'a mal repris en ces endroits là , au lieu de nous citer d'autres endroits où il croit qu'il a reüffi , & où il y a même que des chofes peu exactes ou très-communes, & qu'on peut lire dans la plus-part des Grammaires. Mr. le Clerc les admire, parce qu'il n'a aucune connoiffance des langues O-

Jugement des Ouvrages de Lightfoot.

Les Allemans ont rendu de grands fervices à la Republique les Lettres.

Juftification du jugement qu'on a fait de Hackfpan.

 rienta-

rientales, & qu'il n'entend presque point le stile des Auteurs Sacrés. Il en donne même icy des marques. Car après avoir dit dans ses reflexions sur les observations de Hackspan, *qu'il ne faut pas legerement corriger les endroits où il semble que les regles de Syntaxe ne sont pas bien observées … que les Hebreux n'observoient pas la difference des genres avec la même exactitude que les Romains, & qu'on ne peut pas prendre ces irregularités pour des fautes de Copistes;* il ajoute, *Cependant, si l'on en croit Mr. Simon, la plus-part de ces endroits se trouvent pleins de fautes, qu'il nous corrigera de son autorité contre le consentement de tous les MSS. qui nous restent. Si l'on en use de même à l'égard du Nouveau Testament, nous luy aurons l'obligation d'avoir appris aux Ecrivains Sacrés plusieurs siecles après leur mort, à parler meilleur Hebreu & meilleur Grec qu'ils ne parloient pendant leur vie.* Mais sans nous arrester à son galimatias, il nous auroit fait plaisir de marquer ces endroits que Mr. Simon a corrigés de son autorité, & contre le consentement des MSS. S'il avoit seulement une connoissance mediocre du Texte Ebreu des Juifs, & s'il l'avoit comparé avec le Texte Ebreu des Samaritains sur la Loy, il auroit vû qu'il y a plusieurs solecismes dans l'Exemplaire des Juifs, lesquels ne sont point dans celuy des Samaritains, sur lequel on doit assurément restablir le Texte Ebreu de la Massore. Cet homme, qui à grand' peine sait lire les Livres imprimés, ne devroit jamais parler de MSS. Ebreux. Les observations qu'il ajou-

te dans le même endroit après son celebre Hackspan pour expliquer de certaines expressions qui semblent marquer que Dieu soit l'auteur du mal, & qu'il endurcisse les pecheurs, ne contiennent rien qu'on ne puisse bien mieux expliquer par d'autres voyes qui n'ont pas été inconnuës aux anciens Peres, dont on pourra parler ailleurs. Je finis icy ce Chapitre, sans m'arrester au *Juge des plaideurs* de Mr. le Clerc, ni au reste de son galimatias.

CHAPITRE XIII.

Réponse en passant à un Libelle publié par le Sr. Jurieu dans son Livre intitulé, l'Accomplissement des Propheties.

POur faire voir qu'on ne doit pas juger de la capacité des Protestans dans les langues Orientales par les citations qu'on en trouve dans leurs Livres, on avoit donné pour exemple le Sieur Jurieu, qui a cité du Grec, de l'Ebreu, du Syriaque & de l'Arabe pour expliquer l'Apocalypse, bien qu'il paroisse manifestement par ses Ouvrages, qu'il ne sçait rien de toutes ces langues. Comme toute l'érudition de ce Theologien consiste à publier des Libelles, il n'a pas manqué d'en publier un au lieu de réponse. On y avoit repliqué aussi-tost qu'il parut. Mais cette replique n'ayant point été imprimée, on a trouvé à propos de l'inserer dans cet Ouvrage. On en a seulement retranché quelques endroits à la priere d'un de ses amis ; & l'on ne l'auroit même jamais

mais publiée, s'il n'avoit été neceffaire de luy répondre fur de certains
faits de Critique dont il a voulu parler.

MONSIEUR,

VOus m'avez fait plaifir de m'en-
voyer par la pofte le Chapitre
du dernier Livre de Mr. Jurieu, où
il eft parlé de Mr. Simon. En attendant que je puiffe voir le Livre entier, j'ay crû que vous feriez bien-
aife de favoir ce que je penfe de ce
Chapitre. Il n'eft pas difficile d'y
reconnoître l'efprit de Mr. Jurieu,
qui n'a jamais fçû faire autre chofe
que publier des Libelles. J'ay appris d'une perfonne que vous con-
noiffez, la difpute qui a été autrefois
entre luy & fon oncle du Moulin fur
un fait de literature. Du Moulin,
qui connoiffoit parfaitement l'efprit
de fon neveu; dit qu'à l'avenir on
ne devoit plus le nommer *Jurieu*,
main *Injurieux*, n'étant rempli que
d'injures. Il luy fit de plus une affez
plaifante réponfe, & qui n'a point
eu de replique: en voicy à peu près
les termes. *Réponfe en une periode à
Mr. Jurieu:* & la periode confiftoit
en cecy: *Mr. Jurieu a pretendu que
j'étois d'un tel fentiment: quand il
aura prouvé que je fuis de ce fenti-
ment-là, je luy répondray.* Voilà en
peu de mots le caractere du Miniftre
de Rotterdam, qui ne dit que des
injures, & qui ne répond jamais à
ce qui eft en queftion. Vous allez
voir que toute fa réponfe que vous
m'avez envoyée ne roule que fur ces
deux chefs.

Je ne vous parleray point de fes
injures, parce qu'il commence &

Caracte-
re de
l'efprit
de Mr.
Jurieu
felon du
Moulin
fon on-
cle.

qu'il finit par là, & que tout fon
difcours ne contient prefque autre
chofe. A l'égard du fait, il n'y répond nullement. On l'avoit accufé
d'être ignorant dans la langue Ebraïque, & de nous avoir donné le mot
Romiith comme un mot veritablement Ebreu & de la Langue Sainte.
Mr. Simon luy avoit oppofé, qu'on
trouve bien dans les Rabbins *Romai*
pour dire un *Romain*; mais que ce
mot n'eft pas plus de la Langue Sainte que celuy de *Roterdami* pour marquer un homme de *Roterdam*. En
effet ce font des mots barbares qui ne
fe trouvent point dans la Bible, laquelle feule comprend ce que nous
appellons la Langue Sainte. Mr.
Jurieu pour faire voir que l'on a eu
tort de l'accufer en cela d'ignorance,
traite toute autre chofe que ce qui eft
en queftion. *Je foûtiens*, dit-il en
parlant de Mr. Simon, *que c'eft en
luy une profonde ignorance, d'avancer
que le mot Romiith n'eft pas formé felon toute la plus exacte analogie de la
Langue Sainte.* Mais ce n'eft pas de
quoy il s'agit entre luy & Mr. Simon.
Car tout ce qu'il y au monde de mots
barbares peut être formé felon l'a-
nalogie de la langue Ebraïque: fe-
ront-ils pour cela des noms Ebreux
& de la Langue Sainte? Je veux que
les Rabbins fe foient fervis du mot
Romii, bien qu'il ne le prouve pas,
auffi bien que de *Romai*; l'un n'eft
pas plus de la Langue Sainte que
l'autre. Ce font des mots barbares:
& pour trouver à la tefte de quelques
Bibles Ebraïques *Amfterdam* écrit en
Ebreu, ce nom n'eft pas pour cela
Ebreu. Si l'on en forme le nom *Am-
fterdami* pour fignifier un homme

 d'Amd'Amsterdam, ce n'est pas un nom de la Langue Sainte, bien qu'il soit formé selon l'analogie de la Langue.

Cependant à entendre Mr. Jurieu, *Ce n'est pas sans une providence de Dieu admirable, que le mot Romiith, qui en Ebreu signifie Rome, contient le nombre de six cens soixante-&-six selon la vertu numerale que les Ebreux attachent à leurs lettres. Dieu a voulu que dans l'une & l'autre des Langues Saintes il parût par le nombre du nom, que la Beste de l'Apocalypse est la Beste Romaine & Latine; de sorte que la Prophetie a été accomplie dans les deux noms donnés au Papisme par les deux Langues Saintes, l'Ebraïque & la Grecque.* C'est à luy, s'il ne veut pas passer pour un ignorant, & même pour un imposteur, de monstrer que le mot *Romiith* se trouve dans l'Ebreu du Vieux Testament, qui renferme seul ce que nous appellons la Langue Sainte. Mais il étoit necessaire que pour imposer au simple peuple, le *Predicant* de Rotterdam eust recours à ces beaux mots de *providence divine* & de *Langue Sainte.* Je ne veux point d'autres preuves des impostures de cet homme, que le Livre qu'il vient d'imprimer sous le titre d'*Accomplissement des Propheties.* Vous savez, Monsieur, mieux que moy, que c'est ce même Ouvrage qu'il avoit dessein d'imprimer il y a quelques années, & qu'il a réformé. Il y predisoit que Vienne seroit prise par les Turcs, & cette prise servoit pour prouver l'accomplissement de ses Propheties : mais le siege de Vienne ayant été levé dans ce temps-là, il a retouché son Livre pour

n'être pas regardé comme un imposteur public.

Ce qui a échauffé le plus Mr. Jurieu, & qu'on ne pouvoit pas prevoir, c'est qu'en luy prouvant que le nom de *Rotterdam* contenoit aussi le nombre mysterieux de la Beste à deux cornes, on découvroit par là que cette Beste se trouve aujourd'huy à Rotterdam. Un Curé de village comme Mr. Simon ne pouvoit pas avoir appris à la campagne tout ce qui s'est passé là-dessus, ni s'imaginer que Mr. Jurieu deust être si sensible de ce costé-là. Il n'oublie cependant rien pour prouver qu'il ne peut être cette Beste à deux cornes de l'Apocalypse. Mr. Simon a été obligé, dit-il, pour trouver le nombre 666. d'oster la lettre *Resc* du mot *Rotterdam.* Mais on a prouvé évidemment que cette lettre *Resc* n'étoit point originairement dans ce mot, qui tire son origine de la riviere *Rote*, & de *Dam*, qui signifie digue, comme qui diroit, *Digue de la Rote.*

Je veux neanmoins luy accorder que cette preuve n'est pas dans la derniere exactitude, bien qu'elle soit la même que celle dont il se sert pour monstrer que *Romiith* est le nom de la Beste : j'en produiray icy une seconde qui saute aux yeux, & à laquelle il ne peut pas trouver à redire, puis qu'elle est prise de son nom même, je veux dire, de ces mots *Ministre Jurieu*, qui contiennent le nombre 666. qui est le nombre de la Beste de l'Apocalypse. C'est un effet admirable de la providence de Dieu, que le nom du Ministre Jurieu *contienne dans la Langue Sainte selon la vertu*

vertu numerale que les Ebreux atta-
chent à leurs lettres, ce nombre 666.
D'où il paroist manifestement, que
Dieu a voulu faire connoître à toute
la terre qu'il n'y a point d'autre Beste
de l'Apocalypse que Mr. Jurieu,
logé *au milieu des eaux* de Rotterdam. C'est de luy dont il est dit
Apocal.
13: 5, 6.
dans ce Livre, *qu'il luy a été donné*
une bouche pour se glorifier insolem-
ment, & pour blasphemer ; qu'il l'a
ouverte pour blasphemer contre Dieu,
pour blasphemer son nom & son Ta-
bernacle, & ceux qui habitent dans
le ciel. Cela ne se voit-il pas accom-
pli dans cet homme, dont les Predications & les Ecrits ne sont remplis que d'injures & de blasphemes
contre Dieu & contre ses Saints ?
Je veux mettre icy le nom de cette
Beste en caracteres Ebreux, & l'é-
crire comme les Ministres de Hollande ses Confreres l'écrivent,
מיניסטיאר יריוס, *Minister Jurius,* &
on ne luy donne point d'autre nom à
Sedan que celuy de *Jurius.* Vous
n'avez, Monsieur, qu'à supputer
les nombres representés par les lettres Ebraïques, & vous y trouverez
six cens soixante-&-six, nombre du
nom de la Beste à deux cornes de
l'Apocalypse.

מ 40
י 10
נ 50
י 10
ס 60
ש ·9
א 1
ר 200
י 10
ר 200
י 10
ו 6
ס *60
——
666

Mr. Jurieu, qui a l'esprit fin &
delicat, ne peut souffrir ces sortes de
supputations que dans des faquins
de College. Et en effet il a raison
en cela de se mettre au nombre de
ces faquins de College, puis qu'on
n'a fait que le suivre dans cette maniere de supputation. On ne s'est
servi que de ses raisons, & même
de ses termes, pour prouver que le
nombre de six cens soixante-&-six se
trouvoit aussi bien dans la Beste de
Rotterdam, que dans celle qu'il
nomme la Beste Romaine. On a
voulu faire voir par là à tout le monde, combien les Protestans se monstrent ridicules, quand ils se servent
de cela pour prouver que le Pape est
l'Antechrist. Peut-on rien voir de
plus impertinent que d'écrire un nom
Grec ou Latin en caracteres Ebreux,
pour trouver le nom de la Beste de-
signée dans l'Apocalypse par le nombre six cens soixante-&-six ? N'est-
ce pas faire la guerre au sens commun, de vouloir que St. Jean, qui
a écrit son Apocalypse en Grec à des
gens qui parloient cette langue, ait
eu en veüe qu'on devoit chercher le
nom de la Beste en d'autres lettres
que dans les lettres Grecques ? Aussi
n'y a-t-il eu que des Protestans mal-
sensez, dont Mr. Jurieu est le Copiste, qui se soient avisés d'une
aussi grande impertinence que celle-
là. Mais que leur importe ? tout est
d'usage pour eux, pourveu qu'ils
puissent seduire le peuple.

Mr. Ju-
rieu, & les autres Protestans qu'il copie, font ridicules dans la suppu-
tation qu'ils font pour prouver que le Pape est l'Ante-christ.

Mr. Simon ne s'est pas contenté
d'accuser Mr. Jurieu d'ignorance
dans la langue Ebraïque, il luy a
de plus reproché qu'il se servoit mal-
à-propos du Syriaque & de l'Arabe
pour appuyer ses visions sur l'Apocalypse, & sans qu'il eust aucune connoissance de ces deux langues. Mais
je ne voy pas, Monsieur, dans la
fueille que vous m'avez envoyée,
qu'il satisfasse à cette objection. Il
se contente de renvoyer aux autres
Chapitres de son Livre. Ce n'est
pas de quoy il s'agit présentement.
Il a pretendu que ceux qui avoient
traduit le 12. verset du Chap. 17.

Mr. Ju-
rieu prouve ses vi-sions sur l'Apoca-lypse par des faus-setez qui mon-strent son ig-norance.

 ·de

de l'Apocalypfe par ces mots, *ils recevront comme Rois la puiſſance pour une heure*, ont fait une inſigne falſiſication : & pour appuyer ſa penſée, il a aſſuré qu'il n'y a que la ſeule Verſion Arabe qui les puiſſe mettre à couvert *de leur inſigne falſification* ; laquelle Verſion, ſelon luy, eſt contraire à la Vulgate & au Syriaque. Il falloit répondre à ce qu'on luy a objecté là-deſſus, que la Vulgate, l'Arabe & le Syriaque étoient parfaitement d'accord en ce lieu-là ; & que s'il avoit même ſçû lire l'Arabe & le Syriaque, il auroit trouvé dans ces deux Verſions les mêmes mots pour ſignifier ce que la Vulgate a traduit *una hora*.

Le Theologien de Rotterdam ne peut comprendre comment Mr. Simon l'a pû faire entrer dans ſa Réponſe à Mr. le Clerc. Il n'a été beſoin neanmoins d'aucunes machines pour l'y attirer. Mr. le Clerc avoit fait l'éloge de quelques Proteſtans, qu'il eſtimoit ſavans dans la Critique de l'Ecriture par rapport aux citations qu'on trouve dans leurs Livres, qui ſont le plus ſouvent remplis d'Ebreu, de Syriaque & d'Arabe. On a répondu à cela, que ces ſortes de citations n'étoient pas toûjours une preuve de leur grande literature. On a produit pour exemple Mr. Jurieu, qui n'eſt pas un Auteur du commun, & qui ne laiſſe pas de ſe ſervir de l'Ebreu, du Syriaque & de l'Arabe, bien qu'il n'entende rien de toutes ces langues. Cependant, ſi nous l'en croyons, il peut mettre au jour des Ouvrages, où l'on trouvera une literature Juive un peu plus fine & plus ſenſée que

Mr. Jurieu ignorant dans les langues Orientales.

celle de Mr. Simon. Il promet même que le public en jugera quelque jour. En attendant que cette literature Juive luy vienne de la part de quelque Rabbin, il eſt bon que nous ſuſpendions noſtre jugement. Tant qu'il ne paroiſtra que des productions de Mr. Jurieu, on ſera toûjours fondé pour croire que ſa literature Juive n'eſt pas bien ſenſée.

Il a neanmoins voulu faire un effort pour prouver que les anciens Juifs n'appellent pas dans leurs Livres la ville de Rome *Roma* du mot Latin, mais *Romi* du mot Grec. Il nous auroit fait plaiſir de citer ces anciens Rabbins qui ont lû les Livres des Grecs, d'où ils ont formé le mot Ebreu *Romi* en Ebreu de Rabbin. J'ay crû juſqu'à preſent que le mot רומי qui ſe trouve dans Raſci & dans quelques autres Juifs, n'eſt autre choſe que ce que nous appellons *Rome* en François, & que ceux qui ont ponctué ce mot n'ont pas pris garde que le *Jod* final en cet endroit étoit la marque d'un *e*. Le paſſage de Raſci, qui étoit François, ne peut s'entendre que de cette maniere ; & je ne voy pas même qu'il ſe ſoit ſervi de *Romii* & *Romiith* pour ſignifier un *Romain* & une *Romaine*.

Le mot de *Romi* qui eſt dans les Rabbins pour ſignifier *Rome*, n'a point été tiré du Grec.

Voicy un exemple de cette literature Juive bien ſenſée que Mr. Jurieu nous promet. *St. Jean*, dit-il, *qui écrivoit en Grec & entre des Grecs ne pouvoit faire alluſion qu'au nom formé ſur le mot Grec*. Mais il faut avoir perdu le ſens pour tomber dans une auſſi grande extravagance que celle-là. S'il n'a pas d'autre literature Juive à nous produire, il ne paſſera jamais que pour un faiſeur de Commentai-

Extravagance de Mr. Jurieu en fait de literature.

res

res fur l'Apocalypfe. En effet un homme de bon fens pourra-t-il s'imaginer que St. Jean écrivant fon Apocalypfe en Grec, ait renvoyé à l'Ebreu pour trouver le nombre 666. dans le nom de la Befte? Mais Mr. Jurieu, ce rare efprit de nos jours qui fait le plus fin de l'Apocalypfe, nous affure après une fi grande découverte, *qu'il faut avoir fur le cœur un voile plus épais que celuy qui repofe fur le cœur des Juifs dans la lecture de Moïfe, pour ne pas voir icy le Pape & la Cour de Rome.* Cette phrafe eft un peu extraordinaire. Je m'imagine entendre Apollon qui prononce fes oracles. C'eft affez que l'Oracle de Rotterdam prononce ce difcours d'un ton d'Impofteur dans l'Eglife Walone de Rotterdam: tout le peuple répond *Amen*; & on ne doute plus après cela que le Pape ne foit l'Antechrift.

Le pauvre homme, fi nous en croyons Mr. Jurieu, que ce Mr. Simon, quand il veut raifonner, & quand il veut avoir de l'efprit! Il a eu grand tort de s'en prendre à ceux qui ont la reputation d'en avoir: & s'il avoit confulté les connoiffeurs d'entre fes amis, il n'auroit pas attaqué la Befte de Rotterdam. Il fe feroit bien donné de garde de railler le *rayon*, parce qu'il ne s'entend pas en raillerie. Il eft vray que ce Mr. Simon eft un peu trop gros pour avoir l'efprit fin & delicat. Quelle fineffe y a-t-il à dire que tout le monde n'a pas le *rayon* comme Mr. Jurieu? A quel propos cacher fous le nom de rayon les cornes de la Befte? Ne fait-on pas que dans le ftile de l'Ecriture un même mot fignifie *corne* &

Explication du *Rayon* de Mr. Jurieu.

rayon? Ignorabat quod cornuta effet facies fua. C'étoit bien affez d'avoir prouvé que le Miniftre de Rotterdam étoit la Befte à deux cornes, fans fe jetter fur le *rayon*, & nous dire que tout le monde n'a pas le rayon de Mr. Jurieu pour expliquer l'Apocalypfe.

Ce Mr. Simon veut écrire de tout, & croit fort bien écrire: mais Mr. Jurieu, qui admiroit il y a peu de temps tous les Ouvrages de Mr. Simon, & qui en parloit comme *du plus favant homme qui foit aujourd'huy dans l'Eglife Romaine*, trouve bon de l'avertir prefentement de n'écrire plus ni en Latin, ni en François, parce qu'il n'a rencontré ni la pureté ni l'élegance. En verité ce Mr. Jurieu eft admirable dans fes confeils. Pour moy je ne luy confeille pas d'écrire en Latin, mais de l'apprendre, afin de pouvoir faire fes leçons de Theologie dans cette langue, fur tout étant dans une ville où fes écoliers, s'il en avoit encore quelques-uns, pourroient plus profiter de fes leçons Latines que de celles qu'il y fait en François. Ce qui eft même une honte pour luy, quand quelques Miniftres ou d'autres perfonnes qui n'entendent pas la langue Françoife veulent luy parler en Latin, ils n'en reçoivent aucune réponfe, parce que le Theologien de Rotterdam ne fauroit prononcer quatre mots de fuite en Latin. Ce qui a fait dire à un de fes amis, que Mr. Jurieu étoit Theologien *palatin*. A l'égard du François, je veux bien croire qu'il s'y eft plus appliqué, car c'eft la feule chofe qu'il fait. A y regarder cependant un peu de près,

Mr. Jurieu fait fes leçons de Theologie en François, parce qu'il ne fait point le Latin.

on

Mr. Jurieu s'eſt fait honneur des Ouvrages d'autruy.

on trouvera qu'il s'eſt fait honneur des Ouvrages d'autruy, qu'on a bien voulu luy attribuer, parce que ceux qui en étoient les veritables Auteurs n'oſoient pas paroître dans ce temps-là. Les plus habiles de ſon parti le regarderent comme un homme propre à répandre les Libelles qu'ils faiſoient : & il trouva en cela le moyen de ſatisfaire à ſon ambition & à ſon avarice.

Encore une fois ce Mr. Simon n'a pas trop bien penſé à ce qu'il faiſoit, quand il a attaqué le Miniſtre de Rotterdam ſans en avoir été offenſé. Si le Miniſtre le veut ſuivre pas-à-pas, il ſe vante de le pouvoir abyſmer, parce qu'il ne ſait rien de ſon meſtier, au lieu que luy Miniſtre en

Mr. Jurieu fait bien des meſtiers ſans en ſavoir aucun.

ſait aſſez de celuy de Mr. Simon pour luy faire ſentir que dix mille mots entaſſez dans ſa teſte ne ſont pas un habile homme. Il a raiſon le bon homme, ayant ſa teſte déja aſſez chargée, de ne la charger pas encore de dix mille mots. Mais il nous fera plaiſir de nous dire quel eſt ſon meſtier ; car juſqu'à preſent il n'a paru de luy que des Libelles & des pieces mal couſuës qu'il a tirées de quelques Livres de Controverſe. Le Livre des *Préjugez* qu'il publia l'année paſſée eſt un de ſes plus excellens Ouvrages. On ſait le jugement que quelques Miniſtres qui ſont en Hollande en ont fait. Mais il ne faut que ſavoir un peu de Theologie pour en juger ſoy-même. Son Paralleliſme des deux Religions eſt encore une piece admirable. En verité il n'y a rien de mieux ſenſé que ces deux Livres, qu'on reconnoit être de luy, parce qu'on y trouve le caractere de la Beſte.

Le pauvre Theologien que ce Mr. Jurieu ! Il ſe meſle d'un meſtier dont il ne ſait rien. Ne ſe ſouvient-il plus de ce qui luy arriva à Sedan, lors qu'il y profeſſoit la Theologie ? A-t-il oublié le nom du Pere Robert Commiſſaire des Capucins, qui y étoient dans ce temps-là ? Ce ſavant Religieux ayant preſſé fortement le Répondant dans la diſpute ſur une opinion attribuée fauſſement au Cardinal Bellarmin, Mr. Jurieu prit la parole : mais il avança tant d'impertinences, & dont on le convainquit ſur le champ, qu'il fuſt obligé de s'en retra<ter publiquement. Il fit pitié à la compagnie, qui le voyoit chercher par tout des mots Latins pour s'expliquer ; & quelque effort qu'il pût faire, on s'apperceut bientoſt qu'il n'en avoit pas une grande proviſion.

Il ne ſait rien en Theologie ; ce qu'on prouve.

Si on le conſidere du coſté de la Predication, où il croit reüſſir, je ne veux point d'autre juge de ſes Predications que Mr. Morus, qui a été un des plus habiles hommes que les Huguenots ayent eu pour la Chaire. J'ay appris de deux perſonnes qui ſont de la connoiſſance de noſtre Predicant, & qu'on luy nommera quand il voudra, que s'étant voulu meſler de prêcher dans Charenton pour faire paroître ſes rares talents, il y prêcha ſi pitoyablement, qu'il n'en reçût que de la confuſion. Comme ces Meſſieurs qui ſe diſent Evangeliques ne le ſont la plus-part que de nom, Morus étant monté en Chaire quelques jours après, n'entretint preſque d'autre choſe ſon auditoire que de la maniere baſſe & puerile de prêcher de Mr. Jurieu,

Il n'eſt point Predicateur ; ce qu'on prouve.

qui

qui étoit plus propre, difoit-il, à entretenir des païfans que d'honneftes gens. Il prit pour fon pretexte, qu'il vouloit leur expliquer la veritable maniere d'annoncer l'Evangile. Ce qui luy donna occafion de parcourir les plus beaux endroits du Sermon de Mr. Jurieu, qu'il donnoit pour des exemples d'une maniere baffe & ridicule de prêcher l'Evangile.

Jugez après cela, Monfieur, de quel meftier .peut être Mr. Jurieu, qui n'en fait pas un de tous ceux où il croit exceller. Il veut neanmoins faire l'habile homme, & juger en Critique des Ouvrages de Mr. Simon, qui felon luy n'eft qu'un Compilateur, & qui copie, quand il veut paroître Original. On laiffe volontiers au Theologien de Rotterdam la qualité d'Original, qui eft même Original, quand il copie les autres. On attend qu'il produife autre chofe que des paroles & des injures ; & alors on le fuivra pas-à-pas. Il s'imagine avoir très-bien juftifié *l'illuftre* Il defend Mr. Bochard en declamateur. *Bochard, dont on a dit qu'il eft un pur Grammairien, & un grand faifeur d'étymologies,* par ces grandes & longues exclamations. *Il faut bien, dit-il, avoir renoncé à la pudeur & à la honte, pour traiter ainfi un homme qui a été, & qui eft encore l'admiration de fon fiecle ; un homme qui a été loüé dans le Midy, dans le Nord, dans l'Orient, & dans l'Occident ; un homme qui a paffé pour l'Oracle des Savans ; un homme auprès duquel le Curé de Bolleville eft un Curé de village.* Voilà un éloge de Mr. Bochard dans toutes les formes, & qui n'eft pas affurément fait par un *Predicant*

de village. Mais le malheur eft, que les Livres de l'illuftre Bochard ne font pas rares. Il ne faut aller ni au Nord, ni au Midy, ni en Orient, ni en Occident pour en juger. Les connoiffeurs, fur tout à Paris, où il y en a plus qu'en aucun lieu du monde, n'en jugent gueres autrement que le Curé de Bolleville. Si on excepte la premiere partie de fon Phaleg, qui eft fon meilleur Ouvrage, le refte, & principalement fon gros Livre des Animaux de la Bible, ne porte pas le caractere d'un Heros dans les lettres, tel que l'Oracle de Rotterdam nous l'a reprefenté.

Mr. Simon a eu auffi grand tort de médire de Mr. Daillé, de Mr. Claude & de Mr. Turretin, en un mot des vivans & des morts, *& de facrifier le nom du Miniftre Jurieu, que Meffieurs du Clergé de France aiment tant.* On n'a point d'égard aux Libelles d'un calomniateur public. Cet homme eft-il affez fou pour croire que fes médifances & fes Libelles faffent impreffion fur l'efprit de Meffieurs du Clergé ? Comme il eft reconnu en France auffi bien qu'en Hollande pour un calomniateur public, qui feme des Libelles afin de fatisfaire à fa paffion, & de tirer de l'argent des Libraires par cette voye infame, on n'a aucun égard à tout ce qu'il peut dire. En verité il luy fied bien de reprocher à Mr. Simon d'avoir médit de Mr. Daillé, après en avoir parlé luy-même comme il a fait dans quelques-uns de fes Ouvrages. Quand on luy Il defend mal-à-propos Mr. Daillé. a oppofé les témoignages de ce Miniftre pour prouver que tous les fondemens de la Religion font demeurez entiers dans l'Eglife Romaine, il a répondu qu'on n'étoit pas obligé

B b de

de croire là-dessus Mr. Daillé, *parce qu'il a été grand partisan de Cameron & de l'Académie de Saumur, & qu'il a deffendu des hypotheses qui ne s'accordent pas avec les sentimens du reste du parti.* C'est ainsi que le Ministre de Rotterdam respecte l'autorité de Mr. Daillé, lors qu'on luy fait voir qu'il est un Calviniste outré, & un ennemi de la paix. A l'égard de Mr. Simon, il n'a rien dit de Mr. Daillé, dont les habiles gens, même parmi les Protestans, ne demeurent d'accord. Il s'agit de son Livre de *Usu Patrum*, & on ne croit pas luy avoir fait tort, quand on a avancé que c'étoit le plus méchant de tous ses Ouvrages. Pour peu qu'on ait étudié la matiere qu'il y traite, on n'en pourra juger autrement. Je ne sçay pourquoy il fait aussi venir sur les rangs Mr. Claude, dont on ne croit pas avoir rien dit dans la Réponse à Mr. le Clerc, qui le puisse choquer. Pour ce qui est de Mr. Turretin, on s'en doit bien plûtost prendre à Mr. le Clerc qui est Protestant & de Geneve, qu'à Mr. Simon, qui s'est moins étendu que luy sur le rare merite de ces Messieurs de Geneve.

Voicy de nouveaux exemples de la fine literature Orientale de Mr. Jurieu, dont il donne des preuves évidentes dans la Critique qu'il a voulu faire du projet qui parut il y a quelque temps d'une Polyglotte abregée. On veut bien le suivre icy pas-à-pas, afin de faire connoître à tout le monde son peu de capacité & son peu de jugement. Il ne peut souffrir premierement, qu'on ait publié ce projet avant de donner l'Ouvrage. Mais n'étoit-il pas necessaire de savoir la

pensée des personnes habiles sur cette matiere, afin de servir le public plus utilement? En second lieu il méprise cette Polyglotte abregée, parce qu'elle ne contiendra que les Textes Hebreu, Grec & Latin qui passent pour originaux. *Voilà, dit-il, qui l'élevera bien au dessus des Bibles de Complute, d'Anvers, de Paris & de Londres.* Aussi ne fait-on pas imprimer ces seuls Textes pour élever cette Polyglotte au dessus de celles de Complute, d'Anvers, de Paris & de Londres, mais parce que pour une Polyglotte qui puisse être utile à tout le monde, il n'y doit entrer que ces Textes-là entiers, étant facile de suppléer aux autres par de simples remarques.

Il ne paroit pas de plus avoir compris ce projet, quand il dit qu'on aura à la marge, non les Versions Caldaïques, Samaritaines, Syriaques, Arabes, &c. entieres, mais seulement des extraits deçà delà de ces Versions où elles sont differentes des Textes originaux. Ce qui ne peut être, selon luy, d'aucune utilité; parce que ces differences se trouvent aussi bien dans les Versions que dans des lambeaux deschirés. Si Mr. Jurieu avoit compris le projet, il y auroit veu qu'on ne met à la marge de cette nouvelle Polyglotte aucune de ces Versions, mais seulement les diverses leçons qu'on a pû recueillir de differens Exemplaires Ebreux & de toutes ces Versions. Car pour ce qui regarde les differentes Versions, elles doivent être placées en forme de notes au dessous des Textes pour ne point apporter de confusion à cet Ouvrage. Mais

pour-

pourquoy, continuë Mr. Jurieu, ne pas prendre ces diverſités · plûtoſt dans des Textes entiers, *que dans ces lambeaux deſchirés ?* Ceux qui ont les Polyglottes entieres le pourront faire, quand il leur plaira. Mais outre qu'il faut beaucoup lire pour cela, bien des Proteſtans qui n'ont pas plus de literature que le Miniſtre de Rotterdam, ſe reglent plûtoſt ſur le Latin de ces Verſions que ſur les Textes, & apportent pour difference ce qui ne l'eſt point en effet. Mr. Simon en a donné un exemple conſiderable dans ſa Critique du Vieux Teſtament, quand il a parlé de la Synopſe des Critiques d'Angleterre, où l'on apporte ſouvent des differences de l'Ebreu, du Samaritain, du Syriaque, du Caldaïque & de l'Arabe en des endroits où il n'y en a aucune dans les Textes des Verſions. Sans qu'il ſoit beſoin de chercher des exemples ailleurs, Mr. Jurieu ne cite-t-il pas les Verſions Syriaques & Arabes comme differentes, bien qu'elles ſoient entierement conformes dans les endroits qu'il cite ? Il ne feroit pas ces pas de Clerc, s'il avoit une Polyglotte abregée, & telle qu'on l'a repreſentée dans la Synopſe, parce qu'on y a remedié à ce defaut.

Ce que Mr. Jurieu a avancé icy de mieux ſenſé, c'eſt que *ces ſortes de Livres,* parlant des Polyglottes, *ſe mettent dans les Bibliotheques des Savans bien plus pour l'ornement que pour l'uſage.* Il a raiſon, le bon Miniſtre, de juger des autres par rapport à luy-même. Il luy ſuffit d'avoir pour ſon uſage quelques Livres de Controverſe, & des Commentaires ſur

l'Apocalypſe : il joint auſſi à cela cet excellent Livre de Henry Eſtienne, qui a pour titre, *Traité preparatif à l'Apologie pour Herodote.* C'eſt de là principalement qu'il a tiré toute cette rare érudition qui paroit dans ſes Ouvrages. C'eſt un de ſes grands Auteurs en fait de Theologie. Tout le reſte ne luy ſert que d'ornement de Bibliotheque.

Son bon ſens ne peut ſouffrir qu'on ait dit au commencement de la *Synopſe,* qu'*il n'eſtoit point neceſſaire d'imprimer entiers les Exemplaires Juifs & Samaritains, qui ne ſont preſque differens entre eux que dans les caracteres; qu'il en eſt de meſme des Verſions Arabes, Syriaques, Caldaïques & autres, deſquelles il eſt conſtant qu'elles ont eſté faites, ou ſur le Texte Hebreu, ou ſur la Verſion des Septante ; qu'il n'y avoit donc nulle raiſon de les reimprimer avec l'Hebreu & le Grec dont elles ont été priſes, dans les lieux où elles s'accordent avec les Originaux.* C'eſt icy que Mr. Jurieu croit avoir remporté une grande victoire ſur Mr. Simon, & il faut, ſelon luy, avoir perdu le ſens commun pour parler ainſi ; parce que c'eſt le *plaiſir des Savans de voir ce bel accord des Verſions, & de juger de cet accord par leurs propres yeux. C'eſt un des plus puiſſans appuis de la foy Chrétienne, de voir que Dieu a conſervé l'eſſentiel de ſa revelation dans toutes les Langues.*

Si le Miniſtre de Rotterdam avoit pris garde qu'il ne s'agit dans la *Synopſe,* que des Polyglottes où l'on ne croit pas qu'on doive renfermer toutes ces Verſions entieres pour l'utilité du public, il n'auroit pas eu

un

un mot à dire. Les bons connoiſ-
ſeurs de l'Italie écrivirent au P. Morin , qu'il n'eſtoit point neceſſaire
d'imprimer entier le Pentateuque
Ebreu-Samaritain dans la Polyglotte
de Paris , mais ſeulement les endroits où il differoit du Texte Ebreu
des Juifs : que s'il ſouhaittoit le donner entier au public , il eſtoit mieux
de l'imprimer ſeparément , pour le
mettre dans les Bibliotheques des
Curieux , où on pourroit le voir &
le conſulter. En effet dans un corps
de Polyglotte , où l'on ne doit renfermer que ce qui peut eſtre d'uſage
à tout le monde , il n'eſt pas à propos d'y mettre autre choſe que ce
qui peut ſervir à ceux qui ſont capables d'en profiter ; & ces gens-là
pour l'ordinaire ne ſont pas en eſtat
de faire de grandes & exceſſives de-
penſes. Je ne diray rien des méchantes & fauſſes pieces qu'on a imprimées dans ces *Polyglottes* , & qui
ne meritoient pas aſſurément de voir
le jour.

Mais Mr. Jurieu demande , qui
l'aſſurera qu'on ait remarqué avec
exactitude les endroits où les Verſions different de l'Original. *Il s'en
faudra fier* , dit-il , *au profond ſavoir du Curé de Bolleville , qui me
dira que les endroits qu'il aura omis
ſont ceux où il n'y a aucune difference
entre la Verſion & l'Original.* L'Auteur de cette Polyglotte n'empêche
pas le Miniſtre de Rotterdam d'avoir
recours à ſa belle Polyglotte qui
ne luy ſert que d'ornement. Quant
aux Textes qui ſont dans les Polyglottes , ſi on les avoit imprimés ſeparément , ce qui euſt ſans doute
été mieux , l'on n'euſt mis dans

ces Polyglottes pour la commodité
des particuliers , que des extraits de
ces Verſions de la maniere qu'on l'a
remarqué dans la *Synopſe*. Tout l'u-
ſage que le *Predicant* de Rotterdam ,
qui ne ſait que le François & un tant
ſoit peu de Latin , peut faire de ſa
Polyglotte , c'eſt que quand il luy
plaira de citer de l'Ebreu , du Samaritain , du Syriaque , du Caldaïque
& de l'Arabe , il dira de grandes impertinences ; au lieu que s'il avoit
une Polyglotte abregée de la maniere qu'on en a tracé le plan , il ne
tomberoit pas dans des erreurs pueriles , & dignes d'un *Predicant* de
village.

Cet homme qui fait aſſez connoiſtre par ces Ecrits qu'il ne ſait
rien de ce qui appartient à la Critique , veut cependant que le public
luy tienne compte de ſes bons avis.
Il faut , dit-il , *avoir pitié des gens
& avertir le public qu'il ne ſe doit pas
laiſſer tromper par ce beau titre de Polyglotte Contracte.* Il auroit beſoin
que quelqu'un de ſes Confreres l'a-
vertit charitablement de menager un
peu plus ſa réputation , & de ne
parler pas de matieres dont il n'a aucune connoiſſance , parce que cela
l'expoſe à la riſée des perſonnes qui
ont quelque literature. Il croit dire
des merveilles , quand il nous vient
dire , *Mr. le Curé de Bolleville fera
des extraits de la Bible de Veniſe &
de Buxtorf : ô la grande obligation que
nous luy aurons , & que cela ſera curieux ! Car cela vaudra bien mieux
dans cette nouvelle Bible en extrait ,
qu'il ne vaut en original dans les Bibles que nous avons dans nos Bibliotheques.* Voilà ce que c'eſt de n'avoir

des

Il se rend ridicule, faisant le Critique.

des Livres que pour l'ornement. Cet homme a crû que parce que Venise & Basle sont deux villes differentes, la Bible qu'on appelle ordinairement de Venise, & celle de Buxtorf imprimée à Basle, sont en effet deux Bibles qui contiennent differentes choses ; au lieu que celle de Basle a esté imprimée sur celle de Venise. Mais que cela fait-il ? C'est assez que le Ministre de Rotterdam parle, il se trouvera toûjours des sots qui le croiront. Les extraits qu'on doit mettre dans la Polyglotte abregée vaudront mieux en effet pour Mr. Jurieu que ce qui est dans l'Original : car ce qu'on y rapportera des Rabbins qui sont dans la Bible de Venise, ou de Buxtorf, sera accompagné d'une Version Latine. On y en doit aussi inserer plusieurs autres qui ne sont point dans cette Bible. De plus, tant sur ces Auteurs Juifs que sur les anciens Interpretes, on promet de former un nouveau Dictionaire de la langue Ebraïque, qui sera un peu different de ceux qui ont servi de regle aux nouvelles Traductions des Protestans.

Avis ridicule de Mr. Jurieu aux Imprimeurs de Hollande.

Si nous en croyons Mr. Jurieu, ce qu'il dit n'est point pour chagriner Mr. Simon ; mais il veut seulement avertir les Imprimeurs de Hollande ; qu'il ne comprend pas comment ils veulent faire les avances necessaires pour un tel Ouvrage. Et comme toute la Hollande sait qu'il est fort porté pour le gain des Libraires, il leur donne ce bon avis, *qu'ils peuvent estre assurés qu'ils vont faire de beaux magazins d'enveloppes & de maculatures pour les siecles futurs. Je ne comprens pas,* ajoute-t-il, *com-*

ment ils ne profitent pas de l'exemple des entrepreneurs de la Bible de Paris, qui s'y sont ruinez. Les Polyglottes sont presentement à un si bas prix, qu'on voit bien qu'il y en a tant qu'on ne sait qu'en faire. La maladie en est passée. Ce qui se vendoit autrefois cinq cens livres, se donne pour cinquante.

En verité il a eu raison de nous promettre une literature Orientale mieux sensée que celle de Mr. Simon, & il ne s'y prend pas mal. Mais le malheur est, que dans la Hollande on compte pour rien ses avis. La Polyglotte de Paris ne vaut que cinquante livres, & elle valoit autrefois cinq cens. Mais renvoyons ces sortes de supputations à nôtre faiseur de Commentaires sur l'Apocalypse. Tout le monde sait que ce sont les Anglois qui ont ruiné Mr. le Jay, parce qu'ils ont fait imprimer sa Polyglotte en plus petits caracteres & en plus petit papier : ce qui l'a renduë bien plus commode pour les particuliers, & à meilleur marché. On ne voit pas que la Polyglotte d'Angleterre ait beaucoup diminué de prix en France. Ce qui pourra arriver, si l'on execute le dessein de la Polyglotte abregée ; parce qu'outre qu'elle coûtera beaucoup moins, il y aura une infinité de choses qui ne se trouvent point dans la Polyglotte d'Angleterre.

Je ne me serois pas étendu si au long sur cette matiere, si je n'avois voulu faire voir le peu de jugement & de capacité de Mr. Jurieu, qui ne devroit jamais parler que de Controverse & de l'Apocalypse. Je proteste que je ne prens point d'autre part dans cette nouvelle Poly-

 glotte,

glotte, que celle qu'y ont prifes plu-fieurs perfonnes favantes & judicieu-fes qui la fouhaittent avec paffion. Je veux bien y contribuer de tout ce qui me fera poffible, parce que je fuis perfuadé qu'on ne peut gueres rendre de fervice plus utile au public que celuy-là. Ce qui fe trouve mé-me de perfonnes bien fenfées parmy les Proteftans demandent cet Ouvra-ge avec empreffement. Je ne veux pas nommer icy un des plus favans hommes qu'ils ayent aujourd'huy parmy eux, qui a fouhaitté que cette Polyglotte fuft comprife dans un feul grand volume, afin qu'on pût s'en fervir plus facilement dans les Ecoles : ce qui monftre bien que la maladie des Polyglottes n'eft pas en-core tout-à-fait paffée.

Au refte je laiffe les medifances de cet homme, qui paffe depuis long-temps pour un calomniateur public qui n'a pas épargné dans fes Libelles ce qu'il y a de plus augufte & de plus facré dans l'Europe. Il eft aifé de luy prouver qu'il fait meftier de médire pour gagner de l'argent par le moyen de fes Libelles. Ce qui le fait regarder, même dans la Hollande, pour un très-méchant homme, qui n'a point d'autre Re-ligion que fon intereft. Mr. Arnauld n'a pas plûtoft attaqué le parti Cal-vinifte, qu'il l'a traité de méchant Chrétien qui ne croyoit ni la Trini-té, ni l'Incarnation; & d'impie qui ruinoit la divinité des Livres Sacrés. Il l'a appellé un Tartuffe, qui defend par politique la prefence réelle & la Tranffubftantiation. C'eft ainfi que ce furieux répond aux raifons qu'on luy oppofe, & par fes emportemens

il donne à connoiftre la foibleffe de fa caufe & de fon efprit. Je fuis faf-ché, Monfieur, de vous parler en ces termes d'un homme que je fçay eftre voftre amy depuis long-temps. J'aurois bien d'autres chofes à vous dire de luy; mais je ne veux pas vous chagriner davantage. Vous favez que quoy qu'il en dife, je ne l'ay pas attaqué le premier; & que je n'aurois jamais penfé à luy, s'il ne m'en avoit pas donné l'occafion. Je fuis, &c.

A Paris ce 20. Avril 1686.

CHAPITRE XIV.

Critique de la XIV. Lettre.

IL n'y a prefque rien dans cette Lettre de Mr. le Clerc qui merite d'eftre examiné, parce qu'elle ne contient que des idées vagues & ge-nerales touchant l'eftime qu'on doit avoir des anciens Auteurs, & en particulier des Peres de l'Eglife. Comme il ne s'eft jamais appliqué à l'eftude des Peres, il euft été plus à propos qu'il n'en euft point parlé. Mais il vouloit fe juftifier du repro-che qu'on luy a fait d'avoir couvert d'injures ces anciens Docteurs fans avoir lû leurs Livres. Il objecte d'a-bord, que ce que Mr. Simon a dit *de St. Jerôme & de St. Auguftin eft abfolument incompatible avec le refpect qu'il veut faire paroitre quelquefois pour eux.* Ce refpect que les Catho-liques ont pour les Peres ne les a ja-mais empêchés de juger librement de leurs fentimens. Car comme la foy de l'Eglife n'eft pas fondée fur les opinions particulieres de quelques

ques Peres, mais fur une uniformité de creance, on eft toûjours en droit de les examiner par rapport à ce principe. Si St. Auguftin, par exemple, a eu des fentimens particuliers touchant la grace & la predeftination, l'on n'eft pas obligé de le fuivre dans ce qu'il a eu de fingulier, mais feulement dans les endroits où il s'accorde avec les autres Peres; & on ne dira pas pour cela qu'on perd le refpect qu'on doit avoir pour St. Auguftin. Il en eft de même de St. Jerôme, & en un mot de tous les anciens Ecrivains, qui n'ont pas pretendu eftre infaillibles.

Melch. Can. de locis Theol. lib. 7. cap. 3. Jugement de Melchior Canus touchant l'autorité des Peres.

C'eft ce qui a fait dire à Melchior Canus, *Legentur itaque à nobis Patres veteres cum reverentia quidem, fed ut homines cum delectu quidem atque judicio. Quòd fi quis aliter fapit, nec fanis confiliis acquiefcit, hic jam non Sanctorum Religione, fed fui ipfius amore capitur, & fub Veterum nomine novas opiniones invehere conatur.* Ce favant Evêque cite là-deffus un long paffage du Traité de Vincent de Lerins contre les Heretiques, qui eft un Ouvrage qu'on ne fçauroit affez eftimer. Le même Auteur ajoute, *qu'il ne faut pas fe mettre en peine de refuter la beftife de ceux qui égalent aux Livres Canoniques les Ouvrages de St. Jerôme & de St. Auguftin. Nec magnopere conandum eft eorum hic ftultitiam refellere, qui Libris Canonicis Hieronymi aut Auguftini opufcula æquarint.* Si noftre Arminien avoit confulté ce Theologien, il n'auroit pas avancé tant d'impertinences fur le fait des Peres, & il y auroit appris en même temps, que

Melch. Can. ibid.

ce que Mr. Simon en a dit n'eft pas *abfolument incompatible avec le refpect qu'il doit avoir pour eux.* Et ce qu'il eft bon de remarquer, c'eft que dans les endroits où l'on a parlé d'eux dans l'Hiftoire Critique du Vieux Teftament, il ne s'agit que de points de Critique, ou de quelque autre matiere qui n'appartient point à la foy, & fur laquelle il eft libre à chacun de penfer ce qu'il luy plaift. Je ne m'arrefte point icy fur ce qu'on a tiré de la Réponfe de Pierre Ambrun, qui n'a rien de commun avec Mr. Simon. Ce Proteftant a pû avancer contre les Peres tout ce qu'il luy a plû, fans qu'on y prenne aucune part: & il y a même de l'apparence qu'il nous a donné des contes de fa façon, comme de veritables hiftoires. Et pour n'eftre pas obligé de revenir à ce Pierre Ambrun, dont il parle encore dans fa XVI. Lettre, on luy nie que Mr. Simon foit l'Auteur de ce Livre. Le ftile, les manieres & les expreffions de cet Ouvrage font des preuves très-foibles & fur lefquelles on ne peut faire aucun fonds. Car outre qu'il n'eft pas croyable qu'un homme fe refute foy-même, cette trop grande affectation que le Sr. Ambrun fait paroitre à imiter quelques expreffions de l'Hiftoire Critique, donne lieu de foupçonner que celuy qui a compofé cette Réponfe n'a eu autre deffein que de fe cacher fous cette affectation, & de vouloir perfuader le monde que Mr. Simon en étoit l'Auteur. C'eft pourquoy il feroit inutile de répondre à toutes les reflexions que Mr. le Clerc a faites là-deffus.

Du Livre de Pierre Ambrun contre l'Hiftoire Critique.

Il continuë fa XIV. Lettre par une

une longue declamation contre les Peres, où il cite quelques vers d'Horace, & entre autres celuy-cy, qu'il a fallu reformer pour l'accommoder à son sujet, *Non equidem infector delenda volumina Patrum.* On ne doit pas s'étonner de voir tant de pauvretés dans tout ce discours de nostre Arminien, puis qu'il l'a formé sans avoir jamais lû les Peres, sur une Epistre d'Horace, où ce Poëte blâme le jugement qu'on faisoit de son temps à Rome des nouveaux Poëtes, où l'on n'estimoit que les anciens à cause seulement de leur antiquité. Cela vient-il à propos des Peres, dont on lit principalement les Ouvrages pour servir de témoins des faits qui sont arrivés de leur temps ? C'est pourquoy il est absolument necessaire de les lire pour juger de ces faits. Après avoir cité Horace avec si peu de jugement, il nous donne pour Juge souverain des Peres un de ses amis qui ressemble fort à Mr. Ambrun. *Je connois, dit-il, une personne qui a assez lû d'Ecrits des Peres pour en pouvoir juger, qui assure que pour le bon sens ils ne sont pas même comparables aux bons Auteurs.* Puis il veut que l'on compare quelque discours de Saint Augustin avec ceux de Ciceron. *On trouvera,* ajoute-t-il, *que Ciceron prouve fort bien ce qu'il veut prouver, & en bon ordre ; pendant que St. Augustin commet de grandes fautes de jugement, & se brouille d'une étrange maniere.* Voilà une nouvelle forme de parallele, & dont on ne s'étoit pas encore avisé. Nous verrons apparemment au premier jour *la Comparaison de Ciceron & de St. Augustin par Mr.*

le *Clerc*, ou par son amy qui a lû les Peres. Il nous renvoye dans ce même endroit à Grotius, & veut qu'on en fasse une comparaison avec St. Jerôme. *J'ose dire,* dit-il, *que si l'on compare St. Jerôme, par exemple, à Grotius, on trouvera que St. Jerôme tout savant homme qu'il étoit, commet beaucoup plus de paralogismes, & raisonne avec bien moins d'exactitude & de netteté que cet illustre Ecrivain de nostre siecle.* Comme il ne nous donne icy que des paroles vagues qui ne sont accompagnées d'aucunes preuves, il ne trouvera pas mauvais que nous le laissions là, jusqu'à ce qu'il ait publié ces Comparaisons d'une nouvelle façon. On peut neanmoins luy répondre par avance, que s'il avoit la connoissance que Grotius a eüe de l'Antiquité, il auroit de meilleurs sentimens des Peres. Je say de bonne part, que ce savant homme avoit beaucoup de soûmission pour l'Antiquité, & que peu de temps avant sa mort il avoit pensé serieusement à faire profession de la Religion Catholique fondée sur la doctrine des Peres.

Nôtre Arminien fait enfin un effort pour sortir de ces generalités, & il pretend nous monstrer *qu'on abuse extrémement des Peres, en les citant mal-à-propos sur des matieres même que l'on ne peut apprendre que d'eux.* Il produit pour exemple St. *Jerôme, qui a soûtenu que les Evêques & les Prestres estoient égaux du temps des Apostres.* Puis il nous renvoye à Blondel, *qui a fait un gros Livre sur cette matiere, & aux Theologiens d'Angleterre & de France qui n'ont pas fait de moindres volumes pour refuter*

futer ce fentiment. Sans ce point d'érudition qui eft rare, on auroit crû que Mr. le Clerc n'a rien lû des Peres que ce qu'il en avoit appris dans une Epître d'Horace, où il n'y auroit même rien trouvé d'eux, s'il n'en avoit reformé les vers. Il n'eft point befoin d'examiner icy la penfée de St. Jerôme, s'il a dit fur ce fujet des chofes contraires, comme nôtre Auteur le pretend : car outre que ce n'eft point de quoy il s'agit prefentement, on a parlé au long dans l'Hiftoire Critique du Vieux Teftament du ftile de St. Jerôme & de quelques autres Peres, dont il ne faut pas juger felon nos idées, mais par rapport à eux-mêmes ; & fi l'on fuit cette methode, on ne dira pas que *St. Jerôme avoit accoutumé de parler felon la paffion prefente qui l'agitoit, fans fe mettre en peine de ce qu'il pouvoit avoir dit dans quelque autre rencontre.*

Il fe plaint de plus, de ce qu'on cite les Anciens fans examiner leurs raifons. *Ainfi,* ajoute-t-il, *Mr. Simon a cité St. Jerôme, Tertullien & St. Auguftin, qui ont quelquefois foûtenu la Tradition, peut-eftre fans avoir bien examiné ce qu'ils difoient.* Je ne fçay fi c'eft Mr. Simon qui n'a pas examiné ce que les Peres difoient, ou fi ce font les Peres qui n'ont pas examiné ce qu'ils difoient eux-mêmes. Le ftile de Mr. le Clerc dans tout cet Ouvrage eft fi remply d'équivoques, qu'il y parle par tout en Oracle. Quoy qu'il en foit, ce qu'il dit de la Tradition n'eft point une chofe qui foit particuliere à ces trois Peres qu'il nomme. Car tous les Auteurs Ecclefiaftiques de l'Anti-

Tous les Auteurs Catholiques conviennent fur le fait de la Tradition.

quité conviennent avec les Docteurs Catholiques de ces derniers temps, qu'on doit confiderer la Tradition comme un principe de la Religion ; & j'ofe même dire, qu'il n'y a que des fanatiques ou des ignorans qui puiffent rejetter ce principe. Et à ce qu'il objecte, que la fimple autorité de ces grands-hommes ne prouve rien dans les matieres où nous en pouvons fçavoir autant qu'eux : je répons qu'il ne s'agit pas tant icy de leur fcience, que du témoignage qu'ils rendent de la foy de leur temps. La fimplicité même des témoins rend leurs témoignages plus finceres. Mr. le Clerc a beau nous dire, que *le bon fens eft de tous les fiecles, & qu'on ne doit pas s'imaginer que les Anciens en ayent eu davantage que ceux qui vivent à prefent :* il n'en conclura jamais qu'un homme de bon fens ne doit point lire les Peres. Car fans faire comparaifon de leur bon fens avec celuy de Mr. le Clerc & des autres Proteftans, il eft impoffible de juger d'un fait, fi l'on n'exàmine les Actes qui appartiennent à ce fait. Nous voyons le defordre qui eft furvenu dans l'Eglife, auffi-toft que les Proteftans, qui ont crû que le bon fens eftoit de leur cofté, y ont voulu introduire la liberté de Prophetifer & d'expliquer l'Ecriture à leur maniere : au lieu que les Societés Chrêtiennes tant de l'Orient que de l'Occident, qui ont joint à l'Ecriture le principe de la Tradition, conviennent toutes dans la creance. S'il y a quelque difference entre elles, cela eft fi peu confiderable, qu'il ne merite pas le nom de difference.

C c

Mr.

Decla-mation de Mr. le Clerc contre les Peres.

Mr. le Clerc nous découvre encore un autre abus qui eſt, ſelon luy, bien plus dangereux, & qui vient de la trop grande veneration qu'on a pour les Peres ; c'eſt lors qu'on prend *leurs vices pour des vertus.* Il eſt ſurprenant, dit-il, *que les Chrêtiens étant obligés à ſe regler ſur les preceptes de l'Evangile, conſiderent peu ce que ces preceptes demandent d'eux, & s'attachent principalement à eſtudier ce qu'ont fait des hommes ſujets à violer les regles de la vertu auſſi bien qu'eux.* Il blâme toute l'Antiquité, *qui n'a point fait de difficulté d'anathematizer à tous momens & pour des choſes de nulle conſequence.* On a pris, ajoute-t-il, *l'étrange coûtume de commencer ou de finir les Canons des Conciles par un Anathema eſto*, *ſans examiner la nature des erreurs que l'on condamne.* Il ne me paroit pas aſſez inſtruit des anciens & des nouveaux uſages de l'Egliſe pour en pouvoir parler raiſonnablement.

Réponse à cette declama-tion.

On ne peut pas condamner ces anathemes en general & abſolument, puis qu'ils ſont fondés ſur l'Ecriture & ſur l'exemple des Apôtres. S'il arrive qu'on les prononce pour des cauſes legeres, & dans des faits qui n'ayent pas été aſſez examinés, alors il y a nullité dans l'anatheme. Le Droit Canon marque les cauſes de nullité.

Decla-mation contre St. Auguſtin.

Ce qui deplaiſt le plus icy à noſtre Arminien, c'eſt *qu'on abuſe de l'autorité de St. Auguſtin, par laquelle on croit faire voir qu'il eſt permis de forcer les conſciences, & de perſecuter pour la Religion; comme s'il étoit certain qu'une choſe fuſt permiſe par les loix de l'Evangile, parce que St. Auguſtin l'a crû.* Mais il ſe trompe manifeſte-

Réponse où l'on parle de la coûtume de faire rentrer les Heretiques dans l'Egliſe par les voyes de la rigueur.

ment, lors qu'il s'imagine que l'Egliſe renonce aux maximes de l'Evangile pour ſuivre ce qu'un Pere aura dit. La coûtume de punir les Heretiques, & de les ramener à l'Egliſe par les voyes de la rigueur, n'eſt pas née avec St. Auguſtin; & ſi l'on ſe ſert aujourd'huy de ſon témoignage pour juſtifier cette conduite, cela vient de ce qu'il a traité cette matiere plus à fonds qu'aucun autre dans ſon Epiſtre 48. *ad Vincentium.* Mr. le Clerc, qui n'a pas lû avec application cette Epiſtre de St. Auguſtin, oſe nous dire qu'elle contient une *abominable doctrine,* qui veut qu'on *joigne l'inſtruction à la force, comme ſi la force rendoit les eſprits plus capables d'inſtruction.* Mais qui doute que la force ne nous faſſe quelquefois rentrer en nous-mêmes, & examiner avec ſoin des choſes auxquelles nous ne nous ſerions peut-eſtre jamais appliqués, ſi l'on ne nous y avoit obligés ? Je veux que cela produiſe quelquefois des effets bien contraires dans l'eſprit de quelques perſonnes : cela nous doit-il empêcher d'uſer d'un remede qui doit eſtre utile à pluſieurs autres ? *Numquid ideo,* dit St. Auguſtin dans cette Epiſtre, *negligenda eſt medicina, quia nonnullorum eſt inſanabilis peſtilentia ?* Il eſt vray que ce Saint Docteur avoüe qu'il avoit eſté auparavant d'un ſentiment oppoſé : mais il ajoute en même temps, qu'après y avoir fait plus de reflexion, & en avoir même conferé avec quelques-uns de ſes Confreres, il avoit changé d'opinion. Ce qui monſtre qu'il n'avoit pas agi en cela legerement & ſans en avoir deliberé avec d'autres Evê-

Auguſt. Epiſt. 48. ad Vinc.

Evêques. L'experience de plus luy fit connoître l'utilité de ce remede contre les Donatiftes, dont plufieurs renoncerent de bonne foy à leurs erreurs, & témoignerent publiquement la joye qu'ils avoient de ce qu'on employoit la force pour les obliger de fe reünir à l'Eglife. *De* *August. ibid.* *multorum jam correctione gaudemus, qui jam veraciter unitatem catholicam tenent atque defendunt, & à priftino errore fe liberatos effe lætantur, ut eos cum magna gratulatione miremur, qui tamen nefcio qua vi confuetudinis nullo modo mutari in melius cogitarent, nifi hoc terrore perculfi follicitam mentem ad confiderationem veritatis intenderent.*

J'aurois fouhaité que Mr. le Clerc ne m'euft pas engagé à traiter cette matiere, mon deffein n'eftant pas d'aggraver le joug de quelques malheureux qui croyent qu'on leur a donné fujet de fe plaindre. S'ils avoient bien medité fur la conduite qu'on a gardée en France à leur égard, & fur celle que leurs Societés mêmes ont tenuë en de femblables occafions, ils ne crieroient pas fi haut. Nous lifons dans les Opufcules de Calvin les Actes de ce qui fe paffa à Geneve dans le procès de Servet, qui fut condamné à eftre brûlé tout vif par un arreft du Senat de cette ville, après en avoir écrit aux Eglifes de Zuric, de Berne, de Bafle & de Schafoufe. Calvin, qui eut plus de part qu'aucun autre à cette affaire, & que Servet accufa de *decider magiftralement* & felon fon caprice, compofa un Traité où il expofe les erreurs de Servet, & affure qu'on doit punir de mort les Hereti-

Juftification de la conduite qu'on a tenuë en France à l'égard des Proteftans.

Eam fibi jam autoritatem arrogat Calvinus, ut inftar Magiftrorum Sorbonico-

ques, *ubi docetur jure gladii coercendos Hæreticos.* C'eft le titre de fon Livre. Beze confirma la penfée de fon Maiftre par un autre Traité plus long intitulé, *De Hæreticis à civili Magiftratu puniendis*, & qui a été imprimé à Geneve avec fes autres Opufcules de Theologie. Il n'y oublie rien pour juftifier Calvin. Il apporte de plus les témoignages de Melancthon, de Bullinger, & de quelques autres Proteftans qui avoient écrit fur la même matiere.

On trouve auffi dans les Ouvrages de Calvin plufieurs procedures de Juftice faites par le Senat de Geneve contre quelques Italiens qui favorifoient les erreurs de Servet, & entre autres contre Valentin Gentil, qui fut mis dans une prifon, d'où il ne put fortir qu'après une ample retractation qu'il figna. On voulut même l'obliger de donner une bonne & fuffifante caution de fa conduite, ainfi qu'il paroit par la requefte que cet homme prefenta au Senat de Geneve, & qui commence par ces termes: *Magnifici Domini, pauper ac miferablis Valentinus humilis vefter fervus tanto jam tempore in veftris carceribus verfatus.* Il reprefente qu'on le reduit à l'impoffible, lorfqu'on exige de luy une caution, étant éloigné de fon pays, & dans un lieu où perfonne n'avoit pitié de fon malheur. *Quod à me petiit Commentarienfis, ut vadem nancifcerer, præftari à me nulla ratione poteft, præfertim cùm hic habitem prorsùs inops extraneus, folus abfque ullis conterraneis, cognatis, vel aliis quibufvis qui vicem meam committerentur.* Le Senat ayant veu fa requefte, l'élargit en luy donnant

rum articulos fcribat, & quidvis pro fua libidine damnet. Serv. apud Calv. in refut. error. Mich. Serv. Bezæ Tract. Theol. ed. Geneve an. 1570.

Procedures des Calviniftes contre ceux qu'ils croyent Heretiques.

 nant

nant la ville pour prifon, & après l'avoir fait jurer folemnellement qu'il n'en fortiroit point qu'après en avoir obtenu la permiffion. *Placuit clementiffimo Senatui ne refipifcens Valentinus teneretur vadem præftare. Ipfe verò præfens cum jurejurando promifit ex fenatufconfulti formula, fe Dominorum injuffu urbe non exiturum.* Il ne laiffa pas de s'échapper : mais enfin ayant été pris à Berne long-temps après, il fut condamné à la mort pour fes erreurs.

Ces faits font connus de tout le monde, & ce font les Proteftans qui nous en ont confervé les Actes. De quoy donc fe peuvent-ils plaindre aujourd'huy ? La conduite du Roy & du Clergé de France à leur égard n'a rien qui approche de cette cruauté des Calviniftes de Geneve & de Suiffe. J'ofe même dire que les plus fages & les plus favans Docteurs de l'Eglife Gallicane font oppofés aux fentimens de Calvin, de Beze & de plufieurs autres Proteftans, qui ont crû qu'on pouvoit faire mourir les Heretiques. Il eft bon que je rapporte là-deffus tout au long la penfée de Holden Docteur en Theologie de la Faculté de Paris, qui nous fera connoître en · même temps quelle eft la creance des plus habiles Theologiens fur cette matiere. *An verò ad fidem cogendi & compellendi fint homines rebelles ac perverfi, veluti aliàs depravati ad bonos mores, imò an ob vehementem animi perturbationem & in apoftafia pertinaciam puniendi, uti aliorum criminum rei, haud opus eft modo aliud ftatuere quàm ab Ecclefia coerceri & puniri poffe apoftatas, pœnis nempe fpiritualibus feu cenfuris*

Ecclefiafticis, ficut & à civili Magiftratu pœnis corporalibus, nempe incarceratione, exilio & fimilibus. Mortis verò fupplicium Hæreticis infligendum effe etiam convictis, imò vel relapfis & obftinatiffimis, omni femoto rebellionis & feditionis in rem civilem periculo, nunquam fuit Religionis Chriftiana & Ecclefia Univerfæ dogma Catholicum, nec omnes etiam piiffimi & doctiffimi Catholici Inquifitionis ufum & rationem approbant.

Ces paroles condamnent manifeftement plufieurs Proteftans, qui ont affuré qu'on pouvoit mettre à mort les Heretiques fimplement pour leurs erreurs. Car ce qu'ils difent, qu'on fit mourir Servet pour fes blafphemes, ne peut avoir lieu, puis qu'il ne parloit que conformément à fes principes ; & que fi l'on examine toutes les injures atroces de Calvin & de Beze contre l'Eglife Romaine, on n'y trouvera gueres moins de blafphemes, que dans les Ecrits de Servet. Dudithius qui étoit amy de Beze, ne put s'empêcher de reprocher aux Docteurs de Geneve leur cruauté envers ceux qu'ils croyoient Heretiques ; & parce que Beze vouloit que les Magiftrats de Geneve fuffent les auteurs du jugement rendu contre Servet, il luy répond, *Non nos, inquis, fed Magiftratus fupplicium ex Hæreticis fumit. Videor mihi vocem illam exaudire, Nobis non licet quemquam occidere.* Le même Dudithius expofe en des termes plus forts l'inhumanité de ces premiers Reformateurs dans fa Lettre à Volfius Miniftre de Zuric ; & comme il eft éloquent, j'aime mieux rapporter fes paroles que de les traduire. *Quæfo à te, clariffime*

Modera-
tion des
plus fa-
vans
Docteurs
Catholi-
ques
touchant
la puni-
tion des
Hereti-
ques.

*Hold. de
refol.
fidei, lib.
I. cap. 9.
lect. I.*

Cruau-
té des
Calvinif-
tes en-
vers ceux
qu'ils
croyent
Hereti-
ques.
*Dudith.
in Epift.
ad
Theod.
Bez. an.*
1570.

rissime vir, post Servetum exustum, post Gentilem capitis supplicio affectum, post multos alios ob Religionem trucidatos, post Ochinum vestra ista urbe indicta causa, hyeme acri, depressa jam ætate senem cum uxore & liberis ejectum, post Lascum item cum sua illa peregrinorum Ecclesia quam in Anglia collegerat, maximis frigoribus ab Euangelicis, apud quos hospitium quærebat, cùm hyems desæviret, immaniter omnibus ferè ad quas appellebat civitatibus exclusum aut pulsum, post alia hujus generis multa, quæ sanè à Christiana charitate aliena videntur esse, obsecro te qua fronte post hæc Pontificiis tyrannidem objiciemus? Que Mr. le Clerc nous vienne dire après cela, *que c'est la plus grande inhumanité que l'on puisse commettre, que de faire mourir des gens que l'on croit hors d'état d'estre sauvés au moment qu'on les fait mourir:* il faut qu'il reconnoisse en même temps, que les premiers Reformateurs ont esté les gens du monde les plus inhumains.

CHAPITRE XV.

Critique de la XV. Lettre.

Notre Arminien employe presque une page entiere de son Livre pour nous dire seulement qu'il ne veut point s'arrester aux minuties. C'est ainsi qu'il en use quand il ne peut pas répondre à son adversaire. Il appelle discussions inutiles les faits où il s'est trompé. Car du reste il n'y eut jamais homme qui s'attachast tant aux minuties que luy. Il fait après cela assez ingenuëment sa Confession de foy, avoüant que

Mr. Simon n'est pas le premier qui l'ait accusé de Socinianisme, & il monstre en même temps en quoy il differe de leurs sentimens. Cependant pour ne pas abandonner tout-à-fait ses bons amis, il ajoute, *Je ne conviens pas avec la plus-part des adversaires des Sociniens, en ce qu'ils prononcent anatheme contre des gens qui n'errent que dans des points de speculation & dans des matieres difficiles, & où l'on peut tomber dans l'erreur de bonne foy & sans cesser d'obeïr à l'Evangile.* C'est-à-dire, qu'on peut être, selon Mr. le Clerc, Chrétien de bonne foy sans croire le mystere de la Trinité & la Divinité de Jesus-Christ. Ces articles seront de pure speculation, & pour ne les pas croire on ne laissera pas d'obeïr à l'Evangile. Mais il semble qu'on peut luy appliquer ces paroles de Jesus-Christ, *Quiconque n'est pas avec moy est contre moy.* Il n'y a *aucun homme,* dit-il, *sur la terre à qui Dieu ait donné le pouvoir de juger de ses Freres, & de prononcer qu'une opinion est damnable, à moins qu'elle ne soit absolument incompatible avec la pieté... Ce seroit une extréme temerité de dire qu'il est impossible d'estre sauvé dans de certains sentimens, qui n'empêchent point que ceux qui en font profession n'esperent aux promesses de Jesus-Christ & n'obeïssent à son Evangile.* Ce n'est pas là être Socinien, mais seulement en parler le langage.

Il a raison sur ce pied-là de ne s'arrester point aux *minuties* du Christianisme. Il suffit pour luy, comme on l'a remarqué ailleurs, d'estre Chrétien en gros, sans entrer dans tant de discussions inutiles qui ne

nous

On le refute par l'exemple des Apôtres & des anciens Peres.
Act. 15: 28 & 29.

nous rendent pas plus gens-de-bien. Les Apôtres ont été bien simples, lors qu'ils se sont assemblés pour deliberer sur des choses qui estoient si peu importantes à la Religion, auxquelles neanmoins ils soûmettent les Fideles. Ils interposent même pour cela le témoignage du St. Esprit. *Visum est*, disent-ils, *Spiritui Sancto & nobis, nihil ultra imponere vobis oneris quàm hæc necessaria, ut abstineatis vos ab immolatis simulacrorum, & sanguine, & suffocato, & fornicatione.* Mr. le Clerc, qui considere comme des matieres de pure speculation le mystere de la Trinité & la Divinité de Jesus-Christ, nous dira selon ses principes, que les Apôtres étoient trop scrupuleux, & qu'ils n'avoient pas droit de decider de ces sortes d'affaires, qui n'étoient, si on en excepte la fornication, nullement importantes au salut. Il condamnera aussi tous ces anciens Symboles & Formules de foy qu'on a trouvé bon de faire dans l'Eglise; parce qu'il n'y a aucun homme, selon luy, sur la terre à qui Dieu ait donné ce pouvoir. En introduisant le Pyrrhonisme dans la Religion, l'on obeïra à l'Evangile, qui nous recommande la tolerance mutuelle que les Chrêtiens doivent avoir les uns pour les autres. Nostre Arminien promet de traiter à fonds de cette tolerance en une autre occasion, afin que Mr. Simon ne puisse pas luy reprocher à l'avenir, que ceux qui suivent les principes des Protestans, & sur tout des Arminiens, font en moins d'un an le tour de toutes les Religions. Car en les conciliant toutes ensemble par cette

tolerance mutuelle, il n'est point necessaire d'en avoir aucune en particulier. Le Prieur de Bolleville, qui n'a pas sçû cette tolerance, a confondu mal-à-propos les Unitaires & les Remonstrans. Ces derniers refusent de condamner les sentimens des Sociniens, bien qu'ils ne les croyent pas veritables; & ceux qui declament contre les Unitaires, selon nôtre Auteur, *se laissent aveugler par un zele peu éclairé.* Si la difference qui est entre les Unitaires & les autres Chrêtiens consistoit en des choses de peu d'importance, j'avoüe que la maxime de nostre Arminien seroit bonne & fondée sur la charité Chrêtienne : mais lors qu'il s'agit des principaux points de la Religion, elle n'est pas supportable, & en ces cas-là on ne doit avoir aucun égard à cette tolerance mutuelle qui destruit le Christianisme. *Quia tepidus es, & nec frigidus nec calidus, incipiam te evomere ex ore meo.*

Apoc. 3: 16.

Mr. le Clerc au reste croit justifier ses sentimens en se comparant à Grotius. Il nous rapporte les Apologies que Hammond Docteur Anglois fit pour ce grand-homme, qui n'avoit fait aux Sociniens que des honnestetés & des civilités qu'il avoit crû leur devoir faire. Si nostre Arminien ne leur avoit aussi fait que des civilités, on auroit tort de l'accuser de Socinianisme. Mais après tout cet homme est ridicule, quand il ose se comparer à Grotius, dont les Ouvrages font des preuves convaincantes du respect qu'il a eu pour l'Antiquité & pour la Tradition de l'Eglise. S'il veut imiter cet illustre Critique, il doit non seulement s'ap-

Mr. le Clerc a tort de se comparer à Grotius.

s'appliquer à la connoiſſance des langues qu'il neglige , mais auſſi à l'étude des anciens Auteurs Eccleſiaſtiques , pour leſquels il fait paroître tant de mépris.

Il vient enfin après ce long preambule aux Sociniens, & il nous dit d'abord qu'il n'a rien à repliquer à ce que Mr. Simon dit des Livres intitulés, *Bibliotheca Antitrinitariorum* , & *Hiſtoria Reformationis Polonicæ* , parce qu'il ne pretend pas garantir tout ce qui s'y trouve. Au moins a-t-on eu raiſon de dire que ces Livres , auxquels il renvoye pour apprendre l'Hiſtoire du Socinianiſme , ne ſont pas exaɛts. Il retouche encore une fois ce qui regarde Brenius , qui n'a jamais eſté , ſelon luy, parmy les Sociniens , *& qui n'eſt pas de la force de Socin, de Crellius ou de quelque autre de leurs Auteurs illuſtres.* Mais bien que Brenius n'ait pas été parmy les Sociniens , il ne s'enfuit pas qu'il n'ait point ſuivi leur methode & leurs ſentimens dans ſes Commentaires ſur le Vieux Teſtament. A quel propos nous dit-on icy , que Brenius n'eſt pas de la force de Socin, de Crellius & des autres illuſtres Sociniens , puis qu'aucun de ces illuſtres Sociniens n'a fait des Commentaires ſur les Livres du Vieux Teſtament ? & c'eſt de quoy il s'agiſſoit dans l'Hiſtoire Critique. Mr. le Clerc , qui ne ſe plaiſt pas à debiter des minuties , reprend Mr. Simon d'avoir dit, qu'il n'a point trouvé d'autre Auteur que Brenius parmy les Unitaires , qui euſt écrit ſur tout le Vieux Teſtament. On auroit dû dire ſelon luy , pour faire voir qu'on avoit lû leurs Livres ,

qu'aucun d'eux n'a *fait un Commentaire complet ſur le Vieux Teſtament.* Mais on peut ajouter pour prouver qu'on a lû leurs Livres , qu'aucun d'eux n'a été capable de faire un bon Commentaire ſur le Vieux Teſtament , parce qu'il n'y en a aucun qui ait eu aſſez de connoiſſance des langues où ces Livres ſont écrits pour les bien expliquer.

On avoit oppoſé à Mr. Simon, qu'il n'a pas compris la methode des Sociniens , qui n'eſt point differente de celle des Proteſtans pour l'explication de la Bible. Il a répondu, qu'il avoit ſuppoſé dans ſon Hiſtoire Critique du Vieux Teſtament qu'elle eſtoit en effet la même ſi on la conſidere en general ; qu'ils differoient cependant entre eux, lors qu'ils venoient à l'application particuliere de leur methode : & c'eſt ce qu'on peut prouver facilement. Cependant noſtre Auteur pretend que cela ne ſignifie rien de ſoy-même. *L'on a beau*, dit-il, *faire le fier, & inſulter à ſon adverſaire à tout bout de champ : il faut de neceſſité faire paroître ſon embarras quand on n'a rien de bon à dire.* Il demande ce que c'eſt qu'une *methode priſe en general qu'on examine dans le particulier.* Il ne ſera pas difficile de le contenter là-deſſus. Les Proteſtans & les Sociniens demeurent d'accord entre eux que l'Ecriture ſe doit expliquer par elle-même , & qu'elle eſt claire dans les articles eſſentiels de la Religion : mais quand ils viennent à l'explication particuliere de quelques endroits de l'Ecriture, ils ne peuvent convenir ſur leur methode. Les Arminiens ont ſuivi en cela les Sociniens. Et

en

en effet, quand on a rejetté une fois la Tradition, & qu'on ne s'en tient qu'à l'Ecriture feule, il eft inutile de diftinguer, comme font les Contre-remonftrans ou Calviniftes, deux fortes de fens dont l'un fe nomme Grammatical, & l'autre Spirituel. Les Sociniens au contraire & les Arminiens affurent que cette diftinction de fens Spirituel & de fens Grammatical eft une pure chimere, auffi bien que cet Efprit interieur qui fait découvrir aux Calviniftes quel eft le veritable fens Grammatical d'un paffage. On voit par là que quoy que les Sociniens s'accordent en general avec les Proteftans touchant la methode d'expliquer l'Ecriture, ils ne conviennent cependant point entre eux dans l'application de leur methode.

Nôtre Auteur ajoute, qu'il y a une contradiction manifefte en ce qu'on a dit que les Sociniens fe fervent *d'une Critique raffinée* fur l'Ecriture Sainte, & qu'ils negligent l'eftude de la langue Ebraïque. On ne peut pas dire raifonnablement felon luy, que Socin fe fert d'une Critique raffinée, & qu'il a negligé la langue Ebraïque; parce que *pour eftre capable de fe fervir d'une Critique raffinée fur l'Ecriture Sainte, il faut eftre fort exercé dans le ftile des Livres Sacrés, & on ne le fçauroit eftre fans fçavoir l'Ebreu.* Cette objection fe refout d'elle-même, fi l'on fait reflexion fur les paroles de Mr. Simon en cet endroit, où il obferve, *que les Sociniens fe fervent d'une Critique raffinée pour éluder les paffages qu'on leur objecte.* Il appelle une Critique raffinée celle où il y a plus de fubtilité que de foli-

dité : & c'eft ce qui paroit dans tous les Ouvrages de Socin, qui n'a fçû de la langue Ebraïque qu'autant qu'il luy en falloit pour chercher les mots dans les Dictionaires. Il ne s'appuye pour l'ordinaire que fur Vatable, Caftalio, ou fur quelque autre Traducteur de la Bible, choififfant la Verfion qui s'accommode le mieux à fes prejugés, & il raifonne enfuite là-deffus felon les principes qu'il s'eft formé. Il y a plus de Dialectique & de Metaphyfique dans fes raifonnemens, que de veritable Critique. Voilà ce qu'on a entendu par une Critique raffinée; d'où on ne peut pas conclure que Socin ait été favant dans la langue Ebraïque. Ce même raffinement, qui ne confifte fouvent que dans des minuties, paroit dans le Commentaire qu'il a fait fur quelques endroits du Nouveau Teftament. Par exemple, dans fon explication fur le Chapitre VI. de St. Matthieu, il remarque fur ces mots, *Da nobis hodie,* que dans St. Matthieu il y a δός, qui fignifie plus proprement *dato* que *da*; & que dans St. Luc il y a δίδου, qui fignifie à la rigueur de la lettre *da*. Cela eft un raffinement inutile pour le fens de ce paffage.

On a auffi monftré dans la Réponfe aux *Sentimens,* que Socin ne fuivoit pas toûjours avec exactitude fa methode d'interpreter l'Ecriture, puis qu'il a eu quelquefois recours au Nouveau Teftament, à l'Analogie de la foy, & au fens myftique ou allegorique, pour expliquer de certains paffages de l'Ecriture. C'eft en ce fens-là qu'il veut entendre d'une maniere fpirituelle ce qu'on

trouve

La Critique raffinée des Sociniens ne les rend pas favans dans la langue Ebraïque.

Socin. explic. in c. 6. Matth.

Jugement de la methode de Socin qui n'eft pas conftante & uniforme.

trouve dans les Prophetes touchant le regne du Meſſie. Mais Mr. le Clerc au contraire conclut de là, que Mr. Simon n'a aucune connoiſſance de la methode de Socin. *Qu'y a-t-il*, dit-il, *de plus ridicule que de dire, que des gens expliquent le Vieux Teſtament par le Nouveau, & de ſoûtenir en même temps, que leur methode va droit à reſtablir le Judaïſme ?* Il ne prend pas garde qu'on a dit de la methode de Socin priſe en general, qu'elle alloit droit à reſtabiir le Judaïſme. Et en effet, ſi l'on explique le Vieux Teſtament à la rigueur & independemment de toute Tradition, il eſt difficile de ſatisfaire aux objections des Juifs. On demeure d'accord, dit-on, que Socin a expliqué quelques endroits du Vieux Teſtament par rapport au Nouveau ; ce qui eſt très-éloigné du Judaïſme. Il eſt vray, & on a fait cette reflexion dans la Réponſe aux *Sentimens.* Mais on y a en même temps remarqué, qu'il deſtruiſoit par là *cette premiere & principale methode dont il ſe ſert ſi ſouvent contre les Orthodoxes,* & qu'ainſi il n'étoit pas conſtant dans ſes principes. En effet, s'il a beſoin de recourir en quelques endroits à l'Analogie de la foy, pourquoy ne le feroit-il pas auſſi en d'autres endroits avec les Catholiques, qui établiſſent par là la neceſſité de la Tradition contre les Unitaires & les Proteſtans ? Toutes ces reflexions ſont des preuves évidentes qu'on a lû avec application les Livres de Socin, qui n'eſt pas toûjours d'accord avec luy-même ; & l'on jugera par là ſi noſtre Arminien a eu raiſon de dire, qu'il faut être manifeſtement

fou pour ſoûtenir le Judaïſme par le Nouveau Teſtament. Car on a monſtré, que quand Socin veut expliquer le Vieux Teſtament par le Nouveau, il renonce à ſa methode, qui va droit à reſtablir le Judaïſme, & même le Saduceïſme, en oſtant la Tradition.

Mr. le Clerc, qui n'a pas ignoré l'embarras où ſe trouvoient les Sociniens qui recouroient au Nouveau Teſtament & à l'Analogie de la foy pour expliquer de certains paſſages des Prophetes qui ſemblent appuyer à la lettre le ſentiment des Millenaires, répond que les regles d'une Critique raffinée n'obligent pas de prendre tout à la lettre ; qu'*au-* Socin *contraire la bonne Critique donne des* renonce *regles pour diſtinguer ce qui eſt figuré* à ſa me-*de ce qui doit eſtre pris proprement.* On thode. convient de tout cela : mais on n'en peut pas conclure, que dans la methode de Socin il faille expliquer les paſſages des Prophetes dont il s'agit icy par l'Analogie de la foy & ſelon le ſens myſtique, à moins de recourir à la Tradition, & de renoncer par conſequent à ſa methode. Cela eſt ſi vray, que ſes Confreres mêmes qui ont ſuivi les mêmes principes ont établi l'opinion des Millenaires touchant le royaume charnel de Jeſus-Chriſt ; ſur des paſſages du Vieux Teſtament & de l'Apocalypſe qui leur paroiſſent clairs & formels, en diſtinguant même les expreſſions figurées des Prophetes deſquelles on ne peut rien conclure. Et quand il ſeroit vray que les paroles de Jeſus-Chriſt & de ſes Apoſtres dans le Nouveau Teſtament ſont oppoſées au ſentiment des Millenaires, on n'en

D d pourroit

pourroit rien prouver contre les Juifs, qui ne reçoivent pas ces Livres. Je voudrois bien savoir ce que Mr. le Clerc pourra répondre avec son illustre Socin à ces Juifs qui luy objecteront, que selon sa methode on doit expliquer les passages du Vieux Testament independemment de toute Tradition & de ce qu'on appelle Analogie de foy. Ce ne sera pas assez de dire, qu'il y a des expressions figurées dans les Propheties : car tout le monde en demeure d'accord ; & l'on ne presse icy que les expressions purement literales sur lesquelles les Millenaires se fondent pour appuyer le regne charnel de Jesus-Christ sur la terre.

On a refuté assez au long dans la Réponse aux *Sentimens* les articles positifs de la Religion des Sociniens, puis que ces dogmes positifs dans lesquels ils font consister le gros de la Religion, ne sont que des idées abstraites qui n'ont rien de positif que dans l'imagination des Unitaires. Nôtre Arminien pretend au contraire faire voir la foiblesse de cette réponse, en exposant le sentiment de ceux qui reconnoissent la Trinité, & celuy des Sociniens qui la nient.

Les Sociniens, selon luy, assurent qu'ils conviennent avec les autres Chrêtiens de l'unité de la nature divine, & qu'ils en different, en ce qu'ils ne croyent pas avec eux, qu'il y ait dans cette nature aucune distinction selon laquelle on y puisse distinguer un Pere, un Fils, & un St. Esprit : d'où il conclut, que la creance des Sociniens touchant la Divinité n'est pas *une abstraction metaphysique*. Mais sans qu'il soit be-

soin de subtiliser icy sur les mots, je dis que le Dieu des Unitaires separé du Pere, du Fils, & du St. Esprit, est un estre qui n'est point, & qu'on ne peut par consequent concevoir que par une abstraction metaphysique, puis que l'Ecriture & la Tradition nous obligent de croire ce Dieu autrement que les Unitaires ne le conçoivent. Toutes les raisons metaphysiques que nostre Auteur produit pour faire voir le contraire, ne monstrent point que Dieu & Jesus-Christ soient en eux-mêmes tels que les Sociniens se le representent ; & par consequent ils n'en ont point d'idée veritable. Ce qu'il objecte, que cette réponse supposeroit que nous ne differerions des Sociniens que par une abstraction metaphysique, est un pur paralogisme. Car le sentiment d'un homme qui a une idée fausse d'une chose differe réellement du sentiment de celuy qui en a une idée veritable. Il est bien vray que le Dieu des Unitaires n'est pas different en luy-même de celuy que les Orthodoxes croyent, fondés sur l'Ecriture & sur la Tradition ; mais consideré à l'égard des Unitaires, c'est un estre abstrait & chimerique, puis qu'il n'est pas tel en effet qu'ils se le representent. Il en est de même de toutes les autres Controverses importantes, parce qu'il ne peut y avoir qu'une seule verité d'une chose.

Pour ce qui regarde les disputes qui sont entre les Protestans sur des faits qu'ils supposent clairs & évidens, on a crû qu'on pouvoit inferer de là, ou que ces faits n'étoient pas évidens, ou que les Protestans étoient

ses claires, qui ne le font point.

~~toient gens de mauvaise foy ou vi-~~ ~~sionnaires.~~ Mr. le Clerc répond à cela, *qu'on voit tous les jours des gens savans soûtenir que leur opinion se trouve évidemment dans de certains Livres; & d'autres au contraire assurent d'un ton aussi ferme, qu'elle n'y est point.* Cela est vray : mais aussi dira-t-on de ces gens-là la même chose que des Protestans. Il oppose de plus pour mieux établir sa pensée, la dispute qui est icy entre luy & Mr. Simon, où Mr. Simon suppose,

Objection.

qu'il ne faut qu'un tant soit peu de bon sens pour voir que les preuves claires & évidentes sont du costé des Catholiques, & non pas du costé des Protestans & des Unitaires. Il pretend au contraire, que bien loin qu'il ne faille qu'un tant soit peu de bon sens pour reconnoître si l'Eglise Romaine suit la Tradition de ses Peres, la chose est impossible en elle-même; que *cette impossibilité est si claire, que tout le monde la reconnoit; & que Mr. Simon luy-même ne la nieroit pas, s'il vouloit dire ce qu'il pense.* Mais bien

Réponse. loin que tout le monde reconnoisse cette impossibilité, on s'est toûjours fondé dans l'Eglise sur le principe d'une Tradition constante, comme on l'a prouvé évidemment cy-dessus. Et il ne faut en effet que du bon sens, pour juger que la verité est du costé des Catholiques, si on jette les yeux sur toutes les Societés du monde qui conviennent dans le fonds de la creance avec l'Eglise Romaine, parce qu'elles reçoivent également l'Ecriture & les Traditions. Cette conformité de creance & de principe dans toutes ces Eglises est un prejugé legitime contre les Unitaires & les

Protestans, auquel les gens de bon sens doivent se rendre.

Nostre Auteur fait encore revenir icy la dispute des Pharisiens & des Saducéens touchant l'existence des Anges; & cependant ces deux Sectes reçoivent le Pentateuque, où il est parlé manifestement des Anges. On a répondu, que dans la pensée des Saducéens ces endroits où il est fait mention des Anges sont des expressions figurées, & des imitations de ce qui s'observe dans le monde, où les Grands Seigneurs qui ne peuvent pas être presens par tout sont obligés de se servir de ministres. Je ne voy pas que Mr. le Clerc ait satisfait à cette objection, qui est des Saducéens, & non pas de Mr. Simon, qui ne rapporte que leur réponse, pour monstrer que les Pharisiens ne pouvoient convaincre les Saducéens sans reconnoître la Tradition. *Il ne faut,* dit nostre Arminien, *que lire les endroits des Livres de Moïse où il parle des Anges, pour voir que ces chicanes sont ridicules.* Un Saducéen luy répondra, qu'il y voit bien des noms qui marquent des Anges, mais qu'il ne s'ensuit pas de là qu'il y en ait en effet, & que tous les endroits où il en est parlé ne sont que des expressions figurées. Il donnera pour exemple ce qui est rapporté au commencement de Job touchant Satan qui se trouva en la presence de Dieu avec les autres Anges. Cette histoire n'est pas moins circonstanciée que celles qui se trouvent dans le Pentateuque. Cependant si ce Saducéen presse cet exemple, & s'il l'examine en particulier pour prouver que tout ce discours est figu-

ré,

ré, je ne croy pas qu'on le puisse convaincre du contraire en ne s'appuyant que sur l'Ecriture.

Mr. le Clerc, qui ne veut pas avoir recours à la Tradition pour l'existence des Anges, qu'il croit établie clairement dans l'Ecriture, *Gen. 18: 1 & seqq.* oppose à ce Saducéen l'histoire des trois hommes qui s'approcherent d'Abraham lors qu'il étoit assis à la porte de sa tente, auxquels il donna *Objections contre le sentiment des Saducéens.* à manger, & avec qui il s'entretint long-temps. Il insiste principalement sur ce que l'Ecriture les appelle formellement des Anges. *Si cela n'étoit pas arrivé ainsi*, dit-il, *ce seroit pas s'accommoder à nostre foiblesse que de nous écrire de la sorte cette histoire. Ce seroit nous tromper. Il auroit mieux valu n'introduire qu'une seule personne, puis que ce nombre d'Anges ne seroit propre qu'à faire croire qu'il y a plusieurs Dieux.* Le Sa-*Réponse des Saducéens.* ducéen répondroit sans doute à nôtre Arminien, qu'il défend très-mal la cause des Pharisiens par ces sortes d'apparitions, puis que plusieurs d'entre eux, & même des plus savans, ont crû qu'elles ne s'étoient faites qu'en songe, bien que le mot de *songe* ne soit pas exprimé dans la Bible. Il diroit toûjours que l'Ecriture s'accommodant à nostre foiblesse imite nos manieres, sans que pour cela elle vueille nous tromper : & il le prouveroit par plusieurs exemples, où l'on attribuë à Dieu des imperfections qui ne peuvent être en luy; & on ne dit pas pour cela que l'Ecriture nous a voulu tromper en ces lieux-là. A ce qu'il objecte, qu'il auroit mieux valu n'introduire qu'une seule personne, & que ce nombre

d'Anges n'est propre qu'à faire croire qu'il y a plusieurs Dieux, je m'imagine que le Saducéen répondroit, que son Pharisien a perdu le sens commun, lors qu'il veut conclure la pluralité de ceux qui envoyent en ambassade par la pluralité des Envoyés. On pourroit ajouter quelques reflexions sur ce nombre d'hommes ou d'Anges qui sont deputés vers Abraham; mais cela seroit inutile. Ce qu'on a remarqué fait assez connoitre, qu'un Pharisien qui ne se serviroit que de la seule Ecriture pour prouver l'existence des Anges, n'en pourroit pas convaincre un Saducéen obstiné. Qu'on voye maintenant si Mr. le Clerc a raison de dire icy, *qu'il est clair que Mr. Simon ne dit tout cecy que pour chicaner.* Je laisse à juger à tout le monde, si les réponses du Saducéen qu'on a fait parler meritent le nom d'*insignes chicaneries.*

On avoit dit de plus dans la Réponse aux *Sentimens*, qu'on ne devoit pas mettre au nombre des extravagances l'opinion de quelques Theologiens, qui ont crû que St. Jerôme devoit être plûtost consideré comme un Prophete dans sa nouvelle Traduction, que comme un Interprete; parce qu'ils ont des raisons apparentes pour l'appuyer. Mr. le Clerc répond, qu'il n'y a personne qui ait quelque lecture des œuvres de St. Jerôme qui ne puisse reconnoitre sans aucun effort d'esprit, que ce savant homme n'étoit point Prophete. Il est vray qu'il se regarde dans tous ses Ouvrages comme un simple Interprete de l'Ecriture; & les plus habiles Critiques conviennent de cela : mais il ne s'ensuit pas de là, que le *Jugement de l'opinion de quelques Theologiens qui regardent St. Jerôme comme un Prophete dans sa Version de la Bible.* sen-

fentiment contraire foit une extravagance ; parce que ceux qui le foû-
tiennent avoüent que ce Saint Docteur n'a pas crû luy-même avoir fait
fa Verfion par un efprit de Prophetie. Il croyent feulement, que Dieu
l'ayant deftiné pour donner à fon
Eglife une Verfion de la Bible, il l'a
conduit dans cet Ouvrage d'une maniere fpeciale. Il femble même que
l'Eglife l'ait voulu infinuer dans l'o-
raifon qu'elle recite le jour de fa fef-
te, & qui commence par ces mots :
Deus, qui Ecclefiæ tuæ in exponendis
Sacris Scripturis beatum Hieronymum
Confefforem tuum Doctorem maximum
providere dignatus es. C'eft en ce
fens-là qu'on a dit qu'il falloit être
Critique pour juger de la fauffeté de
cette opinion, qui paroiffoit en effet
appuyée fur des raifons Theologiques, qu'on peut voir dans les Theologiens qui la fuivent, & qu'on ne
doit pas pour cela appeller extrava-
gans.

Mr. le
Clerc
s'eft
fcandali-
fé mal-à-
propos.

Noftre Arminien s'étoit fcandalifé un peu trop legerement de cette
propofition de Mr. Simon, *Que l'E-*
criture, foit qu'elle ait été corrompuë,
ou qu'elle ne l'ait point été, peut être
citée comme un Acte authentique, lors
qu'elle fe trouve conforme à la doctrine
de l'Eglife ; & que c'eft en ce fens-là
que les Peres ont dit, que la feule &
veritable Ecriture ne fe trouve que dans
l'Eglife. Ce pretendu fcandale n'é-
toit fondé que fur une fauffe confequence qu'il tiroit mal-à-propos de
cette propofition. Mais comme on
a monftré que fa confequence n'avoit
aucune liaifon avec la propofition
qu'on a avancée, le fcandale n'eft
que dans fon imagination. Il veut

icy que l'Eglife, felon le principe
de Mr. Simon, reforme l'Ecriture
comme elle le jugera à propos. Mais
il change entierement la propofition,
puis qu'on a parlé de l'Ecriture comme elle eft en elle-même ; & quoy
qu'on y reconnoiffe quelques defauts,
on ne laiffe pas de croire qu'avec ces
defauts elle eft encore un Acte authentique, étant dans l'Eglife. Il
n'y a rien dans tout cela qui foit oppofé à un autre principe qui a été
établi dans l'Hiftoire Critique, où *Hift.*
Critiq.
liv. 3.
chap. 24.
l'on a dit, *que la Bible a d'elle-même*
une autorité canonique & divine. En
effet l'autorité divine de l'Ecriture
vient de Dieu, & non pas de l'Egli- D'où
vient
l'autori-
té divine
de l'E-
criture.
fe, qui la declare feulement authen-
tique, comme on l'a prouvé dans
l'Hiftoire Critique contre Walton &
quelques autres Proteftans, qui ont
confondu mal-à-propos les mots de
divin & *d'authentique* : & c'eft ce
que Mr. le Clerc ne femble pas auffi
avoir compris. Bien que la Bible
ait d'elle-même une autorité divine
& canonique, & qu'en ce fens-là les
Heretiques ayent auffi bien que les
Orthodoxes une Ecriture Divine ;
cette Bible doit être à noftre égard
reconnuë par l'Eglife, dans laquelle
feule fe trouve la veritable Ecriture,
felon le fentiment des anciens Peres.
Ce n'eft pas d'aujourd'huy que les Scandale
des Pro-
teftans
mal-
fondé.
Proteftans fe fcandalifent de cette
propofition, parce qu'ils ne l'entendent pas, ou plutoft parce qu'ils font
femblant de ne la pas entendre. *Of-*
fendi folent, dit Maldonat, *Hæretici,* *Maldon.*
Præf. in
4.Evang.
c. 2.
& quafi audita impietate cohorrefcere,
cùm dicimus Evangeliftas & cæteros
Scriptores Sacros ab Ecclefia autorita-
tem habere, quafi Deo Ecclefiam ante-

D d 3

po-

ponamus. Nec enim intelligunt homines valde, ut sibi videntur, acuti, nos ita dicere Ecclesiam Scripturis autoritatem dare, quòd à Deo datas declaret, & eas ab ipso dictatas esse confirmet.

Enfin Mr. le Clerc trouve encore étrange qu'on ait dit dans la Réponse aux *Sentimens, Qu'outre ce corps d'Ecriture qui est muet, & qui est commun aux Catholiques & aux Heretiques, il y a une Ecriture vivante que la seule Eglise possede & conserve par le moyen de ses Traditions.* On oppose à cela, que Mr. Simon, *qui condamne ailleurs ceux qui appellent Traditions de simples decisions sans preuve, suppose icy leurs sentimens, ou ne sçait pas trop bien ce qu'il veut dire.* Mais quand nostre Arminien fait ces sortes d'objections, il donne des preuves de son ignorance dans ce qui regarde l'Antiquité. On a expliqué avec netteté ce qu'on entend par cette Ecriture vivante & par ces Traditions, lors qu'on s'est appuyé sur cès paroles de Tertullien, *Ubi apparuerit esse veritatem disciplinæ & fidei Christianæ, illic erit veritas Scripturarum.* C'est en ce sens que la seule Eglise possede la veritable Ecriture, parce qu'elle conserve la verité de la doctrine fondée sur les Traditions. Mais *ces Traditions,* dit-on, *sont appuyées sur la lecture des Peres, qui ont écrit avant nous de Religion.* Comme les *Heretiques pretendus* ont autant de moyen *de lire ces Auteurs, que les Catholiques Romains,* on ne peut pas dire que les seuls Catholiques ayent cette Ecriture vivante. Mais alors les Heretiques cesseront d'être Heretiques, lors qu'ils se conformeront aux Tra-

ditions de l'Eglise; & on ne les accuse d'heresie, que parce qu'ils sont Novateurs, & qu'ils refusent de se soûmettre à cette Ecriture vivante. Il oppose de plus, que *les Ecrits des Peres & des Auteurs des siecles passés sont aussi bien une Ecriture muette que ceux des Apôtres.* J'avoüe que l'un & l'autre sont des Ecrits muets à l'égard des Heretiques qui en corrompent le sens; mais ce sont des Ecrits vivants à l'égard de l'Eglise, qui les interprete dans leur sens naturel & par rapport aux Traditions constantes & veritables. La doctrine de l'Eglise parle d'elle-même dans tous les siecles. Qu'on parcoure l'Histoire Ecclesiastique, & on y trouvera qu'aussi-tost qu'il s'est élevé quelques nouveautés, elles ont été d'abord rejettées comme des impietés, avant même que les Evêques s'assemblassent dans les Conciles pour les condamner. Aussi n'a-t-on pas tant deliberé dans ces Assemblées sur ce qu'on devoit croire, qu'on y a arresté qu'il falloit suivre l'ancienne creance.

CHAPITRE XVI.

Critique de la XVI. Lettre.

QUoy que Mr. le Clerc n'ait répondu qu'à une partie des objections qu'on luy a faites dans la Réponse aux *Sentimens,* il ne laisse pas de dire icy hardiment, qu'il ne luy *reste presque plus rien à examiner dans la Réponse du Prieur de Bolleville.* Ceux qui prendront la peine de comparer ensemble ces deux Livres en pourront juger. Il avoit avancé dans ses

On ne
peut
rétablir
parfaite-
ment
l'Ecritu-
re sans le
secours
des pre-
miers
Origi-
naux.

ses *Sentimens*, qu'il n'étoit pas impossible de rétablir parfaitement dans les premiers siecles sans le secours des Originaux les endroits de l'Ecriture que les Heretiques y avoient falsifiés. C'est ce qu'on luy a nié, & qu'on luy nie encore presentement. Bien qu'on n'ait proposé que le seul exemple du Chap. 5. de l'Epître aux Romains, vers. 14. qu'on lit aujourd'huy dans tous les Exemplaires Latins avec la particule negative, au lieu qu'au temps de St. Jerôme & de St. Augustin on lisoit dans plusieurs sans cette particule, *sur ceux qui avoient peché*; il seroit facile d'en produire un grand nombre d'autres. On luy a demandé, comment il pourra distinguer ces corruptions lors qu'elles ne consistent qu'en de certains mots, s'il n'a pas les Originaux. Il répond, qu'il n'a pas dit qu'on le peut toûjours faire, *mais seulement dans les lieux corrompus pour favoriser quelque heresie.* Je voudrois bien savoir quelle regle de Critique il a pour distinguer un endroit corrompu pour favoriser une heresie, d'avec un autre, s'il n'a recours à la doctrine Catholique reçûë dans l'Eglise. Il ne faut souvent qu'un mot, qu'une particule, & même qu'une lettre, pour alterer le sens d'un passage.

Juge-
ment
d'une
diverse
leçon
fort an-
cienne
dans le
Chap. 5.
de l'Epî-
tre aux
Ro-
mains.

A l'égard de la diverse leçon du Chapitre 5. de l'Epître aux Romains, vers. 14. qu'il croit être de nulle importance, cette diversité ne laisse pas de favoriser le Pelagianisme; & ainsi elle est de quelque consideration. Sans qu'il soit besoin d'examiner en detail si le Diacre Hilaire s'est trompé dans l'explication qu'il donne à ce passage qu'il lit sans la particule negative, les regles de Critique qu'il propose en ce lieu-là sont très-bonnes, & ses reflexions judicieuses, puis qu'elles sont exactes & selon les loix de la Critique. On pourroit seulement dire, qu'il se seroit trompé dans l'application qu'il fait de ces regles. Il n'est pas vray qu'il ait crû qu'on devoit corriger en cet endroit une infinité d'Exemplaires Grecs sur quelques Auteurs Latins, par cette seule raison, *qu'il ne comprenoit pas bien la suite du discours.* Car voicy sur quoy il se fonde. *Hoc verum arbitror, quando & ratio & historia & autoritas observatur.* Cette regle de Critique est excellente, parce que la raison & l'histoire se trouvent jointes à l'autorité des Exemplaires. Si cet Auteur se trompe dans son jugement, cela ne vient pas du defaut de sa regle. Il produisoit pour defendre sa maniere de lire, plusieurs Exemplaires Latins, & il n'est pas surprenant qu'on corrige quelquefois le Grec sur le Latin, puis que le Latin a été tiré du Grec, & que nous redressons encore tous les jours le Grec sur la Vulgate, qui a été faite sur de bons Exemplaires Grecs.

Juge-
ment des
regles de
Critique
du Dia-
cre Hi-
laire sur
ce passa-
ge.

On avoit avancé dans l'Histoire Critique, qu'on ne voyoit point dans l'Ecriture de preuves convaincantes, qu'Adam & Eve eussent été creés avec la parole. Noftre Arminien s'est scandalisé de cette proposition. On luy a répondu, qu'il n'avoit pas raison de se scandaliser, puis qu'il n'y avoit rien en effet, selon ses principes, qui obligeast à expliquer le commencement de la Genese.

Scandale
de Mr.
le Clerc
mal-
fondé,
& si l'on
doit ex-
pliquer à
la ri-
gueur de
la lettre
toute
l'histoi-
re de la
creation.

se à la rigueur de la lettre. Et c'est à quoy il n'a point repliqué. Il fait seulement ses reflexions sur ce qu'on a dit en cet endroit, que si l'on separe la Tradition selon laquelle on doive necessairement entendre à la lettre toute l'histoire de la creation, on ne peut rien conclure contre Mr. Simon, qui se soûmettra à cette Tradition, si l'Eglise a arresté quelque chose là-dessus. Mr. le Clerc pretend que c'est là un moyen assuré de n'embrasser jamais la Religion de Jesus-Christ; parce que *la vie d'un homme ne suffit pas pour examiner avec soin la creance des Eglises Chrétiennes de tous les siecles sur chaque article de la Religion.* Il ne faut pourtant pas estre savant dans ces sortes de faits, pour connoître que jusqu'à present l'Eglise n'a rien prononcé sur cette matiere, & que plusieurs Docteurs tant des premiers siecles que des derniers n'ont pas crû qu'on dust entendre à la lettre toute l'histoire de la creation. L'on peut consulter là-dessus les Commentaires de Cajetan sur le Pentateuque qui sont dediés au Pape Clement VII. Il croit qu'on ne peut pas expliquer à la lettre tout ce qui est marqué touchant la creation d'Adam & d'Eve au commencement de la Genese. *Cogor,* dit ce Cardinal, *ex ipso textu & contextu intelligere hanc mulieris productionem, non ut sonat litera, sed secundùm mysterium non allegoriæ, sed parabolæ.* Et un peu plus bas il ajoute, *Adducere animalia coram Adam, & non invenire inter ea adjutorium correspondens ei, si secundùm literam intelligatur, ridiculam inquisitionem significat.* Je laisse plusieurs autres re-

Cajet. Comm. in 5. Libros Mosis, Gen. 2: 21.

flexions que ce savant homme fait en ce lieu-là, & qu'il seroit inutile d'examiner. C'est assez que je prouve de là, qu'il n'y a pas de Tradition constante dans l'Eglise, qui nous oblige à croire qu'il faille expliquer à la rigueur de la lettre tout ce qui est rapporté dans la Genese touchant la creation d'Adam & d'Eve.

Pour ce qui regarde la tour de Babel, tout le monde sçait que l'Ecriture distingue une ville & une tour : & quand on a dit dans la Réponse aux *Sentimens,* que la tour de Babel étoit apparemment *une ville en forme de tour,* on a seulement voulu marquer que cette grande tour étoit placée au milieu de la ville, qui paroissoit à cause de cela en forme de tour. L'explication que nôtre Auteur apporte de la confusion des langues, comme s'il n'estoit parlé dans le Chap. 11. de la Genese que de la division de sentimens, se refute d'elle-même ; parce qu'il est dit expressément, qu'elle se devoit faire d'une maniere que l'un n'entendroit pas le langage de l'autre. Les raisons de Vintringa ne sont pas assez fortes pour s'éloigner de l'opinion commune & de l'explication naturelle de ce passage. Moïse au reste exprimant ses pensées dans la langue des Pheniciens, a pû se servir de leurs expressions sans suivre pour cela leurs sentimens. Il n'a pas esté le premier Auteur de cette langue, pour donner aux mots d'autres significations que celles qui étoient autorisées par l'usage.

Je repete icy ce qui a été déja observé dans la Réponse aux *Sentimens* tou-

De la tour de Babel.

De la confusion des langues.

Signification du mot Ebreu *sceol.*

touchant le mot de *sceol* qui signifie de luy-même *sepulcre*, & non pas un lieu soûterrain où les ames soient après leur mort pour y souffrir ou pour y estre recompensées, si ce n'est par une extension de signification, comme il arrive assez souvent. On a pretendu que si l'on examine avec application toutes les façons de parler du Vieux Testament, on n'y trouvera point ce lieu des morts tel que Mr. le Clerc represente. Il dit *qu'il n'a rien à répondre à ces sortes de generalités*, dans lesquelles on se tient renfermé. Mais peut-on appeller *generalités* des paroles si decisives? C'est à luy à nous donner des exemples du Vieux Testament où le mot de *sceol* se prenne pour ce lieu soûterrain. Peut-on de plus appeller *des generalités*, cette observation qu'on

On ne voit point clairement dans le Vieux Testament l'état d'une autre vie.

a faite au même endroit, *qu'on ne voit point clairement dans l'Ecriture, que les Juifs ayent parlé de l'estat d'une autre vie, que depuis la domination des Grecs.* Il répond que cela n'est point clair *à des gens qui n'entendent point à fonds la langue Hebraïque.* Puis il repete ce qu'il a déja dit ailleurs touchant le raisonnement de Nostre Seigneur contre les Saducéens. Mais on a monstré cy-dessus, que nostre Auteur est ridicule, quand il veut qu'en ce lieu-là l'Ebreu signifie autre chose que le Grec & le Latin. Ce qu'il ajoûte icy, que ceux de ces temps-là sentoient dans les expressions de Nostre Seigneur ce que tout le monde n'y sent pas aujourd'huy, est un pur galimatias. Car l'Ebreu d'alors est le même que celuy d'aujourd'huy, & il n'y a aucune obscurité dans les

expressions du passage dont il s'agit. Il n'étoit pas besoin de citer Marsham pour prouver que les Ecrivains Payens ont parlé clairement dans leurs Livres d'une autre vie après celle-cy : car personne n'en doute, & le seul mot ἅδης qui se trouve si souvent dans leurs Ouvrages en est une preuve convaincante. Mais il *semble*, dit nostre Arminien, *tout-à-fait absurde, que les Payens ayent sçû qu'il y avoit une autre vie que celle-cy plusieurs siecles avant qu'on en parlast parmy le peuple de Dieu.* Il n'est point icy question d'argumenter *ex absurdo*, parce qu'il s'agit d'un fait. On luy nie qu'il soit parlé clairement dans tout le Vieux Testament de cette autre vie. S'il y en est parlé, on doit produire les passages où cela se trouve. C'est pourquoy on a conclu de là, que cette creance a été pluſtoſt fondée ſur la Tradition parmy le peuple de Dieu, que ſur l'Ecriture : & parce qu'il ne veut pas recevoir cette Tradition, il ſe jette ſur des raiſonnemens de Metaphyſique, au lieu de répondre directement aux objections qu'on luy a faites. Il revient toûjours à ces pretenduës abſurdités. Il eſt abſurde, ſelon luy, de dire que les Juifs n'ayent point parlé avant le temps d'Alexandre de l'état d'une autre vie, & qu'ils n'en ayent rien écrit, & que cette creance ne ſe ſoit conſervée chez eux que par la Tradition. A quoy tend tout ce diſcours inutile? S'ils en ont parlé ou écrit avant ce temps-là, que ne produit-il leurs témoignages?

Objection.

Réponse.

Il avoit cité pour appuyer ſon ſentiment, le paſſage du Chap. 37. de

la

la Genese, vers. 35. où il lit, *Je descendray au lieu des morts vers mon fils :* d'où il avoit conclu, que le mot *sceola* ne peut pas signifier en cet endroit le sepulcre, puis que Jacob croyoit que Joseph avoit été déchiré. On luy a répondu, que le sens le plus naturel est de traduire *à cause de mon fils*, & non pas *vers mon fils*, parce que אל est en cet endroit dans le Texte de la Massore pour על, comme on lit dans le Texte Ebreu des Samaritains, confirmé par les deux Versions Samaritaines, par l'Interprete Syriaque, & par la Paraphrase Chaldaique. Il répond, que על signifie aussi souvent *vers* que *à cause*. Il est vray que על & אל se confondent souvent pour la signification ; & cela vient principalement, de ce que l'on confond ces deux mots dans la maniere de les écrire. Il a été necessaire de produire le Texte Ebreu des Samaritains & plusieurs anciens Interpretes pour justifier la leçon על, d'où l'on conclut en même temps, qu'on ne peut pas monstrer évidemment de ce passage un lieu soûterrain où les ames soient après leur mort, puis qu'il n'y a rien dans le Texte qui oblige à traduire *vers mon fils*. Au contraire la veritable leçon jointe à l'explication de plusieurs Interpretes, nous marque qu'il faut traduire *à cause de mon fils*. Mais pour ne pas chicaner sur de simples mots, quand on supposeroit même qu'il faudroit traduire *vers mon fils*, cette expression qui est ordinaire dans l'Ecriture ne signifie autre chose que le tombeau, de la même maniere que cette autre, *Estre recueilly vers ses peuples*, sans qu'on en puisse inferer qu'il y ait un lieu soûterrain où les ames soient après avoir été separées des corps. Il n'y a qu'à consulter les plus savans Interpretes de l'Ecriture sur cette expression au Chap. 25. de la Genese, vers. 8. que nostre Auteur cite, & l'on verra qu'ils ne l'expliquent point autrement que de la mort. Dans les Notes attribuées à Vatable voicy ce qui est remarqué sur ces mots, *Il a été recueilly vers ses Peres. Modus loquendi apud Hebræos, pro Mortuus est, quemadmodum & majores sui post alios.* Bonfrerius dans son Commentaire sur ce passage rapporte les deux explications, en observant que quelques-uns croyent qu'il y a du mystere dans cette expression, comme si elle marquoit une autre vie que celle-cy ; mais il ajoute, que ce sens n'est pas si naturel que l'autre, & que c'est une façon de parler des Ebreux, pour dire *estre mort. Nota*, dit ce savant Jesuite, *idiotismum Hebraicum ; ut enim significetur aliquis esse mortuus, dicitur passim in Scriptura, appositus, congregatus ad populum suum, vel appositus, congregatus ad patres suos.* Ainsi tous ces passages que Mr. le Clerc produit icy, & qu'il appelle des passages formels, ne prouvent rien du tout, parce qu'ils se reduisent tous à cette maniere de parler ; & ceux qui les expliquent dans un autre sens suivent en cela leurs prejugés.

Au reste on ne peut rien prouver de la Version des Septante, qui ont traduit *sceol* par le mot Grec ἅδης, parce que, comme il a été déja remarqué, les mots Grecs dont ces Inter-

Interpretes se servent ne doivent pas être toûjours pris dans leur signification ordinaire ; il faut les interpreter quelquefois par rapport aux mots Ebreux d'où ils ont été traduits. Le sens que nostre Auteur donne à ces paroles du Deuter. Chap. 32. v. 22. *ad sceol thahthit*, comme s'il y étoit parlé de ces lieux soûterrains dont il est question, est un sens theologique, & non pas literal. C'est une hyperbole, qui signifie que le feu s'étendra jusqu'au fond de la terre, c'est-à-dire, que toute la terre brûlera. Je veux qu'il soit parlé en cet endroit *des lieux soûterrains*, d'où l'on voit quelquefois sortir du feu *avec une violence épouvantable :* quel rapport cela a-t-il avec les lieux soûterrains où les ames vont après cette vie ? Je ne voy pas aussi comment on peut faire venir à ces lieux soûterrains l'interpretation qu'Aben Esra donne au mot de *sceol*, Chap. 2. de Jona, vers. 3. à moins qu'on ne dise que tout lieu profond est le lieu soûterrain de Mr. le Clerc, où les ames doivent estre punies ou recompensées. Il ajoute de plus, qu'il n'y a aucune apparence que les Pharisiens *dans le mépris & l'aversion qu'ils avoient pour les Payens, ayent emprunté d'eux cette opinion.* Il faut au contraire estre bien ignorant dans les Livres des Juifs, pour ne pas savoir qu'ils ont fait un mélange de la Philosophie des Pythagoriciens & des Platoniciens avec le Judaïsme, & qu'ils étoient autrefois si attachés à l'estude de ces sortes de Livres, qu'ils ont d'anciennes constitutions qui en defendent absolument la lecture.

Il ne nous reste plus que d'examiner les reflexions de nôtre Professeur *Ebraïzant* sur deux mots Ebreux où il veut faire paroitre sa literature en fait de Grammaire. On avoit assuré en parlant de l'origine du mot d'*Ebreu*, qu'il y avoit deux opinions là-dessus, & qu'on croyoit que celle qui faisoit venir le mot *Ibri* du nom propre *Eber*, étoit plus conforme à l'analogie de la Grammaire. Il n'a rien à dire là-dessus; mais il demande *à ceux qui entendent la Langue Sainte & la langue Grecque, s'ils croyent que* hibri *&* περάτης *signifient ce que nous appellons un passant.* S'il avoit ajouté le reste du passage de Mr. Simon, il n'auroit pas eu lieu de former cette objection. Car on a dit, que c'est ce que St. Jerôme a interpreté *transitorem*, c'est-à-dire, *un passant.* Ce qu'on n'a pas entendu de toute sorte de passants en general, mais d'un homme qui avoit passé l'Euphrate, περάτης signifiant un homme de *dela la riviere.* Voilà l'interpretation grammaticale de ce nom; & on a dit ensuite, que *selon cette opinion l'on appella Abraham un passant, parce qu'il n'étoit pas du pays.* En effet nous voyons tous les jours que ceux qui ont passé une riviere qui fait quelque distinction entre des peuples, sont appellés *gens de delà l'eau,* & qu'on les considere comme des étrangers. C'est pourquoy on a eu raison après avoir expliqué ce mot *Ibri* selon le sens grammatical, de luy donner un sens propre, d'où l'on pust faire connoître pourquoy Abraham & ses descendans furent nommés *Ebreux,* savoir parce qu'on les regarda comme des étrangers venus de delà l'Euphrate. Mr. le Clerc qui n'aime point tout ce qui s'appelle minutie, reproche à Mr. Simon d'avoir inventé de nouveaux mots François, & entre autres celuy d'*Ebraizant* & de *Professeur Ebraizant.* Il estoit à propos d'inventer ce mot exprés pour Mr. le Clerc, qui se mesle d'enseigner l'Ebreu qu'il n'entend point : & c'est la raison pour laquelle on l'a appellé Professeur *Ebraizant*, pour le distinguer des autres Professeurs en Ebreu. Au reste on a toûjours écrit ce mot en caractères Italiques dans l'Histoire Critique du Vieux Testament, afin de monstrer qu'on l'avoit fait exprés pour exprimer mieux les personnes dont on parloit. Quoy qu'en puisse dire Mr. le Clerc, nous l'appellerons toûjours Professeur *Ebraizant*, jusqu'à ce qu'il nous ait fait connoître qu'il sçait assez d'Ebreu pour prendre le nom de Professeur en cette langue.

La diversité d'Orthographe dans les mots Ebreux cause quelquefois de la diversité dans l'interpretation.

La derniere remarque est sur une regle de Traduction qu'on avoit apportée dans l'Histoire Critique, où l'on avoit dit qu'il étoit impossible de bien traduire la Bible, à moins qu'on ne sceust parfaitement les raisons des changemens d'Orthographe dans l'Ebreu. Nostre Professeur *Ebraizant* qui n'a pas été capable de reflechir sur cette regle, a pretendu qu'elle regardoit les Commentaires, & non pas la Traduction d'un Livre, parce que l'Orthographe ne change rien dans la signification des noms. Mais on luy a prouvé au contraire, que cette Orthographe apporte de très-grands changemens dans la signification de ces mêmes noms. Il s'avise presentement de nous dire, qu'il s'agissoit de la *diversité d'Orthographe qui se trouve dans des mots lesquels ne changent pas pour cela de signification.* Mais on ne peut, sans avoir renoncé au sens commun, proposer cette regle, que pour bien traduire la Bible, il faut prendre garde à la diversité d'Orthographe qui se trouve dans les mots, qui ne changent point pour cela signification. En effet la regle supposant qu'il les faut traduire differemment selon la diversité d'Ortographe, elle suppose aussi que ces mots changent de signification. On a donné pour exemple de cette diversité d'Orthographe le mot *hajemim*, Chap. 36. de la Genese, vers. 29. qui a été traduit dans les Bibles Françoises, Allemandes, Italiennes, Angloises & Latines des Protestans, par celuy de *mulets*; au lieu qu'il est parlé en ce lieu-là d'un peuple appellé *Emim*: & ce qui avoit donné occasion à cette erreur, étoit la diversité d'Ortographe. Il pretend qu'on a *pillé* Bochart dans ce qu'on a rapporté sur le mot *hajemim.* Si cela est, il devoit nous dire en quoy on l'a pillé. Car Bochart n'a rien remarqué là-dessus qui luy soit singulier, & que chacun ne puisse lire dans le Texte Ebreu de la Bible & dans les anciennes Versions. Il est vray que Mr. Simon cite le Texte Ebreu des Samaritains, la Version Samaritaine, le Paraphrase Chaldaïque & les anciens Interpretes Grecs, aussi bien que Bochart : mais il n'a pas été necessaire d'avoir lû pour cela Bochart, puis qu'on le trouve plus facilement & tout d'un coup dans les Bibles Poly-glot-

On n'a point pillé Bochart dans la Critique qu'on a faite sur le mot hajemim.

glottes de Paris & de Londres, & qu'il n'a rien remarqué là-deſſus qui luy ſoit particulier ; au lieu que Mr. Simon a produit ſur ce même ſujet deux excellentes pieces manuſcrites, ſavoir le Pentateuque Arabe Samaritain & le Commentaire d'un ſavant Juif Caraïte ſur la Loy. Au reſte je n'ay rien à dire preſentement de la Lettre Latine que Mr. le Clerc a ajoutée à la fin de ſon Ouvrage. L'Auteur du projet d'une Polyglotte abregée luy a marqué en peu de mots le jugement qu'il en faiſoit, & je croy qu'on doit s'y arreſter. Si nôtre Profeſſeur *Ebraïzant* ſouhaite qu'on en faſſe une Critique plus exacte, il ſera facile de luy donner cette ſatisfaction.

TABLE

TABLE

des sommaires ou des principales matieres contenuës dans la Lettre touchant l'Inspiration des Livres Sacrés.

Ob-

TABLE

des sommaires ou des principales matieres conte-
nuës dans chaque Chapitre de la Réponse à la
*Defense des Sentimens de quelques
Theologiens de Hollande.*

bilité

 &

CHAP.

Objec-

Pela-

Juſti-

F I N.

www.ingramcontent.com/pod-product-compliance
Lightning Source LLC
LaVergne TN
LVHW011002180726
843502LV00004B/1290